Anonymus

Fortgesetzte neue genealogisch-historische Nachrichten

von den vornehmsten Begebenheiten, welche sich an den europäischen Höfen zugetragen haben

Anonymus

Fortgesetzte neue genealogisch-historische Nachrichten
von den vornehmsten Begebenheiten, welche sich an den europäischen Höfen zugetragen haben

ISBN/EAN: 9783743304291

Hergestellt in Europa, USA, Kanada, Australien, Japan

Cover: Foto ©ninafisch / pixelio.de

Manufactured and distributed by brebook publishing software (www.brebook.com)

Anonymus

Fortgesetzte neue genealogisch-historische Nachrichten

Fortgesetzte Neue Genealogisch-Historische Nachrichten

von den Vornehmsten Begebenheiten, welche sich an den Europäischen Höfen zutragen, worinn zugleich vieler Stands-Personen Lebens-Beschreibungen vorkommen.

Der 37. Theil.

Leipzig,
im Verlag der Heinsiußischen Buchhandlung.
1765.

Innhalt:

I. Leben und kurzgeführte Regierung des letztverstorbenen Churfürstens Friedrich Christians von Sachsen.

II. Die Geschichte des Pohlnischen Interregni zum Convocations-Reichs-Tage.

III. Einige jüngst geschehene merkwürdige Beförderungen.

I.

Leben und kurzgeführte Regierung des letztverstorbenen Churfürstens Friedrich Christians von Sachsen.

Friedrich Christian war der dritte Prinz, welcher dem letztverstorbenen Könige August III. von Pohlen, als damahligen Chur-Prinzen von Sachsen, von seiner Gemahlin, Maria Josepha, gebohrnen Kaiserl. Prinzeßin und Erzherzogin von Oesterreich, gebohren wurde. Der älteste Prinz desselben, Friedrich August, war bereits den 21. Jan. 1721. in zarter Kindheit verstorben, der andere Prinz aber, Joseph August, befand sich noch am Leben, als Friedrich Christian den 5. Sept. 1722. frühe gegen 5 Uhr zu Dreßden das Licht der Welt erblickte. Er kam gesund und glücklich zur Welt, hatte auch ein gesegnetes Wachsthum, und prangte mit allen Leibes- und Gemüths-Gaben, nur daß sich bald anfangs ein Gebrechen im Rücken äusserte, das ihm zwar nichts von seiner guten Gestalt und angenehmen Bildung benahm, aber eine Ursache war, daß er in seinem Leben niemahls ohne Beyhülfe anderer gehen können, obgleich vielerley Curen mit ihm vorgenommen, auch das Töplitzer-Bad und die Wasser zu Ischia gebraucht worden. Seine Erziehung geschahe unter der höchsten Auffsicht seiner Frau Mutter mit großer Sorgfalt, wobey ihm sonderlich die Gottesfurcht und Tugend nach den Grundsätzen der Römischen Kirche eingepräget wurde.

Den 3. Aug. 1727. empfieng er von seinem Groß-Vater, dem Könige August II. nicht nur den Ritter-Orden des Pohlnischen weißen Adlers, sondern auch ein Regiment Cüraßierer. Im Jahr 1728. folgte er seinem ältesten Bruder, dem Prinzen Joseph August, der den 14. März an den Kinder-Blattern starb, in der Qualität eines Erb-Prinzens der Chur-Sachsen, worauf er den Grafen Joseph Anton Gabaleon von Wackerbart-Salmour, einen höchst erfahrnen und sehr gelehrten Herrn, zu seinem Ober-Hofmeister bekam, unter dessen weisen Auffsicht und Anführung er in den Sprachen und Wissenschaften, darzu ihm die geschicktesten Lehrer gehalten wurden, so herrliche Progressen machte, daß man ihn unter die gelehrten Prinzen zehlen konnte.

Als sein Groß-Vater den 1. Febr. 1733. Todes verbliche, und sein Vater dadurch zur Chur-Würde und bald hernach auch zur Pohlnischen Crone gelangte, erhielt er die Vorzüge eines Chur-Prinzens von Sachsen und Königl. Prinzens von Pohlen, mit dem Titel Jhro Königl. Hoheit, worauf ihm noch in diesem Jahre aus Dännemark der Ritter-Orden des Elephantens zugeschickt wurde. Im Jahr 1736. ertheilte ihm auch sein Vater den neugestifteten St. Heinrichs-Orden, und den 24. April 1737. empfieng er aus

den

den Händen des Päbstl. Nuncii das Sacrament der Firmung.

Den 9. May 1738. wurde seine älteste Schwester, die Königl. Prinzeßin Maria Amalia, mit dem Könige Carl von beyden Sicilien, der 1759. den Spanischen Thron bestiegen, zu Dreßden vermählt, wobey er die Ehre hatte, die Stelle des Bräutigams zu vertreten, nachdem er nicht lange vorher die Masern glücklich überstanden hatte. Er begleitete die neuvermählte Königin mit seinem Ober-Hofmeister und dem Obristen von seinem Cüraßier-Regimente, Grafen von Brühl, unter dem Titel eines Grafens von Lausitz nach Italien, um zu Erlangung seiner Gesundheit die Bäder zu Ischia zu gebrauchen. Den 12. May geschahe zu Dreßden der Aufbruch beyder hoher Personen. Der König und die Königin begleiteten sie bis Pillnitz, von dar sie den folgenden Tag die Reise fortsetzten. Als sie auf die erste Post-Station nach Zehesta kamen, trafen sie unvermuthet die Königl. Eltern wieder an, die durch einen kleinen Umweg dahin voraus gereiset waren. Nachdem sie zusammen gespeiset, erfolgte endlich gegen 3 Uhr der völlige, sehr bewegliche Abschied. Sie setzten ihre Reise durch Böhmen so geschwinde fort, daß sie den 20. May schon zu St. Pölten in Oesterreich anlangten, allwo sie ihre Großmutter, die verwitwete Kaiserin Amalia, die deßhalben den Tag vorher von Wien dahin gekommen war, antrafen.

An der Venetianischen Grenze wurden sie im Nahmen der Republik von dem Ritter Anton Moce-

Mocenigo, und an de Grenze des Kirchenstaats von dem außerordentlichen Nuncio Chigi, zu Ferrara aber von dem Cardinal Mosca, als Päbstl. Legato a latere empfangen. Den 14. Jun. erreichten sie die Neapolitanische Grenze, wo sich unser Prinz von seiner Schwester, die ihre Reise zu ihrem Gemahl, der ihr bis Gaeta entgegen gieng, fortsetzte, absonderte, und mit seiner Suite nach Jschia sich erhob, wo er die dasigen Bäder zu gebrauchen anfieng, und damit 10 Wochen zubrachte. Anfangs hieß es, daß sie bey Sr. Königl. Hoheit wohl anschlügen, nachgehends aber erfuhr man, daß sie die gewünschte Würkung nicht gethan hätten. Er langte darauf zu Neapolis an, und wurde an dem Königl. Hofe sehr zärtlich empfangen, auch mit dem Ordens-Zeichen des neugestifteten Ritter-Ordens St. Januarii, von welchem er schon den 3. Jul. ein Mitglied worden, beehret. Den 27. Nov. langte er zu Rom an, nachdem er den 15ten von Neapolis abgereiset war. Der Pabst Benedictus XIV. empfieng ihn bey der Audienz mit besondern Ehren-Bezeugungen, ließ ihm auch den 27. Dec. die geweyhte Rose überreichen, um solche seiner Frau Mutter, der Königin, zu übersenden. Er hielt sich fast ein ganzes Jahr zu Rom auf, und hielt stets große Gesellschaft, genoß auch von allen hohen Stands-Personen sonderbare Ehre, und erwieß sich als einen großen Patron der Gelehrten; wie er denn nicht nur unter dem Nahmen Lusatii in die gelehrte Academie der Arcadier eintrat, sondern auch Protector von den

den adelichen Penſionairs in dem Collegio Romano wurde. -

Den 3. Oct. 1739. beurlaubte er ſich bey dem Pabſte, worauf er den 12ten von Rom wieder abreiſete, nachdem er viele koſtbare Geſchenke, die ihm von ſeinem Vater überſchickt worden, ausgetheilet hatte. Er erhub ſich über Florenz, Bologna, Modena, Reggio, Parma und Meyland, wo er überall das Sehenswürdigſte in Augenſchein nahm, nach Venedig, um allda das Carneval mit anzuſehen. Zum beſtändigen Andenken ſeines Aufenthalts zu Rom, ließ der Cardinal Hannibal Albani, nach ſeiner Abreiſe eine lateiniſche Inſcription in Marmor einhauen, und in dem Pallaſte, den derſelbe bewohnt hatte, aufrichten. Der Prinz, der den 21. Dec. 1739. zu Venedig anlangte, hielt ſich bis im Sommer 1740. allda auf, und genoß viel Vergnügen. Zu Anfang des Junii brach er nach Deutſchland auf, und langte den 22ſten dieſes zu Wien an. Seiner Groß-Mutter, der verwitweten Kaiſerin Amalia, eine unverhofte Freude zu machen, fuhr er mit ſeinem Poſt-Wagen gleich vor ihr Kloſter, wo er abſtieg und ihr ſeine Aufwartung machte, die ihn mit großer Zärtlichkeit empfieng. Den folgenden Tag hatte er bey dem Kaiſer und deſſen hohen Familie Audienz, die ihn ebenfalls ſehr zärtlich empfiengen. Alle Große des Hofs machten ihm ihre Aufwartung, und wurden über deſſen Gnade und Leutſeligkeit in ein beſonderes Vergnügen geſetzt. Den 31. Aug. nahm er zu Wien ſeinen Abſchied, und fand ſich den 7. Sept.

glücklich wieder zu Dreßden ein, allwo er einen prächtigen Einzug hielt. Er hatte sich über zwey Jahr in fremden Landen befunden, und während der Zeit sich zu Neapolis, Rom, Venedig und Wien am längsten aufgehalten.

Den 22. April 1741. kam er mit seinen Königl. Eltern und dem Prinzen Xaverio zum erstenmale nach Leipzig auf die Messe, und nahm alles, was nur in denen Bibliotheken, Naturalien-Cabineten und Gärten sehenswürdig ist, in hohen Augenschein. Er beehrte auch die Breitkopfische Schriftgießerey und Buchdruckerey mit seiner Gegenwart, und wußte von allerhand gelehrten und curieusen Dingen sehr weißlich zu reden. Den 8. Aug. erhub er sich auch mit seinen beyden ältern Brüdern auf die Berg-Vestung Königstein, nahm alles Merkwürdige daselbst in Augenschein, und kam, nachdem er Mittags allda gespeiset, Abends nach Dreßden zurücke.

Er kam hierauf fast alle Messen nach Leipzig, und gab durch sehr ausnehmende Proben von seiner Liebe zu den guten Künsten und gelehrten Wissenschaften an den Tag, daß er nebst seinem Bruder, dem Prinzen Xaverio, nicht nur die vornehmsten Fabriken, Naturalien-Cabinets und Bibliotheken besahe, sondern auch einige Tage hinter einander mit großer Aufmerksamkeit die gelehrten Reden verschiedener öffentlicher Lehrer auf der dasigen hohen Schule, und anderer gelehrten Männer, die sie von allerhand wichtigen und curieusen Materien in lateinischer und deutscher Sprache, theils auf der Universitäts- theils Raths-Biblio-

Bibliothek hielten, anhörte. Nach der Leipziger Michaeli-Messe 1743. that er mit seinem obgedachten Bruder von Leipzig eine Lustreise über Zeiz und Weissenfels, an welchem letztern Orte sie einige Tage lang von dem dasigen Herzoge prächtig bewirthet, und auf mancherley Weise divertirt wurden.

Im Jahr 1745. brachen die bisherigen Irrungen mit dem Könige in Preußen in einen offenbaren Krieg aus. Es that dieser Monarche im November an zwey Orten einen würklichen Einfall in die Sächsischen Lande, und machte gleich anfangs solche Progressen, daß der König vor gut befand, sich den 2. Dec. aus seiner Residenz so lange nach Prag zu erheben, bis die Ruhe im Lande wieder hergestellt worden. Der Chur-Prinz befand sich nebst der Königin und denen beyden ältern Prinzen, sammt beyden ältern Prinzeßinnen in dessen Gesellschaft. Sie langten über Töplitz den 4. Dec. zu Prag an, wo sie bis zu Anfang des folgenden 1746sten Jahrs blieben, da sie nach Dreßden, wo den 25. Dec. der Friede geschlossen worden, zurücke kehrten. Der Chur-Prinz reisete mit seinen beyden Brüdern schon den 19. Dec. von Prag ab, und richtete seine Reise auf Nürnberg, von dar sie unter dem Titel der Grafen von Sachsen über Plauen, Zeiz und Leipzig den 6. Jan. nach Dreßden zurücke kamen. Den 14. März wurde unserm Prinzen zu Dreßden der überschickte Rußische St. Andreas-Orden überreicht.

In diesem 1746sten Jahre wurde er auch ein Bräutigam, da ihm die Kaiserl. und Chur-Bayerische Prinzeßin Maria Antonia zu einer Gemahlin bestimmet wurde. Der Churfürst von Bayern, ihr Bruder, wurde zu gleicher Zeit mit der Königl. Prinzeßin Maria Anna verlobet, der auch selbst im August nach Dreßden kam, und bis den 6. September da blieb, auch während der Zeit auf vielfältige Weise divertirt wurde. Ehe diese gedoppelte Vermählung 1747. vollzogen wurde, ward die dritte Königl. Prinzeßin Maria Josepha den 10. Jan. zu Dreßden mit dem Dauphin oder Cron-Prinzen von Frankreich vermählt, wobey unser Prinz Vollmacht hatte, die Stelle des Bräutigams zu vertreten. Den 13. Jun. that er solches auch bey der Vermählung der Prinzeßin Maria Anna, mit dem Churfürsten von Bayern, da hingegen dieser Churfürst diese Stelle bey seiner Vermählung mit der Chur-Bayerischen Prinzeßin Maria Antonia zu München vertrat. Beyde neuverlobte Prinzeßinnen wurden hierauf gegen einander ausgewechselt und an beyden Höfen deshalben große Lustbarkeiten angestellt.

Den 18. Jun. reisete der Chur-Prinz seiner Gemahlin über Freyberg, wo er bey einem solennen Aufzuge der Bürgerschaft seinen Einzug hielt und übernachtete, bis Oederan entgegen, wo er sie den 19ten empfieng, von dar nach Dreßden begleitete, und allda den 20sten das Beylager vollzog. Ihre Eigenschaften fanden an dem Hofe großen Beyfall. Sonderlich bewunderte man ihre Geschicklichkeit in der Italiänischen Dichtkunst, wovon man in der Academie der Arcadier zu Rom im Sept. 1747. ein Stücke herlaß, das wegen der Reinigkeit der Sprache, wie auch Schönheit und Stärke der Poesie sehr großen Beyfall fand. Die Academie wurde daher bewogen, sie zu ersuchen, daß sie ihrer Gesellschaft die Ehre erweisen, und sich als ein Mitglied in dieselbe aufnehmen lassen möchte, welches sie auch mit Vergnügen that. Als sie sich auch mit ihrem Gemahl von Merseburg, wo sie sich einige Zeit aufgehalten, auf der Leipziger Michaelis-Messe einfand, hörte sie die solennen Reden in der Universitäts-Kirche, die zum Andenken der jüngst glücklich vollzogenen doppelten hohen Vermählung in deutscher und lateinischer Sprache öffentlich gehalten wurden, mit großer Aufmerksamkeit an.

Den 22. Sept. 1749. that der Chur-Prinz mit seiner Gemahlin eine Reise nach Prag, wo er den Churfürsten von Bayern antraf, mit dem er einige Tage in allem Vergnügen zubrachte, worauf er den 1. Oct. glücklich nach Dreßden zurücke kam. Den 23. Dec. 1750. wurde er in seinem Palais zu Dreßden mit einem jungen Erb-Prinzen erfreuet, der noch denselben Abend in dem Wochen-Zimmer von dem Nuncio Archieto ohne viele Ceremonien getauft wurde, wobey beyde Königl. Majestäten die Pathen-Stelle versahen, und die ganze Königl. Familie zugegen war. Er empfieng den Nahmen seines Groß- und Aelter-Vaters, Friedrich-August, und es ist eben der jetztregierende Durchl. Churfürst von Sachsen.

Es war diese Ehe so fruchtbar, daß nachgehends noch verschiedene Prinzen und Prinzeßinnen gebohren worden, deren Nahmen wir unten anführen wollen.

Im Jahr 1753. ließ der König sein Vater, bey Ubigau an der Elbe ein sehenswürdiges Feldlager errichten, welches der Feld-Marschall, Graf von Rutowski commandirte. Der Chur-Prinz ließ sich nicht nur mit dem ganzen Hofe in demselben finden, sondern führte auch in eigener Person zu Pferde sein Curaßier Regiment in der gewöhnl. Uniforme auf. Es war diese Waffen-Uebung ein Vorspiel von derjenigen, die unglücklicher Weise im Jahr 1756. erfolgte, da der König in Preußen mit seiner ganzen Armee im Aug. abermahls einen feindlichen Einfall in die Sächsischen Lande that, und die gesammten Sächsischen Troppen in ihrem Lager bey Pirna, welches sie kurz vorher bezogen hatten, einschloß. Der König befand sich selbst mit den beyden Prinzen Xavier und Carl in demselben, der Chur-Prinz mit seiner Familie, nebst der Königin und übrigen Königlichen Kindern blieben zu Dreßden, welches der König von Preußen den 9. Sept. besetzte, dem der Chur-Prinz den folgenden Tag eine Visite gab, und sehr gnädig empfangen wurde, übrigens aber von seiner Härte gegen den König seinen Vater nichts nachließ. Das Sächsische Lager wurde durch Hunger gezwungen, sich den 15. Oct. auf Discretion zu ergeben, doch erhielt der König mit den beyden Prinzen Erlaubniß, nach Pohlen zu gehen. Der König in Preußen nahm
darauf

darauf sein Haupt-Quartier zu Dreßden, und hielt den Hof der Königin sowohl, als des Chur-Prinzens sehr eingeschränkt, ob ihnen gleich sonst mit aller Achtung begegnet wurde; doch mußte der letzte geschehen lassen, daß sein Ober-Hofmeister, der Graf von Wackerbart, im April 1757. in seinem Quartier Arrest und Wache bekam, auch den 10ten dieses gar nach Cüstrin gebracht, jedoch nicht lange hernach wieder in Freyheit gesetzt, aber von Dreßden nach Pohlen zu gehen befehliget wurde.

Der Chur-Prinz lebte hierauf mit seiner hohen Familie etliche Jahre zu Dreßden sehr eingezogen, konnte auch, so lange die Preußen die Stadt inne hatten, mit Niemanden weiter, als denen zu seiner Hofstatt gehörigen Personen einigen Umgang, auch auswärts keinen Brief-Wechsel führen. Die große Hoffnung, die man sich zu Dreßden machte, durch die anrückende Reichs- und Französische Armee aus den Händen der Preußen errettet zu werden, wurde den 5. Nov. 1757. durch die unglückliche Schlacht bey Roßbach in Thüringen zu Schanden gemacht, welches die Königin so alterirte, daß sie den 25. Nov. an einem Schlagflusse plötzlich starb, wodurch der Chur-Prinz sammt dem ganzen Königl. Hause aufs äußerste gerühret und in das tiefste Leidwesen gesetzet wurde.

Den 4. Sept. 1759. wurden endlich die Preußen durch die Reichs-Armee gezwungen, die Stadt Dreßden zu übergeben, da denn der Chur-Prinz
mit

mit seiner ganzen Familie und den übrigen Personen von dem Königl. Hause sich nach Pirna begaben, von dar aber der Prinz den 11ten dieses auf
die Vorstellung des commandirenden Prinzens
von Zweybrücken nach Dreßden zurücke kam.
Dieser Prinz ritte ihm nebst dem General Haddick
und vielen andern Generals und Officiers entgegen, bewillkommte ihn mit vielen Ehrenbezeugungen, und stellten eine Compagnie Grenadiers mit
einer Fahne vor sein Palais. Er wohnte den
nächsten Sonntag dem Dankfeste und großen
Tractamente bey, das der Prinz von Zweybrücken
in seinem Quartiere gab; doch da dieser Prinz mit
der Reichsarmee den 18. Sept. von Dreßden
wieder aufbrach, verließ auch der Chur-Prinz den
19ten wieder diese Stadt, und erhub sich über
Pirna nach Prag, wo er den 20sten glücklich anlangte, und sein Quartier in dem Czerninischen
Hause auf dem Radschin nahm. Hier blieb er
bis zu Anfange des folgenden Jahrs, da er mit
seiner Gemahlin, Familie und Hofstatt sich nach
München in Bayern erhub, wo er den 5. Jan.
1760. anlangte und so lange da blieb, bis er
wieder sicher nach Sachsen zurücke kehren konnte.
Es fand sich auch der Graf von Wackerbart nebst
andern vornehmen Herren vom Sächsischen Hofe
bey ihm allda ein, und da der Chur-Bayerische
Hof überhaupt zahlreich und prächtig ist, war ihm
der Aufenthalt allhier gar nicht verdrüßlich, ob er
wohl herzlich wünschte, daß der Krieg und das
Elend seines Vaterlandes ein Ende haben möchte.
Es wurde ihm hier auch den 27. Febr. 1761. eine
Prin-

Prinzeßin gebohren, aber sein geliebter Graf von Wackerbart starb den 3. Jul. in eben diesem Jahre zu seinem großen Leidwesen.

Den 30. Jan. 1762. langte er endlich mit seiner Gemahlin und seinen Schwestern, denen Königl. Prinzeßinnen, von München wieder zu Dreßden an, weil man nicht glaubte, daß diese Stadt, die von den Oesterreichern stark besetzt war, und den tapfern General, Grafen Franz von Guasco, zum Commendanten hatte, wieder in der Preußen Hände kommen sollte. Der Zulauf und die Freude des Volks war bey seiner Ankunft, die des Nachmittags um 5 Uhr geschahe, unbeschreiblich. Er hatte vor seiner Abreise von München sich mit seiner Gemahlin nach Augspurg erhoben, und bey dem dasigen Bischoffe das Mittagsmahl eingenommen. Einige Wochen nach ihrer Ankunft fanden sich auch die jungen Prinzen sammt denen andern Personen von dem Königl. Hause und Hofe allda wieder ein.

Der Anblick der durchschossenen und abgebrannten Häuser zu Dreßden, und die kläglichen Nachrichten, sowohl von den unbeschreiblichen Contributionen und Lieferungen, die an die Preußen geschehen müssen, als auch großen Brand- und andern Schäden, die bisher das Land betroffen, gieng dem Chur-Prinzen so nahe, daß er sich die Herstellung des Friedens äußerst angelegen seyn ließ. Er brachte es auch durch seine triftigen Vorstellungen bey dem Könige, seinem Vater, dahin, daß er ihm die völlige Besorgung dieses

wich-

wichtigen Werks überließ. Er erwählte hierauf den geheimen Rath, Baron Thomas von Fritsch, zu seinem Gevollmächtigten, der denn durch seine Geschicklichkeit und unabläßliche Bemühung dieses große Geschäfte glücklich zu Stande brachte, nachdem er zu Leipzig bey dem Könige von Preußen einen gnädigen Zutritt und ein geneigtes Gehöre gefunden. Man erwählte das Königl. Lust- und Jagd-Schloß Hubertusburg zwischen Leipzig und Dreßden zum Conferenz-Orte, wo zugleich sich ein Oesterreichischer Hofrath mit benöthigten Vollmachten von Seiten der Kaiserin-Königin sowohl, als auch von Seiten des Kaisers im Nahmen des ganzen Reichs einfand, da denn mit dem Preußischen Gevollmächtigten, dem geheimen Legations-Rathe von Herzberg, den 15. Febr. 1763. ein völliger Friedens-Schluß sowohl zwischen Preußen und Sachsen, als zwischen Preußen und Oesterreich sammt dem Deutschen Reiche unterzeichnet, und von allerseits Höfen ratificiret wurde.

Sachsen bekam nunmehro wieder Friede. Die Preußen räumten das Land. Ehe aber solches völlig bewerkstelliget wurde, hielt sich der König von Preußen zu Dahlen auf. Da er im März die Sächsischen Lande verließ, beliebte es ihm den 16. März eine Unterredung mit dem Chur-Prinzen zu Moritzburg zu halten, wobey sich auch seine Gemahlin zugegen befand. Der König langte zuerst daselbst an, und hub, da der Chur-Prinz anlangte, die Chur-Prinzeßin aus dem Wagen, ihn selbst umarmte er, worauf er die Prinzeßin in das bestimmte Zimmer führte, wo er mit beyden

Königl.

des letztverst. Churfürstens von Sachsen.

Königl. Hoheiten ein paar Stunden lang sich unterredete, mit ihnen darauf speisete, und nach aufgehobener Tafel nochmals mit ihnen eine geheime Unterredung hielt, alsdenn aber sich beurlaubte, und wieder abreisete. Der Chur-Prinz kehrte darauf nach Dreßden zurücke, allwo, wie auch in dem ganzen Lande den 21sten März ein solennes Friedens-Fest gefeyert wurde.

Den 30. April hatte der Chur-Prinz und mit ihm das ganze Königl. Hauß, ja das ganze Land das Vergnügen, daß der König aus Pohlen wieder nach Dreßden kam, nachdem er fast 7 Jahr abwesend gewesen. Er schrieb auf den 7. Aug. einen Landtag aus, um über die Angelegenheiten des Hofes und Landes zu rathschlagen. Allein ehe man damit zum Schlusse kam, starb der König den 5. Oct. Nachmittage in Gegenwart seiner Königl. Kinder in einem Alter von 67 Jahren.

Nunmehro ward der Chur-Prinz würklicher Churfürst und Landes-Regente. Den 6. Oct. frühe legten die Cabinets-und Conferenz-Ministers, wie auch würkl. Geheimen Räthe bey demselben den Eyd der Treue ab, der General-Feld-Marschall, Chevalier von Sachsen aber ließ die Generalität in Pflicht nehmen. Der bisherige Premier-Minister, Graf von Brühl, dessen Gesundheits-Umstände sich sehr schlecht befanden, legte mit Beybehaltung des Characters eines Cabinets-Ministers und würkl. Geheimen Raths, alle seine übrigen Chargen nieder, und folgte den 28. Oct. dem Könige im Tode nach.

Fortges. G. H. Nachr. 37. Th.   B   Gleich

Gleich nach dem Hintritt des Königs ließ der neue Churfürst diesen hohen Todes-Fall den auswärtigen Höfen durch Couriers und Staffetten bekannt machen. Nachdem das Reglement zur Trauer, die 1 Jahr und 4 Wochen dauern, und den 30sten Oct. ihren Anfang nehmen sollte, durch den Druck bekannt gemacht worden, arbeitete man unter der Direction Sr. Königl. Hoheit, des neuen Churfürstens und dessen vortreflichen Gemahlin, als einer wahren Landes-Mutter, unermüdet an alle dem, was zu besserer Einrichtung der Regierung beförderlich seyn könnte; die noch anwesenden Land-Stände aber, davon die Vornehmsten bey Ihro Churfürstl. Hoheiten zur Condolenz und Gratulation vorgelassen wurden, setzten ihre Sessiones beständig fort. Es gereichte dem gesammten Lande zu nicht geringem Troste und Vergnügen, daß Ihre Churfürstl. Hoheiten gleich anfangs sich gefallen ließen, daß jedermann sowohl mündlich als schriftlich sein Anliegen unterthänigst eröffnen durfte.

Den 9ten 10ten und 11ten wurde auf einem mit rothen Sammet und goldenen Tressen besetzten Parade-Bette, worüber ein dergleichen Baldachin befindlich war, der entseelte Königl. Cörper in dem Audienz-Saale jedermann gezeiget. Derselbe war in einem gold- und silbernen Stück eingekleidet, hatte eine goldene Krone auf dem Haupte und war mit einem rothsammtenen, mit goldenen Droit gefütterten Talar angethan. In der einen Hand lag ein silbernes Crucifix, an dem Ende des Parade-Bettes aber sahe man 4 Tabourets mit

samm-

sammtenen und mit Golde besetzten Küssen belegt, worauf Krone, Scepter und Reichs-Apfel, der Churhut und die Schwerdter und Ritter-Orden lagen. Hinter solchen erblickte man in einer Erhöhung das Königliche Hertze in einer silbernen mit rothen Sammt überzogenen Capsel. Auf beyden Seiten des Parade-Bettes stunden 24 silberne Gueridons, mit eben so viel silbernen Giredonelles und angezündeten Wachslichtern, dergleichen auch sehr viel kleinere auf den Stufen des Parade-Bettes sich befanden. Uebrigens erleuchteten den gantzen Audienz-Saal ein großer silberner Cron-Leuchter und viele Wand-Lichter. Oben bey dem Parade-Bette stunden 2 Cammerherren, in der Mitten 2 Officiers von der Carabinier-Garde und unten 2 Cammerjunker. Den 11ten Abends wurde die Königl. Leiche von dem Parade-Bette abgenommen, und in einen kupfernen mit wohlriechenden Kräutern versehenen und mit rothen Sammt überzogenen, auch mit goldenen Tressen bordirten Sarg gelegt, und in die Königl. Hauß-Capelle gesetzt. Den 12ten Abends trugen 16 Cammerherren in Begleitung der Königl. Ober-Chargen und einiger Pohlnischen Magnaten in Trauer-Habit, auch 28 Römisch-Catholischen Geistlichen mit angezündeten Wachs-Kertzen die Königl. Leiche aus der Hauß-Capelle nach der Römisch-Catholischen Kirche bis an die Treppe, wo die Fuß-Trabanten selbigen abnahmen, und in die dasige Gruft bis zur Abholung nach Pohlen brachten. Die gesammte Königl. und Churfürstl. Herrschaft nebst dem hohen Hause begaben sich dabey

bey in Dero Oratorium, und wohnten der Todten-Messe und Trauer-Musik auf eine Stunde lang bey.

Der bisher am Wienerischen Hofe gestandene Cabinets-Minister, Graf von Flemming, erhielt das Departement der auswärtigen Staats- und Kriegs-Affairen, und der neue Cabinets Minister, Graf von Einsiedel, das Departement der Hauß- und innländischen Affairen, der Graf Bose ward Ober-Cammerherr, der Cammer-Rath von Polgk Cammer-Präsident, der Herr von Lindenau Ober-Stallmeister, Carl Friedrich von Schönberg erster Hof-Marschall, der Herr von Keßel Ober-Küchenmeister, der Herr von Oppel Ober-Berghauptmann, Peter August von Schönberg Hauß-Marschall, Adam Rudolph von Schönberg General-Postmeister, der Hofrath von Poigk Vice-Canzler, und der Geh. Rath von Heringen Accis-Präsident; anderer hohen Beförderungen, die aber nicht alle zu gleicher Zeit geschehen sind, zu geschweigen.

Die ersten Sorgen des neuen Landes-Herrn waren auf die Herstellung des sehr verfallenen Cammer-Wesens und die Einführung einer guten Wirthschaft bey Hofe gerichtet. Man schränkte daher die Ausgaben bey der Hofstatt und die Kosten, die bisher auf die starke Jägerey gewendet worden, ein, dankte auch die vielen in des Hofs Besoldung gestandenen Tänzer, Operisten, Virtuosen und Comödianten ab. Man ließ auch wegen der Steuer-Schulden unterm 10. Oct. ein Edict bekannt machen, darinnen die Maasregeln zu Wiederherstellung des Steuer-Credits und Erfüllung

füllung der von dem verstorbenen Könige an abgewichener Oster-Messe in Ansehung der Steuer-Schulden gethanen Declaration zufolge derer gnädigst genehmigten Landtags-Handlungen, öffentlich bekannt gemacht wurden. Diese bestunden unter andern darinnen, daß zu Abtragung derer Steuer-Schulden und derer vom Neuen Jahre 1764. an laufenden Zinsen an dreyen von Hundert jährlich 1100000 Thaler von den bereitesten und sichersten Einkünften des Landes ausgesetzt, und eine Steuer-Credit-Casse zu Leipzig errichtet werden sollte, mit welcher nur allein die Land-Stände von Ritterschaft und Städten, durch ihre Deputirten, die sie aus ihren Krahsen selbst zu erwählen hätten, zu thun haben, und deswegen vom 1. Nov. 1763. an, bis den 31. Jan. 1764. zu Leipzig an der Einrichtung dieser Credit-Casse arbeiten sollten; die Steuer-Scheine aber, die in die Verloosung kämen, sollten in landschaftliche Obligationes verwandelt werden, die Verloosung selbst aber auf ein Jahr zweymal, nämlich die Oster- und Michaeli-Messe, geschehen, da denn die Capitalia, die heraus kämen, allemal die nächstfolgende Messe bezahlt werden sollten.

Den 25. Oct. Vormittags hatten die sämmtlichen zu Dreßden anwesenden Gesandten bey dem Churfürsten und der Churfürstin Audienz und statteten sowohl ihre Condolenzen als Gratulationes ab. Den 20sten Nov. wurde der Landtag mit allgemeiner Zufriedenheit geendiget, es wollte aber der Churfürst das von den Ständen angetragene Geschenke von 12000 Thalern nicht annehmen. Den 22ſten wurde im ganzen Lande eine ſolenne Gedächtniß Predigt auf den verſtorbenen König gehalten. Den Tag vorher nahmen auch die ſolennen Exeqvien bey einem prächtig aufgerichteten Caſtro doloris in der Catholiſchen Kirche zu Dreßden ihren Anfang, welche drey Tage währten. Zu Einnehmung der Huldigung im Stifte Merſeburg wurde der Graf von Zech, und im Stifte Zeitz der Geheime Rath von Wurm abgeſchickt. An dem erſten Orte geſchahe die Huldigung den 7. Nov. mit vielem Gepränge. Daß es aber auch an dem erſten Orte vor dem Tode des Churfürſtens geſchehen ſey, habe ich nicht geleſen.

Unter andern heilſamen Verordnungen der neuen Regierung befand ſich auch dasjenige Decret, wodurch alle Anwartſchaften auf Bedienungen aufgehoben wurden, und bey Beſetzung lediger Stellen oder zu ertheilender Anwartſchaften nur auf Geſchicklichkeit und Verdienſte der Perſonen geſehen werden ſollte. - Es ergieng auch aus der Landes-Regierung unterm 2. Nov. eine General-Verordnung, wie die von dem letztern Kriege herrührenden Berechnungen zwiſchen Pachtern und Eigenthümern geſchehen ſollten. Den 2. Dec. nahm der Cabinets-Miniſter, Graf von Rex, das Cammer-Collegium und den 3ten das Berg-Gemach mit allen deſſen Räthen und Bedienten in Pflicht, nachdem dergleichen mit den andern hohen Collegiis ſchon geſchehen war.

Damit auch das Corpus Evangelicorum auf dem Reichs-Tage zu Regenſpurg ſich der Evangeliſchen

lischen Religion halben nichts widriges von dem neuen Churfürsten besorgen möchte, mußte der dasige Chur-Sächsische Gesandte, Herr von Ponikau, die in vidimirter Abschrift ihm zugefertigten sehr bündig abgefaßten Chur-Sächsischen Landes-und Religions-Reversalien vorzeigen, worunter die ersteren von dem letztverstorbenen König bey Anfang des Landtages denen Land-Ständen gewöhnlichermaßen ausgestellet worden, der letztere aber, worinnen die Evangelische Lehre nach der ungeänderten Augspurgischen Confeßion und denen übrigen symbolischen Büchern, und überhaupt die Religions-Verfassung nach dem Westphälischen Frieden befestiget und sicher gestellt wird, auch nach dieser Clausel beygefüget war, daß, wenn gegen den Verstand des Westphälischen Friedens eines und das andere anders ausgeleget, und dadurch dem Friedens Schlusse zu nahe getreten würde, der Churfürst dennoch bey dem wahren Verstande desselben verbleiben, und nichts widriges verhängen lassen, auch alle Mißbräuche und Excesse durch sein Ministerium abstellen würde.

Das Circular-Schreiben, worinnen der Churfürst den Tod seines Vaters dem Durchl. Primas, den Senatoren und Cron-Ministers bekannt machte, war also abgefaßet:

„Mein Herr!

„Gott hat uns gestern mit einem eben so unvermutheten als erschrecklichen Schlage heimgesuchet. Er hat den König, meinen Herrn Vater, „durch

„durch einen Tod, der für den Erblaßten nicht empfindlich war, für mich aber desto härter fällt, weil ich nicht Zeit gehabt, mich hierzu anzuschicken, zu sich abgefordert. Der gerechte Schmerz, der mich niederschlägt, lässet mich doch nicht eines Reichs, welches von denen Königen, meinem Groß-Vater und Vater so sehr geliebet worden, noch der getreuen Diener vergessen, die ihnen Proben einer wahren Anhängigkeit gegeben haben. Ich empfinde den unersetzlichen Verlust, den Sie erlitten haben, und es würde für mich ein höchstschätzbarer Trost seyn, wenn ich ihn erträglicher machen könnte. Ich habe den Vorsatz, der Republik alle meine Sorgfalt und allen in meinen Kräften stehenden Beystand anzubieten, falls selbige mir durch Antragung der Crone die Zügel der Regierung anvertrauen will; und ich habe Ursache zu hoffen, daß, wenn die Pohlnische Nation geneigt ist, mir dieses Merkmahl ihrer Liebe und ihres Zutrauens zu geben, alle benachbarte Mächte solches gerne sehen würden. Sie haben dem verstorbenen Könige, meinem Vater, so viele Proben von ihrer Anhängigkeit ertheilet, daß ich mir dieselbige Zuneigung verspreche. Ich weiß, wie viel Sie dazu beytragen können, mir diejenige Zufriedenheit zu verschaffen, nach welcher ich strebe, eine berühmte Nation, welche stets durch die Treue und Anhängigkeit an ihre Könige vorzüglich bleiben wird, zu regieren. Seyn Sie vollkommen versichert, daß meine Erkenntlichkeit der Größe dieser Gefälligkeit gemäß seyn werde. Sie können hieran gar nicht zweifeln, wenn Sie

„mir

„mir die Gerechtigkeit wiederfahren laſſen, zu glauben, daß ich von eben den Geſinnungen, als meine Vorfahren, beſeelet werde. Ich rufe Gott an, daß er die Berathſchlagungen der Republik leiten, und Sie, mein Herr, in ſeinem heil. Schutze erhalten wolle. Ich bin Ihr wohl affectionirter Freund

Dreßden,   Friedrich Chriſtian.
den 6. Oct. 1763.

Jedoch alle dieſe Abſichten wurden durch den unvermutheten Tod dieſes hoffnungsvollen Prinzens unterbrochen. Denn es gefiel dem Allerhöchſten, dieſen dem guten Sachſenlande kaum geſchenkten geliebteſten Landesherrn den 17. Dec. 1763. durch die Blattern und einen darzu gekommenen Schlagfluß Nachmittags um 2 Uhr in ſeiner Reſidenz zu Dreßden von dieſer Welt hinwegzunehmen, und dadurch das ganze Churhauß ſammt allen Unterthanen, derer Chur-Sächſiſchen Lande durch dieſen hohen Todes-Fall von neuen in die tiefſte Trauer zu ſetzen, nachdem er ſein Alter auf 41 Jahr und 3 Monathe gebracht, die Regierung aber nur 2 Monathe und 12 Tage geführt hatte.

Die Regierung fiel nunmehro an ſeinen älteſten Prinzen, Friedrich Auguſt, einen Herrn von 13 Jahren, und weil derſelbe noch nicht die Jahre der Mündigkeit erreichet, übernahm der älteſte Bruder des verſtorbenen Churfürſtens, der Königl. Prinz Xaverius, die Adminiſtration der Chur- und derer darzu gehörigen Lande. Den

19. Dec. wurde der entseelte Leichnam Abends zwischen 8 und 9 Uhr mit eben dem Conduct, wie bey dem verstorbenen Könige geschehen, in das Königl. und Churfürstl. Begräbniß der Catholischen Kirche beygesetzt, und dabey eine Todten-Messe und Trauer-Music gehalten, nachdem man den erblaßten Cörper einige Stunden lang sehen lassen. Den 21sten wurde das neue Trauer Reglement publicirt, nach welchem die Trauer bis den 5. Jan. 1765. währen, solche aber von Zeit zu Zeit verändert werden sollte. Den 6. Febr. geschahe durch das ganze Land eine solenne Gedächtniß-Predigt.

Es hat der theure Churfürst mit seiner Gemahlin folgende Kinder gezeugt, die er alle bis auf einen Prinzen lebendig hinterlassen hat, nämlich:

1. Friedrich August III. Churfürst, geb. 23. Dec. 1750.
2. Carl Maximilian, geb. 24. Sept. 1752.
3. Joseph Maria, geb. 25. Jan. 1754. † 26. März 1763.
4. Anton, geb. 27. Dec. 1755.
5. Maria Amalia, geb. 26. Sept. 1757.
6. Maximilian, geb. 13. April 1759.
7. Maria Anna, geb. 27. Febr. 1761.

Es war der verstorbene Churfürst ein wohlgebildeter ansehnlicher Herr von mittler Leibes-Statur und etwas untersetzt. Er erzeigte sich gegen jedermann gnädig, war sehr leutselig und redete verschiedene Sprachen. Die Künste und Wissenschaften sowohl als die Gelehrten hatten einen

nen großen Patron und Beförderer an ihm. Er folgte den weisen Grundsätzen seines vortreflichen Ober-Hofmeisters, Grafens von Wackerbart, ließ sich des Landes Beste sehr angelegen seyn, und haßte alle Arten von Ausschweifung und Verschwendung. Seine vortrefliche Gemahlin liebte er sehr zärtlich, und nahm ohne ihrem Rath und Einstimmung nicht leichtlich etwas für. Seine meiste Ergötzlichkeit fand er in den Schauspielen, darauf er aber, da er zur Regierung kam, keine großen Kosten wendete. In seiner Religion war er zwar eyfrig, aber nicht auf eine übertriebene Weise. Seinen hohen Eltern begegnete er mit großer Ehrfurcht, und seine Geschwister liebte er sehr zärtlich. Sachsen würde allerdings einen guten Regenten an ihm gehabt haben, wenn es der göttlichen Vorsicht gefallen, ihm die Regierungs-Jahre seiner Väter zu schenken.

* *

II.

Die Geschichte des Pohlnischen Interregni, bis zum Convocations-Reichs-Tage.

Durch den Tod Königs August III. entstund in Pohlen ein Interregnum, das ganz Europa aufmerksam machte. Kaum war der hohe Todes-Fall den 5. Oct. 1763. zu Dreßden geschehen, so langte schon in der Nacht vom 8ten zum 9ten

9ten dieses zu Warschau eine Staffette mit dieser höchstbetrübten Nachricht an, wodurch das ganze Reich in die tiefste Trauer gesetzt wurde. Der Fürst Primas, der sich damals auf seinem Schlosse Skierniewitz aufhielt, wurde sogleich davon benachrichtiget, welcher es alsbald nach Peterkau meldete, wo der Adel und die vornehmsten des Reichs versammlet waren, um einen Matschall zu dem Reichs-Tribunal daselbst zu erwählen, worzu der litthauische Mundschenke, Graf Potoki, den der Woywode von Kiow aufs nachdrücklichste unterstützte, die meiste Hoffnung hatte. Da nun nach dem Tode des Königs alle Tribunale, die im Namen desselben gehalten werden, aufhören, so giengen die versammleten Magnaten alsbald auseinander. Den 11 Oct. langte der Primas zu Warschau an und hielt den 14ten mit denen anwesenden Senatoren eine Conferenz über diejenigen Sachen, die keinen Auffchub litten. Er ließ auch durch eine Staffette die beyden Tribunale zu Lublin und Minsk von dem Tode des Königs benachrichtigen und ihnen andeuten, daß nunmehro ihre Gerichtsbarkeiten ein Ende hätten, und die Captur-Gerichte in den Woywod- und Landschaften ihren Anfang nehmen würden.

Der Primas war nunmehro Pro-Rex und Regente von Pohlen und Litthauen. Der jetzige heißt Uladislaus Alexander Lubienski, ein Herr von einem liebenswürdigen Character. Er ist den 11 Nov. 1711 gebohren und ward den 8. Aug. 1740 Cron-Groß-Secretarius, den 27 Nov. 1757 Erzbischof zu Lemberg, den 3 Aug. 1758

1758 Ritter des weissen Adlers und den 9 April 1759 Erzbischof von Gnesen und Primas oder erster Fürst des Reichs. Man rühmt ihn als einen tugendhaften redlichen und uneigennützigen Prälaten, der sowohl viel Staats-Klugheit besitze, als auch sehr patriotisch gesinnet sey.

Dieser Herr zog nunmehro aller Augen auf sich, weil er das Regiments-Ruder führte und die Triebfeder von allen Handlungen war, die auf die Sicherheit des Reichs und die bevorstehende Königs-Wahl abzielten. Die Verwaltung der Reichs-Geschäfte, die ihm nunmehro oblag, erforderte von ihm, sich eine besondere Hofstatt zuzulegen, da denn unter andern der Castellan von Czersk, Michael Suffezynski, sein Ober-Hofmarschall und der Abt von Hebdow, Andreas Mlodziejowski, sein Canzler wurde. Die Sorge vor die Sicherheit der Stadt Warschau und deren Einwohner trug er dem Cron-Groß-Marschall und die General-Administration der Posten dem Starosten von Janow, Andreas Mokronowski, General-Inspector der Cron-Armee auf, der solches durch ein Manifest im ganzen Reiche bekannt machte. Der Cron-Groß-Marschall ordnete auch die Trauer wegen des verstorbenen Königs im Reiche an, die bis zu Ende des Convocations-Reichs-Tages währen und vom 9 Nov. bis zum 18ten dieses täglich zwey Stunden mit allen Glocken geläutet werden sollte.

Den 7 Nov. eröfnete der Primas in seinem Palais das angesetzte Senatus Consilium, wobey

bey er eine sehr rührende Rede hielt. Es heißt unter andern in solcher also: „Dem unumschränkten Willen der Gottheit hat sich auch der Allerdurchlauchtige August der dritte nicht nur bey seinem Leben und während seiner Regierung, sondern auch bey seinem Tode willigst unterworfen. Er war unser König, Herr und 30 jähriger Beherrscher, der Beste unter den Monarchen, indem wir die süßen Früchte seiner Regierung in Ruhe und Friede genossen, wie auch unser aller Wohlthäter, indem er uns an diese Stellen gesetzt und uns mit Wohlthaten überhäuft. Er ist zwar dem Königreiche, beyden Nationen, ja uns allen abgestorben, er lebt aber doch noch in unsern Herzen und bey Gott. Er hat uns als Waysen hinterlassen, aber er bittet doch für uns. Nun befindet sich das Vaterland ohne Väter, die Königl. Hoheit ohne König, der Senat und die Crone ohne Haupt, das Scepter ohne Führer, die Unterthanen ohne Herrn, der ganze Cörper der Republik ohne Seele, und wir alle sind Vaterlose Waysen ꝛc.

Den gegenwärtigen Zustand des Reichs bildet er in seiner Rede folgendergestalt ab:

„Wir sehen und wissen, in was für einem betrübten Zustande sich unser verwaysetes Vaterland befindet. Nicht allein ieder vernünftiger Mitbürger, sondern auch alle Ausländer können leichte voraussehen, daß dessen gänzlicher Umsturz nicht sogar weit entfernt seyn kann. Ja ein ieder verwundert sich, wie diese so unordentliche Maschine noch bis hieher stehen können.

„Seit

„Seit 37 Jahren haben wir schon keinen freyen, glücklich bestandenen Reichstag mehr. Die so weitläuftigen Länder der Republik, welche von mächtigen und sich vergrößernden Nachbarn umgeben, sind fast ein halbes Jahrhundert ohne Rath ihrem eigenen Schicksaale überlassen, die beschwornen Gesetze ohne Wirkung, das Recht ohne Nachdruck, die Freyheit durch Macht und Gewalt gefesselt, der innerliche Handel verfallen, die Städte gänzlich verwüstet, die Dörfer und adelichen Güter fremder Raube ausgesetzt, und wer der mächtigste ist, will herrschen und regieren. Wir selbst sind ohne Macht, die Grenzen offen, ohne Schutz und Vertheidigung; der allgemeine Schatz ohne Geld und das umlaufende Geld ohne innerlichen Werth. Dieser Zustand, davon man in der Geschichte wenig Beyspiele findet, läßt uns befürchten, daß sich die Republik ihrem letzten Zeitpuncte nähert und die Geschichtskunde zwingt uns zu bekennen, daß dergleichen unordentliche Reiche entweder unter das Joch gekommen oder den Feinden zur Beute oder in wüste Felder, wie die Tartarey, verwandelt worden sind„ ꝛc.

Endlich kömmt er auf sich selbst also zu reden: „Ich, der ich nach dem Willen Gottes zum Stadthalter des verwayseten Vaterlandes gesetzt bin, ich sehe mich genöthiget, und vermöge meines Amts aus christlicher Schuldigkeit und der mir beywohnenden Liebe zum Vaterlande verbunden zu wünschen, zu bitten und zu flehen, daß der alte Pohlnische Eyfer vor die wahre Religion,
„die

„die Liebe und Hochachtung zum Vaterlande, die Erwegung des eigenen Wohls und Besten, ja der Ruhm und die Ehre der alten Vorfahren Sie alle, Durchlauchtige und Erlauchte Mitbrüder, zu dieser, der ganzen Nation so heilsamen Vereinigung und Eintracht anreize und beseele, ja, daß unsere Herzen, Sinne und Gedanken durch dieselben zur Eintracht aufgemuntert und angetrieben werden."

Keiner von den Senatoren antwortete hierauf nachdrücklicher und patriotischer, als der Cron-Groß-Feldherr Braniki. Seine Meinung auf die zur Berathschlagung vorgelegten Puncte fand den meisten Beyfall, wobey er auch vor den Primas zu Bestreitung seines iezigen großen Aufwandes 150000 Gulden von den Königl. Tafel-Gütern bey dem Senate durch seine Vorbitte auswirkte. Das Resultat des Senatus Consilii, das sich den 12 Nov. endigte, betraf die Sicherheit der Grenzen und Reichs-Einkünfte, die Abfertigung der Gesandten, die Exequien des verstorbenen Königs, die Bestimmung des Convocations-Reichstags und der vorhergehenden Landtage, und die bewilligte Summa an den Primas, wie auch die Ersetzung der Ausgaben, die der Castellan zu Cracau, der Woywode von Kiow, der Castellan von Caminieck und der Fürst Lubomirski wegen der rühmlich geendigten Angelegenheiten mit den Tartarn vorgeschossen haben, anbetrafen. Der Primas meldete noch bey dem Schlusse dieses Consilii, daß bey Absendung der Gesandten nach Peters-

burg

burg und Berlin die möglichste Achtsamkeit angewendet werden sollte, damit der Republik durch die gegebene Titulatur einer Kaiserin von allen Reußen und eines Königs von Preußen, die noch keinem Theile wegen ihrer besorglichen Ansprüche auf Pohlnisch Reußen und Preußen zugestanden worden, kein Nachtheil zugezogen würde; allenfalls könnten ihnen solche Titel unter der Verwahrung zugestanden werden, wenn Rußland und Preußen deßhalben Reversalien ausstellten, daß es künftig von keinen nachtheiligen Folgen für Pohlen seyn sollte.

An eben dem obgedachten 12 Nov. waren auch die Universalien des Fürsten-Primas, dadurch er den Tod des Königs bekannt machte, und den ganzen Adel zu dem Convocations-Reichstage einladete, unterschrieben. Dieser Reichstag sollte den 7 May 1764 zu Warschau eröfnet und die vorhergehenden Landtage theils den 30 Jan. theils den 6 Febr. gehalten werden. Die Universalien waren an die Preußischen Woywodschaften und Städte in Lateinischer und an die übrigen in Pohlnischer Sprache abgefaßt. Der Primas ließ unterm 22ten Nov. noch ein besonderes Schreiben an die Woywodschaften abgehen und demselben eine Instruction beyfügen, was für Materien auf denen dem Convocations-Reichstage vorhergehenden Landtagen abgehandelt werden sollten. Immittelst hatten auch die beyden Groß-Feldherrn von der Crone und von Litthauen Braniki und Maßalski, unterm 13ten und 18ten Nov. besondere Ordonanzen für ihre

Fortges. G. H. Nachr. 37. Th. C unter-

untergebenen Armeen heraus gegeben, wie sich dieselben in den Stand-Quartieren auf Postirungen und in Besatzungen zur Sicherheit des Landes während dem Interregno verhalten sollten.

Den 15 Nov. wurden zu Warschau in der Pfarr-Kirche zu St. Johann für den König die solennen Exeqvien bey einem aufgerichteten sehr prächtigen Trauer-Gerüste gehalten und damit etliche Tage zugebracht. Dergleichen solenne Leichen-Begängnisse haben auch auf eine ausnehmende Art und auf eigene Kosten der Erzbischoff Sierakowski von Lemberg in seiner Metrapolitan-Kirche und der Cabinets-Minister und General-Postmeister in Pohlnisch Preussen, Graf Stanislawski, in der Königl. Capelle zu Danzig angestellet.

Wegen des Kaiserl. Titels aller Reußen wurde dem Russischen Bothschafter, Graf von Kayserling, eine schriftliche Anzeige eingehändiget, darinnen man zu erkennen gab, daß sie aus vorzüglicher Achtung für eine so ansehnliche Macht, als Rußland ist, weit entfernt wären, den Kaiserl. Titel, welcher der Grösse dieses Reichs gemäß ist, streitig zu machen: allein da diesem Titel die Worte von allen Reußen beygefügt sind, so können der Primas, die Senatores und die Ministers der Republik nicht umhin, die besondere Anmerkung noch beyzufügen, daß man dadurch in Unruhe gesetzt werde, und befürchten könne, es dürfte daher dereinst der Russische Hof auf den Besitz derer, unter solcher Benennung bekannten, so wohl in Pohlen als Litthauen gelegenen, und

der

der Republik zugehörigen, Provinzen Folgerungen ziehen wollen.

Auf diese Anzeige that der Graf von Kayserling dem Primas die Erklärung, daß, da der Titel Kaiserl. Maj. von allen Reußen der Kayserin von allen andern Mächten beygelegt würde, es auf keinerley Weise sich schicken würde, hierinnen eine Aenderung zu machen; er versichere aber die Republik, daß die Kaiserin sich desselben niemals zu irgend einem Anspruche gebrauchen würde. Den 10 Nov. hatte er seine erste öffentliche Audienz bey dem Primas, darinnen er in einer zierlichen lateinischen Rede im Namen seiner Kaiserin wegen des Absterbens des Königs seine Condolenz abstattete und darauf bey dem Primas nebst verschiedenen Magnaten zur Tafel blieb.

Kurz darauf fand sich noch ein Russischer Gesandter, nemlich der General-Major, Fürst Nicolaus Repnin ein, der den Grafen von Kayserling in seinen Verrichtungen unterstützen sollte. Er brachte zugleich ein Schreiben von der Kaiserin unter dem 8 Nov. an den Primas mit, darinnen es unter andern also hieß: „Wir versehen uns zu Ew. Fürstl. Durchl. bekannten Geschicklichkeit und Staats-Erfahrung, daß Sie benenjenigen Polacken, welche bey einer künftigen Königswahl die Aufrechthaltung der Gesetze und die unbeschränkte Freyheit der Stimmen sich zur ersten und vornehmsten Sorge rechnen, Unsern Schutz in Unserm Namen versichern werden; wie wir denn alle nur mögliche Kräfte aufbieten, „um

„um die Beeinträchtigung einer freyen Wahl zu verhindern. Da Uns seit langer Zeit die Gedenkungsart von Ew. Fürstl. Durchl. nicht verborgen ist, so bilden wir uns gar gerne vor, daß Sie unsere dermaligen Gesinnungen mit Vergnügen vernehmen und selbige, in Betrachtung, daß Sie mit wesentlichem nutzen der freyen Pohlnischen Nation ganz einstimmig sind, durch Dero Beytritt, durch die von den Gesetzen selbst Ihnen beygelegte Macht und durch Dero eigene Tugenden, wodurch Sie sich Liebe, Hochachtung und ein allgemeines Vertrauen erworben, einen noch wichtigern Nachdruck geben werden.„

Den 27 Dec. übergaben die beyden Russischen Ministers dem Primas und der Republik im Namen der Kaiserin eine Erklärung, darinnen dieselbe ihr höchstes Mißfallen über das Gerüchte bezeugte, als ob sie darum die Wahl eines Piasten unterstützte, damit sie durch dessen Beystand und Nachsicht einige Provinzen von Pohlen an sich ziehen könnte; sie wäre vielmehr aufrichtig und unveränderlich entschlossen, die Durchl. Republik in dem gegenwärtigen Zustande ihrer Rechte, Freyheiten, Einrichtungen und Besitzungen, dem Tractate von 1686 gemäß, zu erhalten; vielmehr werde sie niemals zugeben, daß jemand jemals etwas davon abreiße; indessen wünschte sie aus Antrieb wahrer Freundschaft, daß durch die künftige Wahl ein Piaste auf den Thron gehoben würde, der von väter- und mütterlicher Seite aus dem Geblüte des National-Adels und im Königreiche gebohren wäre;

und

und welcher könnte der Durchl. Republik zu Erfüllung ihrer Reichs-Constitutionen zuträglicher seyn und selbige glücklicher beherrschen, als derjenige, der ihre Gesetze kennet, selbige mit der Muttermilch eingesogen und durch die Auferziehung Fähigkeiten erlangt hat, seine Handlungen darnach einzurichten. Ein König, der selbst aus der Nation erwählt worden, könne nur das Interesse, die Ruhe und Glückseeligkeit des Königreichs zum Entzwecke haben ꝛc.

Zu gleicher Zeit übergab auch der Preußische Resident Benoit eine Declaration von eben diesem Inhalte und bezeugte, daß der König keinen größern Vortheil für die Republik voraus sähe, als wenn sie sich einen König erwehle, der selbst aus der Pohlnischen Nation entsprossen und vom Vater und Mutter aus dem Blute des National-Adels herstamme; das Ansehen, in welchem die Republik unter der Regierung der Piastischen Könige sich befunden habe, gebe genug Beyspiele von dem Glücke, welches sich die Nation in Zukunft versprechen kann, wenn sie bey der künftigen Wahl ihre Absichten nach dem Vorbilde ihrer Vorfahren nehme.

Der Primas übergab hierauf denen Russischen Ministern eine Anzeige, die den 30 Dec. unterschrieben war, worinnen man als Proben von der Kaiserin höchst schätzbaren Freundschaft verlangte, 1) daß die Russischen Trouppen, die noch in Pohlnisch Preußen stünden, unverzüglich abmarschiren, 2) eine Genugthuung in Ansehung einiger Excesse geben und 3) diejenigen, die durch die Russischen Durchmärsche Schaden gelitten, schadloß halten möchte. Hierauf antworteten die Ministri den 2 Jan. 1764, daß die Russischen Trouppen unter dem General Chomukow den Grund der Republik verlassen würden, so bald von Seiten der letztern die nöthigen Wachen zur Sicherheit ihrer Magazine gegeben worden; was aber die andern beyden Puncte anbeträfe, sollte der Republik alle mögliche Genugthuung geschehen. Hierauf wurde der Cron-Groß-Feldherr von dem Primas ersucht, die nöthige Mannschaft zu den Wachten für die Russischen Magazine abzusenden.

Als der nach Berlin abgeschickte Gesandte Gadomski zurücke kam, ließ er folgendes in die Warschauer Zeitung einrücken: „Ihro Maj. der „König in Preußen haben mir gesagt, ich könnte „bey meiner Zurückkunft meinen Lands-Leuten „vermelden, daß höchst Dieselben alles vollkom„men genehmigten, was von ihrem Residenten „in ihrem Namen declarirt worden. Sie wünsch„ten von Herzen der Durchl. Republik eine ein„trächtige Wahl. Wenn aber wegen innerlicher „Unruhen und Trennungen fremde Trouppen ein„rücken sollten, würden Sie sich gezwungen se„hen, ebenfalß ihre Trouppen einrücken zu „lassen„.

Den 7 Febr. 1764 hatte der neuangelangte Kaiserl. Königl. Bothschafter, Graf von Mercy, seine erste Audienz bey dem Primas, darinnen er seine Creditive, eines von dem Kaiser, und das andere von der Kaiserin-Königin, mit

mit einer kleinen französischen Rede überreichte, und darauf bey dem Primas speisete. Der Französische Abgesandte, Marquis von Pauliny d' Argenson, hat nur einen Besuch bey dem Primas abgestattet, weil er schon bey Lebzeiten des Königs an die Republik accredirt gewesen, und daher keine erste Audienz nöthig gehabt. Den 16 März übergaben beyde Bothschafter an den Primas die Erklärung ihrer Höfe. Die Erklärung des Wienerischen Hofs gieng dahin, daß, da Pohlen ein eigenmächtiger und unabhängiger Staat wäre, welcher sich durch eine freywillige Wahl einen König ernennen, folglich ohne Nachtheil seiner Unabhängigkeit und unumschränkten Freyheit keine Ausschließung statt finden könne, so hätte man sich vorgesetzt, bey allen Gelegenheiten seine Maasregeln darnach zu nehmen und sich verbunden, von nun an denjenigen für König zu erkennen, den eine nach Anleitung der Gesetze geschehene freie Wahl auf den Thron erhoben; und da man feste entschlossen sey, der Nation bey ihrer Wahl auf keinerley Art Zwang anzuthun, so würde man auch zu gleicher Zeit nicht mit Gleichgültigkeit ansehen, wenn etwas Gegentheiliges darwider unternommen werden sollte.

Die Erklärung des Französischen Hofs war von eben dem Inhalte, nur wurde in Ansehung der Cron-Candidaten hinzugesetzt: Ihre Maj. empfehlen keinen davon, und bringen auch keinen in Vorschlag. Sie sind eben so abgeneigt, jemanden davon auszuschließen, weil Sie hierdurch

durch wider ihre Grundsätze handeln und der Freyheit Gewalt thun würden. —— Pohlen zählet große Leute unter seinen Piastischen Königen; allein, viele mächtige Häuser haben auch demselben sowohl durch eigene Thaten berühmte, als durch die Geburth Durchlauchtige Könige gegeben. Es ist allein der Nation Sache, wie sie ohne Bedacht auf den Einfluß der Auswertigen ihre Wahl einrichtet, und ihre Maj. declariren, daß Sie denjenigen, welcher durch eine freye Wahl der Nation und auf eine mit den Gesetzen und Reichs-Constitutionen einstimmige Weise erwählt seyn wird, für einen König von Pohlen erkennen, unterstützen und vertheidigen werden.

Da diese Botschafter ihren Erklärungen weder den Monaths-Tag, noch ihre Unterschrift beygefügt hatten, so entstund darüber an der Glaubwürdigkeit derselben einiger Zweifel, welches dieselben bewog, zu Abwendung des Verdachts gegen die Glaubwürdigkeit eine schriftliche Anzeige mit ihrer Unterschrift unterm 26 März zu thun, worinnen sie declarirten, daß, da ihre Erklärungen im Namen ihrer Monarchen an ganz Europa gerichtet, auch auf die allerfeyerlichste Weise öffentlich bekannt gemacht worden, sie die Unterzeichnung derselben vor eine ganz überflüßige Formalität gehalten hätten.

Aus Constantinopel wurde auch von dem dasigen Pohlnischen Minister, Obristen Stankiewitz, berichtet, daß der Groß-Sultan auf die empfangenen Schreiben von der Republik Pohlen diese Erklärung gethan habe: „Mein Ver-
„langen

„langen bestehet darinnen daß die Republik Poh-
„len ihre Freyheiten gehörig bewahren und nicht
„aus Folgsamkeit, noch einer Partheylichkeit ge-
„gen einen oder den andern von den benachbar-
„ten Höfen etwas dergleichen vornehmen möge,
„so ihren Freyheiten entgegen seyn könnte.„ Es
schrieb auch der Russische Resident Obrescow an
den Grafen von Kayserling, daß die Pforte entschlossen sey, sich mit den Absichten Ihrer Ruß-
sisch-Kaiserl. Maj. und des Berliner Hofs völlig zu vereinigen und denen Herren Pohlen die
volle Freyheit zu lassen, sich aus ihnen einen Piasten nach den Gesetzen und Constitutionen der Republik zum Könige zu erwählen; sie würde auch
niemals zugeben, daß auf einen fremden Prinzen
die Wahl ausfiele, er möchte auch seyn, wer er
wolle. Hiermit stimmt auch das Schreiben des
Groß-Veziers überein, das er zu dem Ende an
den Cron-Groß-Feldherrn Braniki abgehen
lassen.

Immittelst hatten die Landtage ihren Anfang
genommen, wobey es nicht ohne Zank und Zwietracht abgegangen. In Warschau selbst entstund
vor der Eröfnung des Landtags eine Zwistigkeit
zwischen dem Cron-Groß-Feldherrn Braniki
und dem Chef der Cron Garden, dem Fürsten
Czartoriski, Woywoden von Reußen,
weil jener die Cron-Garden aus der Stadt ziehen und dargegen solche mit einigen Detaschements von der Cron-Armee besetzen wollte, darwider sich aber der letztere setzte und Recht behielt.
Diese Irrung war von großer Folge und der

C 5   Grund

Grund von der Trennung des Cron-Großfeldherrn von dem Primas und dessen Anhängern. Der Landtag selbst, der zu Warschau gehalten wurde, lief ohne Streit ab. Die Wahl der Landbothen für diese Landschaft fiel auf den litthauischen Groß-Truchseß, Grafen Stanislaum Poniatowski, und den Fähndrich und Grod-Richter dieser Landschaft, Theodor Szydlowski, zum Präsidenten der Captur-Gerichte, über ganz Masuren aber wurde der Fürst Czartoriski, Woywode von Reußen, erwählt. Die Haupt-Puncte der mitgegebenen Instructionen für die Landbothen waren diese: 1) Daß die an weibliche Erben gewöhnliche Uebertragung der Starosteyen und anderer Königl. Güter gänzlich aufgehoben werden, 2) die Krönung des neuen Königs gleich hier in Warschau geschehen, 3) die Pohlnische Armee ansehnlich vermehret werden, und 4) keine Frey-Quartiere mehr in den Städten für Deputirte und Landbothen statt finden sollten.

Die übrigen Landtage sind fast meistens durch das ganze Reich glücklich und friedlich abgelaufen. Nur in Groß-Pohlen und Litthauen hat es an einigen Orten Streit gesetzt. In Cujavien, Siradien, Dobrzyn und Wilda sind die Landtage getheilt und zweyerley Landbothen erwehlt worden. Dieses geschahe auch in den Woywodschaften Posen und Kalisch, da zu Szroda der gemeinschaftliche Landtag eines Theils unter der Direction des Bischofs zu Posen, Fürstens Czartoriski, an einem Ende des Kirchhofs,

andern

andern Theils unter der Direction des Woywodens von Posen, Fürstens Jablonowski, an dem andern Ende desselben bis zum 10 Febr. gehalten ward. In der Woywodschaft Braclau wurde gleichfalß ein gedoppelter Landtag zu Winnica und zwar mit großen Thätlichkeiten gehalten. Der Woywode von Braclau, Fürst Jablonowski, wurde hierbey in dem Gedränge mit dem Kopfe so heftig gegen etwas geprellt, daß er darüber bey seinem hohen Alter den 6 Märtz sterben mußte.

Der General-Landtag in Preußen, der zu Graudentz gehalten wird, war zwar sehr zahlreich und ansehnlich, gab auch alle Hoffnung eines glücklichen Erfolgs von sich. Allein nach vollendeter Messe, da die ausgezogenen Russischen Trouppen unter dem General-Major, Nicol Chomutow, zurück kamen, gieng man auseinander, ohne an die Wiederkunft zu gedenken, und da die Zeit verlief, folglich kein Landtag mehr eröfnet werden konnte, ist dieser General-Landtag ganz und gar unterblieben. Denn bey der Rückkunft der Russen war es Abends zwischen den Russen und einigen Pohlen unter den Thoren zu einem Gefechte gekommen, wobey auf beyden Seiten stark gefeuert und verschiedene getödtet und verwundet wurden. Der Preußische Adel gab darauf den 27 Märtz ein Manifest heraus, darinnen er alle Schuld wegen des nicht gehaltenen Pohlnisch-Preußischen Land-Tages auf den Russischen Chomutow schob. Allein, der Russische General rechtfertigte sein Verhalten gegen die Beschul-

Beschuldigungen des Preußischen Adels in einem Gegen-Manifeste, das den 1 April unterschrieben war, und schob die Schuld auf die vielen Pohlnischen Trouppen, die sich nach seinem Abzug der Stadt genähert und ihn zu Rettung seiner Magazine genöthiget hätten, wieder in die Stadt zurücke zu kehren.

Als der Primas diese traurigen Nachrichten vernommen, hat er sich öffentlich erklärt, daß er denen Deputirten derjenigen Woywodschaften, wo doppelte Land-Tage gehalten, auch zweyerley Landbothen erwählt worden, keine Audienz ertheilen würde; da hingegen er die übrigen sehr gnädig aufgenommen hat. Den 27 Febr. wurden zwar die Captur-Gerichte zu Warschau eröfnet, der Cron-Großmarschall Bielinski aber setzte zugleich seine Marschalls-Gerichte fort, wegen deren Aufgebung vergebliche Vorstellungen gethan wurden. Die Irrung aber zwischen dem Woywoden von Pommerellen Mostowski und dem Preußischen Adel wegen des Indigenats, welcher Streit schon 7 Jahr gedauert hatte, wurde den 25 Febr. glücklich verglichen.

Im Febr. langte ein Schreiben aus Curland, das von verschiedenen dasigen Edelleuten unterschrieben war, an den Primas und die Senatores nebst beyliegendem statu causæ an, darinnen sie wider den Herzog Biron und dessen Gewaltthätigkeiten große Klagen führten und um die Widereinsetzung des Herzogs Carl baten. Als darauf keine Antwort erfolgte, langten die Herren von Howen und von Mirbach selbst als
Depu-

Deputirte zu Warschau an und thaten in der bey dem Primas erhaltenen Audienz um die Entledigung des Grafen von Büron, (nach ihrem Ausdruck zureden) und Widereinsetzung ihres Rechtmässigen Herzogs unterthänigste Ansuchung, baten auch, daß dieses ihr Ansuchen auf dem künftigen Reichs-Tage in Berathschlagung gezogen werden möchte. Der Primas antwortete: Es könnten ihre Beschwerden über den Herzog während einem Interregno nicht angebracht werden, sondern es sey hierzu die ganze Republik nöthig, die aber niemals ohne einen König dergleichen Sachen in Bewegung brächte, vielweniger jetzo in Berathschlagung ziehen würde.

Der Russische Hof nahm dieses Vornehmen des Herrn von Howen, davon solcher schon vor seiner Abreise nach Warschau benachrichtiget worden, sehr übel auf, und ließ deßhalben ein Rescript an den Herrn von Simolin in Curland unter dem 23 Jan. 1764 ergehen, mit dem Befehl, solches dem Herrn von Howen zuzustellen; es wurde aber der an ihn Abgeordnete unter mancherley Vorwand abgewiesen, bis der Herr von Howen abgereiset war, worauf ihm das gedachte Rescript in Abschrift zugeschickt wurde, der sich aber wegen seiner bereits geschehenen Abreise und der angekündigten Kaiserl. Ungnade, wie auch, daß man ihn einen ehemaligen Land-Hofmeister nenne, da er es doch noch wirklich sey, in einem Gegen-Schreiben beklagte. Es hieß in dem gedachten Rescripte unter andern also: „Wir befehlen euch hierdurch allergnädigst, den Sächsi-
„schen

„schen Cabinets-Minister von Howen, als ehemaligen Curländischen Land-Hofmeister und allen seinen Anhängern auf das nachdrücklichste begreiflich zu machen, wie Wir höchst mißfällig vernehmen müssen, daß sie keine Scheu tragen, allerley Mittel anzuwenden, das Land wider ihres rechtmässigen Herzogs Durchl. aufzuwiegeln, auch sie aufs neue und allen Ernstes zu ermahnen, von aller Widerspenstigkeit abzustehen, und nicht nur aller Verwirrungen und Aufwiegelungen sich gänzlich zu enthalten, sondern auch ihrem rechtmässigen Herzoge allen schuldigen Gehorsam und Ehrerbietung zu leisten, mithin die vorhabende Delegation nach Pohlen gänzlich einzustellen, widrigenfalls wir solches alles nicht mit gleichgültigen Augen ansehen, und sowohl diejenigen, die als Delegirte nach Warschau abgehen sollten, als auch alle die, welche an einer solchen Delegation Antheil haben möchten, als Feinde und Störher der Ruhe ihres Vaterlandes betrachten und mit ihnen so, wie es ihre Boßheit verdienet, verfahren werden.„

In Warschau lief zu Anfang des Aprils die unvermuthete Nachricht ein, daß eine Russische Armee von 40000 Mann in Litthauen eingerückt sey, davon ein Theil unter dem General en Chef, Fürsten Wolkonskoi, über Minsk, und ein anderer Theil unter dem General-Lieutenant von Daschkow über Grodno gienge. Den 5ten brachen auch die in Pohlnisch-Preußen gestandenen Russen unter dem General-Major Chomutow auf und nahmen ihren Weg über Straßburg und

und Zakroczyn nach der Gegend von Warschau. Sie bestunden aus etliche 1000 Mann zu Fuß und 800 Cosacken, von welchen letztern etwan 100 Mann bey dem Magazin zu Graudenz zurücke blieben.

Diese Nachricht setzte die Gemüther derer in Warschau anwesenden Senatoren in große Verlegenheit. Sie begaben sich ihrer 12 an der Zahl, worunter außer dem Cron-Groß-Feldherrn und dem Bischof von Caminiek die Woywoden von Posen, Novogrod, Lublin und Kiow die vornehmsten waren, zu dem Primas, und ersuchten denselben, nicht nur unverzüglich in seinem und ihrer aller Namen an die Rußische Kaiserin zu schreiben und sich über diesen gethanen Schritt ihrer Trouppen zu beklagen, sondern auch, da im Reiche hier und da gedoppelte Landtage gehalten, der General-Landtag in Preußen aber gar nicht zu Stande gekommen, auch eine fremde Armee in der Nähe stünde, den ausgeschriebenen Reichs-Tag einzustellen; sie wünschten insgesamt, daß solcher auf andere Zeit verlegt und dargegen das allgemeine Aufgeboth des Adels ausgeschrieben würde. Allein, der Primas stellte ihnen vor, daß seine höchste Reichs-Würde ihn verbände, seine Anschläge so einzurichten, damit die allgemeine Sicherheit und die Rechte ungekränkt erhalten und alle Vorsicht angewendet würde, damit nicht, anstatt Nutzen und Hülfe zu erlangen, Schaden und Unheil zugezogen würde. An die Rußische Kaiserin zu schreiben, sey unnöthig und nicht möglich, weil man deren

hiesige

hiesige Ministers nicht übergehen dürfe und ohne deren Paßports kein Pohlnischer Courier nach Petersburg gelangen könnte. Er wollte daher in Beysenn des Cron-Großfeldherrn mit diesen Ministris eine Unterredung halten und die Erklärung derselben den Senatoren mittheilen. Ohne Einwilligung der sämmtlichen Reichs-Stände, welche ohnedem gleich hier seyn würden, könnte er den Reichstag nicht verlegen, vielweniger sich zum Aufgeboth des Adels entschließen, weil er voraus sähe, daß weit größere Unruhe und Zwietracht daraus in der Nation entstehen würde.

Weil der Graf von Kaiserling wegen Unpäßlichkeit nicht ausgehen konnte, schickte der Primas denen beyden Rußischen Ministern eine Schrift unterm 10ten April zu, darinnen er sich wegen des Einmarsches der Rußischen Trouppen in das Herz des Königreichs eine Belehrung ausbat, was die Ursache und der Endzweck dieser Unternehmung sey. Hierauf erfolgte von ihnen unterm 17. April eine schriftliche Antwort, darinnen die bisherige Unruhe und Zwiespalt auf den Landtagen zu einer Ursache gemacht wurde, warum man sich genöthiget sähe, zu verhindern, daß nicht zum Nachtheil der Wahl-Freyheit denen freyen Stimmen Gewalt geschehen möchte. Es hieß in dieser Schrift unter andern, daß der Einmarsch der Rußischen Trouppen in das Königreich keinen andern Endzweck habe, als die Wiederherstellung und Erhaltung der Ruhe in der Republik und die Beschützung ihrer Rechte und Wahl-Freyheit; sie

sollten

sollten indessen Niemanden zur Last seyn, sondern alles für baar Geld bezahlen.

Man wollte sich aber Pohlnischer Seits damit nicht zufrieden geben, sondern ließ durch den Cron-Groß-Feldherrn an verschiedene Mächte Schreiben ergehen, worinnen man sich über die Einrückung der Rußischen Armee beklagte. Der **König in Preußen** gab in seiner Antwort unterm 28. April sein Misvergnügen über dergleichen Schreiben zu erkennen, weil es ein Mißtrauen in die Versicherungen, die die Kaiserin der Republik von ihrer guten Gesinnung gegen die Pohlnische Nation gegeben, anzeigte.

Immittelst wurde den 16. April in Litthauen eine Conföderation errichtet, wobey der Groß-Stallmeister von Litthauen **Brzostowski** zum General-Marschall erwählt wurde. Es traten derselbe der Adel von einem großen Theil von Litthauen bey, worunter sich auch viele Magnaten und besonders der Litthauische Groß Feldherr **Maßalski**, sein Sohn, der **Bischoff von Wilda**, und der Litthauische Groß-Schatzmeister, **Graf von Flemming**, befanden. Sie wurde durch ihre Macht unterstützt, und man bezeugte dabey viele Klugheit und Mäßigung, daß sich daher dieselbe fast täglich verstärkte. Es wurden dem Conföderations-Marschall von jeder Wojwodschaft und Landschaft Räthe beygegeben, mit deren Zuziehung und Einwilligung alles gütlich geschehen sollte, so, wie es die Nothwendigkeit der Zeit und Umstände erforderten. Es ließ auch

Fortges. G. H. Nachr. 37. Th.   D   der

der Marschall ein Schreiben ausgehen, worinnen er die übrigen Pohlen und Litthauer einladete, der Conföderation beyzutreten.

Die Rußischen Trouppen rückten indessen ganz nahe an die Stadt Warschau, und postirten sich so, daß der General Daschkow mit seinem Corps hinter der so genannten neuen Welt und der General Chomutow hinter der Neustadt in einem mit Retrenschements und Canonen versehenen Lager zu stehen kam. Sie stellten auf alle Ausgänge aus Warschau Piquets aus, damit sie vor allen Ueberfällen sicher waren. Es faßten auch in dem Garten an dem Pallaste des Rußischen Bothschafters, Grafens von Kayserling, einige Compagnien Grenadiers mit Canonen Posto. Gleich den Tag darauf ließ der Cron-Groß-Feldherr Branicki, der mit dem Anmarsch der Rußischen Trouppen und ihren Absichten am wenigsten zufrieden war, das Warschauer Zeughauß ausräumen, und das Geschütze und Gewehr aus demselben nach dem an der Weixel liegenden Pulver-Thurm in der Neustadt bringen, von dar es durch einige Schiffe nach Marienburg abgeführt wurde. Die Bestürzung und Furcht der Leute nahm hierbey zu, und man stellte allerhand Berathschlagungen an, wie man sich hierbey klüglich verhalten wollte.

Da der Anmarsch der Rußischen Trouppen gegen Warschau bey dem Senat und Volke ein großes Aufsehen machte, übergaben die Rußischen Abgesandten im Nahmen ihrer Kayserin eine Erklärung,

bis zum Convocations-Reichs-Tage. 51

klärung, die den 4. May unterschrieben war.
Es hieß in solcher unter andern also:
„Ihro Kais. Maj. wünschen, daß Sie dieses
Schrittes, den sie jetzo gethan hätten, überhoben
seyn könnten; allein Sie haben den Umständen der
Zeit nachgeben müssen, da jetzt bey Niemanden
mehr weder Gesetz, noch Gründe, weder Liebe
zum Vaterlande, noch für die öffentliche Ruhe
einigen Eindruck mache. Die Cron-Trouppen,
deren natürliche Bestimmung ist, die Grenzen zur
Sicherheit des Reichs zu bewahren, hat man auf
den Landtagen gebraucht, die freyen Stimmen eines freyen Volks zu hindern, und die Captur-
Gerichte mit gewaffneter Hand zu errichten. Die
Begebenheit zu Graudenz ist zu neu, als daß es
schon vergessen seyn könnte. Die Ordres, welche
man den Cron-Trouppen gegeben, sich der Stadt
Warschau zu nähern, lassen befürchten, daß
man vielleicht dasjenige auch hier versuchen wolle,
was man schon bey den bisherigen Vorfällen ver-
sucht hat."

Der Schluß dieser Declaration lautete also:
„Wir erklären und versichern hiermit im Nahmen
Ihrer Maj. den Durchl. Fürsten-Primas, und
die allerdurchl. Republik auf die allerfeyerlichste
Art und Weise, daß die Rußischen Trouppen
nicht die geringste Hinderniß bey den Berathschlagungen der Republik machen, sich in nichts, was
den Convocations-Reichstag betrift, mischen, und
auf keine Weise etwas anfangen werden, so lange
es den Gliedern der Republik belieben wird, sich
aller Arten von Gewaltthätigkeiten zu enthalten,

D 2 welche

II. Die Geschichte des Pohln. Interregni welche die öffentliche Ruhe und Sicherheit der Particular-Personen stören können."

Den 4. May langte der Königl. Preußische an die Republik abgeschickte Bothschafter, Fürst von Schönaich-Carolath, zu Warschau an, und hatte den 6ten dieses bey dem Primas Audienz. Es geschahe dieses auf eben die Art, wie bey dem Kaiserl. Königl. Bothschafter geschehen, doch mit der Ausnahme, daß des Fürstens-Primas Marschall sogleich das überreichte Creditiv öffentlich ablaß. Das Gedränge auf der Senatoren-Gasse zu dem Pallaste des Primas war hierbey so groß, daß der Gesandte dadurch nicht wenig aufgehalten wurde.

Den 7. May wurde der Convocations-Reichs-Tag eröffnet, dessen Merkwürdigkeiten wir künftig erzählen wollen. Immittelst verdienet der Auszug eines Schreibens aus Pohlen vom 6ten May allhier eine Stelle. Er lautet also:

„Dem Reichstage, der Morgen eröffnet werden soll, siehet alles mit bangen Verlangen entgegen. Niemals ist Warschau so lebhaft gewesen als jeßo; aber auch niemals hat es so kriegerisch darinnen ausgesehen, als eben jeßo. Nicht allein sind die Magnaten und Landbothen in grosser Anzahl eingetroffen, sondern es führet auch ein jeder seine Hauß-Trouppen bey sich. Es lassen sich nicht weniger die Herrschaften schon jeßo größtentheils nicht anders, als in dem so kriegerischen Aufzuge zu Pferde sehen, wobey sich jedesmal ein so starkes bewaffnetes Gefolge befindet, daß eine einzige von solchen Herrschaften eine ganze Straße damit

damit einnimmt. Unterdessen ist äußerlich noch alles ruhig, auch außerhalb Warschau, nahe bey welcher Hauptstadt aber der Rußische General Daschkow mit seinem Corps von Grodno über Wengerow würklich eingetroffen ist. Ob noch, und wie bald, die Cron-Trouppen auf Befehl des Cron-Groß-Feldherrn sich bey Pultusk, 4 Meilen von Warschau, zusammen ziehen werden, kann ich, da ich dieses schreibe, noch nicht zuverläßig melden. Dieses aber ist gewiß, daß der Fürst-Primas desfalls einige Senatoren an den Cron-Groß Feldherrn abgeschickt hat. Zu der Litthauischen Conföderation gesellen sich immer mehrere Woywod- und Landschaften. Es sind von derselben Abgeordnete nach Warschau geschickt worden, wo sie dem Reichstage die Ursachen dieser Conföderation anzeigen, und diejenigen, welche von gleichem Eifer belebet werden, zum Beytritt einladen sollen.,,

Wir fügen noch etwas von den Cron-Candidaten bey. Der erste und vornehmste wäre unstreitig der Churfürst, Friedrich Christian von Sachsen, des verstorbenen Königs Augusti III. Sohn, gewesen, wenn er nicht zu bald demselben im Tode nachgefolget wäre. Das Recht der Anfrage und Bewerbung um diese Krone fiel darauf auf seine beyden ältern Herren Brüder, Xaverius und Carl, denen es an Cron würdigen Eigenschaften gar nicht fehlt. Es würden vielleicht auch andere Deutsche Prinzen sich um die Pohlnische Crone beworben haben, wenn nicht gleich anfangs bekannt gemacht worden, daß dißmal

mal kein anderer, als eine Piaſte oder ein gebohrner Polake auf den Thron geſetzt werden ſollte.
Man nennte davon bereits Prinz Carln von
Lothringen, Prinz Friedrichen von Zweybrücken und den Fürſten von Anhalt-Zerbſt,
jedoch ſtehet dahin, ob ein einziger von dieſen
Herren ſichs würklich hat in Sinn kommen laſſen,
ſich um die Pohlniſche Crone zu bewerben.

Unter denen Pohlniſchen Magnaten wurden ſonderlich 1) der Cron-Groß-Feldherr und
Caſtellan zu Cracau, Johann Clemens, Graf
Branicki, 2) Michael Friedrich, Fürſt
Czartoriski, litthauiſcher Groß-Canzler, 3) Auguſt Fürſt Czartoriski, Woywode von Reußen,
4) Ulrich, Fürſt Radziwil, Woywode von Wilda,
5) Stanislaus Auguſtus, Graf Poniatowski,
litthauiſcher Groß-Truchſeß und 6) Stanislaus,
Fürſt Lubomirski, Cron-Unter-Truchſeß, unter die Candidaten und Competenten der Pohlniſchen Crone gezählt. Es hat aber unter denſelben
keiner ſo öffentlich ſich darzu angegeben, als der
letztgedachte Fürſt Lubomirski, der den 6. März
mit dem Woywoden von Kiow nach Warſchau
kam. Als er den folgenden Tag denen Fürſten
Czartoriski vorſtellte, daß, da vor dißmal ein
Pohle König werden ſollte, einer von ihnen die
Crone annehmen möchte, wobey er ſie des Bey-
ſtandes ſeines Hauſes und ganzen zahlreichen und
ſtarken Anhangs verſicherte. Allein, da er die
deutliche Antwort erhielt, daß weder Vater noch
Sohn jemals die Crone verlangen, noch annehmen würde, empfahl er ſich ihnen ſelbſt wegen der
Ver-

bis zum Convocations Reichs Tage. 55

Verdienste seines Hauses als einen Candidaten der Crone, erhub sich auch den 8ten zu dem Primas, und entdeckte ihm seine Gesinnung, mit dem Ersuchen, ihn unter die Cron-Candidaten zu setzen, und ihm in seinen Absichten beförderlich zu seyn. Der Primas gab ihm zur Antwort, daß er der erste nach dem verstorbenen Churfürsten von Sachsen wäre, der sich zur Crone meldete, indem sich weder ein auswärtiger Prinz, noch ein Piaste angegeben hätte; er würde nicht unterlassen, zu seiner Zeit eingedenk zu seyn; worauf der Fürst den 12ten nach Zitomirc; ins Knowische abreisete, um daselbst als Marschall des dasigen Captur-Gerichts seine Jurisdiction zu eröffnen.

Keiner von den obgedachten Cron-Candidaten hat gleich von Anfang größere Hoffnung zu Erlangung der Königl. Würde gehabt, als der Graf **Poniatowski**. Er hatte nicht nur die würdigsten Eigenschaften und viele gute Freunde im Reiche, sondern konnte sich auch auf die Recommendation und den Beystand der Rußischen Kaiserin und des Königs in Preußen Rechnung machen. Er erhielt daher nicht nur von der erstern viele ansehnliche Geschenke, sondern es überschickte ihm auch der letztere den schwarzen Adler-Orden, welcher ihm von dem Preußischen Residenten Herrn Benoit den 10. April überreichet wurde, wobey er zugleich ein gnädiges Handschreiben vom 5. April empfieng, welches in den öffentlichen Zeitungen mit folgenden Worten zu lesen gewesen:

D 4 „Herr

„Herr Graf!

„Ich bin recht sehr gerühret, sowohl über den Brief, den Sie an mich zu senden, mir das Vergnügen gemacht, als auch über die Gefälligkeit, mit welcher Sie sich gegen meinen Residenten, Herrn Bennoit, wegen der in meinem Nahmen angethanen Frage erklärt haben. Ich werde Ihnen deßhalben eine wahre Erkenntlichkeit aufbehalten, und solche in der Vermehrung Ihrer Freunde zeigen, um die Ausführung desjenigen Entwurfs zu erleichtern, dessen Erfüllung ich mit Vergnügen sehen werde. Aus Achtung, die ich für Sie habe, nehme ich daran wahrhaftigen Antheil; und wünsche, daß ich Ihnen bey allen sich ereignenden Gelegenheiten überzeugende Beweise von denenjenigen Gesinnungen geben könne, mit welchen ich bin

Ihr ergebener
„ Friedrich.

* *

III.
Einige jüngst geschehene merkwürdige Beförderungen.

I. Im deutschen Reiche:

Nachdem der Kaiserl. würkl. Geh. Rath, und Minister im Niedersächsischen Kreise, Carl Joseph, Graf von Raab, den 21. Febr. 1764. zu Oßnabrück angelangt, um als Kais. Commissarius

missarius der Postulation eines dasigen Fürsten-Bischoffs beyzuwohnen, so wurde endlich dieses große Geschäfte, wornach das ganze Hochstift so lange geseufzet, vorgenommen, und den 27. Febr. glücklich vollendet. Es fiel die Postulation und Wahl ganz einstimmig auf den jüngstgebohrnen Königl. Prinzen Friedrich von Großbritannien. Nach geendigtem Wahl-Actu wurde das Te Deum, unter Trompeten- und Pauken-Schall, Läutung aller Glocken und Abfeurung der Canonen von den Wällen, abgesungen. Mittags gab der Chur-Hannöverische Gesandte und Geh. Rath, Albrecht Friedrich von Lenthe, auf dasiger Fürstl. Residenz ein großes Tractament, wobey der Graf von Raab, alle Domherren und die ganze Ritterschaft zugegen waren. Abends war die ganze Stadt erleuchtet, wobey die Stücke auf den Wällen sich wieder tapfer hören ließen. Den 28sten wurde wieder herrlich auf dem Schlosse tractirt, und den 1. Märtz war auf dem Schlosse großes Soupee und Bal paré. Den 2ten reisete der Graf von Raab wieder nach Hamburg ab.

Den 3. Jan. 1764. ward Carl, Graf von Bathyani, Kaiserl. Königl. Conferenz-Minister, würkl. Geh. Rath und General-Feld-Marschall, auch Ritter des güldenen Vließes und gewesener Ober-Hofmeister des Cron-Prinzens und Erzherzogs Josephs, mit allen seinen ehel. Descendenten in des Heil. Röm. Reichs Fürsten-Stand erhoben, und ihm auch die Münz-Gerechtigkeit verliehen.

II. Am Wienerischen Hofe:

Am Neujahrs-Tage 1764. lösete die neu errichtete Kaiserl. Königl. adeliche Arcier-Garde die alte ab. Diese neue Garde bestehet dermalen in 50 Köpfen von Adelichen, die schon als Officiers im Felde gedienet, und nun den Rang als Ober-Lieutenants haben. Der Garde-Hauptmann ist der Feld-Marschall, Ferdinand Carl, Graf von Aspermont-Linden, Ritter des güldenen Vließes. Die Uniforme auf alle Tage bestehet in rothen Röcken von feinem Tuche mit Aufschlägen von schwarzen Sammet. Die Knopflöcher sind mit Golde ausgemacht, die Westen lederfarbigt mit einer goldenen Borde und die Beinkleider roth. Die Cartusch Riemen sind von schwarzen Sammet mit Golde bordirt, die Degen und das Beschläge der Carabiner aber stark vergoldet. Die Galla-Uniform ist sehr kostbar, und die Flügel-Röcke sind mit Golde reich gestickt.

Den 2. Jan. 1764. erhielt der General-Wachtmeister, Vincenz, Graf von Migazzi, das Tyrolische Feld- und Land-Regiment, das bisher der General-Feld-Zeugmeister, Joseph Siegmund, Graf von Maquire, gehabt.

Nachdem die Kaiserin Königin dem Erzbischoffe von Gran und Primas von Ungarn, Franz, Grafen von Barkoszy, im Jahr 1763. das Schloß zu Gran in Nieder Ungarn geschenkt, und derselbe den Anfang machen lassen, auf dem Platze des alten Schlosses ein neues aufzuführen, um sowohl seine bisherige Residenz, als auch das

Dom-

Dom-Capitul, davon die erste, als Gran, dem Türken in die Hände gefallen, nach Preßburg, das letztere aber nach Tyrnau verlegt worden, nach Gran wieder zu versetzen, so hat man bey Ausgrabung des Grundes eine große Menge alter Römischer Münzen von Erz und Silber gefunden, darunter sich viele seltene befinden.

III. Am Französischen Hofe:

Den 1. Jan. 1764. ernennte der König zu Rittern des Heil. Geistes, folgende Herren:
1. Den Grafen Carl Michael von Saulx-Tavannes, General-Lieutenant und Chevalier d'honneur der Königin.
2. Ludwig Nicolaus Victor von Felix, Ritter von Muy, General-Lieutenant und Menin des Dauphins.
3. Den Grafen von Chatelet-Lomont, Marschall de Camp, und
4. Den Marschall de Camp, Johann Baptista Carl, Grafen von Estaing.

Den 8. Jan. e. d. J. langte auf Königl. Erlaubniß der Cardinal, Franz Joseph von Bernis, aus seiner Abtey zu St. Medard bey Soißons, wohin er verwiesen worden, in der Abtey St. Denis an, von dar er sich den 9ten nach Versailles begab, wo er von dem Könige und der ganzen Königl. Familie auf das gnädigste empfangen wurde. Man glaubte, es habe der Herzog von Choiseul seine Aussöhnung ausgewürkt, und vermuthete, daß er wieder zu den Affairen gezogen werden dürfte. Es hieß hernach, er sollte als außerordentlicher Ambassadeur dem Pohlnischen Wahltage beywohnen, so aber nicht erfolgt ist.

Im Febr. b. J. wurde der Titel der Herzogl. Pairin von Choiseul auf die Ländereyen von Amboise gelegt, und dem Herzoge, Stephan Franz von Choiseul gegeben, nachdem er seine andern Ländereyen dargegen dem Könige durch Tausch überlassen hat.

In eben diesem Monathe erhielten der Marschall, Victor Franz Herzog von Broglio, und dessen Bruder, Carl, Graf von Broglio, wiederum Erlaubniß bey Hofe zu erscheinen, nachdem sie 1760. auf ihre Güter verwiesen worden. Den 10. April wurden sie dem Könige vorgestellt.

IV. Am Spanischen Hofe:

Als den 15. Febr. 1764. zu Madrit die Ehe-Beredung zwischen der Königl. Infantin, Maria Louise, und dem Erzherzoge Peter Leopold unterzeichnet worden, geschahe eine Beförderung von 9. Rittern des güldenen Vließes, 4. Grands d'Espagne, 3. Staats-Räthen, 5. Rittern des Heil. Januarii-Ordens, 10. würkl. Cammerherren und 7. Gentilshommes d'Entree. Nämlich zu Grandes von Spanien. 1. Ferdinand Colonna, Fürst von Stigliano. 2. Graf v. Mora. 3. Graf v. Torreson. 4. Johann v. Arragona, Marqvis v. Fogliani. Zu würklichen Geh. Staatsräthen. 1. Hieronymus, Marqvis v. Grimaldi. 2. Don Gregorius de Leopoldo, Marqvis v. Sqvillace. 3. Don Alfons

merkwürdige Beförderungen.

Alfons Muniz Caso y Ossorio, Marquis del Campo de Villar. Zu Rittern des güldenen Vließes. 1. Herzog v. Arcos. 2. Joseph v. Miranda, Herzog v. Losada. 3. Herzog v. Arcos. 4. Fürst della Catolica. 5. Johann Just Ferdinand, Graf v. Priego. 6. Graf v. Banos. 7. Fürst Michael v. Francavilla. 8. Graf Casimir v. Egmond. 9. Herzog Emanuel v. Saint Estevan. Zu Rittern des Januarii Ordens. 1. Marquis v. Montealegre. 2. Bernhard, Marchese Tanucci. 3. Don Richard Wall. Zu Cammer-Herren. 1. Herzog v. Hijar. 2. Graf v. Santa-Eufemia. 3. Marquis v. Muranda d'Aura. 4. Marquis Peter v. Almodavar. 5. Herzog v. Albuqverqve. 6. Graf v. Volhermoso. 7. Marquis v. Velgida. 8. Graf v. Fernannunez. 9. Graf v. Seruela. 10. Prinz von Salm-Salm. Zu Gentilshommes d'Entree. 1. Don Johann v. Villalba. 2. Marquis v. Mirabel. 3. Marquis v. Castelfuerte. 4. Marquis v. Spinola. 5. Marquis v. Semanat. 6. Marquis v. Trusillo. 7. Marquis v. Grimaldo.

Im Jan. 1764. ward der Graf von Aranda General-Gouverneur in dem Königreiche Valentia.

V. Am Großbritannischen Hofe:

Den 21. Jan. 1764. wurden Carl Wilhelm Ferdinand, Erb-Prinz von Braunschweig, und Heinrich Friedrich, Königl. Prinz von Groß-

Großbritannien zu Windsor zu Rittern des blauen Hosenbandes installirt.

In eben diesem Monathe hat der General-Major Acourt von allen seinen Aemtern bey Hofe und in der Armee abgedankt. Er ist ein Parlaments-Glied und die Ursache seiner Abdankung sollte seyn, weil er den guten Absichten des Hofs, eine gute Harmonie mit dem alten Ministerio herzustellen, mit vieler Hitze widersprochen, und dadurch die bisher obwaltenden Uneinigkeiten mehr unterhalten als gehindert hatte.

So wenig man seit 400 Jahren in der Engelländischen Kirchen-Historie Exempel hat, daß ein Bischoff in diesem Reiche freywillig sein Amt und Würde niedergelegt habe, so hat es doch D. Sacharias Pearce, Bischoff zu Rochester und Dechant zu Westmünster, im Jan. 1764. gethan, um, wie man sagt, in der Stille und bey mehrerer Muse seine Anmerkungen über das Neue Testament zu Stande zu bringen. Die Resignation geschahe den 26. Jan. in die Hände des Erzbischoffs von Canterbury, worauf der bisherige Bischoff zu Bristol, D. Newton, der auch durch Schriften bekannt ist, das Bißthum zu Rochester erhalten hat.

VI. Am Rußischen Hofe:

Die Kaiserin hat im Dec. 1763. dem Litthauischen Truchseß, Stanislaus August, Grafen Poniatnwski, den St. Andreas-Orden nebst einem mit Brillanten besetzten Sebel und 7000 Species-

merkwürdige Beförderungen.   63

cies-Ducaten übersendet, so ihm den 26ten dieses zu Warschau überreicht worden.

Die bekannte Comtesse Elisabeth von Woronzow, die bey dem verstorbenen Kaiser Peter III. in besondern Gnaden gestanden, erhielt von der Kaiserin die Erlaubniß, wieder nach Petersburg zu kommen, sie hat aber solches verbeten und zu vernehmen gegeben, daß sie entschlossen sey, ihr Leben auf den Gütern ihres Vaters zu beschließen.

Zu Ende des Jahrs 1763. errichtete die Kaiserin zu Verbesserung und mehrer Aufnahme der Rußischen Handlung eine besondere Commercien-Commißion, bey welcher die würkl. Geh. Räthe, Herr von Neplujew, Fürst Schachowskoi und Graf von Münnich, nebst den würklichen Cammerherren, Grafen von Schuwalow, und dem würkl. Staats-Rathe, Herrn von Teplow, zu Gliedern derselben ernennet, denen der Staats-Rath, Herr von Klingstedt, aber, der Procureur vom Commercien-Collegio, Herr Puschkin und der Hofrath Odar, als Gehülfen zugeordnet wurden. Diese Commißion sollte unmittelbar von der Kaiserin abhangen, die auch bisweilen denen Berathschlagungen derselben in eigener Person beywohnen wollte.

Den 6. Jan. 1764. empfieng Gregorius Gregorowitsch, Graf von Orlow, den St. Andreas-Orden, dargegen nicht lange darauf der Admiral Wilhelm Louis und der General-Lieutenant Simon Georgewitz Karaulow, Alters und kränklichen Zustandes wegen mit Bey-

behaltung

behaltung ihres vollen Gehalts aller Dienste erlassen wurden.

Im Jan. e. d. J. legte der General, Zacharias, Graf von Czernichew, Ritter des St. Andreä und Pohlnischen Adlers, auch Vice-Präsident des Kaiserl. Kriegs-Collegii, der sich im letzten Kriege sowohl durch seine Tapferkeit und gehaltene gute Mannszucht, als auch bewiesene Uneigennützigkeit einen großen Ruhm erworben, seine Bedienung nieder.

VII. Am Dähnischen Hofe:

Im Jan. 1764. ward Christian, Graf von Stollberg, Königl. Cammerherr; aus den abgedankten 9 Compagnien der Garde zu Fuß aber wurde ein neues Regiment errichtet, das den Nahmen des Königl. Leib-Regiments führen sollte; der Prinz Carl von Hessen-Cassel erhielt das Commando darüber. Der Cammerherr, Ulrich Adolph, Graf von Holstein, erhielt eine Stelle unter den Deputirten im General-Kriegs-Directorio. Der Herzog von Sachsen-Hildburghausen, ward General der Infanterie und Friedrich Albrecht, Erb-Prinz von Anhalt-Bernburg ward Chef des Artillerie-Corps. Prinz Friedrich von Hessen erhielt das Nordische Leib-Regiment, das bisher sein Bruder, Prinz Carl, gehabt hatte, welcher dargegen das Seeländische Regiment aufgab.

Der Königl. Schwedische Reichsrath und Ritter des St. Annen-Ordens, Baron Carl Otto Hamilton, erhielt den Elephanten-Orden, der

der General-Lieutenant, Woldemar, Graf von Schmettau aber wurde zum General der Reuterey und commandirenden General der sämmtlichen Völker in Norwegen ernennet, nachdem er bey den Dähnischen Trouppen eine neue Einrichtung gemacht, auch neue Manoeuvres eingeführt hatte. Die ihm von Venedig angetragenen Vortheile hat er ausgeschlagen.

Den 29. Jan. eben dieses Jahrs erhielten die Gräfin von St. Germain, die Baronin von Schimmelmann und die Cammerherrin von Thienen, gebohrne von Plessen, den Orden de l'Union parfaite. Diesen Orden bekamen auch im Febr. der Fürst und die Fürstin von Anhalt-Cöthen, ingleichen die Gräfin von Schönburg-Glauchau.

Im Febr. e. d. J. ward der Geh. Rath und Ober-Hofmeister der regierenden Königin, Niels Krabbe Wind zum Directeur der Oeresundischen Zoll-Cammer ernennet.

VIII. Am Schwedischen Hofe:

Den 23. Jan. 1764. wurde der Ober-Stadthalter zu Stockholm und Commandeur des Schwerdt-Ordens, Jacob Albrecht, Baron von Lantingshausen, zum Ritter des Seraphinen-Ordens ernennet.

Im Febr. e. d. J. ward der General-Lieutenant, August Ehrenswärd zum General, der General-Major, Baron Samuel Stierneld, zum General-Lieutenant und der Obrist, Peter von Törne, zum General-Major erklärt.

IX. Am Preußischen Hofe:

Im Jan. 1764. ward Geromar Berend Wilhelm von Schack zum Cammerherrn, der Kriegs- und Domainen-Rath bey der Breslauschen Cammer, Gottfried Ludwig von Braxein, zum Geheimen Rathe und ersten Director bey der Glogauischen Cammer, anstatt des wegen hohen Alters erlassenen Geh. Raths Christian von Busse Stelle, und der Prinz, Joh. Adolph von Nassau-Usingen zum General-Major und Chef des Grabowischen Füßilier-Regiments ernennet, dem General-Major von Grabow aber ward ein Gnaden-Gehalt ausgesetzt. Der bey der alliirten Armee gestandene General-Kriegs-Commissarius, Carl Simeon Gerhard von Rönig, ward nebst seinen Kindern und Bruder in den Freyherrn-Stand erhoben. Es ward auch in diesem Monate der Kriegs- und Domainen-Rath zu Königsberg, Gottfried Lehmann, zum Director der Gumbinischen Kriegs- und Domainen Cammer, und der Herr von Wegener zum Director der Ost-Frieslandischen Kriegs- und Domainen-Cammer zu Aurich ernennet, dem Fürsten, Friedrich Johann Carl von Schönaich-Carolath aber ward der Orden des schwarzen Adlers überschickt.

Im Febr. d. J. ward der Geh. Regierungs-Rath und Land Rentmeister zu Cleve, Abraham, Edler von Meinertshagen, zum Cammerherrn, und der bisherige Obrist-Lieutenant der

Reu-

merkwürdige Beförderungen.

Reuterey, und gewesene Commandeur der Garde du Corps, Johann August von Blumenthal, zum Ober-Hofmeister des jüngern Prinzens von Preußen ernennet, der Kriegs-Rath Christian Ludwig von Tiefenbach aber ward Geheimer Rath und Präsident bey der Ober-Kriegs-und Domainen-Rechen-Cammer zu Berlin. Es verwilligte auch der König in diesem Monathe auf Ansuchen des Dom-Dechants zu Halberstadt, Ernst Ludwigs, Baron von Spiegel zum Diesenberg, denen Dom-Herren zu Halberstadt, außer dem im Jahr 1754. gnädigst accordirten, an einem Ponceau-rothen Bande um den Halß zu tragen erlaubten emaillirten Ordens-Creuße, ein silberfarbenes mit goldener Einfassung bordirtes, in 8 Spitzen ausgehendes, und mit einer goldenen Crone versehenes Creuß, in dessen Mitte im goldenen Felde ein Königl. Preußischer goldgekrönter schwarzer Adler mit ausgebreiteten Flügeln den goldenen Scepter in der einen, den Donnerkeil in der andern Klaue haltend, befindlich, auf der linken Seite des Rocks gestickt, künftig stets zu tragen.

X. Am Portugiesischen Hofe:

Don Francisco de Sousa, ist als Gouverneur nach Angola in Africa abgegangen der Präsident des Raths de la Relation aber, Don Ignaz Alvarez de Silva aber ward wegen begangener Malversationen seiner Charge und Ehre entsetzt.

Den Staats-Minister, Grafen von Oeyras, sollte ein so gefährlicher Schlagfluß betroffen haben, daß er dadurch zu allen Geschäften untüchtig worden. Allein man hat dieser Nachricht nachgehends widersprochen.

XI. Am Päbstl. Hofe:

Im Febr. 1764. bekam der Cardinal Molino, die Abtey St. Simon und Judä zu Bergamo, und der Cardinal Priuli die Abtey St. Euphemiä zu Treviso; die Aebte Trombini und Calcagnini aber erhielten die Bißthümer zu Cariati und Fondi, nachdem der Bischoff zu Fondi, Onuphrius Roßi, Bischoff zu Ischia worden.

Der P. Johannes Dominicus Mansi von den Regular-Geistlichen der Mutter Gottes zu Rom ward Erzbischoff zu Lucca.

Den 20. Febr. e. b. J. wurden folgende Erz- und Bischöffe confirmirt:

1. Nicolaus Oddi, als Erzbischoff von Ravenna,
2. Nicolaus Angelus Landini, Augustiner-Ordens, als Bischoff von Porphirio in Partibus, nachdem er kurz zuvor Sacristan des Apostolischen Pallasts, wie auch Consultor der heil. Rituum und Beysitzer der Congregation von den Indulgentien und Reliqvien worden,
3. Herrmann, Freyherr von Blümigen, bisheriger Dom-Dechant zu Ollmütz, als Bischoff zu Königsgräz,
4. Gabriel Franz Moreau, als Bischoff von Macon,

5. Mi-

5. Michael Franz Coret von Vivier, als Bischoff von Vence, und

6. Joseph, Graf von Arco, Domherr zu Passau, als Bischoff von Hippona und Weyh-Bischoff von Passau.

In diesem Monathe ward auch der Abt Vicentini zum Spanischen Auditore Rotä vom Pabst ernennet.

Bey außerordentlichen Congregationen werden, außer denen Cardinälen, Cavalchini, Torreggiani und Rezzonico, sonderlich auch die Cardinäle Castelli, Galli, Antonelli, Negroni, Stoppani und Serbelloni stark gebraucht.

XII. Am Chur-Sächsischen Hofe:

Im Jan. 1764. ward der Legations-Rath, Abt Joseph Victor, zum würkl. Geh. Rathe, und der Conferenz-Minister und Canzler, Hieronymus Friedrich von Stammer, zum Land-Vogt in der Ober-Lausitz ernennt. Der General-Lieutenant und würkl. Geheime Kriegs-Rath, August Siegfried von Zeutzsch, erhielt unter dem Nahmen eines Vice-Präsidentens den Vorsitz in dem geheimen Kriegs-Raths-Collegio; der geheime Kriegs-Rath und Cammerherr, Alexander von Unruh aber resignirte die Kriegs-Raths-Stelle, und ward geheimer Rath, an dessen Stelle der Geh. Rath, Otto Bernhard von Borke, in das Kriegs-Raths-Collegium eingeführt wurde.

Im Febr. e. d. J. ward der Geh. Rath, Rudolph, Graf von Bünau, auf Seusellitz, Ober-Steuer-Director, der Hofrath, Christian Wilhelm

helm von Nischwitz Vice-Steuer-Director, der geheime Legations-Rath, Emmerich von Vattel Geh. Rath, und Friedrich Anton von Heinitz, Geh. Cammerrath.

Die verwitwete Churfürstin hat auch im Jan. 4 Evangelisch-Lutherische Hof-Damen ernennet, nämlich die Comtesse von Löser, und die Fräuleins von Thielau, Nostitz und Brand.

XIII. In Holland:

Im Febr. 1764. ward der Pensionarius der Stadt Harlem, Paul Abraham Gilles, Staats-Secretarius bey den General-Staaten derer Vereinigten Niederlande.

XIV. Am Chur-Maynzischen Hofe:

Den 1. Jan. 1764. ward der Geh. Rath und Ober-Amtmann zu Dieburg und Gernsheim, Freyherr Friedrich Carl von Groschlag, der bisher als Gesandter am Französischen Hofe gestanden, zum Staats- und Conferenz-Minister, wie auch zum Vice-Großmeister ernennet. Er hat den folgenden Tag in des Churfürstens Hände die Pflicht abgeleget.

XV. Am Chur-Hannöverischen Hofe:

Im Jan. 1764. ward der Prinz, George von Waldeck, Rittmeister bey dem selb. Regimente, und Prinz Ernst von Mecklenburg-Strelitz, Gouverneur zu Zelle.

XVI. Am Meklenb. Schwerin. Hofe:

Die regierende Herzogin Louise Friderica, hat den 3. Febr. 1764. zu Ludwigslust ihr Geburts-Fest begangen, und hierbey für die drey Evangelischen

schen Landes-Klöster, Dolbertin, Malchau und Ribnitz, einen Orden gestiftet. Das für das Kloster Dobertin gewidmete Ordens-Creuz wird an einem blauen Bande getragen, und ist blau emaillirt; im Centro stehen die Buchstaben F. L. und in dem Sterne die Worte: Pour la vertu. Das Kloster Malchau hat ein roth emaillirtes Creuz an einem rothen Bande, nebst einem roth emaillirten Sterne; und das Kloster Ribnitz ein blau emaillirtes Creuz an einem weißen Bande, nebst einem darzu gehörigen Sterne. Die Buchstaben und Worte stehen in den letztern beyden Ordens-Zeichen, wie in den ersten. Die Sterne sind alle von Golde, und der, welchen die Domina trägt, ist mit Brillanten besetzt. Die bürgerlichen Conventualinnen bekommen zwar diese Ordens-Creutze auch, aber nur mit dem Unterschiede, daß die Bänder schmäler als derer Adelichen ihre sind, als welche breite Bänder über die Schultern tragen; dagegen die Bürgerlichen die Creutze über der Brust mit einer Schleife befestigen. Die Ordens-Statuta sind in blauen, in rothen und weißen Sammet eingebunden und bleiben bey den Klöstern.

XVII. Am Sachsen-Weimarischen Hofe:

Der würkliche Geheime Rath und Director der Landschafts-Casse, Gottfried Nonne, und der würkl. Geheime Rath und Regierungs-Präsident, Johann Poppo Greiner, sind im Jan. 1764. von dem Kaiser wegen ihrer erworbenen Verdienste mit dem Prädicat von in den Reichs-Adel-Stand erhoben.

XVIII. Am Brand. Bayreuth. Hofe:

Nach dem Absterben des ersten Ministers, Landschafts-Directoris und Hof-Richters, Herrn von Lauterbach, ward im Febr. 1764. Philipp, Graf von Ellrod, zum ersten Minister und Landschafts-Präsidenten, der Geheime Rath, Carl Christian von Lindenfels zum Hofrichter, der Geh. Regierungs-Rath, Johann Stephan Erkert zum Geh. Rath und Consistorialsistorial-Präsidenten, der Geh. Regierungs-Rath und Lehn-Probst, Christoph Salomon Mohr zum Geh. Rathe, und die Geh. Regierungs-Räthe, Wilhelm Friedrich Thomas und Johann Friedrich Steinheil, zu würkl. Geheimen Regierungs-Räthen mit Sitz und Stimme in dem Geh. Raths-Collegio, und der Geh. Regierungs-Rath, Wolfgang Friedrich von Ellrod zum Consistorial-Vice-Präsidenten ernennet.

XIX. Am Würtembergischen Hofe:

Den 11. Febr. 1764. als an des Herzogs prächtig begangenem Geburts-Feste, wurden folgende Beförderungen vorgenommen: Die bisher verledigte Ober-Hof-Marschalls Stelle wurde dem Baron, Franz Carl von Bock aufgetragen. Der bisherige Ober-Land-Jägermeister, Johann August von Brandenstein, ward Obrist-Jägermeister; der Hof-Jägermeister Philipp Adolph von Wechmar, ward Ober-Land-Jägermeister; der Vice-Jägermeister, Ernst August von Rieben, ward Hof-Jägermeister; und der Ober-Forstmeister von Brandenstein zu Reichenberg ward Vice-Jägermeister; der Ober-Schenke, Moritz Carl, Graf v. Puttbus, aber erhielt den Character eines Geh. Raths.

Bey dem Militair-Etat erhielt der General-Major, Gustav Ferdinand von Bidenfeld, das erledigte Wolfische Regiment Fußvolk. Der Obrist, Moritz Ferdinand von Reitzenstein ward General-Major, die Obrist-Lieutenants Heinrich August von Mandelsloh, von Heimburg, von Scheler und von Witzleben wurden Obristen, und die Obrist-Wachtmeisters von Spitznaß, Friedrich Eberhard, Graf von Hohenlohe und von Welling wurden Obrist-Lieutenants. Der Obrist-Lieutenant von Hügel erhielt die Obrist-Lieutenants-Stelle bey der Garde zu Fuß. Der Obrist, Johann Friedrich von Schönfeld ward General-Major der Cavallerie, der Flügel-Adjutant, Graf, Friedr. Phil. Carl Pückler, ward General-Adjutant, und der Graf von der Lippe, Flügel-Adjutant mit Obrist-Wachtmeisters-Character.

Fortgesetzte
Neue
Genealogisch-Historische
Nachrichten
von den
Vornehmsten Begebenheiten,
welche sich an den
Europäischen Höfen
zutragen,
worinn zugleich
vieler Stands-Personen
Lebens-Beschreibungen
vorkommen.

Der 38. Theil.

Leipzig,
im Verlag der Heinsiußischen Buchhandlung.
1765.

Innhalt:

I. Merkwürdige Lebens-Geschichte des berühmten Premier-Ministers, Grafens von Brühl.

II. Einige jüngst geschehene merkwürdige Todes-Fälle.

III. Brand-Schäden, Erdbeben und andere Unglücks-Fälle im Jahr 1763.

IV. Einige jüngst geschehene merkwürdige Geburthen.

I.

Merkwürdige Lebens-Geschichte des berühmten Premier-Ministers, Grafens von Brühl.

Heinrich, Graf von Brühl, stammte aus einem alten Thüringischen Geschlechte her, an dessen Adel nichts auszusetzen ist. Sein Stammgut heißt Gangloff-Sömmern, welches die Herren von Brühl etliche 100. Jahr besessen haben. Es liegt in der Gegend von Weisensee, und ist jetzo eine ansehnliche Herrschaft. Allhier ward der Graf von Brühl den 13. Aug. 1700. zur Welt gebohren. Sein Vater war Hanß Moritz von Brühl, auf Gangloff-Sömmern, welcher an dem Sachsen-Weisenfelsischen Hofe geheimder Rath, Ober-Hofmarschall und Landshauptmann des Fürstenthums Querfurt gewesen, aber dem Verfall seines Hauses in Ansehung des Vermögens nicht aufhelfen können, sondern sich genöthiget gesehen, sein Stammgut an seinen Herrn, den Herzog von Weisenfelß, zu verkaufen. Er war mit Erdmuth Sophien, des Schwedischen Obristens und Chur-Pfälzischen Cammerherrns, George Peters von der Heide, Tochter vermählt, die ihm verschiedene Kinder gebohren, davon 4 Söhne und eine Tochter zu erwachsenen Jahren gekommen. Die Tochter, Namens

Namens Johanna Eleonora, ward mit Erich Volkmar von Berlepsch, auf Urleben, vermählt. Unter den 4 Söhnen war unser Heinrich der jüngste, der aber seine Mutter gar nicht kennen gelernet, weil er nicht viel über anderthalb Jahr alt gewesen, da sie den 24 März 1702 Todes verblichen.

Die Bedienungen, die sein Vater an dem Weißenfelsischen Hofe bekleidete, gaben Gelegenheit, daß er das Gymnasium zu Weisenfelß, welches Herzog Christian gestiftet hatte, einige Zeit besuchen konnte, nachdem er vorher einigen Privat-Unterricht in seines Vaters Hause bekommen. Er wurde hierauf Page bey der Herzogin Friderica Elisabeth von Weisenfelß, Herzogs Johann Georgens Witwe, die sich damals zu Leipzig aufhielt. Und dieses gab Anlaß, daß er sich in der Französischen Sprache und in den ritterlichen Leibes-Uebungen auf dieser berühmten Universität fester setzen konnte, ob er gleich kein academischer Bürger daselbst war. Seine gute Gesichts-Bildung und einnehmenden Manieren, die Munterkeit seines Geistes und dessen überaus große Höflichkeit brachten ihm gar bald Patrone zu wege, die ihn an den Hof des Königs Augusti II. recommandirten, der dergleichen artige und aufgeweckte Leute gerne um sich hatte. Er wurde unter die Königl. Pagen aufgenommen, da er sich denn durch seine vorzügliche Dienstfertigkeit, Treue und Klugheit in kurzen dergestalt um den Monarchen

narchen verdient machte, daß er gar bald deſſen
Liebling wurde, dem er ſich in den geheimeſten
Angelegenheiten vertraute. Er machte ihn daher
zu ſeinem Leib-Pagen und behielt ihn ſtets um
ſich, erhub ihn auch 1726 zum würklichen
Cammerjunker.

Es währte nicht lange, ſo ward er Cammerherr und bald darauf geheimer Cämmerer, wobey
er den Rang über alle Cammerherren und die
nechſte Stelle nach den gewöhnlichen Hof-Aem-
tern erhielt. Er muſte in ſolcher Qualität be-
ſtändig um den König ſeyn und ihn auf allen ſeinen Reiſen begleiten. Weil er den Aufwand und
das Spiel liebte, gebrach es ihm öfters am Gelde.
Allein, ſein höchſter Principal ließ ihn nicht
Mangel leiden, ſondern half ihm ſtets aus ſeinen Bedrängnüſſen heraus. Sein vielgeltendes
Anſehen bey dem Könige, das täglich zunahm,
leuchtete gar bald den auswärtigen Höfen in die
Augen und ſetzte ihn in ſolche Hochachtung, daß
er von allen Seiten her geehrt und beſchenkt
wurde. Selbſt der König Friedrich Wilhelm
von Preußen ſchätzte ſeine Freundſchaft ſo hoch,
daß er ihm im Jun. 1730. nach dem geendigten
großen Campement bey Zeithayn den Ritter-
Orden des ſchwarzen Adlers ertheilte.

Im April 1731 ward er zum Ober-Steuer-
Einnehmer, und im May eben dieſes Jahrs zum
General-Accis-Inſpector erklärt, auch im Oct.
in das würkliche geh. Raths-Collegium aufgenommen,

nommen, wobey ihm das Domeſtiq. Departement anvertrauet wurde, das der verſtorbene Cabinets-Miniſter, Graf von Waßdorf, gehabt.
Er wurde auch den 25 Febr. als würklicher Vice-
Steuer-Director in das Königl. Ober-Steuer-
Collegium eingeführt, auch nicht lange darauf
mit dem Königl. Pohlniſchen weiſſen Adler-Orden beehrt. Sein Anſehen ſtieg demnach in wenig Jahren an dem Dreßoniſchen Hofe dergeſtalt,
daß er eine Stütze ſeines ganzen väterlichen Hauſes wurde. Sein Vater war zwar bereits den
24 Sept. 1727 geſtorben, aber er hatte außer ihm
noch drey Söhne hinterlaſſen, die der jüngſte nun-
mehr an den Königl. Pohlniſchen und Chur-
Sächſiſchen Hof zog. Der älteſte Bruder,
Johann Adolph, der bisher an dem Weimariſchen
Hofe Stallmeiſter geweſen, ward 1732 Königl.
Cammerherr und Reiſe-Stallmeiſter, die andern
beyden Brüder aber avancirten im Militair-
Stande.

Den 10 Jan. 1733 begleitete er den König
Auguſt II. zum letztenmale nach Pohlen, wobey
man ſich nicht einbildete, daß man dieſen Monarchen in Sachſen nicht wieder zu ſehen bekommen
ſollte, weil er ſich bisher ganz wohl befunden.
Allein, er war kaum zu Warſchau angelangt, ſo
brach der böſe Schenkel wieder auf und der Schade
verſchlimmerte ſich dergeſtalt, daß er den 1 Febr.
frühe ſeinen Geiſt aufgab. Er ſtarb gleichſam
in den Armen ſeines Lieblings, des Herrn von
Brühl, welcher alsbald die Königl. Juweelen in
Verwah-

Verwahrung nahm, und alles zu Abführung der Königl. Hofstatt und Equipage veranstaltete und nach Sachsen zurück kehrte, wohin ihm die Königl. Hofstatt und Equipage unter einer ansehnlichen Pohlnischen Bedeckung nachfolgte. Sie machte bey 4000. Personen aus, und führte außer 20 beladenen Maulthieren, 74 sechsspännige und 60 vierspännige Wagen bey sich.

Bey Lebzeiten des verstorbenen Königs schien der Herr von Brühl nichts weniger, als die Gnade des Churprinzens zu besitzen. Man wollte deutlich bemerkt haben, daß derselbe diesem Günstling seines Vaters ziemlich kaltsinnig begegnet, und eben so wenig schien auch der Herr von Brühl befließen zu seyn, sich um die Gewogenheit des künftigen Nachfolgers zu bewerben, weil er voraus sahe, daß der damalige Cammerherr, Graf von Sulkowski, der als Page mit dem Prinzen aufgewachsen war, das Herze desselben in seinen Händen hatte. Da man nun zwischen den beyden Lieblingen des Vaters und des Sohnes keine Anzeigen einer vertraulichen Freundschaft wahrnahm, urtheilten alle Hofleute, daß das Glücke des Herrn von Brühl bey dem Absterben Augusts des II. seine Grenzen erreichen würde.

Allein, sie betrogen sich in ihren Urtheilen. Der Herr von Brühl, der sich von einem so unvermutheten Schlage, als der Tod seines wohlthätigen Monarchens war, nicht betäuben ließ, wuste sich gar bald um den neuen Regenten verdient

dient zu machen. Er hatte in der Stille sich der Pohlnischen Krone und anderer Reichs-Kleinodien bemächtiget, womit er nach Sachsen geeilt, ehe die Pohlnischen Magnaten bey einem so unvermutheten Fall einige Anordnungen machen können. Seine Ankunft zu Dreßden geschahe den 22 Febr. gegen Abend, worauf er alsbald bey Hofe erschien und dem neuen Churfürsten von seinen Verrichtungen Bericht abstattete. Er wurde von ihm höchst gnädig aufgenommen, weil er nicht nur die Reichs-Kleinodien überbracht hatte, sondern auch versicherte, daß er durch seine Freunde in Ansehung der Pohlnischen Königswahl viele dienliche Unterhandlungen zum Vortheil Sr. Königl. Hoheit gepflogen hätte. Er wendete sich darauf zu dem Grafen von Sulkowski und versicherte ihn in den allerstärksten Ausdrücken seiner vollkommensten Freundschaft und Ergebenheit. Und da er auch klüglich einsahe, daß er sich dem steigenden Glücke dieses Ministers nicht widersetzen könnte, ohne selbst davon zerschmettert zu werden, erbot er sich, ihm die ansehnliche Stelle eines Ober-Cämmerers abzutreten, wenn er dafür andere Bedienungen, die jener als ein Catholicke in Sachsen nicht bekleiden könnte, erhielte. Diese Erbietung wurde angenommen. Der Graf von Sulkowski wurde Ober-Stallmeister und Ober-Cämmerer, der Herr von Brühl aber Cammer-Präsident, wobey er in seinen übrigen Chargen, die er bereits unter der vorigen Regierung bekommen, bestätiget wurde.

wurde. Auf diese Art stieg der Herr von Brühl unter der neuen Regierung selbst durch Vorschub seines Rivals, des Grafens von Sulkowski. Dieser glaubte aber nicht, daß er von demselben etwas zu besorgen hätte, und vermeinte, vermöge der schönen Versicherungen desselben, an ihm einen Freund zu haben, der ihm vollkommen ergeben wäre. Allein, der Erfolg hat gezeiget, daß er sich in dieser Vermuthung betrogen gehabt.

Im Jun. 1733 wurden sie alle beyde zu Cabinets-Ministern erhoben, wobey der Herr von Brühl darinnen vor jenem den Vorzug erhielt, daß er die Direction von allen einheimischen Sachen bekam, auch in den Cammer-Finanz- und Steuer-Sachen schon so gut als Premier-Minister war. Jedoch in der Gunst des Königs behielt der Graf von Sulkowski einen überwiegenden Vorzug, welches sich sonderlich bey Vergebung der ansehnlichsten Civil- und Militair-Bedienungen äußerte, worinnen Brühl allemal das Nachsehen haben muste. Den 5 Dec. folgten sie beyde dem Könige nach Pohlen, als er dahin reisete, um von dem Throne Besitz zu nehmen. Sie langten mit ihm den 11 Jan. 1734 zu Cracau an, wo sie den 17ten der Krönung beywohnten, von dar aber den 27 März mit dem Könige wieder nach Dreßden zurück kamen. Auf solche Weise hat der Herr von Brühl nachgehends den König auf allen seinen Reisen, die er nach Pohlen oder sonst wohin gethan, begleitet, welches noch in diesem Jahre

Jahre, zweymal geschehen, da derselbe im Jun. nach Danzig und im Nov. nach Warschau sich erhoben.

In eben diesem Jahre bekam er an Francisca Maria Anna, einer gebohrnen Gräfin von Kolowrat-Krakowski, eine liebenswürdige Gemahlin. Sie war damals eine Dame von 17 Jahren und die einzige Tochter der verwitweten Gräfin von Kolowrat, Ober-Hofmeisterin bey der Königin. Das Beylager wurde mit großem Gepränge in Gegenwart des Königl. Hauses den 29 April 1734 auf dem Schlosse Moritzburg vollzogen, wobey der damalige Bischoff zu Cracau und nachmalige Cardinal Lipsky, die Trauung verrichtete. Durch diese Vermählung bekam das Glücke des Herrn von Brühl eine große Stütze, weil die neue Gemahlin eine große Favoritin der Königin war.

Bey dem Cammer- und Finanz-Wesen, wobey der Herr von Brühl damals schon alles galt, fieng er an, seine Günstlinge und Clienten zu befördern. Einer der Vornehmsten hiervon war der Cammer-Rath Hennicke, welchen er als einen geschickten und arbeitsamen Mann sich gleichsam an die Seite setzte, um als Vice-Cammer-Präsident in seinem Namen alles, was in dieses Fach gehörte, zu besorgen. Derselbe wurde nach und nach durch seinen Vorschub zu den höchsten Chargen befördert, auch endlich in den Grafen-Stand erhoben, ist aber verschiedene Jahre vor ihm gestorben.

Im Jahr 1735 ward der Herr von Brühl Director des Berg-Gemachs und Präsident des Ober-Rechnungs-Collegii, im Jahr 1736 aber Ritter des Russischen St. Andreas-Ordens. Die Kaiserin Anna überschickte drey Ordens-Zeichen zugleich durch den jüngern Grafen von Münnich nach Warschau, allwo den 20 Jun. eines dem Könige, das andere dem Grafen von Sulkowski und das dritte dem Herrn von Brühl mitgetheilt wurde. Als sie zusammen wieder nach Dreßden kamen, machte sich der Herr von Brühl ein besonderes Vergnügen mit den Groß-Eltern seiner Gemahlin, dem alten Baron Philipp Ernst Joseph von Stein, und Marien Theresien, gebohrner Gräfin von Khünburg. Sie hatten sich von ihren Böhmischen Gütern nach Dreßden gewendet, wo der alte Baron den Titel eines Königl. Cammerherrn bekommen. Da sie nun über 50 Jahr in vergnügter Ehe mit einander gelebt, veranstaltete es der Herr von Brühl, daß sie den 27 Dec. ihr Iubilæum Gamicum begiengen und sich in der Königl. Capelle von dem Päbstl. Nuncio wieder einseegnen ließen. Sie speiseten darauf an der Königl. Tafel. Abends aber wurde ihnen zu Ehren in dem Brühlischen Palais ein großes Festin gegeben, welchem viele hohe Stands-Personen beywohnten. Der alte Herr lebte darauf nicht lange mehr, sondern starb den 22 Febr. 1737. Und eben zu dieser Zeit erhielt der Herr von Brühl die reiche Präbende eines Dom-Probsts

zu

zu Budißin nebst einer Domherrn Stelle in dem hohen Stifte Meißen.

Weit angenehmer war ihm seine bald darauf erfolgte Erhebung in den Grafen-Stand. Denn da er den König und dessen Königl. Hauß im May 1737 nach Böhmen begleitet und der Zusammenkunft mit der verwitweten Kaiserin Amalia zu Neuhauß beygewohnet hatte, überreichte ihm der Kaiserl. Abgesandte am Sächsischen Hofe, Graf von Wratislau, das Diploma, kraft dessen ihn der Kaiser Carl VI. mit allen seinen ehelichen Descendenten in des Heil. Römischen Reichs Grafen-Stand erhoben hatte. Dieses Diploma war den 27 May unterzeichnet und enthielt alles, was zum Ruhm seines Geschlechts und seiner Verdienste gereichen konnte.

Nunmehro hatte dieser Minister fast alles erlangt, wozu er an dem Königl. Hofe gelangen konnte, zumal da er den 3 Jan. 1738 annoch als Ober-Steuer-Director in das Ober-Steuer Collegium eingeführt wurde, da er denn von solcher Zeit an alle Steuer-Scheine, die auf des Landes Credit ausgestellt worden, unterschrieben hat. Es war ihm Niemand weiter im Wege, als der Graf von Sulkowski, der zwar mit den Landes-Angelegenheiten nichts zu thun hatte, aber doch sowohl bey Hofe in einem hohen Range, als auch bey dem Könige in ganz besonderer Hochachtung und Gnade stund. Es wäre derselbe längst im Stande gewesen, den Grafen von Brühl zu stür-

zen,

gen, wenn er gewollt hätte. Denn ob er gleich einsahe, daß dieser Minister ihm entgegen arbeitete, so war er doch des Vorzugs in der Gunst des Königs so versichert, daß er aus besonderer Großmuth dem Grafen von Brühl nicht zu schaden suchte. Allein, dieser war gegen ihn anders gesinnt. Der Graf von Sulkowski erkannte nachher, wie übel er gethan, daß er denen Versicherungen des Gräfens von Brühl zuviel getrauet hatte. Er wollte nunmehro seinen Fehler verbessern und den König bewegen, diesen Minister vom Hofe zu entfernen. Allein es war nunmehro zu späte. Die Königin nahm eben von diesem Ansuchen Gelegenheit, so stark in ihren Gemahl zu bringen, daß er einwilligen muste, den Grafen von Sulkowski von sich zu entfernen.

Dieses wurde den 5 Febr. 1738 ins Werk gesetzt. Zwey Cabinets-Ministri musten ihm in seinem Quartier im Namen des Königs die Niederlegung aller seiner Bedienungen und die gänzliche Entfernung vom Hofe mit Beybehaltung des Characters eines Cabinets-Ministers und Generals ankündigen. Er versuchte zwar den König auf andere Gedanken zu bringen. Als er aber nichts ausrichtete, erhub er sich nach Pohlen, wo er die Güter des Königs Stanislai kaufte und auf solchen bis an sein Ende als ein Fürst, darzu er auch von dem Kaiser nachgehends erhoben worden, lebte.

Der Graf von Brühl erhielt nunmehro den Vortrag im Cabinet, wie auch die Obrist-Cämmerer-

merer-Charge, sein ältester Bruder aber ward Ober-Stallmeister. Ueberhaupt brachte er nunmehro sein ganzes väterliches Hauß bey Hofe in das höchste Ansehen. Es wurden nicht nur alle drey Brüder mit ihren ehelichen Nachkommen im April 1738 in des heil. Römischen Reichs Grafen-Stand erhoben, sondern auch zu den ansehnlichsten Bedienungen befördert. Des ältesten,, Namens Johann Adolph, haben wir bereits gedacht. Der andere, Hanß Moritz, der die Balley Thüringen bekommen, ward General und Chef des Chur-Prinzlichen Curaßier-Regiments, folgte auch nach einigen Jahren dem verstorbnen ältesten Bruder in der Ober-Stallmeister-Charge; und der dritte, Friedrich Wilhelm, ward Ober-Steuer-Einnehmer und Cammerherr, nachgehends aber Krayß-Hauptmann und würklicher geheimer Rath, auch endlich Landshauptmann in dem Weisenfelsischen Landes-Bezirk. Es sind diese Brüder alle vor dem Minister gestorben, haben aber insgesammt, bis auf den General, der nicht vermählt gewesen, Nachkommen hinterlassen. Die einzige Schwester, die den Herrn von Berlepsch zur Ehe gehabt, ist allen ihren Brüdern im Tode vorgegangen. Ihre Kinder sind in dem Brühlischen Hause erzogen worden, und haben durch ihres Onkle Vorsorge ihr Glücke an dem Dreßdnischen Hofe gefunden. Die Tochter ward mit dem geheimen Kriegs-Rathe, Alexander von Unruh, einem Vetter des Grafens dieses Namens vermählt. Der älteste Sohn
erhielt

erhielt die Stadthalterschaft der Balley Thüringen, und der jüngere ward Cammerherr und zuletzt Obrist-Küchenmeister, hatte auch das Glücke die reiche Comteſſe von Hennicke zur Gemahlin zu bekommen.

Alles dieses beförderte der Graf von Brühl. Er genoß die Gunst und das Vertrauen seines Monarchens nun ganz alleine. Er hatte bey beyden Majeſtäten seine Vertrauten, die sein Beſtes beobachteten und ihm von allem, was vorgieng, Nachricht gaben. In allen Collegiis und faſt an allen Orten befanden ſich Leute, die ihm ergeben waren und auf deren Treue, weil er ſie wohl belohnte, er sich verlaſſen konnte. Alle Dinge giengen durch seine Hände.

Niemals hat ein erſter Miniſter mit mehrerm Glanze ſich der Welt gezeigt, als der Graf von Brühl. Seine Hofhaltung übertraf an Menge der Bedienten und Hauß-Officiers fast alle Fürſtl. Höfe. Seine Tafel war koſtbar und nach dem beſten Geſchmack eingerichtet, ſtund auch allen Geſandten und Standes-Perſonen offen. Die Meublen in ſeinen Schlöſſern und Paläſten hatten an Koſtbarkeit wenig ihres gleichen. Seine Küche, Kellerey und Canditorey, sein Stall, seine Bilder-Gallerie, seine Bibliotheck, ſein Kunſt- und Naturalien-Cabinet und ſeine Gärten, wie auch seine reiche Liverey zeugten von der Gröſſe ihres Herrn und machten gewiſſer maßen dem Hofe, an welchem ein ſo prächtiger Miniſter lebte,

lebte, Ehre. Er hatte so gar eine Art von einer Capelle und ein eigen Comödien-Theater. In seinem Palais zu Dreßden war alles höchst prächtig und nach dem neuesten und besten Geschmack ausmeublirt; in seinem Garten in der Friedrichsstadt aber, der an Größe und besonderer Einrichtung in Sachsen wenig seines gleichen hatte, fiel alles höchst zierlich, kostbar und anmuthig in die Augen. Er selbst hielt sich in der Kleidung und Eqvipage überaus prächtig und hatte eine Garderobbe, die Könige und Fürsten nicht schöner und reicher haben könnten. Die Meißnische Porcelan-Fabrik, die er, wie alle Königl. Cassen, völlig in seinen Händen hatte, trug nicht wenig zu Ausschmückung seiner Säle, Gallerien und Zimmer bey, weil die kostbarsten Aufsätze und Figuren davon überall zu sehen waren.

In diesen prächtigen Umständen hat dieser Minister bis an sein Ende gelebt und die ganze Zeit über die höchste Gnade seines Königs genossen. Er hatte sich bey diesem allzu gütigen Monarchen auf eine solche Weise unentbehrlich gemacht, die recht bezaubernd war.

Im Jahr 1740 brachte der Graf von Brühl die ansehnliche Stands-Herrschaft von Pförten in der Nieder-Lausitz an sich, welche bisher das Gräfliche Hauß von Watzdorf besessen hatte. Hierzu bekam er 1746 die nicht weit davon gelegene Stands-Herrschaft Forsta von dem Könige geschenkt, wo sich eine Canzeley und Consistorium befindet,

befindet, von dar aber an die Regierung und das Consistorium zu Lübben appellirt werden kann. Um die beyden kleinen Städte Pförten und Forsta in mehreres Aufnehmen zu bringen, legte er Manufacturen und Fabriken daselbst an. Er errichtete auch zu Pförten eine gedoppelte fahrende Post, und verschafte beyden Oertern viele Freyheiten. Er bauete auch daselbst neue Schlösser und legte herrliche Gärten an.

Es waren aber dieses die Güter nicht allein, die er in den Sächsischen Landen an sich gebracht. Er besaß unter andern auch das herrliche Gut Mischwitz bey Wurzen, allwo er ein prächtiges Schloß mit einem vortreflichen Garten angeleget hat. Nach dem Tode des letzten Herzogs von Weisenfelß wurde ihm auch sein Stammgut Gangloff-Sömmern in Thüringen wieder gegeben, welches er durch einige Dörfer des Amts Weisensee und durch den großen auf einige Meilen weit sich erstreckenden See, den der letzte Herzog austrocknen und gegen ein gewisses Geld unter die Bürger zu Weisensee austheilen lassen, verstärken und zu einer Herrschaft erheben ließ.

Der Tod des Kaisers Carls VI. der sich den 1 Oct. 1740 unvermuthet ereignete, hätte dem Sächsischen Hofe große Vortheile zuwege bringen können. Der Graf von Brühl, der als erster Minister die Staats-Angelegenheiten dirigirte, verzog allzulange, die Gerechtsame des Churhauses Sachsen auf die Oesterreichischen Lande der Welt vor Augen zu legen. Denn als solches im Oct. und Nov. 1741 in einigen Manifesten geschahe, hatte nicht nur der Dreßdnische Hof die Königin von Ungarn bereits vor die rechtmäßige Thronfolgerin ihres Vaters erkannt, sondern es hatten auch schon der Preußische und Beyerische Hof ihre Ansprüche auf die Oesterreichischen Lande mit gewaffneter Hand geltend zu machen angefangen. Der Graf von Brühl unterzeichnete den 8 Jan. 1745 den Warschauer-Tractat, und verband sich dadurch zu einer ansehnlichen Hülfe, im Fall die Königin von Ungarn in Böhmen feindlich angegriffen würde. Er machte sich dadurch um diese Monarchin so verdient, daß sie ihm im Jun. das Böhmische Indigenat verliehe, Kraft dessen er unter den Böhmischen Grafen auf den Landtagen Sitz und Stimme erhielt.

Mitlerweile war der Graf von Brühl auch in den Militair-Stand getreten. Er hatte nicht nur 1742 ein Regiment zu Fuß errichtet und darüber sich zum Obristen erklären lassen, sondern auch den Character eines Generals von der Infanterie angenommen, worauf er Commendant von der Sächsischen Garde in Pohlen wurde, und deßhalben den 5 Jun. 1744 zu Warschau den Eyd ablegte. Er kaufte auch 1748 dem General Sibilski das Dragoner-Regiment ab, das derselbe bisher geführet, so, daß er nunmehro 2 Regimenter hatte, und zwar sowohl eines zu Pferde, als eines zu Fuß.

So bald im Aug. 1744 der feindliche Einfall des Königs in Preußen in das Königreich Böhmen geschahe, gerieth die Sächsische Armee in Bewegung. Ihr Chef, der Herzog von Weisenfelß, der von den Befehlen des Hofs, und folglich auch des Grafens von Brühl dependirte, rückte im Oct. 1744 mit 24000 Mann in Böhmen ein, da die Preußen sich schon des größten Theils dieses Königreichs bemächtiget hatten. Er stieß zur Oesterreichischen Armee und half jene aus solchem wieder heraus treiben. Allein hierdurch erbitterte man den König in Preußen dergestalt, daß er sich an Sachsen zu rächen suchte.

Sachsen ward demnach noch vor Ausgang dieses Jahrs ein blutiges Kriegs-Theater. Zwey Preußische Armeen fielen ins Land ein, die beyde ihren Marsch nach Dreßden richteten, aus welcher Stadt nunmehro der Graf von Brühl mit dem ganzen Hofe nach Böhmen flüchtete. Es kam den 15 Dec. bey Kesselsdorf zu einer blutigen Schlacht, die vor die Preußen glücklich ausfiel, worauf Dreßden den 18ten besetzt wurde. Der siegende König, der selbst dahin kam, mußte viele Mühe anwenden, durch Vermittelung des Großbritannischen Hofs den Grafen von Brühl von der Oesterreichischen Parthey abzuziehen und ihn zu bewegen, daß er den angebotenen Frieden eingienge, der den 25 Dec. zu Dreßden unterzeichnet wurde.

Den 22 Febr. 1746 wurde ihm von den Curländischen Ständen durch einen Deputirten das

Diplo-

Diploma überreicht, kraft dessen er das Indigenat dieses Herzogthums erhielt und unter den dasigen Adel aufgenommen wurde. Es war ihm aber hieran so viel nicht, als an dem Pohlnischen Indigenate gelegen. Er wendete daher sehr große Kosten darauf, um durch einen Stammbaum mit erforderlichen Zeugnissen darzuthun, daß er aus Pohlnischen Geblüte entsprossen und für einen wahren Pohlnischen Edelmann zu halten sey, damit er sowohl Güter als Kron-Chargen in diesem Reiche erlangen möchte. Ehe er aber dieses ausführen konnte, wurde er den 22 Dec. 1746 zum Premier-Minister erklärt, mit welchem Character noch niemals sich ein Minister am Chur-Sächsischen Hofe befunden.

Er hatte im folgenden Jahre Gelegenheit, sich in solcher Qvalität mit besondern Glanze an dem Königlichen Hofe sehen zu lassen, da sowohl die Prinzessin Maria Josepha mit dem Dauphin in Frankreich, als auch hernach der Königliche Chur-Prinz mit der Kaiserlichen und Chur-Bayerischen Prinzessin Maria Antonia, ingleichen der Churfürst von Bayern mit der Königlichen Prinzessin Maria Anna, zu Dreßden vermählet wurden. Der neue Premier-Minister richtete bey solcher Gelegenheit bald in seinem prächtigen Palais, bald in seiner kostbaren Bilder-Gallerie, bald auch in seinem vortrefflichen Garten an die fremden Abgesandten und andere Hohe, und theils Fürstliche Personen die köstlichsten Tractamente aus,

aus, da er denn alle Fremden durch seine Pracht und den überall herrschenden Geschmack in die höchste Verwunderung setzte.

Im Jahr 1748 kam der neue Stammbaum des Brühlischen Geschlechts zum Vorschein, in welchem dargethan ward, daß die Grafen von Brühl aus einem alten Geschlechte, das sich vorlängst in Pohlen feste gesetzt, herstammten. Sie sollten in gerader Linie von Johann von Brühl herkommen, welcher Cämmerer von Posen gewesen. Unter ihre Anherren wurde sonderlich Ernst von Brühl gezählt, der zu seiner Zeit unter dem Nahmen eines Grafens von Ociescyno-Brühl bekannt gewesen, und die Tochter des Castellans Pronarowski von Oswiecin zur Gemahlin gehabt. Herzog George von Sachsen, der mit einer Pohlnischen Prinzessin vermählt gewesen, habe Johannen von Brühl zuerst mit den Gütern belehnt, die dieses Hauß in Sachsen erlanget.

Dieser Stammbaum ward auf dem Reichstage 1748 dem Pohlnischen Adel vorgelegt und da man die Vornehmsten von demselben bereits gewonnen hatte, wurde er vor richtig erkannt und dem Grafen darauf das Pohlnische Indigenat ertheilet. Er brachte hierauf für eine Summa Geld die Stadt Wengerow mit ihrem Zubehör in Masovien an sich, worüber er zwar mit einigen Pohlnischen Herren in einen Streit gerieth, der aber vor dem Tribunal zu Petrikow zu seinem Vortheil entschieden wurde. Er kaufte nicht lange lunge hernach auch die Herrschaft Sierakow von der Königin in Frankreich, die sie von ihrer Mutter, des Königs Stanislai Gemahlin, geerbet hatte. Seinen Söhnen kam dieses Indigenat sonderlich sehr wohl zu statten. Der älteste Graf Friedrich Aloysius, bekam schon 1750 die wichtige Starostey Warschau, ob er gleich erst 11 Jahr alt war. Der Fürst Czartoriski, Woywode von Reußen, hatte sie ihm zu Gefallen niedergelegt. Er nahm den 7 Sept. des gedachten Jahrs mit großem Gepränge davon Besitz. Seine älteste Tochter, Maria Amalia, ward in eben diesem Jahre mit dem Cron-Hof-Marschall, George Wandelin, Grafen von Mniszech, vermählt, welcher aus einem der vornehmsten Häuser in Pohlen entsprossen ist. Die andere Tochter, Maria Anna, würde ebenfalß glücklich vermählt worden seyn, wenn sie nicht den 20 May 1756 im achten Jahre ihres Alters gestorben wäre.

Er selbst, der Premier-Minister, kaufte 1752 von dem Fürsten Jacob Alexander Lubomirski die Bedienung eines Cron-Feldzeugmeisters, nachdem er vorher die Starostey Bolkuow an sich gebracht hatte. Als ihn der König auf dem Reichstage zu Grodno in der obgedachten Cron-Charge bestätigte, rühmte man sowohl überhaupt seinen Eifer für das Vaterland, als auch insonderheit, daß er auf seine eigene Kosten das Zeughaus zu Warschau mit Pulver, Kugeln und Kanonen versehen, auch sich um das dasige Grod und

und die Archive sehr verdient gemacht habe. Er brachte nachgehends noch mehr Starosteyen, sammt der Vogtey zu Bromberg an sich.

Im Jahr 1753 ließ der König bey Ubigau an der Elbe ein Lager errichten, und darinnen seine Trouppen etliche Wochen lang ihre Manoeuvres machen, da denn der Premier-Minister sein Infanterie-Regiment eben, wie die andern Chefs der Regimenter thaten, in der Uniform selbst aufführte, und auf solche Weise sich in diesem Lustlager als einen Kriegs-Helden zeigte, aber dadurch sich nicht hindern ließ, noch vor Ausgang dieses Jahrs das Cammer-Directorium in den Stiftern Merseburg und Zeitz zu übernehmen, welches durch den Tod des jungen Grafens von Hennike verlediget worden.

Immittelst wurden zwischen dem Wienerischen und Sächsischen Hofe viele geheime Staats-Handlungen gepflogen.

Der König in Preußen war bereits mit dem Sächsischen Hofe wegen der von der Stadt Magdeburg ausgeübten Stapel-Gerechtigkeit in ziemliche Irrungen gerathen. Er schöpfte dabey einen starken Argwohn, daß der Dreßdnische Hof ein geheimes Verständniß mit Oesterreich und Rußland unterhielte. Der Graf von Brühl war hierbey sicher und vermeinte um so viel mehr außer Verdacht zu bleiben, da er nicht die geringsten Kriegs-Rüstungen vornehmen, auch so gar viele unnöthige Leute bey den Regimentern abbanken ließ.

Allein,

Allein, ehe man sichs in Sachsen versahe, brach das Wetter loß. Der König in Preußen fiel im Aug 1756 mit drey Armeen in die Sächsischen Lande ein, bemächtigte sich aller Kriegs-Geräthschaft und Cassen, besetzte Leipzig, Wittenberg, Torgau und andere haltbare Oerter, und langte den 9 Sept. zu Dreßden an. Nirgends geschahe einiger Widerstand, weil der Sächsische Hof für neutral angesehen seyn wollte. Mitlerweile hatte sich die ganze Sächsische Armee, die etwan aus 16 bis 17000 Mann bestund, eiligst in das abgesteckte Lager bey Pirna an der Elbe gezogen, welches durch die Berg-Vestungen Sonnenstein und Königstein und durch die es umgebenden ungeheuern Berge genugsam verwahret war, und wohin man auch aus Dreßden viele Artillerie und Kriegs-Geräthschaft geschaft hatte. Allein, das Schlimmste war, daß das Lager nicht mit genungsamen Proviant und Fourage versehen worden. Der König selbst hatte sich nebst denen Prinzen Xaverius und Carl, dem Premier-Minister Brühl und der gesammten Generalität in dasselbe erhoben. Das Haupt-Quartier war zu Struppen, doch hatte man die Communication mit dem Königstein offen.

Nun war auf Seiten des Grafens von Brühl guter Rath theuer. Die kleine Sächsische Armee, die sich der König viel stärker eingebildet hatte, ward von den Preußen eingeschlossen und litte an Futter und Lebens-Mitteln großen Mangel.

gel. Das Archiv befand sich mit allen geheimen Briefschaften in des Feindes Händen. Alle Landes-Einkünfte waren abgeschnitten, von denen Alliirten aber hatte man so bald noch keine Hülfe zugewarten; ja man durfte nicht einmal, weil man für neutral angesehen seyn wollte, derselben Erwehnung thun. Sich mit Gewalt durchzuschlagen, war man zu schwach, und wenn es auch mit großem Verluste gelungen wäre, so wußte man doch hernach nicht wohin. Wäre es auf den Feld-Marschall, Grafen Rutowski angekommen, würde man dieses Lager gar nicht bezogen, sondern sich lieber gerade nach Böhmen gewendet haben, da man einmal sich mit dem Wienerischen Hofe verbunden hatte. Allein, der Graf von Brühl war anders Sinnes. Er ließ sich mit der Armee, ohne die wenige Subsistenz in Erwegung zu ziehen, in ein wohlverschanztes Lager einschließen, obgleich Oesterreich seine Armee nicht beysammen hatte, Rußland und Frankreich aber viel zu weit entfernt waren, denen Preußischen Progressen Einhalt zu thun. Er schmeichelte sich mit der angenehmen Hoffnung, den König in Preußen dadurch, daß Sachsen sich in gar keiner Kriegs-Verfassung befände, zu überzeugen, daß man Sächsischer Seits gar nicht gesonnen sey, sich in geringsten in einen Krieg einzulassen, sondern neutral bleiben wollte. Allein, der König in Preußen ließ sich dieses nicht bereden, war aber geneigt, dem Dreßdnischen Hofe die Neutralität unter diesen Bedingungen zuzugestehen,

gestehen, daß man die Sächsische Armee entwaffnete und aus einander gehen ließe, sich von allen Verbindungen mit Oesterreich und Rußland loßsagte, die haltbaren Pläße an der Elbe den Preußen einräumte, denselben freye Durchmärsche und Etappenmäsige Verpflegung verstattete und sich aller Correspondenz mit den Feinden Sr. Preußischen Majestät enthielte.

Allein diese Bedingungen hielt der Graf von Brühl für zu harte. Er hoffte vielmehr durch den Grafen von Broune, der mit einer Armee den Sachsen in ihrem Lager Luft machen sollte, aus der damaligen Noth errettet zu werden. Es kam auch dieser tapfere General mit seiner Armee durch die Gebürge herbey. Allein das sehr üble nasse Wetter, die Versäumung der bestimmten Zeit, der an einem unrechten Orte geschehene Uebergang der Sachsen über die Elbe, die Mattigkeit der ausgehungerten Trouppen und Pferde, und die große Wachsamkeit der Preußen verhinderten die Vereinigung, und nöthigten endlich die Oesterreicher, sich wieder nach Böhmen zurücke zu ziehen. Der Graf von Brühl hat nachgehends in einem Briefe an den Rußischen Hof seine begangenen Fehler denen Generals zur Last gelegt, welche sich aber in einer öffentlichen Schrift deßhalben sattsam vertheidiget haben.

Dem Könige gieng das klägliche Schicksal seiner getreuen Trouppen sehr zu Herzen. Er gab endlich die Resolution von sich, daß, wenn man
mit

mit dem König in Preußen einen raisonablen Vergleich treffen könnte, man mit ihm capituliren sollte. Der Entwurf dieser Capitulation wurde auch, da die Trouppen auf der so genannten Ebenheit unter dem Lilienstein jenseit der Elbe eingeschlossen stunden, so abgefaßt, daß, wenn die Puncte Preußischer Seits eingegangen und erfüllet worden wären, die Armee hätte gerettet werden können. Allein da der König in Preußen darauf bestund, daß nicht nur die gesammten Trouppen sich zu Kriegs-Gefangenen ergeben, sondern auch in Preußische Dienste treten sollten, so war es mit der Sächsischen Armee aus. Sie mußte den 15 Oct. das Gewehr strecken und zugleich dem König in Preußen schwören, die Ober- und Stabs-Officiers aber, die nicht in Preußische Dienste treten wollten, mußten Reverse von sich stellen, daß sie nicht wider Se. Preußische Maj. dienen, noch aus ihrem Vaterlande gehen wollten. Der König August erhielt mit den beyden Prinzen nebst dem Grafen von Brühl und was zu des Königs Suite vom Civil-Stande gehörte, Erlaubniß, sich nach Pohlen zu begeben, wohin man sich auch den 19 Oct. von dem Königstein erhub. Der König und Graf Brühl sind auch von dar nicht eher als nach hergestelltem Frieden nach Sachsen zurück gekommen.

Vor der Uebergabe der Armee ließ der Graf von Brühl ein Schreiben an den Grafen von Broune abgehen, worinnen er seinen Schmerz über

über die damaligen betrübten Umstände folgendergestalt zu erkennen gab: „Ew. Excellenz wer„den aus der Beylage den Entschluß ersehen, „den der König gefaßt hat, gegen seine Bunds„genossen und Freunde treu und unveränderlich „zu bleiben. Sie werden leichte begreifen, in „welchen Umständen sich mein Durchlauchtigster „Herr befindet, und wie voller Verzweifelung ich „seyn muß, daß ich alle die Unfälle, so ihn be„schweren, erlebt habe. Ich bitte sie, Ihro „Kaiserlichen Majestäten die Unmöglichkeit der „Ausführung vorzustellen, und sie im Namen des „Königs zu ersuchen, daß sie seinen betrübten Zu„stand und seine Standhaftigkeit so, wie sein „Vertrauen zu dem Beystande seiner Freunde „und Bundsgenossen, den Höfen in Rußland „und Frankreich bekannt machen. Se. Maj. der „König schmeicheln sich, daß man ihn so bald als „möglich, aus seinem Gefängnisse ziehen werde„.

Nunmehro war ganz Sachsen in den Preußischen Händen. Wie es aber darinnen bis zum Frieden zugegangen, wollen wir hier nicht erzählen, weil der Graf von Brühl keinen Antheil daran gehabt. Auf seinen Gütern haußeten die Preußen sonderlich sehr übel. Vornehmlich mußten seine schönen Schlösser zu Pförten und Mischwitz vielen Schaden an den Gebäuden, Meublen und Gärten leiden. Sein Pallast zu Dreßden, worinnen der König in Preußen im ersten Winter sein Quartier gehabt, wurde zu einem Laza-

Lazarethe gemacht, und in solchem vieles ruinirt, welches auch seinem schönen Garten in der Friedrichstadt wiederfuhr. Seine Gemahlin blieb anfangs bey der Königin in Dreßden zurück, als er mit dem Könige nach Warschau gieng. Allein, sie setzte sich bey dem Preußischen Monarchen gar bald in den Verdacht, als ob sie mit seinen Feinden einen heimlichen Briefwechsel unterhielte. Sie bekam daher den 9 April 1757 den Befehl, sich sogleich mit ihrer ganzen Familie nach Pohlen zu ihrem Gemahl zu begeben, welchem sie auch, ohngeachtet alles Einwendens, nachleben mußte. Ihre Ankunft setzte ihren Gemahl in große Bestürzung, zumal da er hörte, wie es in Sachsen zugienge; doch ließ er sich solches nicht sonderlich gegen den König merken, verhinderte auch, so viel möglich, daß die Excesse und Schäden, die in Sachsen geschahen, nicht so genau vor Se. Maj. kamen, um dessen Gemüthe nicht allzu sehr zu beunruhigen.

Im Jahr 1757 vermeinte man, die Sächsischen Lande wieder in Freyheit zu setzen, weil nach der Schlacht bey Kolin die Preußen nicht nur aus Böhmen und der Lausitz getrieben wurden, sondern sich auch eine starke Armee von Reichs-Völkern und Franzosen in Sachsen einfand, die den Preußen den Weg wieder aus dem Lande weisen sollte. Allein, da es den 5 Nov. bey Roßbach in Thüringen zu einer Schlacht kam, erhielt der König in Preußen einen so vollkommenen Sieg, daß nicht nur das ganze Hülfs-Heer zerstreuet wurde, sondern auch das ganze Land wieder in Preußische Hände kam. Diese widrigen Umstände machten alle gute Hoffnung zu Schanden, und die Königin wurde insonderheit dadurch so gerührt, daß sie den 17 Nov. an einem Schlagflusse zu Dreßden plötzlich Todes verbliche, welches den König und ganzen Hof zu Warschau in große Bestürzung und in ein tiefes Trauren setzte.

Durch den Tod der Königin war die wichtige Starostey Zips verlediget worden, die jährlich über 20000 Ducaten einträgt. In Betrachtung nun des Schadens, der denen Brühlischen Gütern in den Sächsischen Landen durch die Preussen zugefüget worden, schenkte solche der König dem Grafen von Brühl. Ihm war nunmehro Niemand mehr im Wege, das Aufnehmen seines Hauses zu befördern, als woran er stets mit großem Eifer arbeitete. Seine Söhne gelangten zu ansehnlichen Kron-Chargen. Der älteste, Graf Friedrich, ward 1761 Kron-Mundschenke und Ritter des weissen Adlers, der andere aber, Graf Carl Adolph, ward 1762 Litthauischer Hof-Jägermeister. Jener vermählte sich den 8 Febr. 1760 mit des angesehenen Woywodens, Franz Salesii Potocki, von Klow einzigen Tochter, die eine Enkelin des vormaligen berühmten Kron-Groß-Feldherrn Potocki war, welcher unter dem Namen Kiowski ehedessen sehr berühmt gewesen. Er wurde auch 1762 als Gesandter nach Petersburg geschickt, um dem Kaiser Peter III. zu Be-

steigung

steigung des Throns zu gratuliren, kam aber vor dessen Dethronisation wieder nach Hause. Als er aber auf dem kurz hernach eröffneten Reichstage zu Warschau als ein erwählter Landbothe erschien und einen Competenten zu der Stelle eines Reichstags-Marschalls abgeben wollte, wurde er von denen vornehmsten Landbothen und besonders dem litthauischen Truchseß Poniatowski als ein unächter Pohlnischer Edelmann verworfen, welches Anlaß gab, daß der ganze Reichstag zerrissen wurde. Seinem Vater, dem Premier-Minister, dem hierdurch selbst nebst seinem ganzen Geschlechte ein großer Schimpf wiederfuhr, gieng dieses Verfahren sehr nahe und es ließ ihn dieses vor sein Hauß nach dem Tode des Königs nichts Gutes hoffen.

Nicht lange vor diesem Reichstage wurde er durch das Absterben seiner Gemahlin zum Wittwer. Es befiel dieselbe zu Warschau ein hitziges Fieber, daran sie den 12 May 1762 sterben mußte, nachdem sie ihr Alter nicht viel über 45 Jahr gebracht. So schmerzhaft ihm dieser Todesfall war, so würde es ihm doch noch schmerzhafter gefallen seyn, wenn der König selbst an der Krankheit, die ihn im Febr. 1763 befiel, gestorben wäre. Jedoch die freudenvolle Nachricht von dem am 15 Febr. zu Hubertusburg geschlossenem Frieden, welche den 20sten dieses zu Warschau anlangte, trug nicht wenig darzu bey, daß der König von seiner Krankheit wieder genaß.

Der

Der Graf von Brühl, der sich selbst damals schon nicht allzuwohl befand, wurde nicht weniger dadurch sehr erfreuet, wiewohl seine Unpäßlichkeit dabey mehr zu- als abnahm. Nichts destoweniger wollte er nicht zurück bleiben, als der König den 25 April frühe zu Warschau seine Rückreise nach Sachsen antrat, sondern begleitete ihn dahin. Sie haben auch beyde dieses Königreich nicht wieder betreten.

Der König langte zu großer Freude seiner Unterthanen und seines ganzen Königl. Hauses den 30 April glücklich und gesund zu Dreßden an, der Graf von Brühl aber befand sich an einer Brust=Wassersucht ziemlich unpäßlich; jedoch wechselte es durch den Gebrauch der dienlichsten Arzeney=Mittel, worüber die besten sowohl einheimischen als auswärtigen Aerzte zu Rathe gezogen wurden, mit seinem Zustande so ab, daß man zu seiner Genesung bisweilen gute Hoffnung schöpfte. Allein, da das Uebel nicht gehoben werden konnte, fieng er selbst nunmehro an zu erkennen, daß er nicht lange mehr leben würde. Er sorgte daher noch erstlich vor seine Söhne, denen zum Besten er im May sowohl die Kron=Feld=Zeugmeister=Stelle, als auch die Starosteyen Zips, Piaseczln und Rapmos nebst der Vogtey Bramberg niederlegte. Die Kron=Feldzeugmeister=Stelle bekam darauf der älteste Sohn, Graf Friedrich, nebst der Starostey Zips, dem hinwiederum der andere Sohn, Graf Carl Adolph, als Kron=Mundschenke, und diesem

des Premier-Ministers Gr. von Brühl. 105

sem der dritte Sohn, Graf Albert Heinrich, als Litthauischer Hof-Jägermeister folgte, der zugleich die Vogtey Bramberg bekam, dahingegen die beyden Starosteyen Piaseczin und Kapinos dem obgedachten zweyten Sohne zu Theile wurden. Es gab auch der König noch insbesondere in August seine ausnehmende Zuneigung gegen das Brühlische Hauß dadurch zu erkennen, daß er den ältesten von den 4 Söhnen des Ministers zum Chef der Leib-Grenadier-Garde, den andern zum Chef der Carabinier-Garde und den vierten Graf Hanß Moritzen, zum Commandeur des Brühlischen Infanterie-Regiments ernennte, wobey die ältesten beyden zugleich den Character als General-Lieutenants führten, der Schwester-Sohn des Ministers, Gottlob Ehrich von Berlepsch aber ward zu gleicher Zeit Königl. Obrist-Küchenmeister.

Den 5 Jul. begleitete der Graf von Brühl den König in das Töplitzer-Bad, das auch an dem letztern so gute Würkung that, daß er den 28sten ziemlich gesund wieder nach Dreßden zurück kam. Allein an dem Minister that es wenig gute Würkung, weil sein Leibeszustand sich gar nicht verbesserte. Er hieß zwar noch immer der Premier-Minister, war aber nicht im Stande, sich ferner der Affairen anzunehmen. Als den 3 Aug. das Ordens-Fest des weissen Adlers in seinem Garten, der bereits, wie auch sein Palais, herrlich wieder hergestellet worden, begangen wurde,

Fortges. G. S. Nachr. 38. Th. H wohnte

wohnte er solchem noch mit ziemlichen Kräften
bey, ob er gleich sehr blaß und kränklich aussahe.
Allein, gleich darauf wurde es von neuen so schlimm
mit ihm, daß auf einmal die Hoffnung der Genesung wieder verschwand. Er konnte daher an
dem Landtage, der den 7 Aug. eröfnet wurde,
keinen Antheil nehmen.

Bisher hatte man nicht anders dafür gehalten, als daß er zu der Römisch-Catholischen Religion übergetreten sey, weil er nicht nur alle seine
Kinder darinnen hatte erziehen lassen, sondern
auch dem Catholischen Gottesdienste viel öfter
beygewohnet, als dem Evangelischen, da er nun
zuletzt sich so viele Jahre nach einander in Pohlen befunden, zweifelte fast kein Mensch mehr an
seiner Religions-Veränderung, und es hieß, es
habe ihn schon der P Quarini zu derselben gebracht.
Allein nunmehro, da er auf dem Sterbe-Bette
lag, verlangte er nicht nur den Zuspruch des
Evangelischen Ober-Hof-Predigers, sondern er
ließ sich auch von demselben auf Evangelische
weise das heil. Abendmahl reichen.

Ohngeachtet seiner elenden Leibes-Umstände,
überlebte er doch noch den König, dem er in seinem Leben so vieles zu danken gehabt. Dieser
Monarche starb den 5. Oct. Nachmittags plötzlich,
nachdem er vorher noch an der Tafel gesessen,
daran ihn aber eine tödliche Schwachheit befallen.
So bald der Graf von Brühl auf seinem Kran-
cken-Lager von diesem hohen Todesfall Nachricht
erhielt,

erhielt, legte er sogleich mit Beybehaltung des Characters eines würklichen geheimen Raths und Cabinets-Ministers, wie auch einer ansehnlichen Pension, alle seine übrigen Chargen nieder, womit denn auch die Stelle eines Premier-Ministers ein Ende hatte.

Er lebte nach des Königs Tode noch etwas über 3 Wochen und starb den 28 Oct. Nachmittags um 5 Uhr in seinem Palais zu Dreßden auf einem sehr schmerzlichen und jämmerlichen Lager, nachdem er sein Alter auf 63 Jahr und etliche Monathe gebracht, während der ganzen Regierung des letztverstorbenen Königs aber, wie auch 10 bis 12 Jahr unter der vorhergehenden Regierung, zusammen über 40 Jahr ein Schooßkind des Glücks, ein Liebling zweyer Monarchen gewesen.

Den 1 Nov. wurde seine Leiche in einem schwarz beschlagenen Zimmer seines Palasts auf einem Parade-Bette jedermann öffentlich gezeiget. Er lag in einem langen Sterbe-Kleide von weissen Atlas mit herunterhangenden weissen Band-Schleifen. Um den Sarg herum stunden auf beyden Seiten 12 Gueridons, auf deren jeglichem 2 Lichter brannten. Unten sahe man 2 Tabourets von weissen Atlas, worauf die Ritter-Orden, sein Stock und der ausgezogene Degen mit der Scheide, wie auch der runde Kragen und die Feldzeichen lagen. Oben zum Haupte stunden ein Secretair und Cammerdiener, weiter unten aber zwey Pagen.

Pagen. Das ganze Zimmer war mit einem Cron-Leuchter und vielen Wandlichtern erleuchtet. Den 2 Nov. wurde von 1 bis 2 Uhr Nachmittags in allen Kirchen geläutet, auch die Leiche von neuen öffentlich gezeiget. Abends um 8 Uhr wurden über anderthalbe Stunde lang bey vielen angezündeten Fackeln vor dem Palais Trauer- und Sterbe-Lieder gesungen, worauf der entseelte Cörper des Nachts um 12 Uhr mit verschiedenen Trauer-Carossen unter dem Schein vieler Windlichter nach Forsta zur Beerdigung abgeführt wurde.

Das war das Ende aller irdischen Hoheit und Herrlichkeit, die der Graf von Brühl zu einem erstaunenswürdigen Exempel bis an sein Ende unverrückt genossen. Er war ein wohlgebildeter Herr, von nicht gar großer Leibes-Statur, und der artigste Hof-Mann, der nur gefunden werden kann. Seine überaus große Höflichkeit und sein sehr einnehmendes Wesen machten ihn bey Hohen und Niedern gefällig. Er hatte an sich selbst ein gutes Herze, aber das Hof-Leben, worein er von Jugend auf verwickelt gewesen, hatte dasselbe so zerstreuet, daß er bey dem Glanze seiner Hoheit und der Vielfältigkeit seiner Geschäfte nicht eher zu sich selbst kommen konnte, als auf seinem Sterbe-Bette. Er war der Pracht und Verschwendung aufs höchste ergeben, und liebte Lust und Spiel mehr, als man von einem Premier-Minister erwartete. Er war sehr sinnreich, sich in der Gnade seines Herrn zu erhalten und aus den gefährlichsten Fällen sich heraus zu wickeln.

II.

II.

Einige jüngst geschehene merkwürdige Todes-Fälle.

a) im Jan. 1764.

I.

Joseph Alexander Furietti, der Röm. Kirche Cardinal, starb den 24 Jan zu Rom in einem Alter von 79 Jahren, nachdem er nur 4 Jahr und 4 Monathe die Cardinals-Würde bekleidet hatte. Er war den 24 Jan. 1685 zu Bergamo, einer Stadt in dem Venetianischen Gebiethe, gebohren worden. Seine Studia hatte er meistens zu Rom getrieben und gleich vom Anfang darnach gestrebet, wie er an dem Päbstlichen Hofe zu ansehnlichen Kirchen-Aemtern befördert werden möchte. Er muste aber lange warten, ehe er zu einem ansehnlichen Amte gelangen konnte. Unter Clemente XI. legte er den Prälaten-Habit an und ward unter die Protonotarios Apostolicos aufgenommen. Benedictus XIV. gab ihm im Sept. 1743 die Stelle eines Secretairs bey der Congregation del Concilio, wodurch er die Anwartschaft zu der Cardinals-Würde bekam. Es verzog sich aber lange, ehe eine Cardinals-Promotion erfolgte, und als solche endlich den 26 Nov. 1753 vor sich gieng, wurde er zu seiner

seiner höchsten Kränkung hierbey übergangen. Er hatte kurz vor der Promotion bey dem Pabste geheime Audienz, in welcher ihm der heil. Vater die Versicherung gab, daß er seiner Verdienste bald eingedenk seyn wollte. Allein, Benedictus XIV. starb den 3 May 1758 ohne daß er ihn zu dem geistl. Purpur beförderte. Er muste daher von dem neuen Pabste Clemens XIII. der den 6 Jul erwählt wurde, sein Glücke erwarten, welches auch den 24 Sept. 1759 erfolgte, da er nebst noch 21 Prälaten die Cardinals-Würde erhielt, ob er gleich schon ein Mann von 75 Jahren war. Er empfieng noch an diesem Tage nebst noch einigen andern neucreirten Cardinälen aus des Pabsts Händen das Biret und den 27sten frühe den Hut, wobey ihm gewöhnlicher maßen der Mund geschlossen, den 19 Nov. aber wieder geöfnet wurde. Er bekam hierbey den Priester-Titel St. Quirici und Juliettä und ward ein Mitglied von verschiedenen ansehnlichen Congregationen, die er, ohngeachtet seines hohen Alters, fleißig abwartete. Er führte in übrigen ein stilles Leben und wurde von dem Volke sehr geliebt. Wäre er nicht so gar alt gewesen und hätte ein Conclave erlebet, würde er ohnfehlbar einen Candidaten zu der Päbstl. Würde abgegeben haben. Sein Leichnam wurde den 16 alla Minerva gebracht, allwo der Pabst und das Cardinals-Collegium seinem Leichen-Begängnüsse beywohnten. Er wurde in der Kirche von Bergamasco, seines Vaterlandes, welcher er auch seine Bibliothek vermacht hatte, beygesetzet.

II. Lou-

II. **Louiſe Chriſtina Carolina**, Prinzeſſin von Holſtein-Auguſtusburg, ſtarb den 27 Jan. im 12ten Monathe ihres Alters. Sie war Herzog Friedrich Chriſtians von Holſtein-Auguſtusburg einzige Tochter, die deſſen Gemahlin, Charlotte Amalia Wilhelmina, des letzten Herzogs Friedrich Carls von Holſtein-Plön Tochter, den 16 Febr. 1763 zur Welt gebohren hatte.

III. **Michael Wodzicki**, Cron-Groß-Canzler und Senator von Pohlen, Biſchoff von Premislau, Dom-Dechant der hohen Stifts-Kirche zu Cracau, Abt ſowohl des Ciſtercienſer-Stifts zu Moglla in der Cracauer-Dioeces, als auch der regulirten Chorherren des heil. Auguſtini zu Czervien in der Plotzker-Dioeces, auch Ritter des weiſſen Adlers, ſtarb den 4 Jan. im 76ſten Jahre ſeines Alters. Er war ein gelehrter Herr von beſonderer Fähigkeit und vielen perſönlichen Verdienſten, durch welche er ſich den Weg zu den größeſten Ehrenſtellen gebahnet. Er erwählte den geiſtlichen Stand und gelangte frühzeitig zu anſehnlichen Präbenden. Den 1 Oct. 1746 ward er zum Cron-Unter-Canzler ernennet und hierdurch unter die Reichs-Senatores aufgenommen. Kurz darauf bekam er den Ritter-Orden des weiſſen Adlers. Im Jahr 1759 erhielt er das Bißthum zu Premislau und 1762 ward er Cron-Groß-Canzler. Er hat ſich durch ſeine Redlichkeit, Güte und Uneigennützigkeit die Hochachtung und Liebe der ganzen Nation erworben, auch ſich meiſtens bey der Perſon des Königs ſowohl zu

Dreßden als zu Warschau aufgehalten. Er war dem Königl. Hause ganz besonders ergeben und einer von denjenigen Magnaten, welche die Erhebung des Prinzen Carls zur Herzoglichen Würde von Curland am meisten befördert hatten. Er hat viel Geld, nemlich an Golde 12000 Species Ducaten, eben so viel alt Silber-Geld und eine gleiche Summa in jetziger Silber-Münze, ingleichen kostbare Juwelen und ein Silber-Servis vor 500 Personen verlassen.

IV. Jacob Murray, Herzog von Athol und Baron Strange von Knockyn, Pair von Großbritannien und Ritter des Schottländischen Distel-Ordens, Erbherr der Insel Man, starb den 8 Jan. zu Dunkeld in Schottland im 74sten Jahre seines Alters. Er stammte aus dem alten und berühmten Schottländischen Geschlechte von Murray her und war ein Sohn Johann Murray, ersten Herzogs von Athol, der ihn mit seiner ersten Gemahlin Catharina, Herzogs Wilhelmi von Hamilton Tochter, gezeuget hat. Als der Vater 1724 starb, nahm er den Titel eines Herzogs von Athol an und vermählte sich den 28 Apr. 1726 mit Johanna, einer Tochter Johann Friedrichs von Westmünster und Witwe Timothei Lanoy von Hammersmith, die aber bereits den 24 Jun. 1748 gestorben ist, nachdem er verschiedene Töchter mit ihr gezeuget. Er ward 1733 Canzler von Schottland und 1734 einer der XVI. Schottländischen Pairs, die im Oberhause zu London Sitz und Stimme haben. Er erhielt kurz

kurz darauf den Distel-Orden. Den 9 Febr. 1737 starb der Graf Jacob Stanley von Derby, Erbherr der Insel Man, ohne Erben, da er denn das Glücke hatte, die gedachte Insel nebst der Würde und dem Titel eines Lord Strange von Knockyn zu bekommen, in welcher Qvalität er den 21 März in dem Oberhause des Parlaments als Pair von Großbritannien Sitz nahm. Im Jahr 1745 ergriff er die Parthey des Prätendentens, als derselbe eine Landung in Schottland that, er verließ aber solche bald wieder und richtete zum Dienst des Königs ein Bataillon von 500 Mann wider die Rebellen auf. Sein Bruder, Wilhelm Murrai, Marqvis von Tullibardine, war nicht so gesinnet. Da er schon 1715 an der Rebellion Theil gehabt und deßhalben seinen Aufenthalt in Frankreich nehmen müssen, so kam er auch 1745 mit dem jungen Prätendenten wieder nach Schottland, wurde aber nach der Schlacht bey Culloden 1746 gefangen und nach dem Tower gebracht, wo er ohnfehlbar seinen Kopf auf dem Schavot würde haben hergeben müssen, wenn er nicht noch zu rechter Zeit den 20 Jul. an der Dysenterie gestorben wäre. Weil die Insel Man seit geraumer Zeit die Haupt-Niederlage von dem Weine, Thee und andern Waaren ist, welche in die 3 Königreiche heimlich eingeführt werden, wurde schon 1751 stark daran gearbeitet, dieselbe dem Herzoge abzukauffen und der Crone einzuverleiben, welches aber bey seinem Leben nicht zu Stande gekommen ist. Von seiner

Familie

Familie ist mir nichts weiter bekannt, als daß er einige Töchter gehabt, davon die älteste im Febr. 1747 an den Grafen von Crawford vermählt worden, aber nach 8 Monathen im Aachner-Bade, wo sie ihren Gemahl besucht, frühzeitig verstorben. Die andere, Namens Maria hat sich den 20 Jun. 1749 mit Jacob, Lord Decksford, des Grafens Jacobi von Finlatur ältesten Sohne und die dritte, Charlotte, im Oct. 1753 mit dem Ritter-Baronet, John Murray, vermählt. Weil der Herzog von Athol keinen Sohn hinterlassen, so ist mir unbekannt, wer ihm in dieser Würde gefolget ist.

V. Wilhelm August von der Osten, Königl. Dähnischer geheimder Conferenz-Rath, Ritter des Elephanten-Ordens, und Director des Oeresundischen Zolls, starb den 15 Jan. zu Copenhagen im 68sten Jahre seines Alters. Sein Vater Peter Christoph von der Osten, welcher bey Christian V. die Stelle eines Ober-Hofmeisters und Ober-Hof-Marschalls bekleidet hatte, gieng nachhero in Preußische Dienste und starb als geheimer Rath und Land-Drost in Minden. Er vermählte sich mit Louise Benedicta von Reichow, deren Vater Hannöverischer Ober-Hof-Marschall gewesen. In dieser Ehe wurden 5 Töchter und 6 Söhne gezeugt, unter deren letztern der verstorbene Wilhelm August der dritte war. Er trat 1721 in Dähnische Dienste und ward anfänglich Stifts-Amtmann, bald darauf Director des Oeresundischen Zolls, und den 10 Febr. 1740

1740 Ritter von Dannebrog. Den 31 März 1752 erhielt er den Orden de l' union parfaite. Den 4 Sept. 1755 ward er geheimer Conferenz-Rath und im May 1763 Ritter des Elephanten-Ordens. Den 9 Aug. 1750 verlohr er seine Gemahlin und im Aug. 1751 seinen Sohn, wegen dessen Absterben ihm der König in allerhöchster Person sein Beyleid bezeugt hat.

VI. Der Marquis von St. Germain, Königl. Sardinischer Staats-Minister der ausländischen Affairen und General-Inspector der Reuterey, auch Ritter des Ordens del' Annonciaba, starb den 15 Jan zu Turin an einer auszehrenden Krankheit. Er war ein gebohrner Piemonteser und hatte sich durch verschiedene Gesandschaften berühmt gemacht. Im Jahr 1749 gieng er als Gesandter an den Großbritannischen Hof, wo er bis 1752 die Angelegenheiten seines Königs besorgte. Er ist nachgehends auch Gesandter am Französischen Hofe gewesen. Er soll sich auch in Kriegs-Diensten hervor gethan haben, ist aber allererst im May 1745 zum Brigadier ernennet worden. Er ward im Dec. 1764 nach dem Absterben des Ritters von Osorio zum Staats-Minister der auswärtigen Affairen erklärt. *)

VII. Ma-

---

*) Es wird von vielen gezweifelt, daß er die obige Gesandschaften von 1749 an bekleidet habe, weil zu diesen Zeiten die Sardinischen Gesandten in Engelland der Graf von Perron und der Graf von Viry und in Frankreich der Baille Solare

VII. Maria Josepha Theresia, Gräfin von Daun, starb den 19 Jan. zu Wien im 53sten Jahre ihres Alters. Sie war die ältere Tochter Christoph Ernsts, Grafens von Fuchs, der als Kaiserl. geh. Rath und Gevollmächtigter zu Hamburg den 4 Jan. 1719 gestorben ist. Ihre Mutter, Maria Catharina Charlotte, gebohrne Gräfin von Mollart, war der ietztregierenden Kaiserin-Königin Ober-Hofmeisterin, bey welcher sie in dem größten Ansehen gestanden. Sie war unter den zwey Töchtern die ältere und wurde den 4 Apr. 1711 zur Welt gebohren. Nachdem sie verschiedene Jahre Cammer-Dame gewesen, wurde sie den 20 Febr. 1740 mit Anton Christoph Carl, Grafen von Nostitz, Kaiserl. Reichs-Hofrath, vermählt, der aber den 7 April 1740 schon wieder verstarb, nachdem sie noch nicht 2 Monathe mit ihm in der Ehe gelebt hatte. Als sie fast 5 Jahr im Wittwen-Stande gelebet, vermählte sich den 1 März 1745 der General, Graf Leopold von Daun mit derselben, der durch diese Vermählung seine Verdienste dergestalt erhöhete, daß

---

de Breille gewesen. Man findet auch keinen Marquis von St. Germain weder unter der Liste der Sardinischen Generals, noch unter den Staats-Ministers und Rittern des Annonciaden-Ordens. Es scheinet, als ob er unter einem ganz andern Namen die obigen Chargen bekleidet habe; doch wird er in allen neuen öffentlichen Nachrichten mit dem Namen St. Germain unter die Verstorbenen gezehlt.

daß er nach und nach zu den höchsten Staats-und Kriegs-Chargen gelangt ist, wie er denn während dem letzten Kriege beständig gegen den König in Preußen das Ober-Commando über die ganze Oesterreichische Armee geführt und dadurch sich in der Welt einen berühmten Namen gemacht. Sie hat von ihm einen Sohn und eine Tochter hinterlassen. Die erste heißt Maria Theresia, und ist den 12 Jul. 1762 mit Leopolden, Grafen von Palfy, Kaiserl. Cammerherrn und Nieder-Oesterreichischen Regiments-Rathe, vermählt worden, der Sohn aber, Namens Franz, stehet in Oesterreichischen Kriegs-Diensten. Den 27 April 1754 starb ihre Mutter, die vielgeltende Ober-Hofmeisterin, im 80sten Jahre ihres Alters, von welcher sie ein großes Vermögen erbte, doch sind derselben Güter ihrer Schwester, Marien Ernestinen, die mit dem würklichen geh. Rathe, Grafen Losy von Losimthal vermählt ist, zu Theile worden. Sie hat bis an ihr Ende in ganz besondern Gnaden bey der Kaiserin gestanden, die daher auch ihren Tod gar sehr bedauert hat.

VIII. Albert Sieminski, weltlicher Cron-Groß-Referendarius von Pohlen und Ritter des weissen Adlers, starb im Jan. *) zu Warschau. Er war ein wohlverdienter Mann, der dem Vaterlande viele nützliche Dienste geleistet. Als Staroste von Dembowick ward er 1748 zum Reichs-

---

*) Andere Nachrichten behaupten, er sey im Dec. voriges Jahrs gestorben.

Reichstag-Marschall erwählt. Im Jahr 1749 suchte er als Director der Landboten-Stube die Zerreissung des Reichstages möglichst zu verhindern. Im Jahr 1750 ward er zum Cron-Groß-Referendario ernennet, und den 3 Aug. 1758 mit dem weissen Adler-Orden beehret.

IX. **Johann George von Moltke**, Königl. Dähnischer General-Lieutenant der Reuterey und Commendant der Vestung Cronenburg, auch Ritter des Ordens von Dannebrog, starb den 20 Jan. zu Copenhagen in einem Alter von 61 Jahren. Er war aus einem alten Mecklenburgischen Geschlechte entsprossen und hatte Joachim van Moltke, auf Großen-Riesenau, zum Vater. Seine Mutter, Sophia Magdalena von Gortmann, brachte ihn den 12 Febr. 1703 zur Welt. Er stund anfänglich in Hessischen Diensten, das hohe Ansehen seines jüngern Bruders, Graf Adam Gottlobs von Moltke, aber, der als Ober-Hofmarschall und geheimer Conferenz-Rath des jetzigen Königs in Dännemark vornehmster Liebling ist, brachte ihn aus den Hessischen Diensten, worinnen er zuletzt als Obrister stund, in die Dähnischen Dienste, in welche er den 17 Dec. 1753 als General-Major, und Chef des zweyten Jühnischen Curaßier-Regiments getreten. Den 24 Sept. 1755 erhielt er das Leib-Regiment Dragoner, den 31 März 1759 ward er General-Lieutenant der Reuterey und Commendant zu Cronenburg und den 16 Oct. 1760 empfieng er den Ritter-Orden von Dannebrog. Von seiner Gemahlin

mahlin und Kindern ist mir nichts bekannt. Sein ältester Bruder, Joachim Christoph von Moltke, ist Königl. Dähnischer geheimer Rath, Ritter von Dannebrog und Comitial-Gesandter zu Regenspurg, lebt aber vor jetzo auf seinem Ritter-Guthe Lohmaan der Sprotte im Fürstenthum Altenburg.

X. **Anna Maria Louise**, Gräfin von **Pappenheim**, starb den 25 Jan. zu Pappenheim in einem Alter von 58 Jahren. Sie war eine Tochter, Johann Friedrichs, Grafens von Leiningen-Hartenburg und wurde von ihrer Mutter, Catharina, gebohrnen Prinzessin von Baden-Durlach, den 11 Jan. 1706 zur Welt gebohren. den 30 Sept. 1725 ward sie mit Friedrich Ferdinand, Grafen von Pappenheim, Reichs-Erb-Marschall und Kaiserl. würkl. geheimen Rathe, vermählt, dem sie verschiedene Söhne gebohren, davon ihrer noch dreye leben, nemlich Friedrich Carl, Würtembergischer geh. Rath, und Ober-Forst- und Jägermeister, Johann Friedrich Ferdinand, Kaiserl. Königl. Obrister und Friedrich Wilhelm.

XI. **Ulrich Heinrich von Lauterbach**, Marggräfl. Brandenburg-Bayreuthischer geh. Minister, Landschafts-Director und Hofrichter, wie auch des rothen Adler-Ordens Groß-Creutz, starb den 27 Jan. zu Bayreuth im 77sten Jahre seines Alters. Er war ein Sohn des verstorbenen Reichs-Cammer-Gerichts-Assessoris Ulrich Thomas von Lauterbach, der ihn mit Rosina Elisa-

Elisabeth von Gülchen, gezeugt. Im Jahr 1714 kam er nach Bayreuth und ward anfänglich Proceß-Rath, hernach Hof- und endlich geh. Rath und Minister. Seine Gemahlin, Maria Regina, gebohrne von Schütz, und die mit ihr erzeugten beyden Söhne, Helwig Christoph und Johann Friedrich, sind ihm im Tode vorangegangen.

XII. **Johanna Sophia Louise Friderica, Gräfin von Werthern**, starb den 3 Jan. zu Gotha in dem 24sten Jahre ihres Alters. Sie war die Tochter des Sachsen-Gothaischen geh. Raths, Schack Herrmanns von Buchwald, dem sie von seiner Gemahlin, die bey der Herzogin Oberhofmeisterin ist, den 5 Aug. 1740 gebohren worden. Sie ward den 2 Nov. 1762 mit Johann George Heinrich, Grafen von Werthern, Königl. Pohl. und Churfürstl. Sächsischen Cammerherrn, der Herzogin zu Gotha Ober-Hofmeister und Fürstl. Sachsen-Gothaischen Ober-Aufseher, zu Eisenberg, vermählt, hat aber nicht viel über ein Jahr in der Ehe gelebt.

XIII. **Augusta Charlotte von Lindenau**, starb den 12 Jan. zu Graitz im 33sten Jahre ihres Alters. Sie war eine Tochter Carl Gottleb von Seydewitz, auf Pulswerda, Königl. Pohlnischen und Churfürstl. Sächsischen Majors und Dorotheen Sophien von Troschke. Sie ward den 2 May. 1754 mit Heinrich Gottlieb von Lindenau, auf Machern, Zeitiz, Gotha und Coßen, Königl. Pohln. und Churfürstl. Sächsischen Cammerjunmerjunker, vorjetzo aber Churfürstlichen Sächsischen Ober-Stallmeister, wie auch Grafen des heil. Röm. Reichs vermählt, dem sie 2 Söhne, August Carl und Carl Anshelm, sammt einer Tochter, Namens Johanna Augusta Elisabeth, gebohren, davon aber nur noch der älteste Sohn lebt, die andern beyde aber ihr im Tode vorgegangen sind.

XIV. Margaretha Elisabeth verwittwete von Schönberg, starb den 27 Jan. nach dreymonathlicher schmerzhaften Krankheit auf ihrem Wittwensitz Dörenthal, bey Freyberg in einem Alter von 74 Jahren. Sie war eine gebohrne von Ribbeck aus dem Hause Klinecke und hatte den 11 Jan. 1690 das Licht der Welt erblickt. Im Jahr 1712 vermählte sie sich mit Caspar Dietrich von Schönberg, auf Pfaffenrode und Dörenthal, der 1730 als Königl. Pohlnischer und Königl. Preußischer Cammerherr gestorben ist. Ihr Sohn, Caspar Dietrich, ist 1753 vor ihr gestorben, die Tochter aber, Johanna Elisabeth, befindet sich noch unvermählt.

XV. August Siegmund von Reitzenstein, Churfürstl. Sächsischer Obrister des Prinz Maximilianischen Regiments zu Fuß, starb den 14. Jan. zu Zwickau in einem hohen Alter, nachdem er dem Churhause Sachsen über 50 Jahr nützliche Dienste geleistet.

XVI. Johann Baptista Decuries von St. Sauveur, Königl. Französischer General-

Fortges. G. h. Nachr. 38. Th.   J   Consul

Conful in Rußland und Ritter des St. Michael-Ordens, starb den 9 Jan. zu Petersburg. Er hatte lange Zeit als Conful zu Petersburg gestanden, als ihn der König 1749 zum General-Commissario der Marine zu Amsterdam ernennte, von dar er 1757 als General-Conful von neuen nach Petersburg geschickt wurde, um einen Commercien-Tractat mit Rußland zu Stande zu bringen. Er wurde als ein Mann von großer Einsicht und vieler Geschicklichkeit sehr bedauert.

XVII. D. Samuel Troilius, Erzbischoff von Upsal, Procancellarius der dasigen Universität und Primas von Schweden, starb den 5 Jan. in einem ziemlichen Alter. Sein Leben gehört eigentlich in die Gelehrten-Geschichte.

b) einige nachgeholte von 1763.

I. Friedemann, Graf von Werthern, auf Beichlingen, Reichs-Erb-Cammer-Thürhüter, wie auch Königlicher Pohlnischer und Churfürstlich Sächsischer Cammerherr, starb im Dec. 1763 in einem Alter von 79 Jahren. Er war der jüngere Sohn Friedrichs, Freyherrns von Werthern, auf Groß-Neuhausen und Beichlingen, Chur-Sächsischen würklichen geheimen Raths, Ober-Hofrichters zu Leipzig, Ober-Consistorial-Präsidentens und Ober-Hauptmanns in Thüringen, der ihn mit seiner zweyten Gemahlin, Justina Elisabeth, gebohrnen von

von Löser, gezeuget hatte. Er erblickte den 24 Dec. 1684 das Licht der Welt und bekam in der mit seinem Bruder gemachten Theilung 1708 das ansehnliche Guth Beichlingen, nachdem er den 17 Jan. dieses Jahrs vorher in des heil. Römischen Reichs Grafen-Stand erhoben worden. Er hat seine Lebens-Zeit meistens auf seinen Gütern zugebracht, und ob er gleich zwey Gemahlinnen nach einander gehabt, doch keine Kinder hinterlassen. Seine erste Gemahlin war Maria Renata, des Grafens Hectoris Maximiliani von Geyersberg Tochter, mit der er sich den 14 Febr. 1708 vermählt, die aber den 31 Jul. 1739 wieder gestorben ist. Die andere Gemahlin, die er als Witwe hinterlassen, heist Constantia, und ist des Grafens Christoph Ehrenreichs von Windischgrätz Tochter, mit der er sich den 17 May 1740 vermählt hat. Seine Güter sind nach seinem Tode seinem Bruters-Sohne, Graf Georgen von Werthern, auf Eutra und Neunheiligen, Chur-Sächsischen würklichen geheimden Rathe, heimgefallen.

II. **Christian Daniel, Freyherr von der Schulenburg**, Königlicher Sardinischer General der Infanterie und Obrister über ein Deutsches Regiment zu Fuß, Erbherr auf Angern, Bergunt, Erxau, Hohenseden, Wanburf und Buliß, starb den 22 Nov. 1763 in einem Alter von 84 Jahren, 8 Monathen und 5 Tagen. Er stammte aus dem berühmten Schulen-

Schulenburgischen Geschlechte in Deutschland her und fand sein Glücke in den Savoyischen und Sardinischen Kriegsdiensten, darinnen er von Jugend auf gestanden und sowohl in dem Spanischen als Pöhlnischen und Oesterreichischen Successions-Kriege sich hervor gethan. Als der König 1742 dem Herzoge von Modena, der die Spanische Parthey ergriffen, in seine Staaten fiehl wohnte er unter demselben dem Feldzuge als General-Lieutenant bey, dirigirte auch die Attaqve der Citadelle zu Modena und commandirte hernach ein besonder Corps, als der König den anrückenden Spaniern nach Savoyen entgegen gieng, aber gegen dieselben nichts ausrichten konnte. Er hat nachgehends keinem Feldzuge weiter beygewohnet, ist aber doch im Jan 1744 zum General der Infanterie ernennet worden. Von seiner Familie weiß ich nichts anzuführen.

III. **Ernst Wilhelm, Freyherr von Eisenberg,** Königlicher Staats-Rath und Amtmann oder Stadthalter der Americanischen Inseln St. Croix, St. Thomas und St. Dean, starb im Jahr 1763.

III.

III.

Brand-Schäden, Erdbeben und andere Unglücks-Fälle im Jahr 1763.

I. Folgende merkwürdige Feuers-Brünste.

I.

Im Jan. langte aus Gambia zu London die Nachricht an, daß das Fort auf der Insel Goree an der Africanischen Küste durch einen Zufall in die Luft gesprengt und dadurch ein Theil der Garnison zugleich verschüttet worden. Da diese Insel kraft des letztgeschlossenen Friedens an Frankreich zurück gegeben werden soll, und zwar in eben dem Zustande, in welchem sie sich befunden, als sie von den Engelländern erobert worden, so dürfte, anstatt dieses Fort wieder aufzubauen, eine Schadloßhaltung dafür an Gelde gegeben werden.

II. Den 1 Febr. entstund in dem Hessen-Darmstädtischen Städtgen Ulrichstein eine entsetzliche Feuersbrunst, wodurch binnen etlichen Stunden 103 Gebäude an Wohnhäusern und Scheunen in die Asche gelegt wurden, nachdem solches vorhin schon durch die ausgestandenen

III. Brand-Schäden, Erdbeben

Kriegs-Calamitäten in die größte Noth gesetzt worden.

III. Im April entstund in dem grossen Opern-Hause zu Paris aus Unachtsamkeit ein Feuer, wodurch nicht nur dieses grosse Gebäude sammt allen Musicalien und Meublen der Opera, wie auch viele nahe stehende Boutiquen zu Grunde gegangen, sondern auch ein Theil des daran stoßenden Königlichen Palasts Schaden gelitten. Es war das schönste Opernhauß in Europa, ist aber herrlich wieder aufgebauet worden. Der Ritter Servandoni hat die Aufsicht haben gehabt.

IV. Den 3 Jun. in der Nacht entstund zu Petersburg ein heftiger Brand, wodurch auf Waßilen Ostrow, einem Platze nahe bey der Kauffmanns-Börse, alle Cram-Laden sammt 5 steinernen und etliche 40 Hölzernen Häusern bis auf den Grund abbrannten, ohne daß etwas davon gerettet werden konnte. Es sind ohngefehr 20 Kinder in den Flammen umgekommen, und der Schade wurde auf 30000 Rubel geschätzt.

V. Den 19 Jun. brach in der kleinen Stadt Birnbaum in Groß-Pohlen eine große Feuersbrunst aus, welche 110 Häuser nebst dem Rathhause und der Catholischen Kirche in die Asche legte. Die Evangelische Kirche ist nebst wenig Häusern stehen geblieben. Diese Stadt gehört dem Gräffl. Unruhischen Hause.

VI.

VI. Den 10 Jul. entstund zu London in dem Theile der Stadt, welcher Wapping genennet wird, in einem kleinen Brauhause ein Feuer, wodurch in wenig Stunden 170 Häuser nebst einigen Packräumen in die Asche gelegt wurden. Ein Schiff, das vom Stapel laufen sollen, ist zugleich drauf gegangen, verschiedene Personen aber haben ihr Leben und über 100 ihre ganze Haabseeligkeit eingebüsset.

VII. Im Jun. am Fronleichnams-Tage brannte die ganze Stadt Kobelin in Groß-Pohlen nebst der Catholischen und Evangelischen Kirche, ingleichen dem Rathhause ab, so, daß nur 11 schlechte Häuser stehen blieben.

VIII. In eben diesem Monath hat auch die Stadt Witepsk in Litthauisch Reußen eine schreckliche Feuersbrunst betroffen, indem über 700 Häuser daselbst nebst verschiedenen schönen Kirchen und Klöstern, sowohl Catholischen als Griechischen, im Rauche aufgegangen sind.

IX. Den 14 Jul. des Nachts halb 10 Uhr schlug der Donner bey einem schweren Gewitter zu Rehau, einem Städtgen im Marggrafthum Bayreuth, in eine Scheune ein, die sogleich in Brand gerieth. Ein hierbey entstandener Sturmwind verbreitete das Feuer in wenig Minuten dergestalt, daß in 6 bis 7 Stunden 83 bürgerliche Wohnhäuser nebst der Kirche, dem Pfarr-Schul-Rath-und Brauhause, in der

Asche lagen, wobey ein Weib mit einem Kinde und fast alle Habseligkeit der Einwohner mit verbrannt ist.

X. Den 31 May ereignete sich in der Russischen Stadt Twer eine heftige Feuersbrunst, wodurch, ohne die Kirchen und andern öffentlichen Gebäude, 852 Wohnhäuser in die Asche gelegt worden.

XI. Den 5 Aug. entstund zu Smirna in der Türkey eine schreckliche Feuersbrunst, die aber allein die Christen betraf. Sie brach in dem Quartier aus, welches man die Franken-Gasse nennet. In weniger als 24 Stunden lag das ganze Quartier, bis auf einige Häuser, in der Asche. Die Franken oder Christen, die nicht wissen, wohin sie sich wenden sollen, dependiren jetzt bloß von dem guten Willen der Türken, Griechen und Juden. Der Cadi hat sich während der Feuersbrunst sehr harte erwiesen und keinen einzigen Befehl zum löschen oder der Flamme einhalt zu thun, geben wollen; weder Flehen, noch gebotenes Geld, noch Drohungen, noch sonst etwas war fähig, ihn zu bewegen. Das Feuer dauerte 26 bis 30 Stunden. Ueber 400 Häuser sind im Rauch aufgegangen. Die Magazine der Holländer und sonderlich die vom Caffee, welche von großem Werthe waren, sind alle dahin. Man rechnet den Schaden über 4 Millionen Piasters.

XII.

XII. Im Sept. war auch ein großer Brand in der Türkischen Stadt Scutari, die Constantinopel gegen über liegt. Es sind mehr als 400 Häuser und auf die 600 Magazine und Laden in die Asche gelegt worden, auch sind dabey viele Menschen ums Leben gekommen.

XIII. Briefe aus Jamaica, die im Nov. in London angelangt, haben gemeldet, daß im Fort Augusta ein Pulver-Magazin, worinnen 2850 Fässer Pulver gelegen, durch Zündung des Blitzes in die Luft geflogen sey, wodurch nicht nur an den Nordwestlichen Bastion ein beträchtlicher Schade geschehen, sondern auch 20 Personen, außer den Verwundeten, ihr Leben eingebüsset, worunter sich der Capitain Talbot mit seiner Frau, der Capitain Dunbar und andere befunden.

2. Folgende Erdbeben:

I. Den 28 Jun. 1763 wurde ein großer Theil von Ungarn durch ein starkes Erdbeben erschüttert, welches auch zu Wien und an anderen, gegen Ungarn zu gelegenen Oertern in Nieder-Oesterreich, jedoch ohne Schäden, verspüret worden. Aus Raab wurde unterm 30 Jun. folgendes berichtet:

Den 28sten dieses, ein Viertel nach 5 Uhr frühe, geschahe der erste Stoß und um halb 6 Uhr der zweyte, einer heftiger als der andere.

Fast alle Häuser in der Stadt sind durch die gewaltige Erschütterung beschädiget und einige davon zur Wohnung ganz unbrauchbar gemacht worden. Die Kirch-Thürme haben am meisten dabey gelitten. Unter einer eingestürzten Mauer musten zwey Personen ihr Leben lassen. Noch gestern hat man etliche Stöße von Erdbeben gespüret. Wir sind noch immer auf dem freyen Felde gelagert, und es will sich fast Niemand in die Stadt zurück zu gehen getrauen. Gott war uns bey dem allen noch gnädig. Denn unsere Nachbarn, die von Comorra, sind viel härter heimgesucht worden. Wunderlich ist es, daß zu Röfalo, jenseit des Donau-Arms, unserer Vestung gegen über, die Erde eine Oefnung gemacht, woraus ein gelbes, eiskaltes und von Schwefel stark riechendes Wasser hervor quillt.

Zu Pest hat man dieses Erdbeben zu gleicher Zeit verspüret. Die letztern Stöße, die viel heftiger waren, verursachten, daß das Königl. Ungarische Wappen, welches auf dem Rathhauß-Thurme stehet, gebogen, das steinerne Creutz aber von dem Franciscaner-Kloster herab geworfen wurde. Die übrigen dasigen Kirchen und Klöster litten ebenfalß, indem sie zum Theil Schröcke bekamen und der äußerliche Anputz herab fiel. Am allermeisten betraf dieses das Kaiserliche Königliche Militair-Invaliden-Hauß, indem es durch und durch Spaltungen und

Schröcke

Schröcke sowohl in den Mauer-Wänden, als in den Gewölbern bekam. In der benachbarten Stadt Ofen ist dieses Erdbeben noch heftiger gewesen.

In den Ungarischen Bergstädten richtete dieses Erdbeben mehr Schrecken als Schaden an. In einem Schreiben aus Schemnitz hieß es unter andern also: „Ich war sehr begierig, zu „erfahren, was unter der Erde in den Stollen, „Läufen und Schächten, die allhier auf einige „tausend Klaftern in die Länge und mehr als „hundert in die Tiefe bereits durchgearbeitet und „verlängert sind, vorgegangen seyn dürfte. Ich „ließ derohalben nicht nur die gesammten Berg- „werks-Officianten, sondern auch die Arbeiter „selbst, deren doch bey 800 Mann damals in „der Grube arbeiteten, befragen, welche aber „einmüthig aussagten, daß sie nicht das mindeste „hiervon wahrgenommen hätten. Ueberhaupt „kann man von Erdbeben allhier nichts, außer „einigen kleinen Spuren aus alten Schriften „aufweisen; welches uns daher um so vielmehr „in Verwunderung setzet."

Außer denen bereits gemeldeten Oertern hat das Erdbeben am meisten St. Jring bey Preß- burg, Illava, Turnau, Neuheusel, Mar- tinsberg, Moczan, Rottrich und Sensof- feh betroffen. Es sind auch zu Schönbrunn, Larenburg und Haimburg, große Beschädi-
gungen

gungen geschehen, und besonders hat der Haimburgische Thurm sich so geneiget, daß er abgetragen werden muß.

Den größten Ruin hat dieses Erbbeben in der Vestung Comorra angerichtet, wie folgende Nachricht aus Wien bezeuget:

„Es war der 28ste Junii, nemlich der Vor-
„abend des Festtages von St. Peter und Paul,
„als bald nach 5 Uhr des Morgens der erste Erd-
„stoß wahrgenommen wurde. Die Einwohner
„waren theils in den Kirchen, theils auf den
„Markt-Plätzen, die meisten aber noch in ihren
„Häusern. Das Schrecken über diesen ersten
„Stoß und Erschütterung war größer, als der
„Schaden, und es ist der göttlichen Vorsicht
„und Barmherzigkeit zuzuschreiben, daß dadurch
„die Einwohner der Stadt ihre Sicherheit zu
„suchen ermahnet worden; wie denn auch die
„meisten sogleich in sichere Oerter sich geflüchtet
„haben. Es währte eine Viertel Stunde, so
„folgte der zweyte Erdstoß, welcher unter allen
„übrigen, die hernach bemerkt worden, der hef-
„tigste war und anderthalb Minuten dauerte,
„wobey ein Getöne und Geräusche wahrgenom-
„men wurde. In einem Augenblicke spalteten
„sich die Kirchen, Klöster und bürgerlichen Ge-
„bäude: die Gewölber und Doppel-Böden fie-
„len ein, und die Schütt-Mauern lagen über
„den Haufen. Die schöne und prächtige Kirche
„der Jesuiten blieb nicht verschont. Die Thürme
„stürz-

„stürzten ein, der Priester vor dem Altare aber
„wurde am Haupte verletzt. Die Residenz die-
„ser Paters wurde sehr beschädiget und der dritte
„Stock davon ist eingefallen. Einen noch
„grössern Schaden hat die Kirche und das Klo-
„ster der Franciscaner gelitten. Alle Altäre
„giengen in Stücken, wobey das ganze Kirchen-
„Gewölbe den Leuten, welche der heiligen Messe
„beywohnten, über den Kopf zusammen fiel,
„wodurch viele derselben unter dem Schutte be-
„graben wurden. Die Kloster-Geistlichen ha-
„ben zwar das Glücke gehabt, sich mit der Flucht
„zu retten, doch sind ihrer etliche leichte verwun-
„det worden. Der Thurm des Rathhauses ist
„auch geborsten und herabgefallen, wodurch meh-
„rere auf dem Platze sich befundene Leute ver-
„schüttet worden; ja, es ist fast kein Hauß, wel-
„ches unbeschädigt geblieben; sogar etliche nie-
„drige und von Koth-Ziegeln gebauete Häuser
„sind von einander gerissen worden. Es sind
„auch bey den Franciscanern die Zimmer über
„dem Refectorio und über der Küche eingestürzt;
„welches auch in mehrern Häusern geschehen ist.*)
„Die Bestürzung ist groß und allgemein.
„Wäre das Unglück in der Nacht geschehen, so
„würden die meisten Einwohner ihr Grab in
„ihren

---

*) Den Palast des Königlichen Pohlnischen Prin-
zens Albert, den er als Gouverneur hier bezie-
hen sollen, hat dieses Unglück auch betroffen.

"ihren Betten gefunden haben. Etliche Rauch-
"fänge sind in der Mitten entzwey geborsten und
"stehen nun umgekehrt da. Die Zahl der Er-
"schlagenen ist noch ungewiß, indem noch viele
"unter dem Schutte liegen. Der Todten, wel-
"che man bisher hat ausgraben können, waren
"bis zum 4 Julii schon 54 und die Zahl derer
"Verwundeten, unter welchen viele schwere Con-
"tusiones bekommen, andere aber an Händen und
"Füßen gequetschet worden, ist leichte auf 200
"zu rechnen. Es sind auch viele Krankheiten
"aus diesem Jammer entstanden. Säugende
"Kinder sind aus Mangel der Nahrung gestor-
"ben, einige Leute aber verwirrt und einige gar
"sinnloß worden. Man hörte in der ganzen
"Stadt nichts als Weinen und Wehklagen.
"Die Geistlichen haben sich bey dieser Gelegen-
"heit fleißig und eyfrig erzeiget. Ganze Nächte
"sind mit Gebeth und Bußwerken zugebracht
"worden. Der Gottesdienst wird nun in denen
"von Bretern zusammen geschlagenen Hütten
"gehalten. Die Leute haben sich in ihre Gärten
"geflüchtet, mehr aber als zwey drittel in andern
"Oertern ihre Zuflucht gesuchet, auch einige in
"den Schiffen ihren Aufenthalt genommen.
"An den Lebens-Mitteln entstund ein Mangel;
"doch ward aus den benachbarten Orten Brod
"zugeschickt und stückweise ausgetheilet. Das Erd-
"beben hat vom 28 Jun. bis zum 4 Jul. *) an-
"gehal-

---

*) Den 12ten und 18ten Jul. hat Comorra abermals
betrachtliche Stösse des Erdbebens empfunden.

„gehalten. Während dieser Zeit zählen die
„Einwohner in allen 90 Stöſſe, unter welchen
„ein paar dem zweyten ziemlich gleich, die übri-
„gen aber bey weiten nicht ſo heftig geweſen.
„Unweit der Donau hat das Waſſer an vielen
„Orten auf 5 Schuh hoch und wenigſtens einen
„Arm dicke, wie ein Springbrunnen, heraufge-
„ſtrudelt und einen blaufarbigen, nach Schwefel
„riechenden, feinen Sand hervor geſtoßen, wel-
„cher den Geruch ſeitdem zwar verlohren, jedoch
„nitrös und ſalzig iſt. Etliche Brunnen haben
„das Waſſer gänzlich verlohren, andere hinge-
„gen den Zufluß ſo häufig bekommen, daß das
„Waſſer ſeine bey 3 Schuh hohe Einfaſſung
„überſtiegen hat."

II. In der Nacht vom 9ten zum 10ten Jun.
1763 hörte man zu Langres in Frankreich ein
großes unterirdiſches Getöſe, worauf man einen
leichten Stoß von Erderſchütterung ſpürte. Den
Tag darauf zwiſchen 9 und 10 Uhr folgte ein anderer, den aber nicht alle Leute empfanden.
Endlich um 9 Uhr 5 Minuten des Abends kam
ein dritter und weit ſtärkerer mit großem Brau-
ſen, das 2 bis 3 Minuten dauerte. Die Häuſer
wankten dieſesmal und etliche Perſonen fielen zu
Boden. Die Felſen gegen der Stadt über
machten ein Getöſe, daß man glaubte, ſie würden über einander ſtürzen. Dieſer letzte Stoß
iſt in vielen Dorfſchaften mehr oder weniger
verſpüret worden und mag ſich weit erſtreckt haben;
doch

doch höret man nicht, daß er schlimme Folgen gehabt habe.

3. Starke Ungewitter in Frankreich.

Diese zeiget folgendes Schreiben aus Frankreich unterm 25 Jul. 1763 an:

„In diesem Reiche haben die Wetter auf eine schreckliche Weise getobet. Am 25 Junii wurden in Ober-Auvergne in mehr als 20 Kirchspielen, den 26sten zu Maconnois in 36 Dörfern und am 29sten zu Jonéville in Champagne alle Feld-Früchte, die Weinstöcke und die Hoffnung zur nahen Erndte völlig niedergeschlagen. Die Wiesen sind verschwemmet: in den verwüsteten Feldern liegen die umgerissenen Bäume: Die Häuser sind meistens abgedeckt und gar nicht zu bewohnen, und die ins größte Elend versetzten Unterthanen müssen ihren Lebens-Unterhalt weiter suchen. Am 13ten geschahe dergleichen zu Duc le Bar, Ligny und in selbigen Gegenden, wo der Hagel 8 bis 10. Schuh hoch und so heftig und groß fiel, daß die Mauern aussahen, als wäre mit Kugeln darwider geschossen worden. Des Tages zuvor hatte der Donner in den Thurm des Frauen-Klosters von St. Clara eingeschlagen. Den 14 Jul. betraf Besancon und mehr als 200 Kirchspiele dieser Provinz ein gleiches Unglück. Der Hagel fiel daselbst so groß und heftig, daß alle Felder gänzlich zu Grunde gerichtet worden. Viele Häuser und Bäume von ungeheurer Größe „sind

„sind durch den dabey entstandenen Wind umgeworfen und verschiedene Personen, die sich zum Unglück auf dem Felde befunden, hart verwundet, und einige so gar durch den Hagel, der größtentheils so groß wie ein Hühner-Ey gewesen, und davon verschiedene 5 bis 6 Zoll im Durchschnitte gehalten, getödtet worden.„

4. Das Toben des Berges Aetna.

Den 19 Jun. 1763 drohete der Berg Gibello oder Aetna dem ganzen Thal di Demona, der größten Provinz des Königreichs Sicilien, den völligen Untergang. Unter einem erschrecklichen Krachen that er an ermeldetem Tage einen der gewaltsamsten Ausbrüche, wobey verschiedene starke Stösse einer Erd-Erschütterung verspüret wurden. Alsdenn entdeckte man, daß der Schwefel-Strom herab geflossen kam. Die feurige Materie war so häufig und trieb mit solcher Gewalt, daß sie am 24sten bereits 5 Ital. Mellen weit fortgeflossen war. Der Strom schien über 30 Schuh breit und ohngefehr 16 Schuh tief zu seyn. Die Bestürzung der Oerter, wohin er seinen Lauf gerichtet, war sehr groß, weil durch solchen alles verbrannt und verheeret wurde.

Aus Meßina wurde nicht lange darauf berichtet, daß der neue Ausbruch des Berges Aetna immer noch nicht nachgelassen hätte.

Den 1 Jul. floß der Strom oder die lava immer noch und erstreckte sich schon auf 12 Meilen. Das Brüllen und Prasseln aus der Oefnung, so man auf 20 Meilen weit hören konnte, und die wiederholten Stöße vom Erdbeben verbreiteten die Bestürzung und das Schrecken in die umliegenden Gegenden. Vom 29sten Jun. bis den 1 Jul. warf der Berg eine große Menge schwarzen ganz feinen Sand aus, der in Gestalt eines Nebels herab fiel und die Luft 29 Meilen umher so verdunkelte, daß man kaum gehen konnte.

* *

IV.

Einige jüngst geschehene merkwürdige Geburten.

1.

Ludwig Dauphin oder Cron-Prinz von Frankreich, bekam den 3 May 1764 Nachts gegen 2 Uhr zu Versailles von seiner Gemahlin die zweyte Prinzeßin. Sie wurde den 4ten in Gegenwart des Königs, der Königlichen Familie, der Prinzen von Geblüte und des ganzen Hofs getauft, wobey sie die Namen Elisabeth Philippa Maria Helena empfieng. Der Herzog von Berry sund im Namen des Infanten Don Philipp,

Philipp, Herzogs von Parma, und die Madame Adelhaid im Namen der verwitweten Königin von Spanien, Taufzeugen gewesen. Der Cardinal von Rochechouart, Erzbischoff von Rheims, der Königin Groß-Allmosenierer, verrichtete die Tauf-Handlung. Man hoffte vor der Niederkunft stark auf einen Prinzen und hielt schon die Canonen bereit, die in solchem Fall abgefeuert werden sollten. Ihr Accoucheur war der Herr Levret. Der König hat nach dem Tode der Marquisin von Pompadour den Abend meistens bey derselben zugebracht.

II. Victor Amadeus, Herzog von Savoyen und Cron-Prinz von Sardinien, bekam den 17 Jan. 1764 von seiner Gemählin, Maria Antoinette, gebohrnen Königlichen Infantin von Spanien, ebenfals eine Prinzessin, die in der heiligen Taufe den Namen Maria Charlotte Antoinette Adelheit empfieng.

III. Heinrich Ludwig von Rohan, Prinz von Guimené, ein Sohn des Prinzens von Rohan erhielt den 18 Jan. 1764 von seiner Gemahlin, Victoria Armanda Josepha von Rohan, einer Tochter des Fürstens und Marschalls von Soubise, einen Prinzen, der den Titel eines Herzogs von Montbazon erhielt.

IV. Carl Christian, Fürst von Nassau-Weilburg, wurde den 6 Febr. von seiner Gemahlin

mahlin Carolina, gebohrnen Prinzeſſin von Oranien und Naſſau-Dietz, im Haag mit einer Prinzeſſin erfreuet, die den 8ten getauft und Auguſta Maria Carolina genennet wurde. Sie hatte das Vergnügen, daß die einige Tage zuvor aus Engelland angekommene neuvermählte Erbprinzeſſin Auguſta von Braunſchweig, gebohrne Königliche Prinzeſſin von Großbritannien, ſie noch vor ihrer Abreiſe nach Deutſchland zur Taufe halten konnte. Die übrigen hohen Pathen waren 1) die Landgräfin von Heſſen-Caſſel, 2) der Marggraf von Baden-Durlach, 3) die verwitwete Herzogin von Pfalz-Zweybrück und 4) die Prinzeſſin Henriette von Naſſau-Saarbrücken. Bey der Auffahrt zur Tauf-Ceremonie hielt die verwitwete Baronin Johanna Henriette Conſtantia von Golz, eine gebohrne Gräfin von Mannteuffel, in einer beſondern Caroſſe das Kind auf ihrem Schooſſe. Der Gemahl dieſer Dame, der Preußiſche Obriſte, Freyherr Balthaſar Friedrich von Golz, ſtarb 1757 worauf ſie 1761 erſte Hofdame bey der Fürſtin von Naſſau-Weilburg wurde.

V. Franz Adolph, Prinz von Anhalt-Bernburg, Königlicher Preußiſcher General-Major und Obriſter über ein Regiment zu Fuß, ein Sohn Victors Amadei Adolphs, Fürſtens zu Schaumburg, bekam den 28 Febr. 1764 von ſeiner Gemahlin, Maria Joſepha, einer gebohrnen Gräfin von Haßlingen, zu Halle einen Prinzen, Viktor Friedrich.

VI.

VI. Johann Britannicus, Herzog von la Tremouille, Pair von Frankreich, bekam den 24 März 1764 von seiner Gemahlin, Maria Genevieva de Durefort, des Herzogs von Randan einzigen Tochter, zu Paris einen Sohn, der der Prinz von Tarento genennet wurde.

VII. Friedrich, Graf von Ranzau, Königlicher Dähnischer Cammerherr, erhielt den 19 Nov. 1763 von seiner Gemahlin, Friderica Louise Amoena, gebohrnen Gräfin von Castell-Remlingen, Erbfrau der Herrschaft Breitenburg, auf dem Schlosse Breitenburg, einen jungen Herrn, der den 21sten getauft und Detlev George Christian genennet wurde.

VIII. George Albert, Graf von Erpach-Fürstenau, wurde den 23 Jan. 1764 von seiner Gemahlin, Josepha Eberhardina, gebohrnen Prinzessin von Schwarzburg-Sondershausen, ebenfals mit einem jungen Grafen erfreuet, der den Namen George empfieng.

IX. Johann Ernst Carl, Graf von Solms-Assenheim, bekam den 22 Jan. 1764 von seiner Gemahlin, Amoena Charlotte Eleonora, gebohrnen Gräfin von Löwenstein-Wertheim, ebenfals einen jungen Herrn, der Carl Christian Philipp Casimir genennet wurde.

X. **Adam Gottlob, Graf von Moltke**, Königlicher Dähnischer geheimer Conferenz-Rath und Ober-Hofmarschall, erhielt den 20 Febr. 1764 von seiner Gemahlin, Sophia Hedwig, gebohrnen von Raben, einen jungen Grafen, dessen Name aber nicht genennet worden.

XI. **Wilhelm Friedrich Heinrich, Graf von Wartensleben**, Preußischer Hauptmann und gewesener General-Major des Marggraf Carlschen Regiments Fußvolk, der sich 1763 mit Elisabeth Louise Sophie, einzigen Fräulein des Königlichen Preußischen geheimen Kriegsraths, Friedrich Wilhelm Freyherrn von Printzen vermählet, bekam den 27 Febr. 1764 eine Comtesse, die Susanna Friderica Elisabeth genennet wurde.

XII. **Detlev, Graf von Ranzau**, Königl. Dähnischer Major, des Leibregiments der Königin, erhielt den 8 März 1764 von seiner Gemahlin Gisela Christiana, gebohrne von Stammer, eine Comtesse.

XIII. **Johann Friedrich Wilhelm, Graf von Isenburg**, des regierenden Grafens zu Meerholz einziger Sohn, bekam den 20 May 1764 von seiner Gemahlin, Christiana Carolina, gebohrnen Rheingräfin von Grumbach, einen jungen Herrn, der Friedrich Wilhelm Christian Ludwig genennet wurde.

XIV. Christian Carl, Graf von Glech, bekam den 15 Jun. 1764 von seiner Gemahlin, Augusta Friderica, gebohrnen Gräfin von Erpach-Schönberg, einen jungen Grafen, der Carl Alexander Andreas genennet worden.

XV. Christian Magnus Friedrich, Graf von Moltke, Königlicher Dähnischer Cammerherr und Obrister des Holsteinischen Cüraßier-Regiments, wurde den 29 Febr. 1764 zu Odensee von seiner Gemahlin, Friderica Elisabeth, gebohrnen von Reventlau auf Fahrenstedt, mit einer Comtesse erfreuet.

XVI. Von der Französischen Herzogin von Aiguillon wollen wir hier eine Nachricht beyfügen, die in allen öffentlichen Zeitungen gestanden. Es lautet solche also:

Die Herzogin von Aiguillon giebt den Naturforschern ein curieuses Problema aufzulösen. Diese Dame hatte sonst eine sehr weisse Haut und die beste Gesundheit, sie wurde aber bey ihrer letztern Schwangerschaft so schwarz, als eine Mohrin nur immer seyn kann. Das Kind, welches sie zur Welt brachte, war in der Farbe gar nicht verunstaltet; sie selbst erhielt auch nach ihrer Entbindung die vorige Farbe wieder. Da diese Dame abermal schwanger ist, so äußert sich eben diese Farbe wieder und weil die Schwangerschaft noch nicht zur Reiffe, so hat sie bloß die Farbe

Farbe einer Mulattin, d. i. einer in America von einem Mohren und einer Americanerin gezeugten Weibs-Person.

Diese Nachricht wurde aus Paris unterm 20 Febr. 1764 berichtet, man hat aber nichts weiter davon gelesen. Es ist daher ungewiß, ob diese Dame würklich niedergekommen, und die ganze Begebenheit in der Wahrheit gegründet sey. Der Herzog von Aiguillon hieß sonst der Herzog von Agenois, nach des Vaters Tode 1750 aber führt er den jetzigen Titel und heist Emanuel Armand Vignerod du Pleßis. Er ist ein Vetter des Herzogs und Marschalls von Richelieu. Seine Gemahlin, die er sich den 4 Febr. 1740 beygelegt, heist Louise Elisabeth und ist eine Tochter Ludwig Roberts de Brehan, Grafens von Plelo. Sie hat bereits 39 Jahr zurück gelegt und ihrem Gemahl verschiedene Kinder gebohren.

Fortgesetzte
Neue
Genealogisch-Historische
Nachrichten
von den
Vornehmsten Begebenheiten,
welche sich an den
Europäischen Höfen
zutragen,
worinn zugleich
vieler Stands-Personen
Lebens-Beschreibungen
vorkommen.

Der 39. Theil.

Leipzig,
im Verlag der Heinsiußischen Buchhandlung.
1765.

Innhalt:

I. Der wegen der vorhabenden Römischen Königs-Wahl gehaltene Churfürstliche Collegial-Tag zu Frankfurt.

II. Einige jüngst geschehene merkwürdige Beförderungen.

III. Die Vermählung des Erbprinzens von Braunschweig, nebst einigen andern merkwürdigen Vermählungen.

IV. Einige Verbesserungen und Zusätze zu den neuen Genealogisch-Historischen Nachrichten.

I.

Der wegen der vorhabenden Römischen Königs-Wahl gehaltene Churfürstl. Collegial-Tag zu Frankfurt.

Was der Wienerische Hof schon vor verschiedenen Jahren gesucht hat, das ist endlich als eine Frucht des Hubertsburgischen Friedens erfolget. Der König in Preußen war am meisten hinderlich, daß die Wahl des Erzherzogs Josephs im Jahr 1752 nicht vor sich gieng. Da er aber mit dem Hause Oesterreich im 1763sten Jahre einen Frieden schloß, versprach er unter andern der Kaiserin-Königin in einem Separat-Artickel *), seine Stimme zum Faveur ihres ältesten Prinzens bey der künftigen Wahl eines Römischen Königs oder Kaisers zu geben. Er that auch hernach selbst dem Kaiserl. Hofe den Antrag, das Wahlgeschäfte je eher je lieber vorzunehmen, welches denn den Kaiser im Nov. 1763 bewog, an den Churfürsten von Maynz, als Directorem des Churfürstlichen Collegii, ein Schreiben ergehen zu lassen, darinnen er denselben ersuchte, die sämmtlichen Churfürsten nächstens zu einem Churfürsten-Tage nach Augspurg

---

*) Siehe die Fortges. Neuen Geneal. Hist. Nachr. B. II. S. 837.

spurg einzuladen, um über die Wahl eines Römischen Königs zu rathschlagen; worauf denn auch kurz hernach der Reichs-Quartiermeister, Franz Christoph von Lang, Gräflicher Pappenheimischer Canzeley-Director, in gedachter Stadt anlangte, um die nöthigen Anstalten wegen der erforderlichen Quartiere vor die Kaiserl. Commissarios und sämmtlichen Churfürstlichen Gesandtschaften und deren Gefolge auszumachen.

Zu gleicher Zeit sahe man in den Regenspurgischen Buchläden eine Schrift, die diesen Titel führte: **Rechtliche Erörterung der deutschen Staats-Rechts-Frage: Ob es dem ganzen deutschen Reiche zuträglich sey, daß bey Lebzeiten Ihro jetztregierenden Kaiserl. Majestät ein Römischer König erwählt würde?** Allein, man ließ sich dadurch an dem vorhabenden Wahl-Geschäfte nicht hindern, befand aber sowohl an dem Kaiserl. Hofe, als auch an verschiedenen Churfürstl. Höfen vor gut, nicht erst vorher einen Congreß zu Augspurg zu halten, sondern sogleich in Frankfurt zusammen zu kommen, wobey der Kaiser ausdrücklich verlangte, daß der Churfürsten-Tag und der Wahl-Tag nicht für einen, sondern für zwey von einander abgesonderte Tage gehalten werden sollten.

Es blieb also ein besonderer Churfürsten-Tag feste gesetzet, der aber nicht zu Augspurg, sondern zu Frankfurt am Mayn gehalten werden sollte. Der Kaiser gab dem dasigen Magistrate selbst hiervon Nachricht, und ernennte folgende Herren zu seinen Commissariis:

1. Jo-

1. Joseph Wenzel, Fürst von Lichtenstein, Herzog zu Troppau und Jägerndorf, Ritter des güldenen Vließes, Kaiserl. Königl. würkl. geheimer Rath, General-Feld-Marschall und General-Feld-Zeug- und Hauß-Artillerie-Director, auch Obrister über ein Regiment Dragoner; und

2. Joseph, Freyherr von Bartenstein, Kaiserl. würkl. Reichs-Hofrath.

Den 30 Nov. 1763 unterschrieb der Churfürst von Maynz die Einladungs-Schreiben, die den 1 Dec. Abends an die Churfürsten, um sich auf den 7 Jan. 1764 zu Frankfurt zu versammlen, durch besondere Expressen abgeschickt wurden.

Den 12 Dec. ließ der Rath zu Frankfurt auf allen Straßen der Stadt unter Trompeten-Schall eine Verordnung bekannt machen, kraft welcher, in Ansehung der vielen Standes-Personen und Fremden, die auf den ausgeschriebenen Churfürstl. Collegial-Tag anhero kommen würden, 1) kein Bürger ohne Vorwissen des Schatzungs-Amts einen Fremden beherbergen, noch sein Hauß und Wohnung ohne Vorbewust derer zum Quartier-Wesen verordneten Deputirten vermiethen, 2) jeder allen anhero kommenden hohen Stands-Personen die schuldige Ehrerbietung erweisen und 3) in seiner Nahrung und Gewerbe sich mit zureichendem Vorrath nach Möglichkeit versehen sollte.

Als das Fürstl. Collegium auf dem Reichs-Tage zu Regenspurg von der bevorstehenden Römischen Königs-Wahl Nachricht erhielt,

erhielt, beschlossen die dasigen Gesandtschaften, wegen Aufrechthaltung Dero Fürstl. Gerechtsame, sich zu unterreden, und zu solchem Ende eine Vorstellung der Kaiserl. Principal-Commission zu weiterer Berichtserstattung an Ihre Kaiserl. Maj. durch das Salzburgische Directorium zu übergeben. Diesem zufolge ließ der Salzburgische Directorial-Gesandte, Graf von Saurau, den 24 Dec. 1763 die sämmtl. Gesandtschaften des Fürstl. Collegii zu einer Conferenz in sein Quartier einladen, wo er ihnen folgende zwey Puncte zur Berathschlagung vorlegte, nemlich 1) wie sich das Fürstl. Collegium zu Aufrechthaltung seiner Gerechtsame in Ansehung der Frage: ob die Wahl eines Römischen Königs zuträglich sey? auf eine dem Kaiserl. Hofe weder mißfällige, noch anstößige Weise zu verhalten habe, und 2) was wegen der bevorstehenden Wahl-Capitulation zu beobachten dienlich sey. Wie nun, was den ersten Punct anbetrifft, schon im Jahr 1752, da eben dergleichen Römische Königs-Wahl vorgehen sollen, die Hoffnung vorhanden gewesen, daß deßhalben ein Kaiserl. Commissions-Decret an das ganze Reich gelangen und man dadurch Anlaß nehmen würde, vermittelst einer abzustattenden allerunterthänigsten Gratulation seinen Beyfall über das bevorstehende Wahl-Geschäfte an den Tag zu legen; so wollte man auch erwarten, was auf die der Kaiserl. Principal-Commission geschehene Vorstellung, welche auf ein dergleichen Kaiserl. Commissions-Decret abgezielet, aus Wien für eine Antwort erfolgen würde.

Was

Was aber den zweyten Punct anbelangt, befand man, zu Vermeidung allzugroßer Weitläuftigkeit, für dienlich, zweyen Fürstl. Gesandten, nemlich dem Salzburgischen, Grafen von Saurau, und dem Baden-Durlachischen, Herrn von Schwarzenau, den Auftrag wegen Abfassung derer zur Königl. Wahl-Capitulation zu machenden Monitorum zu thun, welche Monita alsdenn dem gesammten Collegio zu dienlich findenden Erinnerungen und völliger Berichtigung vorgelegt werden sollten.

Man hat zu gleicher Zeit auch in dem Reichs-Städtischen Collegio nicht unterlassen, bey den sämmtlichen Committenten*) den Antrag zu thun, daß die in einem Krayse bey einander liegenden Reichs-Städte, in Ansehung ihrer zur Königl. Wahl-Capitulation zu machenden Monitorum mit einander Correspondiren und durch die Krayß-ausschreibenden Städte die dienlich gefundenen Monita an das Reichs-Städtische Collegium gelangen lassen möchten.

In den Conferenzen des Fürstl. Collegii, die in dem Salzburgischen Quartiere gehalten wurden, sind zwar diejenigen Gesandtschaften, welche von den Churfürstl. Höfen abhangen und zugleich Fürstl. Vota zu führen haben, nicht zugegen gewesen, aber es hat doch sowohl der Oesterreichische Gesandte, Freyherr von Buchenberg,

---

*) Hierunter werden die Reichsstädte, welche in dem Reichsstädtischen Collegio Sitz und Stimme haben, verstanden.

berg, als auch der Herr von Pistorius, im Namen der Reichsgräfl. Collegiorum Theil daran genommen. Der letztere hat auch ein besonderes Pro-Memoria den 21sten Artickel der letzten Wahl-Capitulation und die allzustarke Extension der lehnsherrl. Iurisdiction betreffend, als worüber hochgemeldete Collegia schon im Jahr 1745 mit einer besondern Vorstellung an den damaligen Wahl-Convent sich gewendet haben, übergeben, und ad Acta des Fürstlichen Collegii gebracht.

Immittelst wurde die Eröfnung des Churfürsten-Tages bis auf den 6 Febr. 1764 verschoben. Die dermaligen Churfürsten, die zu dieser illustern Conferenz eingeladen wurden, sind:

I. Emerich Joseph, Churfürst von Maynz, des heil. Röm. Reichs Erz-Canzler durch Germanien, des Churfürstl. Collegii Director, ein gebohrner Freyherr von Breitbach zu Bürresheim, geb. 1707, erwählt den 5 Jul. 1763.

II. Johann Philipp, Churfürst von Trier, des heil. Röm. Reichs Erz-Canzler durch Gallien und Arelat, ein gebohrner Freyherr von Walderdorf, geb. den 24 May 1701 succed. als Coadjutor den 18 Jan. 1756.

III. Maximilian Friedrich, Churfürst von Cölln, des heil. Röm. Reichs Erz-Canzler durch Italien, ein gebohrner Graf von Königseck, geb. den 13 May 1708, erwählt den 6 Sept. 1762.

IV. Maria Theresia, Röm. Kaiserin, wie auch Königin und Churfürstin von Böhmen,

des

gehaltene Churfürstl. Collegial-Tag. 153

des heil. Röm. Reichs Erz-Schenkin, geb. den 13 May 1717, succed. den 20 Oct. 1740.

V. Maximilian Joseph, Churfürst von Bayern, des heil. Röm. Reichs Erz-Truchses, geb. den 28 März 1727 succed. den 20 Jan. 1745.

VI. Friedrich August III. Churfürst von Sachsen, des heil. Röm. Reichs Erz-Marschall, geb. den 23 Dec. 1750, succed. den 17 Dec. 1763.

Wegen seiner Unmündigkeit ist Xaverius, Königl. Prinz von Pohlen, Herzog zu Sachsen, Administrator der Chur.

VII. Friedrich II. König in Preußen und Churfürst von Brandenburg, des heil. Röm. Reichs Erz-Cämmerer geb. den 24 Jan. 1712, succed. den 31 May 1740.

VIII. Carl Theodor, Churfürst von Pfalz, des heil. Röm. Reichs Erz-Schatzmeister, geb. den 11 Dec. 1724, succed. den 31 Dec. 1742.

IX. George III. König von Großbritannien und Churfürst von Braunschweig, des heil. Röm. Reichs Erz-Schatzmeister, geb. den 4 Jun. 1738 succed. den 25 Oct. 1760.

Diese hohen Häupter haben folgende Ministers bevollmächtiget, die in ihrem Namen sowohl dem Churfürsten-Tage, als der darauf erfolgten Wahl des Römischen Königs beygewohnet:

I. von Seiten Chur-Maynz:

1. Friedrich Carl Joseph, Freyherr von Erthal, Domherr zu Maynz und Bamberg, Chur-Maynzischer würkl. geh. Rath und
K 5 Hofraths-

Hofraths-Präsident, wie auch Fürstl. Bambergischer würklicher geh. Rath, auch Rector Magnificentissimus der Universität Maynz.

2. Friedrich Carl, Freyherr von Groschlag, Chur-Maynzischer würkl. geh. Staats- und Conferenz-Minister, Vice-Groß-Hofmeister, würkl. geheimer Rath und Amtmann zu Gernsheim und Dieburg.

3. Johann Werner Joseph, Freyherr von Vorster, Kaiserl. Reichs-Hofrath, Chur-Maynzischer würkl. geheimer Rath, Conferenz-Minister und Hof-Canzler.

II. Von Seiten Chur-Trier:

1. Carl Ernst George, Freyherr von Breidenbach zu Bürresheim, weyl. Kaiserl. geheimer Rath, Dom-Probst zu Trier, Domherr zu Lüttich, Archidiaconus zu Ardenne und Groß-Canzler zu Lüttich.

2. Hugo Casimir Edmund, Freyherr von Kesselstadt, Chur-Trierischer geheimer Rath, Land-Hofmeister, Erb-Cämmerer und Amtmann zu Pfälzel, auch Ober-Vogt im Cröver-Reich.

3. Johann Joachim George Münch von Bellinghausen, Chur-Trierischer würkl. geheimer Rath, Revisions-Gerichts- und Hof-Kriegsraths-Director, auch Hof-Canzler und Lehn-Probst.

III. Von Seiten Chur-Cölln:

1. Franz Heinrich Anton Christoph, Graf von Hohenzollern-Sigmaringen, Dom-Probst zu Cölln, Land-Hofmeister des Erz-Stifts

Stifts Cölln, Chur-Cöllnischer geheimer und Extra-Conferential-Regierungs-Minister, auch Kriegs-Raths-Präsident.

2. Carl Otto Theodor, Freyherr von Gymnich, Chur-Cöllnischer geheimer Conferenz-Rath, Hof-Raths-Präsident und Amtmann zu Lietberg.

3. Johann Arnold Engelbert, Freyherr von Franken-Siersdorf, Chur-Cöllnischer geh. Regierungs-Rath und Gräfe zu Cölln.

IV. Von Seiten Chur-Böhmen:

1. Nicolaus Joseph, Fürst Esterhasy, Ritter des güldenen Vließes und Marien-Theresien-Ordens, wie auch des Russischen St. Andreas- und St. Alexander-Ordens, Kaiserl. Königl. würkl. geheimer Rath, General-Feld-Zeugmeister und Obrister über ein Regiment zu Fuß, wie auch Ungarischer Cron-Hüter.

2. Johann Anton, Graf von Pergen, Kaiserl. Königl. würkl. geheimer Rath und Cämmerer.

3. Egidius Valentin Felix, Freyherr von Borie zu Schönbach, Kaiserl. Reichs-Hofrath, wie auch Kaiserl. Königl. Hof- und Staats-Rath in deutsch-innländischen Geschäften.

V. Von Seiten Chur-Bayern:

1. Johann Joseph Franz, Graf von Baumgarten, Chur-Bayerischer geheimer Rath und Conferenz-Minister, auch Comthur des St. Georgen-Ordens.

2. Heinrich Joseph, Freyherr von Schneid, Chur-Bayerischer würkl. geheimer Rath.

VI. Von Seiten Chur-Sachsen:

1. Carl August, Graf von Rex, Chur-Sächsischer Cabinets- und Conferenz-Minister, würkl. geheimer Rath, und Ritter des Pohlnischen weissen Adler- und des Russischen St. Andreas-Ordens.
2. Johann George von Ponikau, Chur-Sächsischer Conferenz-Minister und würklicher geheimer Rath, auch Comitial-Gesandter zu Regenspurg.
3. Philipp Carl von Weßenberg, Freyherr von Ampringen, Chur-Sächsischer geheimer Rath.

VII. Von Seiten Chur-Brandenburg:

1. Ehrich Christoph, Freyherr von Plotho, Königl. Preußischer würkl. geheimer Staats-Minister und Comitial-Gesandter zu Regenspurg.
2. Gebhard Werner, Graf von Schulenburg, Königl. Preußischer Hof-Marschall.

VIII. Von Seiten Chur-Pfalz:

1. Peter Emanuel, Freyherr von Zettwitz, Chur-Pfälzischer geheimer Staats- und Conferenz-Minister, Ober-Amtmann zu Neustadt und Ritter St. Huberti.
2. Joseph Anton von Reibeld, Chur-Pfälzischer geheimer Rath und Canzeley-Director.

IX. Von Seiten Chur-Braunschweig:

1. Johann Clamor August von dem Busch, Königl. Großbritannischer und Chur-Braunschweigischer würkl. geheimer Rath.
2. Lud-

2. **Ludwig Eberhard von Gemmingen,** Königl. Großbritannischer und Chur-Braunschweigischer Hof- und Canzeley-Rath, auch Comitial-Gesandter zu Regenspurg.

Außer diesen haben sich auch als Gesandte auf dem Churfürsten- und Wahl-Tage zu Frankfurt eingefunden:

1. **Nicolaus Oddi,** Erzbischoff von Trajanopel und Nuncius in der Schweiz, als Päbstl. Extraordinair-Nuncius, von welchem weiter unten ein mehres gedacht wird.
2. **Florentin Ludwig, Graf von Chatelet-Lomont,** Königl. Französischer Abgesandter am Kaiserl. Königl. Hofe, Ritter der Königl. Orden und Marschall de Camp.
3. **Demetrius, Graf Mahoni,** Königl. Spanischer Marschall de Camp und Gesandter am Kaiserl. Königl. Hofe.
4. **Nicolaus, Graf von Bark,** Königlicher Schwedischer Cammerherr, Canzley-Rath und Gesandter am Kaiserl. Königl. Hofe, auch Ritter des Nordstern-Ordens.

NB. Diese letztern dreye sind dem Kaiserl. Hofe gefolget, um die Krönungs-Solennitäten mit anzusehen.

Die Churfürstl. bevollmächtigten Ministri langten nach und nach im Jan. und Febr. 1764 zu Frankfurt an, und wurden jeglicher von dem Magistrate daselbst mit den gewöhnl. Ehrenbezeugungen empfangen. Der Kaiserl. Principal-Commissarius, Fürst von Lichtenstein, reisete den 18 Jan. mit dem Legations-Rath, Freyherrn von

von Löschenkohl, von Wien ab, nachdem der Baron von Bartenstein bereits abgegangen war, der aber unterwegens wegen des großen Wassers, darinne er Lebens-Gefahr ausgestanden, aufgehalten worden. Sie langten beyde zu Frankfurt an, als der Churfürsten-Tag bereits den 6 Febr. eröfnet worden. Diese Eröffnung geschahe mit folgenden Umständen:

Es fuhren die sämmtlichen Churfürstl. Gesandtschaften zwischen 9 und 10 Uhr ohne Beobachtung einiges Rangs, jede in einem 6 spännigen Wagen, worinnen die Herren Botschafter, und in einem 2 spännigen, worinnen die Legations-Secretarii saßen, unter Vortretung eines zahlreichen Gefolgs von Livre-Bedienten, Läufern, Pagen, Heyducken und Officianten auf den Römer oder das Rathhauß, wo sie unten an der Thüre von 4 Deputirten des Stadt-Raths dergestalt empfangen wurden, daß deren zweye wechselsweise denen hohen Bothschaftern durch den Römer die hohe Stiege hinauf, die andern zweye aber oben von der Stiege bis an das Wahl-und Conferenz-Zimmer vortraten. Unten auf der großen Treppe stund in Abwesenheit des Reichs-Erb-Marschalls der Reichs-Qvartiermeister, der die Bothschafter vollends hinauf begleitete. Die Conferenz dauerte bis gegen 3 Uhr, worauf sich die sämmtlichen hohen Bothschafter in eben dem Staat wieder nach ihren Qvartieren begaben. Pracht und Ansehen der Eqvipagen, Livréen und überhaupt des ganzen Aufzugs war unvergleichlich,

und

und der Zulauf von allerhand Volke außerordentlich groß.

In dieser Conferenz wurde wegen des Ceremoniels bey der bevorstehenden Römischen Königs-Wahl ein Conclusum abgefaßt, und dabey sonderlich dasjenige, was bey der Ankunft der Kaiserl. Principal-Commission beobachtet werden sollte, reguliret, das Ceremoniel aber unter den Churfürstl. Gesandschaften sollte in Ansehung der Ankunfts-Notificationen und der solennen Visiten und Gegen-Visiten, jedoch ohne Nachtheil der Collegial-Schlüsse von 1711, 1741 und 1745 für dißmal unterbleiben. Und nach eben diesen Schlüssen sollte auch das Ceremoniel mit den fremden Gesandschaften beobachtet werden.

Den 11 Febr. geschahe die Ankunft der Kaiserl. Commissarien, des Fürstens von Lichtenstein und des Barons von Bartenstein in 3 Post-Chaisen. Sie wurden von dem Stadt-Magistrat feyerlich eingehohlet und von den Wällen durch Abfeurung 100 Canonen begrüsset, wobey die sämmtliche Garnison und Bürgerschaft paradirte. Sie nahmen ihr Quartier in dem so genannten Braunfels, und übergaben noch an diesem Tage an Chur-Maynz die Vollmacht ihrer Commission, Abends aber ließen sie den sämmtlichen Churfürstlichen Gesandtschaften ihre Ankunft wissen, welche darauf denselben das Gegen-Compliment machen ließen. Den 12ten machte die Chur-Maynzische Gesandtschaft den Anfang mit der solennen Visite bey den hohen Commissarien, welcher den 13ten die übrigen Churfürstl. Gesandtschaften

schaften in ihrer Ordnung folgten. Es geschahe durchgängig unter Vortretung einer zahlreichen Menge von Livree-Bedienten in einem sechsspännigen Wagen, vor welchem ein zweyspänniger Wagen herfuhr. Die ganze Visite dauerte jedesmal nur eine Viertel Stunde. Den 14ten und 15ten statteten die Kaiserl. Commissarii mit einem prächtigen Aufzuge die Gegen-Visite ab. Sie wurden bey Anlangung vor dem Gesandtschafts-Quartier von den sämmtlichen Bothschaftern und sodenn von ihrem ganzen Gefolge an dem Schlage des Wagens bey dem Aussteigen empfangen, und in das Visiten-Zimmer unter dem Baldachin, wo die Arm-Sessel stunden, eingeführt, unter welchem auch die Bothschafter ihren Platz nahmen. Die Visite währte ebenfalß nicht länger als eine Viertel Stunde. Immittelst waren die Churfürstl. Bothschafter den 14ten Vormittags um 11 Uhr abermals, jedoch nur in zweyspännigen Carossen, auf den Römer gefahren, wo sie die Vollmachten der Kaiserl. Commission verlesen und anerkannt, auch wegen des Päbstl. Nuncii das benöthigte beschlossen hatten.

Den 16 Febr. begaben sich dieselben gegen 10 Uhr auf eben diese Art wiederum nach dem Römer, von dar eine Stunde hernach sich der Chur-Mayntzische erste Bothschafter Baron von Erthal, in völligem Staat nach dem Braunfelß erhub, wo ihn die hohen Kaiserl. Commissarii, der Fürst von Lichtenstein und der Baron von Bartenstein, erwarteten, um sich mit ihm

zu

gehaltene Churfürstl. Collegial-Tag.

zu Ablegung der allerhöchsten Kaiserl. Proposition nach dem Römer zu begeben, welches sogleich unter Begleitung 18 Churfürstl. sechsspänniger leerer Bothschafts-Wagen geschahe. Vor ihnen gieng das ganze zu der Kaiserl. Commission gehörige Gefolge in kostbarster Livrée her. Die hohen Commissarii saßen in einem sechsspännigen Wagen, denen drey andere Wagen, worinnen der Commissions-Secretair und Legations-Rath, Baron von Löschenkohl, und die übrigen Cavaliers saßen, folgten. Bey dem Eingange in den Römer wurden sie von 4 Deputirten des Raths, an der Treppe von dem jüngern Reichs-Erbmarschall, Grafen Friedrich Carl von Pappenheim, sammt dem Reichs-Quartiermeister, und mitten auf der Treppe von den sämmtlichen Churfürstl. Bothschaftern empfangen und nach dem Conferenz-Zimmer geführt. In diesem war ein Baldachin von einem reichen Stoff aufgerichtet, worunter auf 2 Lehn-Sesseln auf einer erhabenen Stuffe die Kaiserl. Commissarii und auf beyden Seiten ebenfalls unter Baldachinen die ersten Bothschafter, denen Commissarien aber gerade gegen über der Chur-Trierische erste Bothschafter den Platz nahmen. Die zweyten Herren Bothschafter, welche votirten, saßen an dem in der Mitten des Zimmers eine Stuffe niedriger stehenden Votanten-Tische, die übrigen aber hinter denselben.

Nach geendigter Anrede, welche der zweyte Kaiserl. Commissarius, Freyherr von Bartenstein, an das versammlete hohe Churfürstl. Collegium

legium hielt, der Chur-Maynzische Hof-Canzler und dritte Bothschafter, Freyherr von Vorster aber beantwortete, wie auch nach der von dem Freyherrn von Löſthenkohl geschehenen Ablesung der von dem erſten Commiſſario an den erſten Chur-Maynziſchen Bothſchafter, Freyherrn von Erthal, eingehändigten allerhöchſten Kaiſerl. Proposition, traten die Herrn Bothſchafter zuſammen, und nach kurz gepflogener Unterredung, nahmen ſie wieder ihre Plätze ein und bedeckten ihre Häupter, worauf obgedachter Chur-Maynziſcher Canzler von Vorſter abermals eine Rede hielt. Die Kaiſerl. Commiſſarii kehrten alsdenn in voriger Ordnung wieder zurücke in ihr Qvartier.

Allhier richtete der Fürſt von Lichtenſtein ein ſehr prächtiges Panqvet vor die ſämmtl. Churfürſtl. Bothſchafter aus, wobey ſich zugleich die verwittwete Prinzeſſin Maximiliana, des Prinzens Maximiliani von Heſſen-Caſſel Witwe, der Prinz George Wilhelm von Heſſen-Darmſtadt und deſſen Gemahlin, wie auch die Prinzeſſin Henriette Amalia von Anhalt-Deſſau, zugegen befanden. Man ſpeiſete auf goldenem Servis und beſchloß dieſe Feyerlichkeit mit einem Ball und Soupee für etliche 100 Einwohner der Stadt Frankfurt von diſtingvirten Stande in dem mit Gemählden, Spiegeln und Wandleuchtern prächtig ausgezierten großen Saale zum ſo genannten Könige von Engelland.

Den 18ten verſammleten ſich die Churfürſtl. Bothſchafter abermals auf dem Römer, und zogen

gen die Kaiserl. Proposition in Berathschlagung, da man denn nicht allein über die Frage: Ob? sondern auch über die Frage: Wenn? einig wurde. Man bestimmte den 3 Märg zur Eröfnung des Wahltags, und brachte den 20 Febr. da man zum letztenmale auf dem Römer Conferenz hielt, alles zum Schluß, womit denn der Churfürsten-Tag sein Ende hatte. Der Prinz Johann von Lichtenstein, Kaiserl. Königl. Obrister, wurde mit dem Beantwortungs-Schreiben des gesammten hohen Churfürstl. Collegii, das auf die Kaiserl. Proposition abgefaßt worden, noch an diesem Tage an den Kaiser nach Wien geschickt, wo er auch den 25sten Abends anlangte.

Immittelst hatte der Kaiser ein so genanntes Rescriptum ostensibile an seinen Principal-Commissarium auf dem Reichstage zu Regenspurg, Fürsten von Thurn und Taxis, abgehen lassen, um solches der Reichs-Versammlung mitzutheilen, und dadurch sie von der bevorstehenden Römischen Königs-Wahl zu benachrichtigen. Man hatte also die Bekanntmachung des Wahl-Geschäfts nicht an das Fürstl. Collegium allein, sondern an die gesammte Reichs-Versammlung gerichtet, auch nicht den Assensum und die Einwilligung desselben hierbey verlanget. Indessen wollte doch der Kaiserl. Hof hierdurch die Rechte des Reichsfürstl. Collegii begünstigen. Den 25 Febr. ließ der Fürst von Taxis den Fürstlichen Salzburgischen Directorial-Gesandten zu sich rufen, und händigte ihm die Abschrift von dem obgedachten Kaiserl. Rescripte ein, worauf den

M 2 27sten

27ſten in dem Fürſtl. Collegio über deſſen Inhalt gerathſchlaget wurde. Da man nun befand, daß Ihre Kaiſerl. Maj. dem Reichsfürſtl. Collegio hätten Nachricht geben wollen, warum eine Römiſche Königs-Wahl vorgenommen werden ſollte, und wie weit dieſes Geſchäfte bereits bey den Churfürſten Eingang gefunden hätte, ſo fragte der Salzburgiſche Directorial-Geſandte an, ob der geſammte Reichs-Fürſten-Stand nicht hieran den erfreulichſten Antheil nehmen, auch ſeines Orts die hierdurch dem deutſchen Vaterlande zuwachſenden Vortheile erkennen und dieſes Ihro Kaiſerl. Maj. declariren wollte? Da nun alle Fürſtl. Geſandten damit zufrieden waren, legten ſie ihre Vota nach dem Wunſche Sr. Kaiſerl. Maj. ab.

In dem Brandenburg-Anſpachiſchen Voto wurde das Kaiſerl. Reſcript, als zu Erhaltung allerſeitiger Befugniſſe abzielend gerühmt. Auch Salzburg ließ gleich in der Propoſition einfließen: Es ſey außer Zweifel, daß der geſammte hohe Reichs-Fürſten-Stand an der Römiſchen Königs-Wahl den erfreulichſten Antheil nehmen, und ſeines Orts die dadurch dem deutſchen Vaterlande zuwachſenden Vortheile beyſtimmig erkennen und ſolche patriotiſche Geſinnungen Sr. Kaiſerl. Maj. ordentlich zu declariren geneigt ſeyn werde. Auf gleiche Weiſe ließ ſich auch Sachſen-Gotha zum Protocoll vernehmen, welchen Stimmen die übrigen mit wenig veränderten Worten beyfielen. Einige derſelben, als Braunſchweig-Wolfenbüttel, Heſſen-Caſſel

gehaltene Churfürstl. Collegial-Tag. 165

sel ꝛc. gründeten diese Berathschlagung und Einstimmung auf das Stimm-Recht der Reichs-Stände, das sie in allen Reichs-Geschäften hätten. Das Votum der Westphälischen Grafen, welches der Herr von Pistorius ablegte, bestund bloß in dem sinnreichen Ausdrucke: aD pIa Vota et aCCLaMatIones totIVs patrIæ!

Nachdem das ganze Fürstl. Collegium die Vota einmüthig abgelegt, wurde folgendes Conclusum abgefaßt:

Als in dem Fürstl. Collegio der Inhalt eines von Ihro Kaiserl. Maj. an Höchst Dero allhiesige Principal-Commission unterm dato Wien den 24 Febr. eingelangten allergnädigsten Rescripti ostensibilis sowohl, als auch überhaupt die dermaligen Umstände in Betreff einer bey Lebzeiten Ihro glorwürdigst regierenden Kaiserl. Maj. (die der allmögende Gott bis auf das äußerste Ziel menschl. Alters verlängern wolle!) vorzunehmenden Wahl eines Römischen Königs behörig zu berathschlagen den Anlaß gegeben: hat man in diesem so wichtigen und dem ganzen Reiche ganz besonders hochangelegenen Geschäfte dafür gehalten und beschlossen, daß zuförderst Ihro Kaiserl. Maj. für sothane Vorlegung derer Sachen eigentliche Beschaffenheit, auch für die hierinne mehrmalen zu Tag gelegte Reichs-Väterliche allermildeste Gedenkungs-Art und zu Erhaltung allerseitigen Zuständigkeiten bezeugte Vorsorge der geziemend allerunterthänigste Dank zu erstatten wäre. Uebrigens aber, da man in Erwegung sowohl vergangener als künftig sich ereignen könnenden Weltläuften von der großen Nutzbarkeit und Nothwendigkeit ermeldeten Vorhabens auf das vollkommenste überzeugt wäre, einiger Anstand nicht zu nehmen sey, die solchergestalt dieser Nutzbarkeit Anerkennung allerhöchst gedachter Ihro Kaiserl. Maj. unbeschädet eines jeden Collegii Stimme und anderer Gerechtsamen von gesammten Reichs-Fürsten-

Rath, wegen (wie hiermit geschiehet) eigends zu erklären. Diese Fürst-patriotische Gesinnung und beystimmige Theilnehmung hätte man also einer höchst ansehnlichen Kaiserl. Principal-Commission unverschiedlich und geziemend zu eröfnen, mit dem hinzufügenden inniglichen Wunsche, daß obgemeldete in Vorschlag gebrachte Wahl eines Römischen Königs zur Ehre Gottes, zum Besten der Christenheit, zur Wohlfahrt und Aufnahme des deutschen Vaterlandes und zu ungestörter Erhaltung dessen inner- und äußerlichen Ruhestandes, zu dauerhaftester Befestigung und hochnöthiger Versicherung desselben Grundverfassung, Freyheit und Unabhängigkeit, auch endlich zu beyder Kaiserl. Majestäten allerhöchsten Vergnügen ihren baldigen glücklichen Fortgang und gedeylichen Ausschlag gewinnen möge.

Immittelst war der Chur-Maynzische erste Bothschafter Freyherr von Erthal, der nach geendigten Churfürsten-Tage eine Reise nach Maynz gethan, den 26 Febr. wieder zu Frankfurt angelangt, nachdem ihn sein Churfürst ernennet hatte, die Churfürstl. Gevollmächtigten zu der Römischen Königs-Wahl einzuladen. Diesem zu Folge begab er sich den 27sten frühe in einer mit 6 Pferden bespannten Carosse unter Vortretung seiner Livree-Bedienten und denen in einer 2 spännigen Carosse befindlichen zwey Adelichen Zeugen mit einem Notario nach dem Quartier der Chur-Trierischen Gesandtschaft, und hierauf auch zu denen übrigen Churfürstl. Gesandtschaften, um bey denselben insgesammt die förmliche Einladung zu thun. Abends gab der Fürst von Lichtenstein einen herrlichen Ball an alle zu Frankfurt befindliche vornehme Standes-Personen in dem Saale des so genannten

ten Königs von Engelland, wobey auf 700 Masqven erschienen, die mit allem Ueberflusse versehen wurden. Den 28sten geschahe ein gleiches bey dem Fürsten Esterhasy in dem Jung-Höfe, wobey 100 Mann von der Besatzung mit 3 Ober-Officiers die Wache hielten. Beyde Masqven-Bälle fiengen Abends um 10 Uhr an und dauerten bis früh um 4 Uhr. Den 29sten wurde mit eben der Feyerlichkeit, wie vor Eröffnung des Churfürsten-Tages geschehen, die auf den 3 März angesetzte erste Wahl-Conferenz unter Trompeten-Schall auf 14 Haupt-Plätzen öffentlich ausgeruffen.

Nachdem der Fürst von Lichtenstein seinen, bis anhero mit vielem Ruhm geführten hohen Character eines ersten Kaiserl. Commissarii niedergeleget und durch einen Cavalier solches denen sämmtlichen Wahl-Bothschaftern bekannt machen lassen, empfieng er den 8 März von denenselben die Glückwünschungs-Visiten, worauf er den 9ten Vormittags um 9 Uhr mit eben dem Gepränge, als bey seiner Ankunft beobachtet worden, aus Frankfurt abreisete, wobey ebenfalls 100 Canonen gelöset wurden. Die Begleitung aus der Stadt geschahe bis an die Grenzen des Stadt-Gebieths, worauf er nach dem Jagd-Schlosse Kranichstein sich zu dem Landgrafen von Hessen-Darmstadt erhub, wo er bis den folgenden Tag blieb, da er, wiewohl ohne Character, nach Frankfurt zurück kehrte und die Wahl- und Krönungs-Solennitäten des neuen Röm. Königs mit ansahe. Man hat von diesem grossen Minister
und

und Feldherrn angemerkt, daß er bey allen seinen Festins und andern Gelegenheiten, wo er seine Magnificenz gezeiget, sich äußerst bemühet, alles was von Stands-Personen um ihn gewesen, vergnügt zu machen, und durch seine einnehmenden Manieren so viel möglich dasjenige, was die eingeführte Etiquette und das Ceremoniel rauhes und gezwungenes mit sich führet, zu mildern und einzuschränken.

Von fremden Ministris hat sich sonst keiner während dem Churfürsten-Tage zu Frankfurt eingefunden, als der Prälat Oddi, der den 13 Febr. als Päbstl. Extraordinair-Nuncius zu Frankfurt anlangte, nachdem der Canonicus zu St. Peter und Päbstl. Archivarius Garampi schon einige Tage zuvor angelangt war. Der Pabst wollte anfangs seinem Nepoten, dem Herrn Rezzonico, diese Gesandtschaft auftragen, besann sich aber anders, und erwählte den Herrn Oddi darzu, der auch im Jan. von Rom abreisete. Allein, er hatte nicht die Ehre, daß man ihn zu Frankfurt in dem Character erkannte, den er angenommen hatte. Er ließ zwar durch einen seiner Edelleute seine Ankunft den Kaiserl. Commissariis und Churfürstl. Wahl-Botschaftern notificiren; allein da keiner ihm das Gegen-Compliment machen ließ, konnte er auch weder ihnen die Visite geben, noch solche von ihnen erhalten; es sey denn, daß er sich zu einem Ceremoniel verstünde, welches sehr weit von dem Character entfernt war, das sonst damit verknüpft ist. Man beschloß zwar in der am 14 Febr. gehaltenen,

Churfürstl. Conferenz, daß, wenn derselbe sein Creditiv abgeben wollte, er eine Abschrift davon beylegen sollte, welche man, ohne das Original zu eröffnen, in dem Collegio verzeigen und überlegen wollte; ob es anzunehmen oder was sonst dabey zu beobachten sey; wobey man überhaupt sich in Ansehung seiner nach den Conclusis, die bey den Käiser-Wahlen 1741 und 1745 abgefaßt worden, zu richten, und ihn in der Qvalität eines Nuncii gar nicht zu erkennen den Schluß faßte. Herr Oddi schickte zwar einen Courier nach Rom und bat um neue Verhaltungs-Befehle, die aber nicht anders lauteten, als die er schon vorher bekommen. Er blieb also unerkannt, weil man darauf beharrte, das versiegelte Creditiv, bevor der Inhalt in Abschrift gegeben worden, nicht anzunehmen.

Zwischen Chur-Trier und Chur-Cölln hat sich auf diesem Churfürsten-Tage eine Rang-Streitigkeit erhoben, die aber durch das Churfürstliche Collegium dahin verglichen worden, daß beyde Churfürsten künftig alterniren sollen.

So viel gehört zu der Geschichte des Churfürsten-Tages; was die Wahl selbst anbetrifft, davon soll nächstens umständlich gehandelt werden.

II.
Einige jüngst geschehene merkwürdige Beförderungen.

I. im Röm. Deutschen Reiche:

Den 4 April 1764. wurde zu Frankfurt nach vollzogener Krönung des neuerwählten Römischen Königs bekannt gemacht, daß folgende Herren in des heil. Röm. Reichs-Fürsten-Stand erhoben worden:

1. Carl, Graf von Batthyani, Kaiserl. Königl. Conferenz-Minister, würkl. geheimer Rath und General-Feld-Marschall, wie auch Ritter des güldenen Vließes und gewesener Obrist-Hofmeister des Cron-Prinzens und Erzherzogs Josephi, der auch bereits im Jan. das Diploma erhalten.

2. Wenzel Anton, Graf von Kaunitz und Rietberg, Kaiserl. Königl. Staats-Minister, Obrist-Hof-Canzler und würkl. geheimer Rath, wie auch Ritter des güldenen Vließes.

3. Rudolph Joseph, Graf von Colloredo, Kaiserl. Königl. Conferenz-Minister, würkl. geh. Rath und Reichs-Hof-Vice-Canzler, wie auch Ritter des güldenen Vließes.

4. Johann Joseph, Graf von Rhevenhüller, Kaiserl. Königl. Conferenz-Minister, würkl.

merkwürdige Beförderungen.

würkl. geh. Rath und Obrist-Cämmerer, wie auch Ritter des güldenen Vließes.

3. Die Grafen von Hohenlohe, Neuensteinischer Linie, wovon folgende zu merken sind, als

  a. Johann Friedrich, Graf von Hohenlohe-Weikersheim, des ganzen Fürstl. und Gräfl. Hauses Senior.

  b. Ludwig Friedrich Carl, Graf von Hohenlohe-Oeringen, des vorigen Sohn, Ritter des weissen Adlers.

  c. Ludwig, Graf von Hohenlohe-Langenburg, des Fränkischen Grafen-Collegii Director.

  d. Christian Albert Ludwig, Graf von Hohenlohe, des vorigen ältester Sohn, Holländischer Obrister.

  e. Philipp Heinrich, Graf von Hohenlohe-Ingelfingen.

  f. Albert Wolfgang, Graf von Hohenlohe, dessen Sohn.

  g. Heinrich August, Graf von Hohenlohe, des Fränkischen Krayses General-Major, des Ingelfingischen Grafens Bruder.

  h. August Wilhelm, Graf von Hohenlohe, Fürstl. Sachsen-Gothaischer Cammerherr, General-Major und Obrister, des vorigen Bruder.

  i. Carl August, Graf von Hohenlohe-Kirchberg, Kaiserlicher Königlicher geheimer Rath und Ritter des weissen Adlers.

  k. Chri-

k. **Christian Friedrich Carl, Graf von Hohenlohe,** Kaiserl. Königl. Cämmerer, des vorigen ältester Sohn, welcher noch 4 Brüder hat, die aber den Gräflichen Titel behalten.

Es soll auch im May eben dieses Jahrs in des heil. Röm. Reichs Fürstenstand erhoben worden seyn

6. **Philipp Carl Dominicus, Graf von Oettingen-Wallerstein,** Kaiserl. Königl. Cämmerer und Ritter des Würtembergischen großen Jagd-Ordens.

In den Reichs-Grafen-Stand ward in diesem Monathe Caßian, Freyherr von Enzenberg, Kaiserl. Königl. würkl. geh. Rath und Gubernial-Präsident in Tyrol erhoben.

II. Am Wienerischen Hofe:

Im April 1764 wurde zu Meyland ein von der Kaiserin-Königin anhero abgefertigtes Decret unterm 19 März bekannt gemacht, darinnen angezeiget wurde, daß anstatt des Erzherzogs Peter Leopolds der Erzherzog Ferdinand als General-Gouverneur der Oesterreichischen Lombardey nach Meyland kommen würde, wobey es auf eben dem Fuße bleiben sollte, wie es im Jahr 1753 verordnet worden.

Den 4 April eben dieses Jahrs wurde zu Frankfurt folgende Militair-Promotion bekannt gemacht:

merkwürdige Beförderungen.

General der Reuterey.
Friedrich August, Fürst von Anhalt-Zerbst.*)

General-Feld-Zeugmeister:
1. Wilhelm, Prinz von Sachsen-Gotha,
2. Carl, Baron Cavallierl,
3. Sigmund Friedrich, Baron von Uetzen,
4. Samuel, Baron von Haller,
5. Ignatius, Graf von Forgatsch,
6. Bonaventura Graf von Petazzi,
7. Christian Carl, Prinz von Stollberg, und
8. Nicolaus, Fürst Esterhasy.

General-Feld-Marschall-Lieutenants:
1. Philipp, Graf Guicciardi,
2. Peter Graf Ponce de Leon,
3. Philipp, Marquis von Viteleschi,
4. Joseph Wenzel Szigan de la Tscerma,
5. Johann Friedrich von Härtenegg,
6. Christian Jacob von Vogelsang,
7. Vincenz Felix, Graf von Migazzi,
8. Carl, Baron von Würzburg.
9. August, Marquis von Voghera,
10. Johann Anton, Graf von Bertoni,
11. Franz Anton, Graf von Hallwell,
12. Franz Xaverius, Graf von Hohenzollern,
13. Joseph, Graf von St. Ignon,
14. Franz Anton, Graf von Hamilton, und
15. Jacob Robert von Spallard.

---

*) Es ist also falsch, daß er schon vor einigen Jahren sollte Feldmarschall worden seyn.

II. Einige jüngst geschehene

General-Wachtmeister der Reuterey:
1. Anton Gr. von Waldstein, Obr. bey Stampach,
2. Franz von Laßgalner, bey Zerbst,
3. Abraham Gottlieb von Gersdorf, bey Stampa,
4. Ferdinand Graf von Millesimo, bey de Ville,
5. Friedrich August, Prinz von Nassau-Usingen bey Zweybrücken.

General-Wachtmeister des Fusvolks:
1. Peter Julius Cäsar Mac Eligot, Baron von Frughenacmi.
2. Michael Johann, Graf von Wallis, Obrister bey Wallis.
3. Carl Joseph, Prinz von Ligne bey Ligne.
4. Johann Friedrich Ferdinand, Graf von Pappenheim bey Wolfenbüttel,
5. Wenzel von Bernkopf, von der Artillerie.

Obristen:
1. Christian Graf von Riposmaul bey Stampach,
2. Der Graf von Lanthieri bey Zerbst,
3. Der Graf von St. Julian bey Stampa,
4. Joseph, Graf von Kinski bey Zweybrücken
5. Friedrich Anton, Graf von Hohenzollern bey Würtemberg,
6. Franz Ignaz, Freyherr von Haslinger, bey Wolfenbüttel,
7. Johann Anton von Hoerger, bey Ligne,
8. Nicolaus Graf von Arberg, bey Arberg.
9. Nicolaus von Jescheck bey Wallis.

Den 13 May e. b. J. wurden auch zu General-Feld-Marschall-Lieutenants ernennet
1. Peter, Graf von Gourcy und
2. Maximilian, Baron von Rehbach.

Den

merkwürdige Beförderungen.

Den 3 May e. d. J. wurden folgende Damen in den Stern-Creutz-Orden aufgenommen.

1. Josepha, Fräul. Gräfin Erdödy, Kaiserl. Königl. Hof-Dame.
2. Antonia, Gräfin von Thierheim, gebr. Gräfin von Kaunitz-Rietberg,
3. Maria Theresia, Gräfin Palfy, geb. Prinzessin von Lichtenstein.
4. Maria, Gräfin von Gambarana, geb. Gräfin Mariani, Hofdame bey der Prinzessin von Modena.
5. Isabella von Warcoing, Stifts-Dame zu Möns.
6. Maria Charlotte Beatrix, Freyin von Zuckmantel.
7. Die Gräfin von Dießbach, geb. von Afry.
8. Maria Josepha, Gräfin von Hatzfeld, Scholastica zu Essen und Stifts-Dame zu Thoren.
9. Maria Theresia, Gräfin von Khevenhüller, geb. Gräfin von Rothal.
10. Carolina, Gräfin von Sturgk, geb. Gräfin von Wurmbrand.
11. Barbara, Gräfin von Bathyani, geb. von Brigny.
12. Rosalia, Gräfin von Trautmansdorf, geb. Gräfin von Sautau.
13. Christina, Gräfin von Abensperg und Traun, geb. Gräfin von Breuner.
14. Lucretia Pignatelli, Fürstin von Monte Roduni, geb. von Mormlek.

15. Ma-

15. Maria Charlotte Augusta, verwitwete Gräfin von der Leyen und Hohen-Geroldseck, geb. Gräfin von Hatzfeld.
16. Johanna, Gräfin von Zierotin, geb. Gräfin von Schratenbach.
17. Josepha, Gräfin von Auersberg, geb. Gräfin von Rothal.
18. Mechtildis, Marchesin Riva, geb. Gräfin Gordani.
19. Maria Dorothea, Gräfin von Strahren-berg, geb. Gräfin von Rimatsch und Oels.
20. Maria Ludovica, Gräfin von Kor-zenski, geb. Gräfin von Potzatzki.
21. Maria Anna, Gräfin von Migazzi, geb. Gräfin von Künigl.
22. Maria, Gräfin Simonetti, geb. Gräfin von Montecuculi.
23. Catharina Eva, Freyin von Gabelkoven, geb. Gräfin von Metternich.
24. Johanna Nepomucena, Gräfin von Ayasas, geb. Gräfin von Hoditz.
25. Maria Anna, Freyin von Fünfkirchen, geb. Freyin Leir-Zoseki von Einsiedel.
26. Eleonora, Gräfin von Abensperg und Traun, geb. Gräfin von Kollonitsch.
27. Maria Anna, Gräfin Colonna von Fels, geb. Freyin von Bieschir.
28. Sperandia, Gräfin Guglielmi, gebohrne Gräfin Guarnieri.
29. Cassandra, Marchesin, Capponi, geb. Gräfin Ceretani.

30. Ca-

merkwürdige Beförderungen.

30. Carolina, Gräfin von Waldorf, geb. Gräfin Esterhasy.
31. Maria Walpurgis, Gräfin Czeicka von Olbranowitz, geb. Gräfin von Waldorf.
32. Die Gräfin von Siberg, Starostin von Chilesta.
33. Anna, Louise, Gräfin von Bork, geb. Gräfin von Siberg.
34. Constantia, Gräfin Zamoyska, geb. Fürstin Czartoriska.
35. Theresia, Fürstin Oßolinska, geb. Gräfin Stadnicka.
36. Theresia, Gräfin Potocka, geb. Gräfin Oßolinska.
37. Josepha, Gräfin von Klenau, geb. Gräfin von Breda.
38. Maria Josepha, Gräfin von Nostitz, geb. Gräfin von Kaunitz.
39. Theresia, Gräfin von Forgatsch, geb. Gräfin von Gräßalkowitz.
40. Anna Charlotte Francisca, Marquisin von Harcourt, geb. Baronin von Häneffe.
41. Anna Maria Sophia, Freyin von Sickingen, geb. Schenckin von Castell.

III. Am Französischen Hofe:

Im May 1764 bekam der Erzbischoff von Alby, Herr von Choiseul de Stainville, das Erzbißthum zu Cambray und der Cardinal von Rochechouart die Abtey St. Ouen; der Cardinal von Bernis aber, der das schöne Hauß in der Universitäts-Gasse, das vormals die Madame von Montesson bewohnet hat, in bestand genommen, bekam das Erzbißthum von Alby.

In eben diesem Monathe hat der Marschall von Clermont-Tonnere die durch den Tod des Marquis du Mesnil erledigte General-Lieutenants-Stelle in Dauphiné vor 360000 livres gekauft, wobey der König seinem Sohne, dem Marquis von Clermont-Tonnere, die Anwartschaft darauf verliehen. Anfangs hieß es, es habe der Marquis von Castries, diese Stelle bekommen. Es hat auch im May der General-Lieutenant in der Normandie, Herzog von Harcourt, das verledigte Gouvernement dieser Provinz erhalten, der gewesene Gouverneur von Neu-Frankreich aber, Marquis von Voudreuil, bekam über die bereits habende jährl. Pension noch eine besondere von 6000 livres, und der Herzog von Olonne ward Schulden wegen auf das Schloß zu Saumair gesetzt.

Der neue General-Controlleur der Finanzen, Herr Laverdy, macht sich zum Vergnügen des Hofs um die Finanzen ungemein verdient. Die Franzosen singen von ihm:

De l' habile et sage sully
Il ne nous restoit qve l' image;
Aujourdhui ce grand personage,
Va revivre dans Laverdy.

Das Publicum hat allerdings Ursache mit der Aufführung dieses Ministers zufrieden zu seyn. Er besitzt Klugheit und Uneigennützigkeit, daher er die Gelder, die ihm der König zum Unterhalt

halt seiner Tafel ausgesetzt hat, ausgeschlagen, die ansehnliche Summe aber, welche die General-Pachter gewohnt sind den General-Controlleurs bey dem Antritt ihres Amts zu geben, hat er in den Königl. Schatz bringen lassen. Der König hat sich gefallen lassen, daß Herr Laverdy die großen Mißbräuche in den Ausgaben, die man bey Hofe mit den Lebens-Mitteln und Speisen, mit Wachslichtern und andern überflüssigen und unnöthigen Dingen bisher getrieben, mit Ernst abzuschaffen suchet, welches auch bey den Ställen geschehen soll. Das Beste ist, daß, indem dieser Minister Tag und Nacht daran arbeitet, die Schulden der Crone zu bezahlen, selbiger gleichwohl dahin siehet, daß das Volk dadurch nicht zu sehr mitgenommen werde. Er siehet ein, daß der Zustand des Reichs nicht nach der Hauptstadt Paris beurtheilt werden düfte, und weiß, daß es in den Provinzen anders aussiehet, als zu Paris, allwo man auf Unkosten des Landes Pracht und Verschwendung treibet. Er ziehet von allen Dingen genaue Nachricht ein und achtet es nicht, wenn er gleich darüber bey vielen saure Gesichter kriegt. Die Vorsteher der Kaufleute, die Administratores der Hospitäler und die General-Pachter müssen sehr genaue und richtige Nachrichten von dem Einkommen und Ausgaben ihrer Aemter und anvertrauten Güter einschicken, welche aufs genaueste untersucht werden. Unter andern hat sich bey dieser Untersuchung gefunden, daß die General-Pachter die Einkünfte vom 20sten Pfennig und andern auf die Waaren und Güter

M 2 gelegten

gelegten Auflagen eingenommen, ohne davon dem Staate Rechenschaft zu geben, so, daß er 18 Millionen von ihnen zurück fordert, welche sie seit 6 Jahren, da diese Auflagen eingeführt worden, gewonnen haben.

IV. Am Spanischen Hofe:

Im Febr. 1764 ward der General-Capitain, Marquis von Villalka, zum Vice-König in Mexico ernennet. Er sollte daselbst neue Festungs-Werke anlegen und zugleich die Spanischen Trouppen in den dasigen Gegenden in guten Stand setzen.

Nachdem denen Jesuiten ihre Bemühungen fehlgeschlagen, um die Stelle eines General-Inqvisitoris, welche bisher der P. Ravago, ehemaliger Beicht-Vater des Königs gehabt, wieder durch ein Glied ihres Ordens besetzen zu können, so hat der P. Joachim d'Osma, jetziger Königl. Beichtvater, einer der Recollecten oder Minoriten, diesen wichtigen Posten erhalten.

V. Am Großbritannischen Hofe:

Den 23 Apr. 1764 als an dem Festtage des heil. Georgii hielt der König zu St. James in London Capitul des Ordens vom blauen Hosenbande, wobey folgende zwey Herren zu Rittern dieses hohen Ordens ernennet wurden:

1. Adolph Friedrich, Herzog von Mecklenburg-Strelitz, der Königin ältester Bruder, und

2. George Montagu Dunk, Graf von Halifax, erster Admiralitäts-Commissarius.

merkwürdige Beförderungen.

Der Obrist Gräme wurde darauf nebst dem Wappen-Könige Leack zu Commissarien ernennet, dem gedachten Herzoge die Ordens-Zeichen zu überbringen und die Ceremonie der Einkleidung zu verrichten.

Den 20 April e. d. J. langte der Königin jüngster Bruder, George August, Prinz von Mecklenburg-Strelitz, der auf der Universität zu Leiden seine Studia absolvirt hatte, zu London an und wurde von Ihro Majestäten auf das zärtlichste empfangen. Er gieng hierauf in Begleitung des Herzogs von Ancaster nach Cambridge, wo er den 29 Apr. bey der dasigen Universität mit vieler Solennität den Gradum eines Doctoris der Rechte annahm.

Zu Philadelphia und Neu-York in America sind zwey neue Universitäten errichtet worden, damit die Einwohner in diesem Welttheile nicht mehr nöthig haben mögen, ihre Söhne Studirens wegen nach Engelland zu schicken, als welches große Kosten verursachet. Es ist zu Sammlung einer hierzu bestimmten Collecte ein Königl. Patent auf allen Canzeln verlesen worden, das so viel gewürket, daß diese Collecte überaus reichlich ausgefallen ist.

D. Tucker, Decanus der Kirche zu Bristol, ward im März dieses Jahrs zum ersten Englischen Bischoff in America ernennet, der seinen Sitz zu Albanien nimmt. Man bauet ihm daselbst ein eigenes Hauß und giebt ihm 1500 Pf. Sterlings Solarium. Er hat sich bereits um den

den Americanischen Staat durch seine Schriften sehr verdient gemacht.

Der Bischoff zu Peterborough, D. Terrick, hat im May das wichtige Bißthum zu London, und der Decanus zu Peterborough, D. Lamb, an dessen Stelle das Bißthum zu Peterborough bekommen.

Den 25 April erhielt der bekannte Lord Clive den Orden von Bath. Die Bedingungen, unter welchen er sich des Commando in Bengalen unterziehen will, bestehen nunmehro, nach geschehener Aussöhnung mit dem Herrn Sullivan, ersten Director der Ost-Indischen Compagnie, darinnen, daß ihm die Einkünfte von seiner dortigen Jaghiere versichert werden sollen. Er ist im May am Bord einer leichten Königl. Kriegs-Fregatte dahin unter Seegel gegangen.

Der General Conway ward schon im Dec. 1763 seiner Dienste erlassen.

VI. Am Russischen Hofe:

Die Kaiserin hat zu Anfang des Jahrs 1764 eine neue Einrichtung im Senate gemacht, um die Ausfertigung der Affairen besser als bißher zu beschleunigen. Diese neue Einrichtung kommt hauptsächlich darauf an, daß der ganze Senat in 6 Departements vertheilt worden, davon viere ihren Sitz zu Petersburg behalten, zweye aber zu Moscau, anstatt des sonst daselbst gewesenen Camtoirs des Senats, sich befinden sollen. In der deßhalben bekannt gemachten Ukase sind allen Departements ihre Affairen, die sie eigentlich unter

ter sich haben sollen, angewiesen worden. Uebrigens sollen alle diese 6 Departements gleiche Macht und Auctorität haben, ohne daß einem vor dem andern ein Vorzug zukomme.

Der Fürst Baratinskoi hat im May e. b. J. dem Schwedischen Cron-Prinzen den St. Andreas-Orden überbracht. Das Ordens-Zeichen war mit so vielen köstlichen Brillanten besetzt, daß der Werth derselben auf 60000 Rubeln geschätzt wurde. Der König von Schweden hat diesen Orden bereits 1743 erhalten.

Der Graf Zacharias von Czernischew, welcher zu Anfang dieses Jahrs alle seine Aemter niedergelegt, trat im April wieder in seine vormaligen Verrichtungen ein, der Graf Gregorius von Orlow aber ward Obrist-Lieutenant der Garde zu Pferde und Lieutenant bey der Chevalier-Garde.

In eben diesem Monathe wurde der geheime Rath, Senator und Ritter Olsufjew wegen seiner andern überhäuften Geschäfte von Annehmung der an die allerhöchste Person der Kaiserin gerichteten Bittschriften freygesprochen und hierzu der Kriegsrath von Kosmin mit Beylegung des Characters eines würkl. Etatsrath ernennet.

Im May ward die durch den Tod Peter III. eingegangene Canzeley von Holstein zu Petersburg wieder eingeführt, und der geheimde Rath Casper von Saldern zum Präsidenten hierbey ernennet. Alle Berichte des zu Kiel befindlichen geheimden Conseils sollen durch dieselbe an die Kaiserin gelangen.

VII. Am Dähnischen Hofe:

Im März 1764 erhielt der Obriste und Chef der Land-Cadeten, Heinrich von Gude, der Königin Leib-Regiment zu Fuß.

Im April e. d. J. ward der Justitzrath, Herr von Wasmer, Land-Canzler im Herzogthum Schleßwig und der Obrist-Lieutenant bey dem Jütländischen geworbenen Infanterie-Regimente, Friedrich Christian von Dehn, Cammerherr.

Als die verwitwete Königin den 31 April ihren Geburthstag begieng, wurden folgende Damen und Herren mit dem Orden de l' union parfaite beehret: die Gräfin von Schack, die General-Majorinnen von Hoden und von Hauch, die Cammerherrinnen von Gram, von Gabel und Adelheit Benedicte von Holstein, gebohrne von Ranzau, ferner der Graf Otto Manderup von Ranzau, der General-Major, Graf Holk, der Graf von Brockdorf in Holstein und die Cammerherren, Baron Juel Wind, von Gersdorf und Schoffelizki von Muccadel.

Im Apr. wurde auch zu Christiania in Norwegen ein neues Königl. Kriegs-Directorium angeordnet, welches alle Sachen, die den Kriegs-Staat im Königreiche Norwegen und dessen Oeconomische Einrichtungen anbetreffen, besorgen sollte. Zu Deputirten und Gliedern desselben wurden ernennet 1) Woldemar, Graf von Schmettau, General der Cavallerie und commandirender General in Norwegen, 2) Peter von Deichmann, General-Major der Infanterie,

terie, 3) Peter Voß, General-Kriegs-Commiſſarius in Norwegen, und 4) Johann Lebrecht Lengnick, General-Auditeur in dieſem Königreiche.

Für den Cammerherrn und Deputirten im General-Kriegs-Directorio, Grafen Chriſtian von Holſtein, wurde im May ein beſonderes Departement errichtet und eine eigene Expeditions-Cammer geſetzt, welcher die Land-Etats-Penſions-Caſſe, die Kriegs-Hoſpitals-Caſſe, das Militair-Erziehungs-Hauß, die Land-Etats-Cadetten-Caſſe und das ganze Militair-Juſtiz-Weſen untergeben wurden.

VIII. Am Schwediſchen Hofe:

Den 28 April 1764 wurde der Präſident, Baron von Cronhiört, Commandeur des Schwerdt-Ordens.

Den 9 May ward der Ober-Cammerherr, Hofmarſchall und Miniſter am Ruſſiſchen Hofe, wie auch Ritter des Nordſtern-Ordens, Graf Carl Wilhelm Düben, zum Hof-Canzler anſtatt des verſtorbenen Herrn Dalin ernennet.

Im April hat der Reichsrath, Baron von Höpken, das Amt eines Canzlers bey der Univerſität zu Upſal niedergelegt, welche Stelle hierauf der Cron-Prinz nach gehabter Audienz des Rectoris und der Deputirten gedachter Univerſität bey dem Könige über ſich genommen. Es kam hierauf ein Königl. Schreiben an den Prinzen ans Licht, darinnen Se. Maj. ihm als Vater zu dieſer Ehren-Stelle Glück wünſchte. Der Schluß

Schluß desselben lautete also: „Nichts kann Uns
„in Unserm Alter mehr trösten, als wenn Wir
„sehen werden, daß Ihr dieses Amt vor das
„größte Glücke achtet, das Euch begegnen kann,
„weil es Euch nicht durch Erbschaft zugefallen,
„sondern weil man es Euch in Betrachtung Eu-
„rer Qualitäten und Königl. Tugenden aufgetra-
„gen hat. Wir versichern Euch auch, daß Wir
„jederzeit mit einem ganz besondern Vergnügen
„alles dasjenige erwegen und mit Unserer gnädig-
„sten Approbation bestätigen werden, was Ihr
„Uns zum Besten der Academi. und der studieren-
„den Jugend vortragen werdet. Zu dem Ende
„wünschen Wir Euch zu Verwaltung dieses wich-
„tigen Amts die Gnade und den Seegen des
„Allmächtigen von oben herab." ꝛc.

IX. Am Preußischen Hofe:

Im April 1764 ward der Ober-Amts-Regierungs-Rath, Carl Abraham Freyherr von
Zedlitz, auf Kapsdorf, zum Präsidenten der
Schlesischen Ober-Amts-Regierung zu Brieg
und der bisherige Ober-Amts-Regierungs-Rath
Ferdinand Sigmund Freyherr von Seyd-
litz, zum Director bey der Oberamts-Regierung
zu Breßlau ernennet.

Im März e. b. J. ward Carl von Schme-
ling zu Danzig zum geheimen Rath, und der
General-Major George Carl Gottlob von
Gablenz zum Commendanten der Vestung
Schweidnitz ernennet, dem litthauischen Truchseß, Stanislaus August Grafen Poniatowski
aber der schwarze Adler-Orden übersendet.

merkwürdige Beförderungen.

Im April erhielt der Obriste und Commandeur des Marggraf Heinrichischen Infanterie-Regiments, Heinrich Werner von Kleist, mit General-Majors Character und 600 thl. Gehalt in Gnaden die verlangte Erlassung seiner Dienste.

Im May wurden Joachim Carl, Reichsgraf von Malzan, und Johann Nepomucen Joseph, Reichsgraf von Nostriz auf Lobris Cammerherren und der Obrist-Lieutenant bey dem Schmettauischen Curaßier-Regimente Baron Reinhold von Overbeck zum Commandeur des Leib-Curaßier-Regiments ernennet.

Im Jun. erhielt der Commercien-Rath, Herr Teegel, zu Embden den Character als geheimer Commercien-Rath, wobey er zugleich über die daselbst von neuen zu etablirende Asiatische Handlungs-Compagnie privative octroyiret wurde.

Im May ward auch der Obriste und Commandeur des Qveißischen Infanterie-Regiments, Johann Christoph von Billerbeck, mit einer Pension von etliche 1000. Thalern zum General-Major, und der Obrist-Lieutenant bey diesem Regimente, Carl Franz von Sobeck, zum Obristen, und der Major bey dem Prinz Beverischen Infanterie-Regimente, Ditrich Ludwig von der Mylen, zum Obrist-Lieutenant erklärt.

In eben diesem Monathe wurden die General-Majors Christian Friedrich von Dierke und George Carl Gottlob von Gablenz zu General-Lieutenants, und die Obristen Ferdinand von

von Düringshofen, Chef eines Regiments zu Fuß, Johann von Stechow bey Prinz von Preußen und Carl Gustav von Rosen bey Fouquet zu General-Majors erhoben, auch dem letztern das bisher ledig gewesene Regiment des General-Lieutenants Heinrich Gerd von Mannteufel, der mit einem Jahr-Gelde seine gesuchte Erlassung erhalten, und dem von Stechow das durch den Tod seines Chefs erledigte Knoblochische Regiment zu Fuß ertheilet.

Zu Obristen wurden in diesem Monathe folgende Obrist-Lieutenants ernennet: 1) Gottlob Erdmann von Lange bey Lestewitz, 2) Döring Wilhelm von Krockow bey Schenckendorf, 3) Carl Magnus von Schwerin bey Nassau-Usingen, 4) Ergert Christoph von Petersdorf bey Lehwald, 5) Carl Lebrecht von dem Busche, Commandeur eines Grenadier-Bataillons, 6) Carl Franz von Sobeck bey Queis, 7) Friedrich Graf von Anhalt, Flügel-Adjutante, 8) Ernst Friedrich von der Heyden bey Wunsch, 9) Hennig Ernst von Behr bey Hülsen und 10) Friedrich Ernst Julius von Roschenbahr bey Theile.

Im May empfiengen auch auf Intercession des geheimden Ober-Finanz- auch Kriegs- und Domainen-Raths, wie auch Präsidentens der Chur-Märkischen Kriegs- und Domainen-Cammer, Julius August Freyherrn von der Horst, als jetzigen Probsts des hochadel. freyweltl. Stifts zu Levern, nicht alleine die Damen dieses Stifts, sondern auch die von dem Adel. freyweltl. Stifts
Que-

Overenheim, von dem Könige einen eigenen Orden, der in einem goldenen, schwarz emaillirten mit einem weissen Rande in acht Spitzen ausgehenden Creutze bestehet, in dessen vier Mittel-Ecken goldene Strahlen befindlich sind. Der Probst trägt solchen Orden an einem blauen Bande um den Hals, die Aebtissin und übrigen Stifts-Damen aber über der Schulter, auch das gedachte Creutz gestickt auf der linken Seite des Kleides.

X. Am Sardinischen Hofe:

Im April 1764 ward der Graf von Viry, gewesener Gesandter in Holland und hernach in Engelland, zum Minister und Staats-Secretair in dem Departement der ausländischen Affairen ernennet.

XI. Am Portugiesischen Hofe.

Im April 1764 ward ein Schottländer Maclean, der vormals in den Diensten der General-Staaten gestanden, zum Marschall de Camp erkläret.

XII. Am Chur-Sächsischen Hofe:

Im März 1764 ward der Hof-Rath, Hanß George von Poigk, zum Vice-Cantzler, der Landgerichts-Assessor in der Ober-Lausitz, Christian Wilhelm Carl von Stutterheim zum Cammerherrn und D. Christian Gottlob Demiani aus Budissin, der im Frühjahr 1763 der gesammten damaligen jungen Chur-Prinzlichen Herr-

Herrschaft die Blattern glücklich inoculirt hat, zum Churfürstlichen Leib-Medico und Hofrath ernennet.

In eben diesem Monathe ward der bisherige Krayß-Hauptmann des Chur-Krayses und Ober-Aufseher der Grafschaft Barby, Peter, Freyherr von Hohenthal, zum Vice-Präsidenten des Ober-Consistorii, wie auch zum Vice-Director der Landes-Oeconomie, Manufactur- und Commercien-Deputation ernennet. Er wurde den 21 März von dem geh. Conferenz-Minister und Canzler, Herrn von Stammer, in dem Ober-Consistorio eingeführt. Dieser aber hat allererst gegen Michaelis 1764 zu Budissin von seiner Bedienung als Land-Voigt in der Oberlausitz Besitz genommen, nachdem bereits im Jan. der bisherige Ober-Landshauptmann in der Ober-Lausitz, der geheime Rath, George Ernst von Gersdorf, seine Charge völlig resigniret gehabt.

Es ist auch im März der Hof- und Justitien-Rath, Christian Wilhelm Just, zum würkl. geheimen Kriegs-Rath, und der Artillerie-Obriste, Johann Friedrich von Roth, zum Ober-Zeugmeister ernennet worden.

Im April erhielt der General-Lieutenant, Graf von Solms, die Leib-Grenadier-Garde, der General, Graf von Baudissin, die Carabinier-Garde, und der General, Graf Andreas von Renard, das ehemalige Brühlische Dragoner-Regiment.

Im

Im Man ward der Land-Cammer-Rath, Hiob Christian von Bomsdorf, würkl. geh. Cammer- auch Cammer- und Berg-Rath.

Nachdem der verstorbene Churfürst Friedrich Christian dem Dom-Capitul zu Merseburg wegen dessen gegen Dero Durchl. Vorfahren jederzeit bewiesenen unwandelbaren Treue und Devotion ein ausnehmendes und auf künftige Zeiten fortdauerndes Merkmal seiner Huld zu geben und dasselbe mit einem Stifts-Ordens-Zeichen zu begnadigen resolvirt, so hat nach dessen Ableben der Prinz Xaverius, als der Chur-Sachsen Administrator in Vormundschaft des Churfürstens Friedrich Augusts, solchen gnädigsten Entschluß zur Würklichkeit gebracht, und diesen Orden durch den Churfürstl. geheimen Rath von Wurm den 28 April denen Herren Capitularen Rittermässigen Herkommens auf dem Schlosse zu Merseburg in dem großen Audienz-Saale in Gegenwart der Räthe aus den Churfürstl. Stifts-Collegiis, derer Herren Stifts-Stände und vieler Dames, Officiers, Cavaliers und anderer vornehmen Personen feyerlich überreichen lassen. Dieser Orden bestehet in einem emaillirten ausgeränderten abgekürzten Creuze, dessen erste Einfassung Gold und die andere weiß ist. In der Mitten ist ein goldenes Feld, worauf ein schwarzes Creuz als des Stifts-Merseburg Wappen liegt. An desselben Mitten siehet man beyde Patronen der Stifts-Kirche zu Merseburg, Johannem den Täufer, der das Lamm mit der Siegs-Fahne im Arme trägt und den heil. Laurentium

rentium mit dem Roste. Zwischen den 4 Ecken des Creutzes wird der verzogene Name des Durchlauchtigsten Ordens-Stifters F. C. erblicket. Der Revers ist diesem gleich, nur daß in dem mittlern Schilde das Stift-Merseburgische Wappen befindlich ist. Ueber dem Ordens-Creutze ist ein Churhut, an welchem ein um den Halß zutragendes schwarz gewässertes moirnes auf beyden Seiten schmahl mit Golde eingefaßtes Band befestiget ist. Die Ordens-Creutze des Dom-Probsts, des Dom-Dechants und des Senioris sind etwas größer als die andern und um die innere Rundung mit Brillanten besetzt. Es trägt auch jeder derer Ordens-Ritter auf der linken Seite des Rocks ein schwarzes Creutz gestickt in einem goldenen Felde, dessen Rand erhaben ist. Zwischen dessen Ecken ist ebenfalß der verzogene Name des Durchl. Ordens-Stifters F. C. zu sehen. In desselben Mitten umgiebt eine doppelt goldene erhabene Rundung ein silbernes Feld, worinnen die Worte befindlich: Pro Deo et Principe. Dieser Orden wird zu des Durchl. Churhauses Sachsen immerwährenden Ehren nur von denenjenigen 14 Capitularen getragen, welche von väterlicher und mütterlicher Seite rittermässig gebohren sind und ihre 16 rittermässigen Ahnen Stiftsmässig bewiesen haben, auch würklich Sitz und Stimme in dem Dom-Capitul haben. Die beyden Professores der Universität Leipzig, die aus der Juristen-Facultät unter den Capitularen des Stifts auch eine Stelle haben, tragen nur ein gewisses Creutz auf der Brust, das von denen or-

dentli-

dentlichen Ordens-Creutzen unterschieden ist. Die sämmtl. Ordens-Zeichen bleiben auf immerdar bey dem Dom-Capitul und werden nach eines Mitglieds Abgang dem neuen Capitulari von dem Dom-Capitul überreicht. Die jetzigen adel. Capitulares, die zuerst diesen Orden empfangen, sind folgende:

1. Heinrich Carl von Tümpling, auf Tümpling und Bleißien, Dom-Probst.
2. Alexander von Veltheim, auf Alvensleben und Rottmarsleben, Dom-Dechant.
3. Joachim Werner von Alvensleben, Senior, Præpositus St. Sixti, auch Consistorial-Präsident und Stifts-Rath zu Merseburg.
4. Reichard Gottlieb von Zinck, auf Straßfurt, Osmarsleben und Witzschersdorf, Scholasticus, wie auch Stifts- und Consistorial-Rath.
5. Johann Heinrich von Helldorf, auf Gröst, Lehmigen und Droßdorf, Cantor, wie auch Churfürstl. Cammerherr.
6. Carl Bernhard von Wolfersdorf, auf Alt-Scherbitz, Beubitz und Schkeuditz, Custos.
7. George Ernst von Gersdorf, auf Reichenbach, Johanniter-Ritter, Dom-Dechant zu Meißen und geheimer Rath, auch gewesener Ober-Amts-Hauptmann in der Ober-Lausitz.
8. Johann Christoph von Ponickau, auf Pomsen, Naunhof und Groß-Zschocher, Churfürstl. geheimer Rath.
9. Carl Christoph von Zehmen, Braunschweigischer Cammerjunker.

10. Moritz Ferdinand von Wilke, auf Liebsdorf.
11. Caspar Friedrich von Gersdorf auf Gröditz, Kriegs-Rath.
12. Adolph August von Berbisdorf, auf Schweinsburg und Crimmitschau.
13. August Siegmund aus dem Winkel.
14. Johann Hilmar Adolph von Schönfeld, auf Schloß-Löbnitz, Churfürstlicher Cammerjunker.

Die ersten 9 waren bey der Investitur selbst zugegen. Die beyden Professores sind

1. D. Carl Ferdinand Hommel, Hof- und Justitien-Rath, Hofgerichts-Assessor zu Leipzig und der Juristen-Facultät Ordinarius und erster Professor; und
2. D. Friedrich Alexander Künhold, auf Gohlis, des Codicis P. P.

XIII. Am Päbstl. Hofe:

Im Jan. 1764 ward der bisherige Nuncius zu Florenz, Bernhardinus Onorati, zum Nuncio in der Schweitz, Herr Archinto zum Nuncio zu Florenz und Herr Valenti zum Nuncio zu Neapolis ernennet.

Der Auditor Pirelli wurde zu gleicher Zeit von dem Pabst ernennet, den zwischen den Häusern Colonna und Borghese obschwebenden Proceß zu entscheiden.

Der Cardinal Buonacorsi ward nebst dem berühmten Jesuiten, P. Boscowich, nach der Gegend der Pontinischen Moräste abgeschickt, um zu untersuchen, ob der von dem verstorbenen Cardinal Cenci übergebene Vorschlag wegen Austrocknung derselben ins Werk zu richten sey.

Im Febr. ward der Abt Vicentini Spanischer Auditor der Rota.

Der nach Frankfurt abgesendete außerordentliche Nuncius Nicolaus Oddi, ward den 20 Febr. zum Erzbischoff von Ravenna confirmiret.

Im Apr. ward der Abt Fiori, Secretair der Päbstlichen Breven, auf Befehl des Pabsts zu Rom arretirt. Die Ursache hiervon gereicht Clementi XIII. zu keiner Ehre. Denn er soll, um die Jesuiten in Frankreich zu erhalten, eingewilliget haben, daß sie den Eyd, welchen die Französischen Parlamenter von ihnen gefordert, leisten und sich äußerlich in allen Stücken den Parlaments-Verordnungen unterwerfen, dabey aber ihre bisherige Verfassung in geheim beybehalten und folglich von ihrer Eydesleistung absolvirt seyn sollten. Da nun der Pabst dieserwegen durch den Herrn Fiori ein Breve ausfertigen ließ, gab dieser einem gewissen Gesandten eine Abschrift davon, und weil er auf diese Weise seine Pflicht verletzt, hat man ihn arretirt und einen scharfen Criminal-Proceß wider ihn angefangen.

XIV. in Holland:

Den 29 Sept. 1763 ward Peter Albrecht von der Parra als General-Gouverneur von Ost-Indien zu Batavia mit den größten Solennitäten installirt, und deßhalben sowohl auf dem Castell als auf allen Forts die Artillerie abgefeuert.

ert. Paul Abraham von der Voort ward Secretair bey dem General-Gouverneur und Paul Gottfried von der Voort, dessen Bruder, Secretair bey der Regierung.

XV. Am Chur-Bayerischen Hofe:

Im May 1764 ward der Ober-Stallmeister, Joseph Franz, Graf von Seinsheim, Churfürstl. Ober-Hofmeister, und der Cämmerer und Obriste, Carl Wilhelm, Graf von Daun, Ober-Stallmeister, wobey er zugleich zum geh. Rath und General-Wachtmeister ernennet wurde.

XVI. In Hannover:

Der General der Infanterie, August Friedrich von Spörken, ward im April 1764 zum General-Feld-Marschall über die gesammten Hannöverischen Trouppen ernennet, welche zugleich ein neues Exercitium erhalten haben.

Prinz Ernst von Mecklenburg-Strelitz ward in eben diesem Monathe Gouverneur zu Zelle.

XVII. Am Hessen-Casselischen Hofe:

Im Febr. 1764 bekam der Obrist eines Garnison-Regiments und Commendant zu Rheinfels, Ernst Ludwig von Logau, die gesuchte Erlassung, dessen Regiment und Commendanten-Stelle der General-Major, Ernst Heinrich von Wilke, erhielt. Der General-Major, Wilhelm Heinrich August von Donop, erhielt das Wilkische und der Commandeur des Gilsischen

merkwürdige Beförderungen.

Gilsischen Regiments, General-Major Arnold von Haller, ward Commandeur des Erbprinzlichen Regiments.

Folgende Obrist-Lieutenants wurden zu Obristen erklärt:
1) Johann Christoph von Huyne bey Malsburg, ward Obrister bey Gilse, 2) Friedrich Wilhelm von Loßberg bey Anhalt, ward Obrister bey Donop, 3) Heinrich Anton von Heringen bey Wutgenau, ward Obrister bey Prinz Carl, 4) Carl von Bose ward Obrister bey dem Leib-Regimente, und 5) der General-Adjutant, Friedrich von Junkenmünzer.

XVIII. in der Türkey:

Zu Anfang des Jahrs 1764 gieng folgende Veränderung im Ministerio vor: Der Groß-Admiral oder Capitain Bassa, Soliman Bassa, wurde abgesetzt und zum Gouverneur der Insel Rhodus ernennet, sein Stadthalter hingegen erdrosselt, enthauptet und 3 Tage zur Schau gestellt, sein Dollmetscher aber nur nach Retimo auf Candia verbannet. Der ehemalige Caimacan ward wieder Groß-Admiral. Der Reis-Effendi oder Groß-Canzler ward, nebst dem Kiahya Bey oder Staats-Secretario, ebenfalß abgesetzt, doch der letztere zugleich mit einem kostbaren Pelze beschenkt. Die erste Stelle hat der Groß-Schatzmeister, Abdi Effendi, und die andere der erste Reqvetmeister erhalten. Es wurde auch der Bostangi-Bassa oder Ober-

Aufseher der Gebäude und Gärten seines Dienſts erlaſſen. Der Seraskier von Natolien, Huſſein Baſſa, ward Gouverneur der Levante, und Tſchilik Mehemeth Baſſa ward hinwiederum Seraskier von Natolien; andere Veränderungen zu geſchweigen.

Zu Ende des Märzes 1764 wurde das Haupt des Selem Baſſa, geweſenen Gouverneurs von Jamaica, der auf Befehl des Groß-Herrn wegen vieler verübten Erpreſſungen enthauptet worden, nach Conſtantinopel gebracht und öffentlich zur Schau ausgeſtellt. Achmeth Baſſa, ſein naher Anverwandter, muſte dieſe blutige Commiſſion ausführen und iſt zu deſſen Nachfolger ernennet worden. Alle Güter des Hingerichteten ſind in den Schatz des Groß-Sultans gekommen.

Anſtatt des verſtorbenen Conſtantin Rakowitza ward ſein Bruder, Stephan Rakowitza zum Fürſten oder Hoſpodar in der Wallachey ernennet. Er empfieng den 16 Febr. 1764 den Caftan, als das gewöhnl. Zeichen der Inveſtitur, und hatte den 28ſten bey dem Groß-Sultan Audienz. Ehe er in ſeinem Fürſtenthum anlangte, entſtund ein Aufſtand darinnen, der ihn nöthigte, unterwegens ſo lange Halte zu machen, bis er geſtillet worden, worauf er ſeine Reiſe fortgeſetzt und von ſeinem Fürſtenthum Beſitz genommen.

Der Hoſpodat in der Moldau hat nach Endigung ſeiner dreyjährigen Regierung die Beſtättigung auf fernere 3 Jahr nicht erhalten, ſondern der Dolmetſcher der Pforte hat dieſe Würde bekommen.

III.

III.

Die Vermählung des Erbprinzens von Braunschweig nebst einigen andern merkwürdigen Vermählungen.

Carl Wilhelm Ferdinand, Erbprinz von Braunschweig, ein Herr von 29 Jahren, erwählte sich die Königl. Großbritannische Prinzeßin Augusta, des jetztregierenden Königs George III. von Großbritannien Schwester, die sich zwey Jahr jünger befindet und den Titel einer Herzogin von Cornwallis führt, zu seiner Gemahlin. Der Herr von Feronce wurde bereits im Sommer 1763 von dem Herzoge von Braunschweig in der Absicht nach London geschickt, daß er diese Heyrath zu Stande bringen sollte. Er war auch in seinen Verrichtungen so glücklich, daß für den Erbprinzen ein sehr vortheilhafter Heyraths-Contract geschlossen und den 9 Dec. unterzeichnet wurde. Es wurden demselben darinnen sowohl eine jährliche Rente von 5000 Pf. Sterl auf die Einkünfte aus Irrland, als auch eine von 3000 Pf. Sterl. auf die Einkünfte aus den Deutschen Landen angewiesen.

Nachdem alles seine Richtigkeit erlangt hatte, trat der Erbprinz seine Reise nach Engelland an. Den 28 Dec. kam er nach dem Haag, von dar er den 5 Jan. 1764 frühe um 7 Uhr nach Helvetsluis

vetsluis abreisete, nachdem er sich eine allgemeine Liebe und Hochachtung in allen denen hohen Gesellschaften, welche er mit seiner Gegenwart beehret, bis zur höchsten Bewunderung erworben hatte. Die Glückwünsche, welche ihm über seinem so blutig erworbenen Kriegs-Ruhme gemacht wurden, beantwortete er ganz kurz mit diesen Worten: Wir haben, Gott lob! den Frieden. Ueberhaupt wollte er von keinem Kriege reden, sondern lenkte beständig mit der angenehmsten Wendung, welche seinem Character eigen ist, die Unterredung auf die Glückseeligkeit der Ruhe von Deutschland. Er kaufte vor seiner Abreise aus dem Haag verschiedene Kostbarkeiten und unter andern von einem dasigen Juden einen Ring für 50000 Gulden, worinnen nur ein einziger Stein eingefaßt war. Er theilte in allen Häusern, wo er zu Gaste gebeten worden, überaus starke Geschenke aus. Eine Sängerin, die zweymahl vor ihm gesungen, bekam eine goldene Schnupftobacs-Dose, 500 Gulden am Werth und 60 Ducaten darinnen. Ein Violinist aus dem Concret Spirituel zu Paris, der auch zweymal vor dem Prinzen gespielt hatte, bekam 50 Ducaten.

Den 12 Jan. frühe um 4 Uhr langte er von Helvetsluis glücklich zu Harwich an, wo er bis den folgenden Tag ausruhete. Des Abends, da der König mit der Königin in der Comödie war, kam ein Courier mit der Nachricht von des Prinzens Ankunft an, worauf den 13ten frühe viele Lords und Hofleute demselben entgegen giengen,

um

um ihn nach London zu begleiten, worunter sich sonderlich der Marquis von Granby befand, der ihn in einer Königl. Kutsche einhohlte. Er langte mit ihm Abends zwischen 6 und 7 Uhr in dem Pallaste von Sommersethouse an, wo er sein Quartier bekam. Der Zug gieng wegen der vielen Wagen und Menschen nicht durch London, sondern auf der Land-Straße hinter London weg, allwo nur eine kleine Einbiegung nach Sommersethouse ist. Er wurde allhier sogleich von dem Grafen von Winchelsea und Vicomte von Cataloupe im Namen des Königs, der Königin und des ganzen Königl. Hauses bewillkommt, die auch diesen Abend nebst einigen andern vornehmen Personen mit ihm speiseten. Die Landstraßen waren bey seiner Ankunft um London herum zu beyden Seiten mit Tausenden von Menschen und Wagen angefüllt, weil jederman begierig war, diesen jungen Helden, der in dem letzten Kriege einen so berühmten Namen erlanget, zu sehen.

Den 14ten wurde er Mittags um 12 Uhr in einer Königl. Carosse, welcher zwey andere von den seinigen folgten, nach St. James gehohlt, wo sich alle fremde Ministri und der hohe Adel des Reichs nebst dem Herzoge von Cumberland gegenwärtig befanden. Der König empfieng ihn in seinem Zimmer mit vielen Ehrenbezeugungen und besonderer Distinction, und unterredete sich auf eine halbe Stunde mit ihm. Von hier verfügte sich der Prinz in das Apartement der Königin, wo er mit gleicher Achtung aufgenommen wurde. Er begab sich hierauf nach dem

dem Palaste von Leicester, wo er die verwitwete Prinzeßin von Wallis und die Prinzeßin Augusta, seine Verlobte, und andere Personen von der Königl. Familie antraf, die ihn alle sehr zärtlich empfiengen, worauf er nach seinem Quartier zurück kehrte, Abends aber wieder nach dem Palaste von Leicester fuhr und allda mit den dasigen Königl. Personen speisete. Den 15ten, als am Sonntage, war Gala bey Hofe, wobey sich der Erbprinz gegenwärtig befand.

Nachdem alles zu Vollziehung der Vermählung fertig war, wurde die Trauungs-Ceremonie auf den 16 Jan. um 7 Uhr Abends angesetzt, und dabey angezeigt, daß Niemand als die Pairs mit ihren Gemahlinnen, und ihren ältesten Söhnen und Töchtern, ferner die Glieder des geheimden Raths und die fremden Ministers mit ihren Gemahlinnen dabey zugelassen werden sollten. Den 16ten frühe erhub sich der Erbprinz zu der Königl. Familie, um sie zu der Solennität seiner Vermählung einzuladen. Gegen 6 Uhr Abends begab er sich nach St. James, worauf sich kurz hernach auch die Prinzeßin Augusta mit ihrer Fr. Mutter, der Prinzeßin von Wallis, einfand. Gegen 7 Uhr geschahe nicht, wie sonst gewöhnlich, in der Königl. Capelle, sondern in dem geheimden Raths-Zimmer, von dem Erzbischoff von Canterbury, D. Secker, die Trauung, wobey der Herzog von Cumberland die Stelle des Vaters bey der Prinzeßin vertrat. Gegen 9 Uhr fuhren die Neuvermählten nach dem Palaste von Leicester, wo sie bey der Königl. Fr.
Mutter

Mutter und übrigen Königl. Familie speiseten, um 11 Uhr aber erhuben sie sich nach dem darneben befindlichen Hotel von Saville, welches vor sie zubereitet worden war.

Den 17ten empfiengen sie von einer ungemeinen Menge Personen von Stande die Glückwünsche, welches auch Ihro Königl. Majestäten sowohl, als der Prinzessin von Wallis und ganzen Königl. Familie geschahe, wobey der Hof sehr zahlreich und glänzend war. Der Adel ließ eine ungemeine Pracht sehen. Sonderlich blitzte es von Juwelen bey den Damen; wie denn die Lady Clive einen orientalischen Diamanten-Schmuck an sich gehabt, der auf 100000 Pf. Sterlings geschätzt worden. Abends war ein großer Ball, welchen aber die Königl. Familie schon um 11 Uhr verließ, weil der König sehr ordentlich in Eintheilung der Zeit ist. Des Nachts um 1 Uhr hatte die ganze Lustbarkeit ein Ende. Den 18ten ward der Namens-Tag der Königin mit vieler Pracht gefeyert, wobey der Hof abermal in höchster Galla erschien, Abends aber wurde wiederum ein Ball gehalten. Den 19ten speisete der Prinz mit seiner Gemahlin bey dem Herzoge von Cumberland und Abends besuchte er zum erstenmale die Englische Schaubühne, wo in Gegenwart des Königs und des ganzen Königl. Hauses eine neue Comödie aufgeführt wurde, die den Titel hatte: No one's Enemy but his own. Er entfernte sich aber bald wieder aus derselben und begab sich in die Königl. Societät der Wissenschaften, wo er vermittelst einer Französischen Rede, die der Graf von

von Moffon, der damals den Vorsitz hatte, hielt, zu einem Mitgliede aufgenommen wurde, alsdenn aber wieder in die Comödie zurück kehrte. Sie wurde mit einem Schäferspiele beschlossen, das auf die Neuvermählten verfertiget worden. Den 20sten speisete der Prinz mit seiner Gemahlin mit beyden Königl. Majestäten in dem Palaste der Königin, wo Abends Concert war. Den 21sten besahe er die Königl. Bibliotheck, die Westmünster-Abtey und St. Pauls-Kirche, worauf er einer Opera beywohnte, wo eine unglaubliche Menge Volks ihn sehen wollte. Den 22sten war der Hof so zahlreich, als er in 35 Jahren nicht gewesen war. Die neuvermählte Erbprinzessin trug an diesem Galla Tage ein Kleid von Silber-Stück, davon die Elle 11 Guineen gekostet. Der Prinz besuchte an diesem Tag den am Podagra zu Hayes krank liegenden Herrn Pitt und speisete zu mittage bey dem Herzoge von Newcastle. Den 23sten besahe er den Tower, das Hospital zu Greenwich, das Arsenal, die Stückgießerey und den Schiffsbau zu Wolwich und Deptford.

Den 24sten war der Hof abermal sehr zahlreich, um von den Neuvermählten Abschied zu nehmen. Der Prinz begleitete den König in das Parlament, wo Se. Maj. die Einwilligung zu der Bille gaben, durch welche dieser Prinz die Rechte eines gebohrnen Engelländers erhielt. Er speisete darauf bey dem Herzoge von Cumberland, wo außer dem Herzoge von Newcastle noch verschiedene andere vornehme Stands-Personen zugegen waren. Abends wurde ihm in dem großen

großen Concert-Saale der Madame Conolley ein großes Fest gegeben, wobey der Herzog von Cumberland und mehr als 250 Personen vom Range gegenwärtig waren. Der Erbprinz eröffnete den Ball mit der Herzogin von Richmond und dieser dauerte bis frühe um 6 Uhr. Den 25sten Nachmittags um 4 Uhr geschahe bey Hofe der Abschied. Die Prinzen Wilhelm Heinrich und Heinrich Friedrich, der Prinzessin jüngste Brüder, begleiteten das hohe Paar bis Harwich, von dar die Ueberfahrt nach Holland geschahe.

Der Prinz hat sich vor seiner Abreise überall durch die reichsten und kostbarsten Geschenke hervor gethan, dargegen hat auch die Prinzessin derselben eine große Menge erhalten. Man will nachgerechnet haben, daß sie an Geld und Juwelen wenigstens auf 600000 Pf. Sterl. mit nach Deutschland genommen. Insbesondere hat sie von dem Könige ein Diamanten Halßband, das auf 30000 Pf. Sterl. geschätzt worden, von der Königin eine goldene Repetir Uhr, die sehr künstlich gearbeitet und mit Edelgesteinen besetzt gewesen, und von ihrer Mutter, der Prinzessin von Wallis, ein Etui mit Brillanten besetzt, von einem sehr großem Werthe, empfangen. Als sie aus London abreisete, ließ das Volk, welches dieselbe zärtlich liebte, viele Merkmale blicken, wie schwer ihm diese baldige Abreise falle. Es hat auch jedermann in Engelland sich nur alle ersinnliche Mühe gegeben, dem Erbprinzen diejenige Hochachtung zu bezeugen, die man sowol seiner Geburt, als seinen vortrefflichen Gesinnungen und

persön-

persönlichen Eigenschaften schuldig zu seyn erachtet.

Die Ueberfahrt aus Engelland nach Holland war dißmal sehr gefährlich. Die stürmende See hielt das hohe Paar etliche Tage zu Harwich auf, ehe sie sich derselben anvertrauten. Endlich, da man meinte, der Sturm habe sich etwas gelegt, setzten sie sich auf die Jachten, die zu ihrer Ueberfahrt bestimmt waren; jedoch befanden sie sich nicht bey einander, sondern der Prinz sowohl, als die Prinzessin hatten jegliches ein eigen Schiff. Die Jacht, worauf die Prinzessin fuhr, hatte eine höchst gefährliche und beschwerliche Fahrt. Das Schiff verlohr im Sturm einen Mastbaum, welches den Capitain und alle Schiffs-Leute in große Verlegenheit setzte; jedoch langte sie noch glücklich kurz nach ihrem Gemahl den 2 Febr. zu Helvetsluis an, nachdem diese kurze Fahrt 62 Stunden gewähret hatte. Ein geschickter Nieder-Sächsischer Dichter hat auf diese gefährl. Schiffart und die von der Prinzessin hierbey bewiesene Standhaftigkeit folgendes Sinn-Gedichte gemacht:

Die Schwester von dem Gott der Meere
Erschrickt nicht vor der Winde Heere,
Und bleibt, Trotz aller Stürme Wuth,
Wie Venus, auf der See voll Muth.
Sie folgt dem Held. Der Mastbaum krachte;
Wie nun? Verdunkelt sich Ihr Blick?
O nein! Sie sah ihn an, und dachte:
Dort fährt mein Cäsar! hier mein Glück!

Den 3 Febr. langten beyde Durchl. Personen im Haag an, nachdem der Prinz von Oranien zu deren Empfang alles veranstalten lassen. Sie nahmen das Quartier in dem so genannten Alten Hofe, wo sie Abends sehr prächtig tractirt wurden. Den 5ten ward wiederum in diesem Palaste zu Mittage und Abend gespeiset und Concert gehalten. Ehe den 8ten frühe der Aufbruch nach Deutschland geschahe, hatten sie den Abend vorher das Vergnügen, die neugebohrne Prinzessin, wovon die Schwester des Stadthalters, Prinzens von Oranien, des Fürstens von Nassau-Weilburg Gemahlin, den 6ten entbunden worden, aus der Taufe zu heben. Die Abreise geschahe über Leiden nach Utrecht, wo sie bey dem Baron von Aplaing das erste Nacht-Quartier nahmen. Den 15ten langten sie über Loo, Twickel, Bentheim, Oßnabrück und Diepenau zu Nienburg an, wo sie von den Generals von Spörken und Wangenheim empfangen wurden. Den 16ten kamen sie nach Zell und den 17ten nach Lüneburg, nachdem sie unterwegens zu Neustadt an dem Rübenberge zu Mittage von der bekannten Gräfin von Yarmouth complimentirt worden. Man empfieng das hohe Paar zu Lüneburg mit großen Freuden-Bezeugungen. Der Prinz setzte den 18ten Abends seine Reise nach Braunschweig fort, die Prinzessin aber blieb bis den 20sten hier, da sie ihrem Gemahl nachfolgte.

Nachdem der Erbprinz den 19ten Abends um 5 Uhr in der Stille zu Braunschweig angelangt war, und über seiner Ankunft den ganzen Hof in die größte Freude gesetzt hatte, begab er sich den 20sten

20ſten Nachmittags wieder nach Gamſen, wo ſeine Gemahlin denſelben Abend eintraf. Von hier erfolgte den 22ſten der Einzug nach der Stadt, wovon man folgende Beſchreibung bekannt gemacht.

Mittags gegen 12 Uhr ritte der regierende Herzog mit dem Herzog Ferdinand und den beyden Prinzen von Mecklenburg-Strelitz nebſt einer großen Svite von Cavaliers und Officiers dieſem hohen Paar nach dem ſo genannten Wenden-Thurm, der eine halbe Meile von der Stadt liegt, entgegen, wohin ſich auch die regierende Herzogin nebſt denen Durchlauchtigſten Prinzeſſinnen und Prinzeſſinnen Schweſtern, ſammt dem jungen Prinzen Leopold in acht ſechsſpännigen Caroſſen begaben. Bey dieſem Wenden-Thurm war ein grünes Pavillon mit vielen Zeltern aufgeſchlagen. Als das durchlauchtigſte neuvermählte Paar allda ankam, wurde es von allen hohen Fürſtl. Perſonen aufs zärtlichſte empfangen. Nachdem man einige Erfriſchungen eingenommen, geſchahe der Aufbruch nach dem Fallerslebiſchen Thore, durch welches der Einzug nach dem grauen Hofe gieng. Auf beyden Seiten der Stadt, wo der Zug durchgieng, waren 10 Bataillons zu Fuß geſtellt. Bey der Ankunft löſete man die Canonen dreymal um die Stadt und läutete mit allen Glocken, wobey die auf den Straßen und auf dem Schloß-Platz verſammleten vielen Menſchen ein beſtändiges Vivat ausrieffen. Den Zug eröfneten etliche Escadrons Huſa-

Husaren und die Jägerey, den Schluß aber machte die Garde zu Pferde.

Bey der Ankunft der durchläuchtigsten Herrschaften auf dem Schloß-Platze befanden sich die sämmtlichen Cavaliers und Dames in größter Galla unter den Arcaden und begleiteten dieselben in der Herzogin ihr Zimmer. Bey deren Eintritt erwartete die im 81sten Jahre sich befindende Witwe Herzogs August Wilhelms die Erbprinzessin und bewillkommte sie mit vielen Freuden-Thränen. Es wurden hierauf die sämmtl. Dames derselben vorgestellt, und nachdem man die Regimenter über den Schloß-Platz, wo sie ein dreyfaches Lauf-Feuer machten, nach dem Wall Defiliren gesehen, wurde gegen 5 Uhr an einer herrschaftlichen Tafel von 40 und dreyen Marschalls-Tafeln von 120 Couverts unter einer herrl. Tafel-Music gespeiset und dieser frohe Tag Abends in der Stille beschlossen. Hierauf folgten 8 Tage lang allerhand Lustbarkeiten, die in Opern, Comödien, Aßambleen, Bällen und andern Divertissements bestunden. Als die Erbprinzessin das erstemal in der Comödie erschien, war die Freude so groß, daß alles von Zuruffungen und Hände-Klatschen sowohl aus den Logen als von dem Parterre ertönte.

Es war derselben die Stadt Zell eigentlich zu ihrer Residenz bestimmt. Allein da sie zu London der großen Welt gewohnt worden, hat es ihr daselbst so wenig gefallen, daß sie lieber zu Braunschweig zu bleiben sich ausgebeten hat.

Fortges. G. H. Nachr. 39. Th.   P   Die

Die andern merkwürdigen Vermählungen:

I. Friedrich August, Fürst von Anhalt-Zerbst, hat sich den 27 May 1764 zum andernmale zu Ballenstädt mit der Prinzeſſin Friderica Augusta Sophia von Anhalt-Bernburg, des regierenden Fürstens Victor Friedrichs mittelſten Tochter vermählt. Es ist hierbey anzumerken, daß dieſe Prinzeſſin fälschlich dem Prinzen August von Sondershauſen beygelegt worden*), indem dieſer ſich vielmehr im April 1762 mit der jüngern Schweſter derſelben, Namens Christina Elisabeth Albertina vermählet hat.

II. Ein gewiſſer vornehmer Prinz, C. v. P. hat ſich ſchon den 25 März 1760 mit Francisca, einer Pohlniſchen Dame aus dem uralten Hauſe derer von Corvin-Krasinski, die den 9 März 1742 gebohren worden, vermählt. Sie hat ſich im Jan. 1764 von Cracau zu Warſchau eingefunden und ihren Aufenthalt in dem Palaſte der vormaligen Prinzeſſin Conſtantina in der Neuſtadt genommen. Man leitet dieſes Geſchlechte von Marco Valerio Corvino, einem Römiſchen Kriegs-Helden her, das aus Ungarn ſchon mit Aufang des XIII. Seculi nach Pohlen gekommen. Aus dieſem Geſchlechte iſt nicht nur die Mutter des Ungariſchen Königs Stephani, ſondern auch der König Matthias Hunniades ſelbſten entſproſſen geweſen.

III.

---

*) Siehe die fortgeſetzten Neuen Gen. Hiſt. Nachrichten Tom. I. p. 705.

III. Carl, Fürst von Radzivil, Woywode von Wilda, hat sich im Jan. 1764 über Bialostock nach Volhynim erhoben, um von dar sich zum Cron-Unter-Feldherrn, Wenceslao, Grafen Rzewuski, Woywoden von Cracau zu begeben, um sich mit dessen Tochter zu vermählen.

IV. Basilius Wolodimirowitsch, Fürst Dolgoruki, Russischer Obrister bey dem Caspanischen Cavallerie-Regiment, vermählte sich den 21 Jan. 1764 mit der ältesten Tochter des Feld-Marschalls, Grafens von Butturlin, Namens Warwana Alexandrowna. Den 6ten vorher wechselte die Kaiserin die Ringe zwischen denselben.

V. Anton, Graf von Puebla, Kaiserl. Königl. würkl. geh. Rath und General-Feldzeugmeister, hat sich den 10 Jan. 1764 mit der verwitweten Gräfin von Pacheco, einer gebohrnen Gräfin von Montesanto, in dem Gräfflichen Collaltischen Palaste zu Wien vermählt.

VI. Johann Christian, Graf von Solins-Baruth, zweyten Antheils, ein Herr von 31 Jahren, vermählte sich den 30 Jan. 1764 mit Wilhelmina Louise Constantia, verwitweten Gräfin von Promnitz, gebohrnen Gräfin von Lippe-Bisterfeld, Erbherrin der Herrschaften Wehrau und Klitschdorf, auf ihrem Schlosse Wehrau in der Ober-Lausitz. Sie ist eine Witwe Graf Seyfrieds von Promnitz auf Drehna in der Nieder-Lausitz, der den 27 Febr. 1760 ohne Erben gestorben ist, und eine Tochter Friedrich Carls,

Carls, Grafens von Lippe-Bisterfeld. Sie stehet mit ihrem neuen Gemahl in einerley Alter.

VII. Carl, Fürst von Batthyani, Kaiserl. Königl. Conferenz-Minister, würkl. geheimer Rath und General-Feld-Marschall, auch Ritter des güldenen Vließes, vermählte sich den 23 Jan. 1764 zu Wien bey Hofe mit der gewesenen Ober-Hofmeisterin der verstorbenen Gemahlin des Erzherzogs Josephi, Antonia, verwitweten Gräfin von Erdödy, einer Tochter seines Bruders, des Palatins von Ungarn, Ludwig Ernsts, Grafens von Batthyany.

VIII. Carl Friedrich Adam, Graf von Görz, Königl. Dähnischer Cammerherr, auch Obrister vom ersten Fühnischen Regimente, vermählte sich den 2 April 1764 mit Louise Charlotte, Eggert Christophs, Grafens Knuth von Knuthenburg, Stiffts-Amtmanns von Seeland, Tochter.

IX. Franz Joseph, Graf von Wurmbrand, Kaiserl. Königl. Cämmerer und ernannter Minister am Dähnischen Hofe, vermählte sich den 23 April 1764 mit der Kaiserl. Königl. Cammer-Fräulein, Theresia, Comtesse von Tarrouca, einer Tochter des würkl. geheimen Raths, Emanuel Tellez de Silva, Herzogs von Tarrouca.

X. Der Graf von Kollonitsch, Kaiserl. Königl. Obrister und Lieutenant der Königl. Ungarischen adel. Leib-Garde zu Pferde, vermählte sich den 3 May 1764 zu Wien mit der Cammer-Fräulein, Friderica, Comtesse von Cavriani, einer

III. Merkwürdige Vermählungen.

einer Tochter des Cammerherrn, Maximilian, Grafens von Cavriani.

XI. Der Marquis von Tavistock, einziger Sohn des Herzogs von Bedford, vermählte sich den 7 Jun. 1764 mit Elisabeth Keppel, des letztverstorbenen Grafens Wilhelm von Albemarle Tochter.

XII. Joseph Freyherr von Bartenstein, Kaiserl. würkl. Reichs-Hofrath, vermählte sich den 18 Jun. 1764 zu Wien mit Josepha, Baronesse von Buol, des Vice-Stadthalters in N. Oesterreich, Johann Paul, Freyherrns von Buol, Tochter.

XIII. Ludwig Carl von Kalkstein, Königl. Preußischer Obrist-Wachtmeister des Regiments Königl. Prinz Heinrich Fusiliers, und Ritter des Johanniter-Ordens, vermählte sich den 28 May 1764 zu Berlin mit Henriette Augusta von Bork, des Königl. würkl. geheimen Staats-Ministers, Friedrich Wilhelms von Bork, zweyten Tochter.

XIV. Johann Siegmund von Oppel, Fürstl. Sachsen-Weimarischer geheimer Regierungs-Rath, vermählte sich den 28 Jun. 1764 mit Carolina Louise Henriette von Beust, des Königl. Dähnischen würkl. geheimen Raths und Abgesandtens im Ober-Sächsischen Krayse, Joachim Friedrichs, Freyherrn von Beust, zweyten Tochter.

XV. Ludwig Anton Sophie, Herzog von Fronsac, des Herzogs und Marschalls von Richelieu einziger Sohn, vermählte sich den 5 März

5 Mär; 1764 mit der Tochter des Grafens von Hautefort. Den 25 Febr. hatte der König den Heyraths-Contract unterzeichnet.

XVI. Der Graf von Maulevrier-Langeron hat sich mit der Fräulein von St. Pierre und

XVII. Der Marquis von la Roche du Maine mit der Fräulein von Verneuil vermählt. Der König unterzeichnete den Ehe-Contract des ersten den 22 Apr. und des andern den 28 Apr. 1764.

XVIII. Am Russisch-Kaiserl. Hofe wurden den 6 May 1764 folgende 3 Hof- und Staats-Damen verlobet: 1) Maria Basiliewna, Prinzessin Chowanski mit dem Obristen, Fürsten Baratinskoi; 2) Die Prinzessin Maria Iwanowna Odojewski mit dem Obristen Sagreskoi und 3) Sophia Jesimowna Daragan mit dem Fürsten Chowanski. Die Vermählungen sind bald darauf vollzogen worden.

XIX. Friedrich Philipp Carl, Graf von Pückler, Herzogl. Würtembergischer Cammerherr und General-Adjutant, auch Ritter des rothen Adler-Ordens, des regierenden Grafens Christian Wilhelm Carls von Pückler, Kaiserl. Königl. Cämmerers ältester Sohn, ein Herr von 24 Jahren, hat sich den 1 Febr. 1764 auf dem Schlosse zu Burg-Farrenbach mit Maria Friderica Amoena, des Grafens Friedrich Ernsts von Welz nachgelassenen einzigen Tochter, einer mitregierenden Gräfin von Limpurg-Sontheim, Schmiedefeld und Speckfeld vermählt. Ihre Mutter war Sophia Friderica Henriette, gebohrne Gräfin von Schönburg-Waldenburg,

eine

III. Merkwürdige Vermählungen.

eine mitregierende Gräfin von Limpurg, die erstlich den obgedachten Grafen von Welz und hernach Johann Philipp, Grafen von Löwenstein-Wertheim, zum Gemahl gehabt, aber schon vor verschiedenen Jahren gestorben ist.

XX. **Johann Carl**, Graf von Dietrichstein, des Römischen Königs Josephi Obrist-Stallmeister, ältester Sohn des regierenden Fürstens von Dietrichstein, ein Herr von 36 Jahren, vermählte sich den 30 Jan. 1764 zu Wien bey Hofe mit der Kaiserl. Königl. Cammer-Fräulein, **Christina**, Gräfin von Thun, des Grafens Johann Joseph Antons von Thun, Majorats-Herrn zu Tetschen in Böhmen, hinterlassenen ältesten Tochter, einer Dame von 26 Jahren. Die Trauung verrichtete der Cardinal Migazzi, Erzbischoff zu Wien.

XXI. **Franz Wilhelm Anton**, Graf von Nesselrode-Reichenstein, Chur-Cöllnischer würkl. geheimer Rath und Stadthalter zu Recklinghausen, ein Herr von 63 Jahren, vermählte sich den 27 Jun. 1764 zum andernmale zu Herten mit seiner verstorbenen ersten Gemahlin, **Catharina Elisabeth**, gebohrnen Marqvisin von Hoensbroich, leiblichen Schwester, **Maria Theresia**, Johann Hugo Franzens, Grafens von Metternich-Winneburg Witwe, einer Tochter des Marqvis Franz Arnolds von Hoensbroich.

XXII. Von der Vermählung des Erzherzogs **Peter Leopolds** von Oesterreich mit der Königl. Spanischen Infantin Maria Louise *) wollen wir vorläufig folgende Nachrichten beyfügen:

Den 9 Oct. 1763 hatte der Graf Wolfgang Franz von Rosenberg eine besondere Audienz bey dem Könige in Spanien, in welcher derselbe mit dem Character als Bothschafter erschien, womit Ihre Kaiserl. Königl. Majestäten ihn bekleidet, weil er zum Vergnügen beyder Höfe die Vermählung des Durchl. Erzherzogs Peter Leopolds mit der Durchl. Infantin, Maria Louise vermittelt. Die Prinzessin erhielt von der Kaiserin-Königin ein sehr gnädiges Schreiben und auch zugleich das Stern-Creutz Ordens-Band mit einer sehr kostbaren Schleife von Diamanten geziert.

Den 14 Febr. 1764 hielt der Graf von Rosenberg, als außerordentlicher Botschafter Ihro Kaiserl. Königl. Majestäten um die Infantin Maria Louise vor den Erzherzog Peter Leopold an. Er that es in einer öffentlichen Audienz bey Sr. Cathol. Majestät, wo die Grandes, der Päbstl. Nuncius und die Französischen und Spanischen Gesandten zugegen waren. Abends wurde er zu der verwitweten Königin geführt, welche die junge Prinzessin bey sich hatte, worauf er dem Marquis von Grimaldi, Staats-Secretair in dem Departement der auswärtigen Affairen, die

---

*) Man hat sie im Jun. 1761 fälschlich unter die Todten gezählt. Siehe neue geneal. hist. Nachr. B. XIII. S. 471.

III. Merkwürdige Vermählungen.

die Visite machte. Den 15ten unterzeichneten der König, die Königl. Frau Mutter und die Königl. Familie auf einer Seite, und der Graf von Rosenberg auf der andern Seite die Ehe-Pacten, wobey der Cardinal de la Cerda, Patriarche von Indien, der Päbstl. Nuncius, die fremden Ministers und andere Personen von Distinction zugegen waren. Den 16ten geschahe bey Hofe durch den Cardinal de la Cerda die Vermählung, wobey der Prinz von Asturien Vollmacht hatte, des abwesenden Bräutigams Stelle zu vertreten. Man brachte diese und die darauf folgenden Tage bis den 23 Febr mit allerhand Festins zu, die sowohl glänzend als wohl eingerichtet waren. Die Königl. Familie brachte diese Zeit zu Prado in der Stille zu, aber die Ministers suchten es einander in den Festivitäten zuvor zu thun. Am meisten haben sich damit der Staats-Secretair, Marquis von Squillace, der Französische Gesandte, Marquis von Ossun, und der Herzog von Medina Sidonia, dessen Panquet das kostbarste gewesen, weil es auf 18000 Ducaten geschätzt worden, hervor gethan.

Zu Wien sollen die öffentlichen Freudens-Bezeugungen allererst erfolgen, wenn die Infantin-Braut selbst anlangen und das Beylager vollziehen wird. Der Erzherzog Peter Leopold verrichtete am 16 Febr. da die obgedachte Vermählung geschahe, frühe in der Stille seine besondere Andacht.

XXIII. Den 23 April 1764 verlobte der Groß-Sultan in dem Serail seine Tochter, Schach Sulta-

Sultana, die ihm den 20 April 1761 gebohren worden, mit dem Groß-Vezier, Mustapha Bassa. Der Werth der Geschenke, die der Groß-Vezier seiner jungen Braut gegeben, und meistens in Juwelen bestanden, ward auf 25000 Piasters geschätzt; doch soll der Groß-Sultan diese Summa dem Groß-Vezier aus seiner Schatz-Cammer wieder zurück gezahlt haben.

XXIV. Den 10 May. e. b. J. vermählte der Groß-Sultan seine Schwester, die Witwe des verstorbenen Groß-Veziers, Rachib Bassa, an den Capitain Bassa oder Groß-Admiral, vormaligen Gouverneur oder Coimacan zu Constantinopel. Die Trauung geschahe mit vielen Feyerlichkeiten. Weil dieser Admiral bereits verheyrathet war, so ist er genöthiget worden, die erste Gemahlin sogleich nach dieser Vermählung von sich zu entfernen.

* * * * * * * * * * * * * * * * * * * *

IV.
Einige Verbesserungen und Zusätze zu den neuen Genealogisch Historischen Nachrichten.

Zum XI. Bande.

Seite 630. Der verstorbene General, Graf Heinrich von Wurmbrand, hat keine Kinder hinterlassen.

S. 632. Eben dieses muß man auch von dem

dem verstorbenen Chur=Sächsischen General, Grafen von Oynhausen, sagen.

S. 633. Der den 17 Sept. 1759 zu Wien im 27sten Jahre verstorbene Graf Rzewuski hieß Johann und war ein Sohn des Woywodens von Podlachien, Michael Rzewuski. Er hatte erst im Jahr vorher die Würde eines Unter-Truchseßes von Litthauen und bald hernach den weissen Adler=Orden erhalten.

S. 689. Der Vater des verstorbenen Marschalls von Coigni hieß Robert Johann Anton de Franquetot, Graf von Coigni, und das Gut, davon er den Namen Coigni führte, liegt in der Normandie. Er, der Marschall, soll nach andern Nachrichten den 14 Oct. 1672 gebohren gewesen seyn. Sein Herzogthum, das keine Pairie ist, besitzt jetzt sein ältester Enkel, Maria Franz, dessen Gemahlin den 27 Nov. 1757 mit Hinterlassung eines in eben diesem Jahre gebohrnen Sohnes verstorben ist.

S. 819. Der Preußische Obrist von Kleist machte damals in Töplitz die ihrer Gesundheit wegen allda sich aufhaltenden General Feldwachtmeister Friedrich von Bülow und Valentin von Broune nebst andern Oesterreichischen Officiers zu Kriegs=Gefangenen, welche Sache hernach zu vielen Streitigkeiten Anlaß gegeben, weil die Oesterreicher behaupteten, daß das Töplitzer=Bad neutral und diese Gefangennehmung dem Kriegs=Gebrauche zuwider wäre.

S. 834. Nicht des Herzogs von Gotha Schwester, die verwitwete Herzogin von Weissenfels, senfelß, sondern die Prinzeßin Anna Christina von Sachsen-Weißenfelß war es, welche sich währendem Kriege nach Prag gewendet und von dar am Wienerischen Hofe ihren Besuch abgestattet hat.

S. 898. Die bey Cölln unweit Meißen mit dem Dierkischen Corps zu Kriegs-Gefangenen gemachten Stabs-Officiers waren der Obrist Canitzischen Regiments Fußvolk, Joachim Friedrich von Leckow, und die Majors, Leopold Ludwig, Graf von Anhalt, Johann Ernst von Anclam, beyde von Bernburgischen Regiment Fußvolk, Isac von Bülow, vom Regiment Hauß Fußvolk, und Johann Friedrich Lasperg vom Regiment Canitz.

S. 902. Der Graf von Lippe-Bückeburg hat sich nicht mit bey dem Corps des Erbprinzens von Braunschweig, das nach Sachsen gieng, befunden. Der König von Preußen, der den 2 Dec. 1759 sein Haupt-Quartier von Wilsdruf nach Freyberg verlegt hatte, rückte den 27sten bis Pretschendorf, kam aber den 12 Jan. 1760 nach Freyberg zurück, wo auch der Erbprinz sich bis zu seinem Rückzuge nach Heßen aufhielt.

Zum XII. Bande.

S. 31. Die im Jan 1760. verstorbene verwitwete Gräfin von Lannoi, hieß Philippina Louise und war eine Tochter des vormaligen Stadthalters in Sachsen, Anton Egons, Fürstens von Fürstenberg. Sie wurde den 13 März 1704 mit Ludwig August, Grafen von Lannoi aus Frank-

Frankreich vermählt, der sie 1738 als Witwe hinterließ. Sie ist also eine ganz andere Person, als sie c. l. angegeben wird.

S. 35. Der Graf Ignatius Felix von Fugger-Zinneberg starb nicht unvermählt, sondern hinterließ eine Baronesse von Mayrhofen als Witwe, die ihm auch 1754 eine Comtesse gebohren hat.

S. 40. Der verstorbene Graf von Escars hieß eigentlich Franz Maria, Marquis von Escars. Er hinterließ von seiner Gemahlin 3 Söhne und 1 Tochter. Den 10 May 1748 ward er Marschall de Camp.

S. 100. Der zum Oesterreichischen Obristen erhobene Graf Caprara stand vorher bey dem Regimente Thierheim, und der neue Obriste von Rieben, ein Mecklenburger, bey Botta. Zu gleicher Zeit wurden auch zu Obristen ernennet, Johann Christoph Meichsner von Alkofen bey Deutschmeister, und Paul Anton, Graf Serimann, ursprünglich aus Persien gebürtig, bey Harrach.

Die Nachrichten, daß der Infant Emanuel von Portugall sein Kaiserl. Curaßier-Regiment verlohren und der Herzog von Braganza solches erhalten habe, sind falsch.

S. 110. Der Preußische Rittmeister bey dem Kleistischen Frey-Husaren- und Frey-Dragoner-Corps Johann Christoph von Dentsch war sonst Leib-Page des Prinzens Heinrichs und ist aus Pohlen gebürtig.

S. 143.

S. 145. Des Grafens Seyfrieds von Promnitz Herrschaften Klitschdorf und Wehrau hat dessen Witwe, nunmehrige vermählte Gräfin von Solms-Baruth, geerbt.

S. 148. Der verstorbene Preußische Obrist von Wulfen war Commandeur des Nassauischen, jetzo Jung-Platenischen Dragoner-Regiments, als er 1753 zu den Cadets in Berlin versetzt wurde, bey welchen er auch gestorben ist.

S. 150. Der verstorbene Kaiserliche General von Hagen war 1689 gebohren und ein Sohn Johann Heinrichs, Freyherrns von Hagen zur Motten. Seine Gemahlin, mit welcher er sich 1728 vermählt, folgte ihm als eine Stern-Creutz-Ordens-Dame im Tode 1760 nach.

S. 151. Der Schwedische General-Lieutenant von Lingen lebt noch bis diese Stunde und ist seitdem Landshauptmann und Ober-Commendant zu Christianstadt worden.

S. 152. Der Sächsische General-Major von Niesemeuschel starb den 29 Oct. 1758 zu Freyberg im 75ten Jahre seines Alters. Er stund anfangs in Fürstl. Anhalt-Dessauschen Diensten als Hofmeister der jungen Prinzen und zuletzt als Ober-Stallmeister, bey welcher Gelegenheit er von dem verstorbenen König Friedrich Wilhelm von Preußen den Orden de la Generosité erhielt; zugleich ward er 1719 Preußischer Obristwachtmeister des Alt-Anhaltischen Regiments Fusvolk, 1724 den 9ten May aber dimittirt. Nachher trat er in Chur-Sächsische Kriegsdienste und bekam 1740 das Caylaische Infanterie-
Regt.

Regiment. Von seiner Gemahlin, Marie Sophie einer gebohrnen von Kraut aus dem Magdeburgischen, hat er 2 Söhne und 2 Töchter hinterlassen, davon die eine Tochter mit dem Chur-Sächsischen Obristen Lestocq vermählt ist.

S. 199. Der Gemahl der verstorbenen Fürstin Aloysia von Thurn und Taxis, Fürst Michael, ist von der Italiänischen Linie dieses Hauses und allererst 1747 von dem jetzigen Kaiser in den Reichs-Fürsten-Stand erhoben worden. Die Würde eines General-Postmeisters zu Rom ist bey seiner Familie ein bloßer Titel.

S. 200. Der verstorbene Graf von Mortolitzki war ein guter Finanz-Minister und hatte an den meisten neuen Einrichtungen in Böhmen großen Antheil. Er war anfangs nur Freyherr, erhielt aber ohngefehr 1756 die Böhmische Gräfl. Würde, worauf er in dem nachher gefolgten Kriege als Obrist-Land-Kriegs-Commissarius sich größtentheils bey der Armee aufgehalten hat. Sein einziger Sohn, Johann Nepomuck Adam, Graf von Nettolitzki, war anfangs Hauptmann des Berauner-Krayses, nun aber ist er Kaiserl. Königl. würkl. geheimer Rath, und hat die väterlichen Güter geerbt. Von den zwey Töchtern des verstorbenen Grafens ist die älteste mit dem Grafen Franz Wenzel von Wratislau, und die jüngste Elisabeth, mit dem noch lebenden General, Alexander, Grafen von Guasco, vermählt.

S. 203. Der verstorbene junge Gr. Franz Anton von Trautson war den 25 Febr. 1737 gebohren

bohren und allerdings ein Sohn des jetzigen Fürstens von Trautson aus zweyter Ehe.

S. 204. Der verstorbene Kaiserliche General-Wachtmeister Caraccioli war ein Neapolitaner, hieß mit seinem Vornahmen Anton, und starb den 6 Febr. 1760. Er stund als Obrister bey dem Stampachischen Curaßier-Regimente, als er 1758 General wurde. Er hatte sich vorher in dem Treffen bey Leuthen wohl verhalten, war aber verwundet und gefangen worden, doch brachte ihm dieses den 23 Jan. 1760 den militairischen Theresien-Orden zu wege.

Der verstorbene Baron von Schroff war anfangs Chur-Pfälzischer Regierungs- und Ober-Appellations-Gerichts-Rath, auch nachher 1741 von Chur-Pfälzischer Seite Assessor des gemeinschaftlichen Vicariats-Gerichts zu Augspurg, worauf ihn der verstorbene Kaiser Carolus VII. 1744 zum Reichshofrath ernennte, worzu er den 17 Jul. introducirt wurde. Im Jahr 1745 ward er Assessor des Chur-Bayerischen Reichs-Vicariats-Gerichts und unter eben diesem Vicariat in den Reichsfreyherrn-Stand erhoben. Im Jahr 1750 erhielt er das Creditiv als Chur-Pfälzischer Minister zu München. Den 29 Jan. 1754 ward er Churbayerischer würklicher geheimer Rath, und zu gleicher Zeit hieß es, daß er zum Reichs-Cammer-Gerichts-Assessor ernennet sey, welchen Posten er aber nicht angetreten.

Der verstorbene Schwedische General Muhl ward im Oct. 1751 General-Major der Cavallerie und 1758 General-Lieutenant.

S. 205. Eine Tochter des verstorbenen Grafens Leopold von Kinski ist mit dem Kaiserl. Königl. General, Andreas, Grafen Poniatowski, einem Bruder des jetzigen Königs Stanislai Augusti von Pohlen vermählt.

S. 207. Der Sächsische General-Major von Carlowitz, starb den 28 Jun. 1759 nachdem er kurz vorher seine Mutter und seinen Bruder verlohren hatte. Er wurde den 22 Jul. 1745 Obrister und kam hernach zu dem Minkwitzschen, jetzt Prinz Antonischen Infanterie-Regiment. Den 29 Jun. 1752 ward er General-Major.

Der Preußische Obriste, Küchenmeister, starb den 13 März 1759 als Witwer. Seine vier Kinder befanden sich zu solcher Zeit zu Cleve bey seinem Schwiegervater, dem dasigen Präsidenten von Raesfeld. Er war Johanniter-Ritter. Seine Eltern hießen Sigismund Küchenmeister von Sternberg, auf Rogallen und Przitallen, und Charlotte Dorothea von Brumsee. Der Obrist-Lieutenant, Gottfried Küchenmeister von Sternberg, ist sein leiblicher Bruder und führt auch den Johanniter-Orden.

S. 212. sq. von den neuen Theresien-Rittern sind folgende nach ihren Vornahmen zu merken:

Fortges. G. H. Nachr. 39. Th.   Q   Franz

Franz, Graf Guasco, General-Feldmarschall-Lieutenant,

Rudolph, Baron Pugnetti, Obrist des Darmstättischen Dragoner-Regiments,

Wenzel Pernkopp oder Bernkopf, Major der Artillerie,

Wilhelm, Baron Okelly, General-Feldmarschall-Lieutenant,

Joseph, Ritter von Murray, Obrister bey los Rios,

Johann, Graf Rhedey, Obrister bey Haller,

Carl, Graf Caramelli, General-Wachtmeister,

Franz Carl von Riese, Obrist bey den Warasdienern,

Philipp, Graf von Broune, General-Wachtmeister,

Johann Baptista, Freyherr von Koch, Obrist bey Tillier,

Christian Wilhelm Friedrich von Leiblfing Obrist bey Marschall,

Siegmund, Baron von Gemmingen, Obrist bey Wied,

Ferdinand, Graf von Kokorzowa, Grenadier-Hauptmann bey Sincere,

Johann von Zettwitz (nicht Lettwitz) Obrist der Croaten,

Alexander, Graf Guasco, General-Wachtmeister.

S. 253.

S. 253. Der verstorbene Marqvis von Surgeres hatte den 29 Jan. 1709 das Licht der Welt erblickt. Seine Eltern hießen Franz, Marqvis von Surgeres und Angelica Lee. Sein Sohn und Erbe ist Johann Franz, Graf von Surgeres, der 1734 gebohren worden und Annen Sabinen Rosalien von Chauvelin, des ehemaligen Siegel-Bewahrers von Frankreich Tochter, zur Gemahlin hat.

S. 254. Die Mutter des verstorbenen Prinzen von St. Buono-Caraccioli ist keine Prinzeßin von Nardo, sondern eine Prinzeßin von Bracciano-Odeschalchi, Namens Theresia.

S. 255. Der Gemahl der verstorbenen Marqvisin von Hautefeuille, mit dem sie 1699 vermählt worden, hieß Stephan Ludwig, Marqvis von Hautefeuille. Sie zeugte mit ihm Jacob Stephan Ludwig, Grafen von Hautefeuille, der aber bereits vor ihr den 4 Jan. 1743 gestorben ist, aber von seiner den 7 Aug. 1729 mit ihm vermählten Gemahlin, Maria Catharina Sorel, 4 Söhne hinterlassen hat, davon der älteste Carl Ludwig Texier, jetziger Marqvis von Hautefeuille, mit Johanna Charlotte de la Tournelle vermählt ist.

S. 260. Der verstorbene Cardinal Mesmer ist zu Rom in die Kirche St. Ambrosii und St. Caroli Borromäi, die der Meyländischen Nation gehöret, begraben.

S. 261.

S. 261. Der verstorbene Bischoff von Rennes hieß mit seinnem völligen Namen Ludwig Guido Guerapin von Vaureal und war aus Champagne gebürtig. Sein Vater war Michael Anton Guerapin, Graf von Belleval, der 1729 gestorben ist. Als ein Schreibe-Fehler ist p. 262. l. 3 anzumerken, daß er 1740 nicht zum Abgesandten am Französischen, sondern am Spanischen Hofe ernennet worden.

S. 263. Der Gemahl der verstorbenen Gräfin von Laval-Montmorancy heißt Guido Andreas Maria Joseph, Graf von Laval, geb. 27. Sept. 1744. Er war gleich nach seiner den 14 April 1760 vollzogenen Vermählung mit seinem Vater, Guido Andreas Peter, Herzoge von Laval-Montmorancy, als General-Adjuiant zu Felde gegangen. Letzterer ist den 2 Sept. 1723 gebohren und 1758 Französischer Erbherzog worden, auch seit 1740 mit Jacobina Hortensia von Bullion-Servaqves vermählt.

S. 377. Der neue Bischoff zu Metz, Ludwig Joseph von Laval-Montmorancy, ist den 11 Dec. 1724 gebohren und ein leiblicher Bruder des vorgedachten Herzogs von Laval-Montmorancy. Er war anfangs Bischoff zu Orleans, von dar kam er nach Condom. Sein Nachfolger zu Condom, Stephan Carl de Lomenie de Brienne, der 1727 zu Paris gebohren

ren worden, ward 1763 Erzbischoff zu Toulouse.

S. 379. Der Marquis de la Ensenada ist nicht Staats-Secretarius am Spanischen Hofe worden, ob er schon unter der Hand dem Marquis von Squillace mit seiner Kenntniß von Spanien und allerhand dienlichen Rathschlägen nicht wenig zu statten kommen mag.

S. 381. Der Russische Vice-Admiral Polänskoi hat den St. Andreas-Orden nicht bekommen, sondern ist noch immer nur Ritter des St. Alexander-Ordens.

Der Pohlnische General, der den St. Alexander-Orden erhalten, heist nicht Repni, sondern Rexin, der 6te neue Russische Senateur aber nicht Kasturin, sondern Kostiurin. Der General-Lieutenant Suworow, als der 7te unter den damaligen neuen Senateurs, ist aus Versehen aussengelassen worden.

S. 385. Die 1760 neuernennten Schwedischen Obristen folgen also auf einander:

1. Baron Carl Sparre,
2. Baron Jacob Friedrich Horn,
3. Graf Carl Friedrich Lieven,
4. Andreas Heinrich Ramsay,

5. Carl

5. Carl Hierta,
6. Baron Carl Funk
7. Graf Pontus de la Gardie,
8. Balthasar Friedrich von Wolfrath,
9. Baron Clas Erich Silfverhielm,
10. Baron Ulrich Scheffer,
11. Carl Friedrich Liljenberg, und
12. Baron Carl Friedrich Pechlin,

Sie sind insgesammt Ritter des Schwerd-Ordens.

S. 389. Der Päbstliche Gouverneur zu Narni, Camillus di Costanzo, ein Neapolitaner, ist nachgehends Gouverneur zu Citta di Castells worden.

S. 390. Der 1760 ernennte Bischoff von Como hieß Johann Baptista Pellegrini und war in oben dieser Stadt den 12 März 1711 zur Welt gebohren worden. Er hat 1764 seinen Landsmann, Johann Baptista Muggiasca, gebohren den 22 Sept. 1721, zum Nachfolger bekommen.

Zum XIII. Bande.

S. 307. Der Preußische General-Major Geschrey heist eigentlich Johann Michael Gschray und ist zu Monheim im Herzogthum Neuburg ohngefähr 1692 gebohren worden. Sein

Sein Vater war allda Landknecht oder, wie es in den dasigen Landen heist, Eisen-Amtmann, von welchem Stande alle seine Voreltern und Angehörigen sind. Er selbst diente eine zeitlang als Gerichtsknecht, worauf er auch ein so genannter Eisen-Amtmann zu Schierling im Bayerischen Pfleg-Gerichte Kehlheim wurde, nachdem er 1722 seines Vorfahrers Witwe mit 4 Kindern geheyrathet. Er kam von dar in gleicher Qvalität erst nach Mitterfels und hernach nach Deckendorf, wo er überall ein lüderliches Leben führte. Als die Franzosen unter dem Grafen Moriz von Sachsen 1741 nach Deckendorf kamen, ließ er sich zu einem Spion gebrauchen, weßhalben er, da die Oesterreicher dahin kamen, nach Straubingen fliehen mußte, wo ihn der dasige Französische Commendant 1742 zu einem Freyschützen machte, in welcher Qvalität er mit andern freywilligen Bürgern und Land-Soldaten fleißig auf die herumstreifenden Croaten und Panduren ausfiel und viele gefangen einbrachte. Er erhielt hierauf ein Attestat wegen seines Wohlverhaltens, mit welchem er sich nach Frankfurt zu dem Kaiser Carl VII. erhub, der ihn mit dem Character eines Lieutenants die Erlaubniß gab, eine Frey Compagnie von 50 Mann zu Pferde aufzurichten. Als er bey der Armee anlangte, die damals der Graf von Seckendorf commandirte, gab ihm derselbe wegen seiner schlechten Umstände kein Gehör. Allein er begab sich zu dem Feldkriegs-Canzeley-

Director Bauer, welchen Gschray vorher einige schöne Pferde verschafft hatte. Dieser setzte ihm ein Project auf, wie er zu Pferden, Leuten, Gewehr und Montirungs-Stücken leichte kommen könnte, welches sich Seckendorf gefallen ließ. In kurzen hatte er seine Frey-Compagnie beysammen, die aber, weil sie aus lauter lüderlichen Landvolke und Schergen bestund, worunter sich auch seine 2 Söhne befanden, von den Oesterreichern die Schergen und Büttels-Compagnie genennet wurde. Er kam mit solcher erstlich in der Gegend von Braunau und hernach in Pfarrkirchen zu stehen, da er denn durch seine Leute verschiedene Oesterreichische Patrouillen und Commandos aufheben ließ, aber auch einsmals in seinem Quartier seine Equipage, erbeuteten Pferde und beyden Söhne, die nach Ungarn in die Kriegs-Gefangenschaft geführt wurden, einbüßte. Im Jahr 1743 ward er Hauptmann und seine Frey-Compagnie wurde auf 150 Mann vermehrt. Er streifte mit dieser Mannschaft überall herum und hatte sonderlich das Glück, zu Waßerburg einen Oesterreichischen Husaren-Cornet, der allda mit 35 Mann stund, zu überrumpeln und selbst mit einigen Gemeinen gefangen zu kriegen, die übrigen aber zu zerstreuen, welches ihm großen Ruhm zuwege brachte. Den folgenden Winter kam er zu Wembdingen zu stehen, wo er sich recroutirte, worauf er 1744 mit den andern Bayerischen Trouppen an den Rheinstrom gieng und mit in

Elsaß

Elsaß zu stehen kam, wo er den bekannten Luckner, *) gewesenen Fähndrich bey dem Morawitzkischen Regimente, der bisher sich als Volontair bey seiner Compagnie befunden, zum Lieutenant annahm. Er hatte unweit Straßburg das Glück, einen feindlichen Regiments-Quartiermeister mit etlichen Husaren gefangen zu kriegen. Weil man nun bey demselben die Liste von der gesammten Oesterreichischen Kriegs-Macht in Elsaß fand, so setzte sich Gschray durch diesen Fang bey dem Grafen von Seckendorf in solche Achtung, daß er ihn durch verschiedene Dragoner-Commandos verstärkte. Bey dem Rückzuge aus Elsas kam er in einem Schwäbischen Reichs-Städtgen mit einem Theil von seinen Leuten zu liegen, wo er sich vor Oesterreichisch ausgab, und allda seine Pfeiffe recht schnitte. Bey Donawerth hatten die Croaten die Donau-Brücke besetzt. Als er nun Ordre bekam, solche von dar zu delogiren, wurde er durch einen Musqueten-Schuß in den Unterleib verwundet. Dieses brachte ihm im Sept. 1744 den Majors-Character zuwege, seine Frey-Parthey aber wurde auf 300 Mann gesetzt. Weil er nun wegen seiner Wunde in diesem Jahr keine Dienste mehr leisten konnte, führte der Herr von

Luckner

*) Er ist ein gebohrner Bayer, von Kötzting im Walde, so am Regen-Flusse liegt, gebürtig.

Luckner das Commando. Im März 1745 fand sich Gschray wieder bey seinem Corps ein, wurde aber bald darauf bey Ismaring unweit Freysingen von einem Husaren-Corps so übel zugerichtet, daß über 60 Mann auf der Flucht niedergehauen und er selbst beynahe gefangen wurde. Wenn Luckner den Rest des Gschrayischen Corps nicht aufs neue in Ordnung gebracht und in einer vortheilhaftigen Gegend den Husaren Fronte gemacht hätte, würde dasselbe gänzlich den Feinden in die Hände gefallen seyn. Der bald darauf publicirte Friede zwischen Bayern und Oesterreich machte den Kriegs-Operationen in diesem Lande ein Ende. Es wurde nunmehro sein Corps bis auf 100 Mann reducirt, worüber er den Character eines Obrist-Lieutenants erhielt. Diese 100 Mann wurden in die 5 Bayerischen Hauptstädte vertheilt, um die Straßen reine zu halten und dem Unterschleif bey Entrichtung der Zölle und Geleite vorzubeugen. Da sie aber selbst die größte Untreue begiengen und viele Gewaltthätigkeiten ausübten, Gschray aber die angetragenen Holländischen Dienste ausschlug, wurde er 1746 mit einer Pension nebst allen seinen Leuten völlig abgedankt. Er hielt sich hierauf einige Zeit zu München auf, führte sich aber nach seiner gewöhnlichen Art so brutal auf, daß er sich mit seiner Familie nach Augspurg retkiren muste, wo er auf sein Bittschreiben an den Grafen von Sachsen

im

im Jul. 1747 die erfreuliche Antwort erhielt, daß man ihn in Französische Dienste aufnehmen wollte. Man traf mit ihm zu Tongern im Stifte Lüttich den 31 Jul. diese honorable Capitulation, daß er mit dem Obristen-Character ein Frey-Corps von 400 berittenen Dragonern und 800 Fußgängern commandiren sollte, zu dessen Errichtung ihm bis zum 1 Jan. 1748 Zeit gegeben und die Stadt Straßburg nebst Neu-Breysach zum Werb- und Sammel-Platz angewiesen wurde. Im März marschirte er mit seinem neuerrichteten Corps nach Brabant und passirte zu Brüssel die Musterung. Die Franzosen belagerten Mastricht und schlossen solche Vestung auf beyden Seiten der Maas so feste ein, daß sie von den Alliirten nicht entsetzt werden konnte. Gschway stund indessen mit seinem neuen Corps in der Gegend von Aachen und wartete die Belagerung ab, während welcher der Aachische Friede zu Stande kam, der allen Kriegs Operationen ein Ende machte. Sein Corps ward darauf bis auf 120 Mann reducirt, über welche er mit einem gewissen Gehalt Obrister blieb und seinen Aufenthalt zu Straßburg nahm, wo der Hauptmann Beyerle, ein Straßburger, seine Tochter heyrathete, und an statt Luckners Obrist-Lieutenant wurde. Hier blieb er bis 1754 da er mit Vorbehalt einer jährlichen Pension von 2000 livres die Französischen Dienste quittirte

tirte *) und mit dem St. Ludwigs-Orden, den er bey seinem Abschied erhielt, sich nach München erhub und allda neue Dienste suchte, weil er zu Straßburg mit seiner Pension bey seiner üppigen Lebensart nicht auskommen konnte. Da er seinen Zweck nicht erreichen konnte, nahm er seinen Aufenthalt zu Donauwerth, wo er das Seinige vollends durchbrachte und noch viele Schulden machte, da indessen seine Frau zu Straßburg für Chagrin starb. Als 1756 der Krieg angieng und er die Französische Pension verlohr, reisete er nach Sachsen, um allda im Pirnischen Lager Sächsische Dienste zu erlangen, er fiel aber in die Hände der Preußischen Husaren, die ihn zum Könige brachten, der ihm Erlaubniß gab, ein Frey-Bataillon von 600 Pferden aufzurichten. Anstatt aber sich nach Merseburg, als dem ihm angewiesenen Werbe-Platz zu erheben, gieng er nach Bayern zurück und schlug die Preußischen Dienste, unter dem Vorgeben aus, man würde es seiner Familie, die sich in Frankreich aufhielte entgelten

---

*) Sein Frey-Corps erhielt sein Schwieger-Sohn Beyerle, der es im Jul. 1758 nachdem es verstärkt worden, unter dem Namen der Volontaires d'Alsace zu der Soubisischen Armee nach Hessen führte. Im Jul. 1759 wurde es in dem Dorfe Hämeln an der Weser eben auf solche Art, wie das Gschrayische zu Nordhausen, von den Feinden aufgehoben.

ten lassen. Jedoch da der Herzog von Würtemberg 1760 die ihm angebotenen Dienste als einem alten und halb tauben Mann abgeschlagen hatte, er aber nicht mehr zu subsistiren wuste, meldete er sich zu Regenspurg bey denen Preußischen und Großbritannischen Comitial-Gesandten, und ließ ihnen durch einen Französischen Officier, Herrn von Thürriegel, der Lust hatte, unter ihm zu dienen, gewisse Plans zu Errichtung eines Frey-Corps in der Absicht überreichen, daß sie solche an ihre allerhöchste Principalen senden möchten, um dem, welcher ihn zuerst verlangte, zu dienen. Allein es verzog sich bis im November, ehe er einige Vertröstung von dem König in Preußen erhielt. Mitlerweile wurde ihm Hoffnung gemacht, von neuen in Französische Dienste zu kommen. Er reisete in dieser Absicht mit dem Herrn von Thürriegel selbst nach Paris, konnte aber nichts erhalten. Zu seinem Glücke erhielt er von dem Herrn von Plotho aus Regenspurg Nachricht, daß der König den überschickten Plan vor genehm hielte. Sie verließen darauf im Febr. 1761 Paris und kehrten nach Deutschland zurück, wo sie Ordre erhielten, sich zu dem Erbprinzen von Braunschweig nach Nieder-Sachsen zu verfügen. Sie sonderten sich von einander ab, da denn Gschray, als er von Duderstadt nach Northeim reisete, den 14 April in die Hände der leichten Trouppen des Brigadiers von Belsunce

sunce fiehl, die ihn zu einen Kriegs-Gefangenen
gemacht haben würden, wenn er sich nicht mit
seinem angehabten Ludwigs-Orden als einen
Französischen Officier durchgeholfen hätte.
Thürriegel hatte indessen sich gerade nach Meis-
sen zum Könige gewendet, wo er den 4 April
bey demselben Audienz hatte und den 9ten die
Capitulation zu Stande brachte, kraft welcher
der Obrist Gschray zu Errichtung eines Frey-
Corps von 6 Compagnien zu Pferde und
eben so viel Compagnien zu Fuß, darzu ihm
vor jedem Mann ein gewisses Geld gezahlt
werden sollte, Erlaubniß bekam auch darüber
mit dem Character eines General-Majors zum
Chef, der Herr von Thürriegel aber zum
Obrist-Lieutenant und Commandeur desselben
ernennet wurde. Der Werbe-Platz sollte anfangs Minden seyn, der aber bald hernach
nach Nordhausen verlegt wurde, wo er mit
Thürriegeln und Baumgärtnern, der seine
Schwester geehliget hatte, und von ihm zum
Major bey der Cavallerie ernennet worden, den
7 May anlangte. Ehe noch das neue Corpo com-
plet war, wurde er den 23 Aug. von dem Französischen Partheygänger Grandmaison zu Nordhausen überfallen, und mit 330 Königlichen
Remonte-Pferden und vielen von seinen Leuten
gefangen nach Cassel, von dar aber im Febr.
1762 nach Landau geführt, nachdem er einige
Tage zuvor seinen Obrist-Lieutenant von Thürriegel, den er in geheim bey dem Könige

vieler

vieler Verbrechen beschuldiget, auf dessen Befehl arretiren und nach Magdeburg abführen lassen. Weil man Französischer Seits keine Hoffnung hatte, daß ihn der König in Preußen ranzioniren würde, ließ man ihn im Aug. 1762 auf Parole loß. Er kam den 8 Sept. nach Leipzig und übernahm wiederum das Commando über den Rest seines angeworbenen Frey-Corps. Allein, der bald erfolgte Friede bewog den König, Thürriegeln im Jan 1763 in Freyheit zu setzen, das ganze Gschrapische Corps aber abzudanken, nachdem die besten Leute davon bey andern Regimentern untergesteckt worden. Dieses geschahe den 1 April mit der Cavallerie zu Stetin und mit der Infanterie zu Groß-Glogau. Er selbst der General, und sein Schwager der Major Baumgärtner wurden als Arrestanten von Stetin nach Berlin gebracht, um wegen der eingegebenen Klagen des Obr. Lieutenants Thürriegel Rede und Antwort zu geben. Baumgärtner wurde zu einem dreymonathlichen Arreste auf der Citadelle zu Magdeburg verurtheilt, worauf er nach Straßburg gieng, wo er einen Französischen Officier umgebracht und deßhalben auf Lebenszeit auf die Galeeren zu Toulon verdammt wurde. Gschray wurde auch cassirt und durch einen Officier über die Grenzen

zen gebracht, von dar er seinen Weg nach Wem-
bingen in Bayern nahm, wo er den Rest seines
Lebens zubringet. Das ist das merkwürdige Leben
eines Avanturiers, der in Betrachtung seiner Her-
kunft, schlechten Gemüths-Beschaffenheit und bru-
talen Aufführung für ein Affenspiel des wan-
delbaren Glücks zu halten ist.

Fortgesetzte Neue Genealogisch-Historische Nachrichten

von den

Vornehmsten Begebenheiten,

welche sich an den

Europäischen Höfen

zutragen,

worinn zugleich

vieler Stands-Personen Lebens-Beschreibungen

vorkommen.

Der 40. Theil.

Leipzig,
im Verlag der Heinsiußischen Buchhandlung.
1765.

Innhalt:

I. Der Pohlnische Convocations-Reichstag während dem Interregno.

II. Einige jüngst geschehene merkwürdige Beförderungen.

III. Leben und Thaten des jüngst verstorbenen Grafens von Seckendorf.

IV. Einige jüngst geschehene merkwürdige Todes-Fälle.

I.
Der Pohlnische Convocations-Reichs-Tag während dem Interregno.

Es sahe jedermann in Pohlen diesem Reichs-Tage mit bangem Verlangen entgegen. Niemals ist Warschau so lebhaft gewesen als jetzo, da derselbe eröffnet werden sollte; es hat aber auch niemals so kriegerisch in dieser Stadt ausgesehen, als damals. Es trafen nicht allein die Magnaten und Land-Bothen in großer Anzahl daselbst ein, sondern es führte auch ein jeder seine Hauß-Trouppen bey sich. Herrschaften ließen sich größtentheils nicht anders als zu Pferde sehen, wobey sich jedesmal ein so stark bewaffnetes Gefolge befand, daß eine einzige solche Herrschaft öfters eine ganze Straße einnahm. Unterdessen blieb doch äusserlich noch alles ruhig, auch ausserhalb Warschau, ohngeachtet nahe bey solcher Hauptstadt der Russische General Daschkow mit seinem Corps von Grodno über Wengerow würklich eingetroffen war. Allein so gefährlich die Aspecten vor der Eröffnung des Convocations-Reichstags waren, so ruhig und glücklich ist doch derselbe sowohl eröffnet, als auch geendiget worden. Es verdienet solcher eine umständliche Beschreibung.

Kaum war der 7te May 1764 angebrochen, so besetzten die Cosacken die Straßen-Ecken in der Stadt; um das Schloß herum aber, wo der Reichs-Tag gehalten werden sollte, stunden verschiedene Pohlnische Hauß-Trouppen in abgesonderten Haufen. Nachdem der Primas nebst denen Magnaten, Senatoren und Land-Bothen in der Pfarrkirche die Predigt des Genesischen Domherrn Szaniawski angehöret hatte, verfügte er sich auf das Schloß in den Senatoren-Saal, in welchem der, unter dem schwarz überzogenen Königl. Baldachin schwarz bekleidete Sessel rückwerts stund. Er nahm auf einem seitwerts dem Königl. Throne gestellten Sessel seinen Sitz. Nachdem die übrigen Senatoren, wobey aber der Cron-Groß-Feldherr Branicki fehlte, sich gesetzt hatten, so gab der Primas dem letztgewesenen Reichstags-Marschall Malachowski, Cron-Groß-Vorschneidern, die Erlaubniß, die Landbothen-Stube zu eröffnen, damit man zur Wahl eines Reichstags-Marschalls schreiten könnte. Hierauf gieng der Senat nach und nach aus einander, Herr Malachowski aber begab sich zu dem Cron-Groß-Feldherrn, wo verschiedene Magnaten versammlet waren, von dar er um 2 Uhr wieder in die Landbothen-Stube kam. Hier eröfnete er, wie gewöhnlich, durch eine Anrede die Session, worinnen er aber anzeigte, daß er eher nichts thun würde, als bis die fremden Trouppen das Gebiethe der Republik verlassen und der Reichs-Tag seine völlige Freyheit erlangt hätte, worinnen ihn der Cron-Post-Administrator und Landbothe Mokronowki mit einer nachdrücklichen Rede unterstützte. Man zog hier-

hierauf die Säbel, steckte sie aber auf zureden des jungen Fürstens Czartoriski wieder ein.

Die beyden obgedachten Herren verließen alsdenn die Landbothen-Stube, worauf der Siradische Staroste Roßowski als Landbothe den Marschalls-Stab ergriff. Man fieng über allerhand Dinge an zu streiten, man setzte aber die Untersuchung derselben bis nach der Wahl des neuen Marschalls aus, und schritte deßhalben zur Sammlung der Stimmen, die auf den Fürsten Adam Czartoriski, General von Podolien und Ritter des Rußischen St. Andreas-Ordens, einen Sohn des Woywodens von Rußland, Fürsten Czartoriski, und Schwieger-Sohn des Litthauischen Groß-Schatzmeisters, Grafens von Flemming, auch leiblichen Vetter des Litthauischen Truchseßes, Grafens Poniatowski fielen. Er legte alsbald den gewöhnlichen Eyd ab, und beschied die Versammlung auf die Mittwoche zur Seßion. Wegen Abwesenheit des abgegangenen Marschalls unterblieb dießmal die förmliche Niederlegung und Uebergabe des Marschallstabes, der Staroste von Janow aber, Andreas Niokronowski, überreichte in den Grod-Gerichten der Starosten Warschau eine Manifestation in Pohlnischer Sprache, die von verschiedenen Senatoren und Landbothen unterschrieben war. Sie sonderten sich dadurch von dem Convocations-Reichs-Tage ab, und gaben zur Ursache die Rußischen Trouppen an, die nicht nur die Stadt Warschau eingeschlossen hätten und die Freyheit ihrer Reichsberathschlagungen hinderten, sondern auch

auch die Edelleute in dem Großherzogthum Litthauen gewaltsamer weise nöthigten, die Litthauische Conföderation zu unterschreiben, auch Ursache wären, daß der Preußische General-Landtag zu Graudenz nicht bestanden wäre. Sie ersuchten zugleich alle andern Senatores und Magnaten, die hier noch eintreffen möchten, sich mit ihnen zu vereinigen. Diese Manifestation war zu Warschau den 7 May unterzeichnet und von folgenden Senatoren unterschrieben:

1. Adam Krasinski, Bischoff von Caminieck,
2. Johann Clemens Branicki, Castellan von Cracau und Cron-Groß-Feldherr,
3. Wladislaus Rzewuski, Woywode von Cracau und Cron-Unter-Feldherr,
4. Anton, Fürst Jablanowski, Woywode von Posen,
5. Carolus, Fürst Radzivil, Woywode von Wilda,
6. Ignatius Twardowski, Woywode von Kalisch,
7. Anton Dombski, Woywode von Brest in Cujavien,
8. Franciscus Salesius Potoki, Woywode von Kiow,
9. Joseph Ossolinski, Woywode von Vollhynien,
10. Anton, Fürst Lubomirski, Woywode von Lublin,
11. Joseph, Fürst Jablonowski, Woywode von Novogrod

12. Petrus Miaczinski, Woywode von Czernikovim,
13. Franciscus Bielinski, Cron-Groß-Marschall,
14. Georgius Mniszech, Cron-Hof-Marschall und General von Groß-Pohlen,
15. Janus, Fürst Sanguscko, Litthauischer Hof-Marschall,
16. Thaddäus Lipski, Castellan von Lenczicz,
17. Adam Brzostawski, Castellan von Polok,
18. Ignatius Zboinski, Castellan von Plocko,
19. Stephan Kunicki, Castellan von Chelm,
20. Johann Nowosielski, Castellan von Ciechanow,
21. Joseph Stembocki, Castellan von Kruswick, und
22. Albert Dombski, Castellan von Kowal.

Von den Landbothen hatten sich folgende unterschrieben:

1. Stanislaus Letowski, Cammerherr und Landbothe von der Woywodschaft Cracau,
2. Adam Poninski, Cron-Küchenmeister, Staroste von Babimost und Landbothe der Woywodschaft Posen,
3. Caspar Rogalinski, Staroste von Nakiel und Landbothe der Woywodschaft Posen,
4. Franciscus Skorzewski, General-Lieutenand und Landbothe der Woywodschaft Posen,
5. Garczynski, Sohn des verstorbenen Woywodens von Posen, Landbothe von Posen,
6. Joseph Miecilski, Staroste von Kunicz, Landbothe von Posen,

7. Ignatius Pac, Hof-Truchseß von Litthauen, Landbothe von Wilna,
8. Johann Monkiewiz, Landbothe van Wilna,
9. Joseph Lacki, Cammerherr von Brest in Cujavien und Landbothe von Kalisch,
10. S. Turno, Staroste und Landbothe von Kalisch,
11. Johann Lipski, Schwerdträger von Liefland und Landbothe von Kalisch,
12. Anton, Fürst Sulkowski,
13. Stanislaus Zaba,
14. Felix Szoldrski,
    Landbothen von Kalisch,
15. Ignatius Potocki, Landbothe von Halicz,
16. Stanislaus Dombski, Landbothe von Brest in Cujavien,
17. Johann Steinbocki, Landbothe von Brest,
18. Joseph Niemowieski, Sohn des Castellans von Brdgost, Landbothe von Jnowladislau,
19. Ludovicus Mokronowski, Cron-Feld-Wachtmeister, Landbothe von Dobrzyn,
20. Joseph Rzewuski, General Lieutenant und Landbothe von Chelm,
21. Simon Orszanski, Truchseß und Landbothe von Vollhynien,
22. Stephan Aksak,
23. Johann Omier Tarnawski,
24. Joseph Brosza Driewiecki,
25. Michael Podhorski,
    Landbothen von Vollhynien.
26. Ignatius Potocki, Staroste von Lezan, Landbothe von Podolien,

27. Se-

27. Severin Rzewuski,
28. Stanislaus Daracki, Unterrichter, Landbothen von Podolien,
29. Xaverius Sapieha, litthauischer Vorschneider, Landbothe von Slonim,
30. Hilarius Toloczko, Landrichter,
31. Petrus Rotleski, Landschaftsschreiber, Landbothen von Lomzyn,
32. Potocki, General der litthauischen Artillerie und Landbothe von Lublin,
33. Anton Wyzza Grabowski, Truchseß und Landbothe von Belcy,
34. Johann Fürst Radzivil, Landbothe von Novogrod,
35. Michael, Fürst Radzivil, Landbothe von Osmian,
36. Joseph Sapieha, Landbothe von Czernikovien,
37. Franciscus Duezynski, Landbothe von Orszanski,
38. Ferdinand Rzewuski, litthauischer Schreiber und Landbothe von Wilkomir,
39. Andreas Mokronowski, Staroste von Janow, Landbothe von Bielsk,
40. Johann Leduchowski, Schwerdträger und Landbothe von Czernikovien,
41. Ignatius Malczewski, Regente der Cron-Canzeley, Landbothe von Braclau,
42. Ignatius Czeczet, Fähndrich von Zytomirsk, Landbothe von Braclau,
43. Ignatius Bogatko, Mundschenke und Landbothe von Braclau,

R 5   44. Fran-

44. Franciscus Grocholski, Hof-Truchseß und Landbothe von Braclau,
45. Ignatius Chotomirski, Landbothe von Braclau, und
46. Josephus Zablusti, Landbothe von Grodzieks.

Nach der Uebergabe dieser Schrift machten diese Herren ihre Veranstaltung, sich von Warschau wegzubegeben. Sie setzten solches den 8. May, da wegen des Stanislai-Festes keine Session war, ins werk. Der Cron-Groß-Feldherr nahm den bey ihm angelangten Gesandten des Tartar-Chams mit sich und zog bey Kozenice 12 Meilen von Warschau seine Trouppen zusammen. Außer den obgedachten Herren hat es noch andere gegeben, die gedachte Manifestation nicht unterschrieben, aber auch dem Reichstage nicht beygewohnet und gleichsam neutral geblieben, worunter der Cron-Groß-Schatzmeister Weßel, der Woywode Plater von Witepsk und andere gehören, die aber nachgehends sich bey den Sessionen des Reichstags noch eingefunden haben.

Den 9 May schickten die Landbothen 18 Deputirte in den versammleten Senat, wo sie meldeten, daß sie zwar einen Marschall erwählt hätten, es sey aber eine Trennung vorgegangen und wären zweymal die Säbel gezogen worden, baten aber um die Vereinigung mit dem Senat, worauf der Primas durch einige Senatores die Landbothen zur Vereinigung mit dem Senat einladen ließ. In der Landbothen-Stube wurde die Irrung

während dem Interregno.

rung wegen der gedoppelten Wahl der Landbothen glücklich beygelegt, der Cron-Groß-Vorschneider aber, Adam Malachowski, legte im Grod zu Warschau eine Manifestation ein, daß der Staroste und Landbothe Rossowski wider die Reichs-Gesetze den Marschalls-Stab ergriffen, und der neue Marschall, ohne seine vorher gethane Uebergabe der Marschalls-Würde, verpflichtet worden. Und aus eben dieser Ursache gaben auch an eben diesem Tage folgende Landbothen noch eine besondere Manifestation in dem Grod zu Warschau ein und entfernten sich von dem Reichstage:

1. Wodzicki, Staroste von Stobnik und Landbothe der Woywodschaft Cracau,
2. Petrus Malachowski, Staroste und Landbothe von Zator,
3. Franciscus Wielopolski, Landbothe von Zator,
4. Soltyk, Schwerdträger und Landbothe von Sendomir,
5. Hieronymus, Fürst Sanguszko, Staroste von Czerkassim und Landbothe von Kyov,
6. Franciscus Zagorski, Schwerdträger und Landbothe von Vollhynien,
7. Felician Bierzynski, Fähndrich von Owruck, Landbothe von Kyov,
8. Felix Czacki, Cron-Groß-Mundschenke und Landbothe von Vollhynien,
9. Joseph Zagorski, Staroste von Owruck, Landbothe von Vollhynien.

10. Czaps-

10. Czapski, Mundschenke von Kyow, Landbothe von Volthynien,
11. **Dombsky**, Landbothe von Gostyn,
12. Borch, Cammerherr und Landbothe von Liefland,
13. Czacki, Staroste von Novogrod, Landbothe von Czernikow, und
14. Fürst Jablonowski, Staroste von Kowal, Landbothe von Czernikow.

Den 10 May geschahe die Vereinigung der Landbothen-Stube mit dem Senatoren-Saale. Der Reichs-Tags-Marschall versicherte den Senat, daß die sämmtlichen Landbothen bereit wären, gemeinschaftlich für die Erhaltung des gemeinen Besten zu rathschlagen, mit dem Senate in allem, was dahin abzielte, einzustimmen und solches mit Leib und Leben zu vertheidigen. Der Primas hielt hierauf eine wohlgesetzte Rede, die voller heilsamen Ermahnungen war. Hierauf verlas der Cron-Groß-Secretarius Kierski die zu diesem Reichstage ausgesetzten Propositiones, worauf die Session ein Ende hatte.

Den 11 May wurde der Obriste von der Cron-Groß-Marschalls-Wache Fournier an den Litthauischen Groß-Marschall Oginski gewiesen, weil der Cron-Groß-Marschall Bielinski dem Reichstage die Ehrenwache entzogen. Er muste in desselben und des Reichstags-Marschalls Hände den Eyd ablegen, um mit seiner Wache nur allein von diesen beyden Herren zu dependiren und die gewöhnlichen Wachen zum Reichstage ordentlich zu besorgen. Den 12ten that dieselbe

zum

zum erstenmal ihre Ehrenwache, worinnen sie mit der Litthauischen Groß-Marschalls-Wache wechseln sollte. An diesem Tage wurde durch 30 Stimmen der Senatoren gegen 6 und 128 Stimmen der Landbothen gegen 3 der Schluß gefasset, daß der Woywode von Rußland, Fürst August Alexander Czartoriski, zum General-Regimentario der Cron-Armee bestellt und ihm aufgetragen werden sollte, so gleich an alle Commandeurs der Regimenter zu schreiben, daß sie sich bey Verlust ihrer Chargen und Erwartung schwerer Strafen so gleich bey ihm sich einfinden und seinen Befehlen folgen sollten. Das Patent wurde sogleich ausgefertiget, von dem Primas und Reichstags-Marschall unterschrieben, dem Fürsten ausgehändiget und er dieserhalben in Pflicht genommen. Es geschahe dieses zur Sicherheit des Reichs, weil der Cron-Groß-Feldherr sich von dem Reichstage getrennet, der Cron-Unterfeldherr aber sich zu seiner Parthey geschlagen. Der Fürst Czartoriski ließ darauf unter dem 13 May ein Universale an die sämmtliche Cron-Armee abgehen.

Den 14 May langten einige Deputirte von der Litthauischen General-Conföderation*) an, die ihren Platz bey den Land-Bothen von Wilda

---

*) Die Vornehmsten, die dieselbe errichtet, sind der Bischoff Ignatius Maßalski von Wilda, der Litthauische Groß-Schatzmeister, Graf von Flemming, und der Litthauische Stallmeister, Michael Brzostowski, der auch zum Conföderations-Marschall erwählet worden.

Wilda erhielten. Sie führten die nothbringenden Ursachen an, sich zu conföderiren, und baten dieses Unternehmen vor genehm zu halten, die Litthauische Armee, deren beyde Feldherren schon zur Conföderation gehörten, ihnen zum Schutz zu geben, auch auf allen Fall sie von hier aus zu unterstützen und ihnen beyzustehen, worauf man das Conföderations-Instrument öffentlich ablaß. Den 15ten wurde diese General-Conföderation von der Republik gebilliget und bestätiget. Zugleich erklärte man die von dem Fürsten Carl Radzivil, Woywoden von Wilda errichteten Tribunale und Captur-Gerichte in Litthauen für unrechtmäßig und cassirte alle auf denselben ergangenen Decrete. Man verordnete auch, daß die in Litthauen wohnenden Tartarn, aus denen die Sächsischen Ulanen errichtet worden, bey Verlust ihres Vermögens und ihrer Angesessenheit mit ihren Diensten bey Niemand anders als dem Groß-Feldherren von Litthauen sich finden lassen sollten. Es wurde auch zum Reichstags-Protocoll genommen, daß alle Magnaten, Ministers, Beamten und Edelleute von Litthauen, auch die aus Pohlen, welche in Litthauen angesessen sind, und dieser Litthauischen Conföderation noch nicht beygetreten, solche mit unterschreiben und beschwören sollten. Den 16 May frühe geschahe der allgemeine Beytritt zu dieser General-Conföderation in dem Palaste des Primas, der solche als erster Fürst des Reichs beschwor und eigenhändig unterschrieb, dem die übrigen Senatores alle folgten. Da auch verschiedene Litthauische

sche Magnaten und Landbothen die Conföderation noch nicht unterschrieben hatten, ob sie gleich an solcher von Anfang Theil genommen, so geschahe solches noch durch eine besondere Acte, die den 16 May zu Warschau nach abgelegten Eyde in Gegenwart des Primas von ihnen unterzeichnet wurde. Die ersten 16 hiervon waren:

1. Gabriel Wodzinski, Bischoff von Smolensko,
2. Michael Massalski, Castellan von Wilda und Groß-Feldherr von Litthauen,
3. Petrus Sapieha, Woywode von Smolensko,
4. Alexander Sapieha, Woywode von Polok und Unter-Feldherr von Litthauen,
5. Joseph Solohub, Woywode von Witepsk,
6. Joseph Massalski, Hof-Schatzmeister von Litthauen,
7. Stanislaus Poniatowski, Groß-Truchseß von Litthauen,
8. Andreas Oginski, Schwerdträger von Litthauen,
9. Anton Zabiello, Jägermeister von Litthauen,
10. Anton Michael Pac, Groß-Notarius von Litthauen,
11. Joseph Sosnowski, Groß-Notarius von Litthauen,
12. Adam Chmara Potiey, Vice-Instigator von Litthauen,
13. Ignatius Oginski, Groß-Marschall von Litthauen,
14. Michael, Fürst Czartoriski, Groß-Canzler von Litthauen,

15. Joseph Hilzen, Castellan von Liefland,
16. Johann, Fürst Radzivil, Ordniat. von Kleck.

Hierauf folgten noch die Unterschriften von 110 andern Herren und Landbothen, deren Namen um beliebter Kürze willen hier weggelassen werden. Sonst wurde bey der Session an diesem Tage nichts zum Schlusse gebracht, obgleich vielerley Dinge in Berathschlagung gebracht wurden, nur empfieng der General-Regimentarius, Fürst Czartoriski, Vollmacht, auch andere Trouppen zu Herstellung und Erhaltung der innern Sicherheit des Reichs zu gebrauchen. Den 17 May kam nichts zum Schlusse, aber den 18ten wurde wegen der Dissidenten nach langer Berathschlagung der Schluß gefaßt, daß die wider dieselben in den Jahren 1717, 1733 und 1756 gemachte Constitutiones aufs neue feste gesetzt und zur Execution gebracht werden sollten, auch sollte kein Protestante etwas mehr, als was ihm erblich gehört, besitzen, und jeder Macht haben, wider einen Protestanten, der wider solches Gesetze etwas besitzet, rechtlich zu verfahren.

Den 19ten wurde der Wahl-Reichstag auf den 20 Aug. angesetzt und dabey für gut erkannt, daß die Woywodschaften lieber durch Abgeordnete, als Mann für Mann zur Wahl kommen möchten, doch sollte das letztere ihnen auch frey stehen; die Wahl eines Marschalls aber auf diesem Reichstage sollte durch einen gewissen Ausschuß von den Woywodschaften geschehen. Es wurde auch zu Erhaltung einer guten Policey in der Stadt eine

Mar-

Marschall-Amts-Verordnung durch Trompeten Schall bekannt gemacht, die der Litthauische Groß-Marschall Oginski unterschrieben hatte. Den 21sten wohnte der Bischoff von Kiow, Zaluski, dem Reichstage zum erstenmale bey, ob er gleich die von dem Bischoff von Cracau in dem Grod zu Zakroczin wider denselben eingelegte Manifestation (die man zu Warschau nicht hatte annehmen wollen) nebst dem Woywoden von Lenczicz und Castellan von Warschau, Thomas und Matthias Soltyk, unterschrieben hatte. Die Relations-Landtage in den Woywodschaften und Provinzen wurden auf den 9 Jul. anberaumet, der Provinz Preußen aber auf eben diesen Tag ein General Landtag zugestanden, doch sollten aus jedem Districte dieser Provinz künftig nur 2 Land-Bothen zum Reichstage abgeschickt werden, da sie bisher in Gewohnheit gehabt, deren in unbestimmter Anzahl abzuordnen. Auf die Frage: was für ein König zu erwählen sey? fiel der Schluß einmüthig dahinaus: ein Pohle von Pohlnischen Eltern abstammend, der Römischen Kirche zugethan und in den Rechten und Gewohnheiten dieses Reichs erzogen, mit denen darzu gehörigen Gaben ausgerüstet und der nicht allzu alt sey. Hierbey verlangte man, daß der König beständig in Pohlnischer Kleidung gehen sollte, welches sonderlich den folgenden Tag der Landbothe Kraszewski in einer lebhaften Rede nachdrücklich vorstellte.

Es gieng auch an diesem Tag wider den von Kozenice gegen Lublin aufgebrochenen Cron-

Groß-Feldherrn Branicki ein Corps von Pohlnischen und Russischen Trouppen von Warschau ab, bey welchem sich der Cron-Cammerherr Ponietowski mit dessen Bruder, dem Oesterreichischen General Poniatowski, wie auch der Russische General Ronicker und der Pohlnische Staroste Branicki befanden. Es folgte ihnen der Russische General Daschkow nebst dem Fürsten Repnin mit einigen Trouppen nach. Allein der Cron-Feldherr zog sich mit der Cron-Arme, davon sich 6 Fahnen zu der Armee des General-Regimentarii begeben hatten, hinter den Fluß Pilitz, wo er alle Brücken abwerfen und die Prahmen versenken ließ. Jedoch die obgedachten Pohlnischen und Russischen Trouppen kamen ihm so nahe, daß es blutige Köpfe setzte, wobey auf beyden Seiten verschiedene getödtet, verwundet und gefangen wurden, etliche Compagnien aber zu den Trouppen des General-Regimentarii übergiengen.

Den 24 May wurde beschlossen, daß das Archiv und die Kleinodien des Reichs, wie auch die Königl. Salzwerke und Tafel-Güter gehörig untersucht werden, die Brücke aber, welche vor jetzo über die Weixel geschlagen würde, beständig bleiben und von jedermann künftig, nur die zur Wahl Ankommenden ausgenommen, ein gewisses Brücken-Geld gezahlt werden sollte. Es wurden auch diejenigen Herren ernennt, die für den neuen König die Pacta Conventa entwerfen sollten. Aus dem Senat waren es die Bischöffe von Wilda und Cujavien, Massalski und Ostrowski,

der

der Castellan von Wilda und litthauischer Groß-Feldherr Maßalski, die Woywoden Wielepolski von Sendomir, Zamoiski von Jnowladislau, Podoski von Plocko, Mostowski von Pommerellen und Plater von Mscislau, und die Castellane Mielzinski von Posen, Zbijewski von Kalisch, Mosczinski von Jnowladislau, Czarnecki von Braclau und Jaklinski von Oswiccim; von der Ritterschaft wurden ihrer 11 aus Klein-Pohlen, 12 aus Groß-Pohlen und 12 aus Litthauen ernennet. Es brachte auch an diesem Tage der Cammerherr Gurowski, Landbothe von Posen vor, daß der verstorbene König nach den Pactis Conventis für die 30 Jahr, die er regiert hätte, der Republik 3 Millionen und 300000 Gulden schuldig geblieben, weil er versprochen, eine Ritterschule aufzurichten, wozu er jährlich 100000 Pohlnische Gulden ausgesetzt; wenn von dessen Erben nichts zu erlangen wäre, sollte man sich an das Sächsische Palais und die darzu gehörigen Grundstücke halten.

Den 25ten wurde beschlossen und feste gesetzt, daß diejenigen, welche einen Ausländer auf den Thron setzen wollten und der Bestechung dabey überführt würden, für Feinde des Vaterlandes erklärt und aller ihrer Güter beraubet werden sollten. Es wurden auch die Vorrechte des Primas bey dem Wahl-Geschäfte erneuert und feste gesetzet, daß ausser ihm kein anderer Bischoff, es wäre denn im Fall einer Krankheit (da es aber nach der vor langer Zeit fest gesetzten Ordnung

unter

unter den Bischöffen gienge) etwas bey der Wahl, so sonst nur dem Primas zukömmt, unternehmen sollte. Ferner wurden alle Captur-Gerichte, die doppelt ausgefallen, cassirt, ihre Handlungen vor null und nichtig declarirt *) und nur diejenigen, von deren Seite die Landbothen angenommen worden, für gültig und bestehend erklärt.

Den 26ten wurde beschlossen, daß die Landschaften Zator, Oswiecim und Halicz, die sonst immer 8 Tage eher, als alle übrige Land und Woywodschaften im Reiche, ihre Landtage gehalten, selbige von nun an allezeit zugleich mit den andern Landtagen im Reiche halten sollten, und den 27sten, da wieder einige von denen sich abgesonderten Senatoren, als die Woywoden Twardowski und Plater von Kalisch und Mscislau und der Cron-Groß-Schatzmeister Wessel, erschienen, wurde die Frage entschieden und den folgenden Tag zum Schluß gebracht, daß die zu Untersuchung derer Rechnungen der Groß-Schatzmeister und derer Erben derer verstorbenen Groß-Schatzmeister verordneten Herren keinen besondern Eyd ablegen, aber die Rechnungen aufs genaueste abnehmen und eingeben sollten.

Den 30 May wurden die von dem Herzoge Ernst Johann von Curland angelangten Briefe

---

*) Hierunter gehörten auch diejenigen Gerichte, die wider die Gesetze und Gerechtigkeit mit bewafneter Hand und gewaltsamer Weise 1763 durch den Fürsten **Carl Radzivil** in Wilda angeordnet worden.

Briefe an die Stände des Reichs, die der abgeschickte Herr von Modem überbracht, verlesen, worauf der litthauische Groß-Notarius, Joseph Sosnowski, an die Versammlung eine weitläuftige Rede hielt, darinnen er zwar des gedachten Herzogs wieder erlangten Besitz seiner Staaten rechtfertigte, aber sich doch beklagte, daß man sowohl bey seiner, als des Prinzen Carls nachmaligen Belehnung den Ritterstand ausgeschlossen habe, da solches doch, wie der litthauische Groß-Canzler, Fürst Czartoriski, bey dem letzten Resultat des Senatus Consilii 1763 mit vielem Eyfer dargethan, eine Sache sey, die vor alle drey Stände gehöre, weßhalben er bat, die Resultate von 1758 und 1763 als solche, die vor den Ritterstand nachtheilig wären, zu cassiren. Diese Rede würkte so viel, daß dieser Schluß abgefaßt wurde: „Ernst Johann Biron soll
„als der einzige rechtmässige Herzog von Curland, erkannt und erklärt, auch die in den Jahren 1758 und 1763 geschehene Investitur und
„gegebene Resultate hiermit gänzlich cassirt und
„für null und nichtig erklärt seyn, dieser Herzog
„aber von dem künftigen Könige die Belehnung
„persönlich empfangen, oder, wenn sein Alter
„ihm solches nicht verstattete, sein ältester Prinz
„Peter für denselben und auch zugleich schon mit
„für sich selbst, als Nachfolger solche empfangen,
„niemals aber sich jemand von ihrem Hause in
„auswärtige Dienste begeben, auch die Herzogliche
„Würde bis zum Aussterben bey dieser Familie
„verbleiben, nach erfolgtem Aussterben aber mit
„diesem

„diesem Herzogthum so, wie es die Verträge er-
„forderten, gehalten werden.„

Den 1 Jun. wurde dem Cron-Groß-Schatzmeister künftig hin ein bestimmter Gehalt von 170000 Pohlnischen Gulden ausgesetzt, dargegen er über alle Einkünfte genaue Rechnung obliegen sollte; auch ward beschlossen, daß die Königl. Tafel-Güter von gewissen Deputirten untersucht und von ihren Einkünften sowohl, als auch, ob würklich alle Protestanten, wie auch Juden und Unadeliche von denen Bedienungen, die sie bisher bey den Schatz-Einkünften und Königl. Tafel-Gütern bekleidet, abgeschaft worden, auf künftigen Krönungs-Reichstage Bericht abgestattet werden sollte. Den 2ten wurde beschlossen, daß sowohl Groß- als Klein-Pohlen, jedes, wegen Bequemlichkeit derer, nach dem Rechte reisenden Personen an zwey Orten sein Tribunal haben sollte. Nachdem den 4ten der kurz vor des Königs Ableben neuernennte Castellan von Rawa, Siemianowski, den Eyd abgelegt, unterschrieb man den Entwurf, wie die Reichstage gehalten und vor der Marschalls-Wahl nichts vorgetragen werden sollte. Es ward auch der Plan von der Errichtung eines neuen Oeconomischen Collegii, welches die Vermehrung und Verbesserung der Reichs-Einkünfte zum Zwecke haben sollte, verlesen und bestätiget. Es sollte im Aug. seinen Anfang nehmen und den Cron-Groß-Schatzmeister mit einem Gehalt von 120000 Pohln. Gulden zum Präsidenten, den Cron-Hof-Schatzmeister mit einem

Gehalt

Gehalt von 32000 Gulden zum Vice-Präsidenten und 16 theils aus dem Senat, theils aus der Ritterschaft jeder mit einem Gehalt von 12000 Gulden zu Beysitzern haben, alle Viertel Jahre aber einen Monath lang Session halten.

Den 5ten wurde der Schluß abgefaßt, daß die Pohlnisch-liefländischen bisherigen Lehn-Güter bloße Erb-Güter seyn sollten. Es sollte auch mit der Zeit Groß-Pohlen von dem Kopf-Gelde befreyet, von den Starosteyen aber und andern Gütern, die aus Königl. Gnade besessen würden, der vierte Theil der Einkünfte in den Cron-Schatz kommen. Es sollten auch alle Bischöffe, Geistliche und Klöster den vierden Theil ihrer Einkünfte zum Besten des Vaterlandes abgeben, welches aber nicht zum Schlusse kam. Wegen der Juden wurde feste gesetzt, daß jeglicher, er sey männlich oder weiblichen Geschlechts, und zwar gleich von der Geburth an, jährlich 2 Pohlnische Gulden zahlen sollte. Den 6ten wurde zum Aufnehmen der Städte verordnet, daß Edelleute und Geistliche, wenn sie darinnen ansäßig wären, keine Gerichtsbarkeit darinnen haben, noch ein freyes Gewerbe treiben, noch auch eine Ankaufung und Verschenkung bey den Geistlichen mehr statt haben sollte. Es sollte auch künftig in den Königl. Hof- und Canzeley-Gerichten nach der Mehrheit der Stimmen gehen, auch keine Appellationes von da weiter erlaubt seyn. Die Litthauischen Landbothen brachten an, daß man bey dem Pabste Ansuchung thun sollte, das Litthauische Bißthum Wilda zu einem Erzbißthum zu erheben, da

Groß- und Klein-Pohlen seine Erzbischöffe habe, darüber aber kein Schluß gefaßt wurde; dargegen erfolgte die Einwilligung, daß der Rußischen Monarchin der Titel einer Kaiserin aller Reußen, und dem Preußischen Monarchen eines Königs von Preußen, nach vorher ausgehändigten Reversalien, daß beyde Monarchen nichts von denen zu Pohlen gehörigen Provinzen fordern, noch unter dem Namen Reußen und Preußen wegnehmen wollten, von der Cron Pohlen künftig allezeit ein- und zugestanden werden sollte.

Den 7 Jun. wurde über vielerley Dinge gerathschlaget, aber nichts zum Schlusse gebracht, der Woywode Zamoiski von Inowladislau aber hielt eine nachdrückliche Rede wider die allzu große Gewalt derer Feldherrn, dem aber die wenigsten beypflichteten. An diesem Tage ereignete sich auch der scharfe Wortwechsel zwischen dem Französischen Abgesandten Marquis von Poulmy und dem Primas. Man hat in Pohlen selbst eine umständliche Beschreibung von diesem merkwürdigen Auftritt bekannt gemacht, die unter andern also lautete:

Es war dem Marquis von Poulmy nicht unbekannt, daß währendem Reichstage, da der Fürst-Primas beständig Geschäfte hat, die Gewohnheit ist, daß, wenn sie über einige Sachen zu handeln haben, sie vorher sich nach der Stunde erkundigen, da solches am bequemsten geschehen kann. Dem ohngeachtet kam derselbe nebst dem Französischen Residenten, Herrn Hennin, den 7 Jun. ganz unerwartet zu dem Primas. Er fand

fand bey ihm eine große Anzahl von Senatoren und Landbothen, die über allerhand Angelegenheiten mit Ihrer Durchl. in Berathschlagung waren, welche den Marquis so geziemend, als es dessen schleunige Ankunft zuließ, empfieligen. Der Primas führte ihn in das Cabinet, wo er sich mit den fremden Ministern gewöhnlich unterredete. Weil der Primas durch das Podagra verhindert wurde, sich sogleich zu setzen, so blieb er so wohl, als der Marquis stehen, welcher sodenn sagte: „da der König, sein Herr, von der „Spaltung, die in der Republik herrschte, be= „nachrichtiget wäre, habe er ihm befohlen, nach „Frankreich zurück zu kehren, und so lange das „Interregnum währte, abwesend zu bleiben; in= „dem Ihre Maj. nicht für gut befänden, daß ihr „Ambassadeur, anstatt bey dem Corper der Repu= „blik, nur bey einer Parthey residirte." Hierauf zog er zum Beweise dessen was er sagte, die Depeschen seines Hofs aus der Tasche und las daraus einige Worte, die sich auf die Russischen Trouppen bezogen. Als der Primas sahe, daß der Marquis die Auctorität und Gegenwart der auf dem Reichstag gesetzmäßig und frey versammleten Republik, von welcher er das Haupt ist, nicht erkennte, welches alle Glieder derselben, davon ihrer viele gegenwärtig waren, äußerst beleidigte, so fand derselbe für gut, ihm also zu antworten: Es wäre ihm leid, daß er keine Gelegenheit mehr haben sollte, dem Herrn Ambassadeur seine Attention, noch in dessen Person die Ihro Allerchristl. Maj. schuldige Consideration zu bezeugen; wobey er hinzusetzte: „Es rührte ihn am meisten, daß er „sähe, wie der Herr Ambassadeur declarirte, bloß „deßwegen nicht länger hier residiren zu können, „weil der König, dessen Herr, die rechtliche und „volle Auctorität der Republik nicht erkennen „wollte, welches die größte Beleidigung und Un„billigkeit wäre, die ihm angethan werden könnte; „es stünde bey dem Herrn Ambassadeur, seinem „Befehle zu folgen und Warschau zu verlassen, „und mein Herr, (indem er auf den Herrn Hen„nin wieß) dürfte dem Ansehen nach, Ihrem „Exempel folgen:„ Hierauf antwortete der Marquis: Er soll abreisen, wenn er Befehl bekömmt; worauf der Fürst Czartoriski, Woywode von Reußen sagte: Man muß hoffen, daß wenn Ihre Allerchristl. Maj. genau unterrichtet seyn werden, Höchst dieselben günstigere Gesinnungen für die Republik fassen werden. Der Marquis versetzte darauf: der König hat keiner weitern Information nöthig; er weiß genau, was hier vorgehet. Alsdenn erwiederte der Fürst Primas: Wenn Sie die Republik nicht für eine Republik erkennen, so kann ich nicht mehr mit Ihnen negotiiren, und sie erkennet Sie alsdenn wiederum nicht für einen Ambassadeur: also leben Sie wohl, Herr Marquis von Poulmy; welcher denn im Weggehen sagte: Ihr Diener, Herr Erzbischoff; worauf der Primas etliche Schritte vor that, um ihn zu begleiten, und sodenn stehen blieb. Das schleunige

nige Weggehen verstattete, der Wacht nicht so viel Zeit, ins Gewehr zu treten, noch die gewöhnl. Ehrenbezeugungen zu machen. Der Primas schickte mit dieser Geschichts-Erzehlung sogleich einen Expressen an den Französischen Hof, an welchem aber das Paquet nicht angenommen, sondern uneröfnet wieder zurück geschickt wurde, mit der Bedeutung, daß der König von Frankreich zu gelegener Zeit schon dieses Bezeugen zu ahnden wissen würde.

Den 8 Jun. wurde die neue Errichtung des General-Zolls in Pohlen und Litthauen, des Schatzes, der Commercien-Deputation, und der Lustration der Starosteyen und Güter, wie auch die Gleichheit des Maaßes und Gewichtes im ganzen Reiche bestätiget, den 9ten aber über vielerley Dinge gestritten, aber nichts beschlossen, welches auch in der folgenden Session am 14 Jun. geschahe. Den 15ten wurde wegen des Groß-Pohlnischen Tribunals zu Petrikau feste gesetzt, daß es wechselsweise zu Posen und Bramberg gehalten werden sollte. Den 16ten ward ausgemacht, daß der neue König eine Commission nach Danzig ernennen sollte, die angegebenen Eingriffe der Stadt in die Vorrechte des Adels zu untersuchen, einzuschränken und abzuschaffen. Alsdenn wurde dem Litthauischen Groß-Instigator, Andreas Zienkowicz, aufgetragen, den Fürsten Radzivil, Woywoden von Wilda, vor die Litthauische Conföderation vorzuladen, und zu beweisen, mit was für Recht er die zwey Ordinat-Güter Olyka und Nieswicz besitze; dem

Groß-

Groß-Feldherrn von Litthauen aber trug man auf, die Radzivillischen Trouppen als ein loses Gesindel überal aufzusuchen und sich seiner festen Plätze zu bemächtigen.

Den 18ten wurden die Relations-Land-Tage vom 9 Jul. auf den 25ten verlegt, die Schatzmeisterlichen Rechnungen aber richtig befunden und quittirt. Den 19 ward nach großem Streit und Widerspruch bewilliget, daß wegen des baufälligen Schlosses zu Cracau vor dißmal die Krönung des neuen Königs zu Warschau geschehen und dargegen zu Ersetzung der hierdurch der Stadt Cracau entgehenden Vortheile der erste ausserordentliche Reichstag dahin ausgeschrieben werden sollte, wobey verordnet wurde, daß den 15 Aug. die Reichs-Insignien zur Krönung von dar nach Warschau gebracht werden sollten. Den 20ten wurde unter andern verordnet, daß künftig in Pohlen und Litthauen eine jährliche Registratur in allen Wojwodschaften und Districten über die würklich adel. Einwohner gehalten werden sollte, damit man eigentlich wissen könne, wer das Recht habe, sich öffentlich als einen Edelmann sehen und hören zu lassen. Es wurden auch dem Primas 150000, dem Reichstags-Marschalle 60000 und dem Reichstags-Secretair 10000 Pohln. Gulden wegen ihres vielen Aufwands bey diesem Reichstage ausgesetzt. Man fieng auch an, die auf diesem Reichstage gefaßten Schlüsse vorzulesen, womit man sich auch den 22ten beschäftigte, worauf den 23ten die Unterschriften der Senatoren und Landbothen geschahen.

Hierauf

Hierauf hielt sowohl der Primas, als Reichstags-Marschall eine umständliche Abschieds-Rede, nach welcher letztern der Primas aufs neue anfieng, die Stände zu ermahnen, nach dem Beyspiel der Vorfahren, ein allgemeines Bündniß oder Conföderation zu treffen. Er ließ alsdenn einen weitläuftigen Entwurf hiervon ablesen, der einen allgemeinen Beyfall fand und von allen und jeden unterschrieben wurde. Die Litthauische General-Conföderation ist mit derselben verbunden. Man erwählte darauf den Fürsten Czartoriski, Woywoden von Reußen, zum General-Conföderations-Marschall und gab ihm 24 Räthe zur Seite. Die darüber abgefaßte Schrift enthält alle Schlüsse, die auf dem Convocations-Reichstag abgefaßt worden und sie gehört unter die Acta Publica der Cron Pohlen. Hiermit hatte dieser merkwürdige Reichstag ein erwünschtes Ende.

Daß die Schlüsse dieses Reichstags nicht überall Beyfall gefunden, ist leicht zu erachten, wenn man die damaligen Umstände der Republik erweget. Man war sonderlich nicht wol damit zufrieden, daß auf solchem die Curländische Sache entschieden und der Ernst Johann von Biron, vor den rechtmäßigen Herzog erkannt worden, da doch sowohl der Primas als viele andere Senatores das Senatus Consillum von 1763 unterzeichnet gehabt, wodurch der Herzog Biron, als Bürgerlich tod, seiner Gerechtsame an Curland verlustig und folglich der Prinz Carl von Sachsen zum rechtmäßigen Herzog erklärt worden.

Wer

Wer hätte zweifeln mögen, sagen die von der Gegen-Parthey, daß nicht der Primas sich verbunden geachtet hätte, dasjenige zu behaupten, was er als recht und den Gesetzen gemäß zu seyn, das Jahr zuvor erkannt habe? Sie behaupten, daß, da man dasjenige, was zu den Zeiten des verstorbenen Königs geschehen, darum als unrechtmäßig verwerfe, weil einer von den dreyen Ständen, nemlich der Ritterstand, abwesend gewesen und derselbe darüber nicht zu rathe gezogen worden, es auch jetzo nicht recht seyn könnte, diese Sache zu entscheiden; da ebenfals einer von den drey Ständen, nemlich der König fehle, dessen Anwesenheit besonders in Lehn-Sachen erfordert werde. Allein man hat sich so wenig daran gekehret, daß vielmehr der Primas sowohl, als der gewesene Reichstags-Marschall, Fürst Adam Czartoriski, ersterer im Namen des Senats, und letzterer im Namen der Ritterschaft, jeglicher in einem besondern Schreiben dem Herzoge Ernst Johann in Ansehung der ihm von der Republik zuerkannten Rechte Glück gewünscht und ihm zugleich die ganze deshalben abgefaßte Constitution überschickt, um solche in seinen Herzogthümern öffentlich bekannt machen zu lassen.

Die größten Widersacher der General-Conföderation von Pohlen waren der Crön-Groß-Feldherr und Castellan von Cracau, Johann Clemens Branicki, und der Woywode von Wilda, Fürst Carl Radzivil, die aber beyde der überlegenen Macht haben weichen müssen. Der erste wurde auf seinem Marsche nach Podollen

ten von einem Corps Russen unter dem General-Major Daschkow und einigen 1000 Polacken unter dem General Poniatowski verfolget. Sie stießen zu Anfang des Junii auf ihn, da es denn zu einem Scharmützel kam, worinnen der Cron-Feld-Wachtmeister Mokronowski nebst 100 Mann gefangen und ein vor den Cron-Feldherrn bestimmter ansehnl. Geld-Transport ibeutet wurde. Es kamen darauf sowohl der Fürst Daschkow, als auch die beyden Herren Poniatowski nebst ihren meisten Trouppen nach Warschau zurück. Man wunderte sich anfangs darüber, nachgehends aber erfuhr man, daß ein Waffen-Stillstand mit dem Cron-Groß-Feldherrn getroffen worden, der bis den 7 Jun. dauern sollte. Allein ehe dieser Termin verstrich, brach derselbe den 5ten mit seinen Trouppen nach Podgorien an der Ungarischen Grenze auf und wuste seinen Marsch so wohl einzurichten, daß man seinen Aufbruch und seine Ankunft zu Dacla, einer dem Hofmarschall gehörigen Stadt fast zu einerley Zeit vernahm. Jedoch glückte es bald darauf den Starosten von Halicz, Branicki, der die Czartoriskischen Hauß-Trouppen commandirte, mit Hülfe eines Russischen Detaschements einen Trupp von des Cron-Feldherrns Armee bey Nyskie im Geburge zu schlagen und dabey 30 demselben gehörige Bagage-Wagen zu erbeuten, auch das Frauenzimmer von seiner Gemahlin gefangen zu kriegen, die er aber in Freyheit setzen und nach Tyczin abführen ließ. Der Russische-General-Major Ronicker ist nachgehends auch nach

Warschau

Warschau zurück gegangen, so, daß nur noch der Staroste Branicki mit seinen Pohlnischen Trouppen stehen geblieben, den Feldherrn zu beobachten. Er griff hernach seine Trouppen, die sich zu Liscow an der Ungarischen Grenze befanden an, und nachdem er 20 getödtet und 60 verwundet, giengen etliche Compagnien von der Cron-Armee zu ihm über. Der Cron-Feldherr retirirte sich mit dem Rest seiner Armee nach Lublow ins Zipser-Land, wo sich etliche 100 Edelleute bey ihm einfanden, die der Cron-Vorschneider Malachowski in dem Fürstenthum Oswiecim und in der Woywodschaft Cracau gesammlet hatte, seine Armee aber hat sich sehr zerstreuet. Weil sich der General Mokronowski bey ihm aufhält, so hat man dessen bisher geführte Administration des General-Post-Amts in Pohlen und Litthauen den 8 Jul. dem Obristen Carras gegeben.

Der Fürst Radzivil errichtete den 18 Jun. in Litthauisch-Brest eine Conföderation, die der Litthauischen-General-Conföderation entgegen gesetzt seyn sollte. Sie wurde von vielen Edelleuten, die es mit ihm hielten, unterschrieben. Als er hörte, daß die Litthauischen Conföderirten, bey denen sich ein paar tausend Russen unter dem Obristen Bock befanden, in seine Güter eingefallen und selbige eingenommen, auch unter andern sein Stammgut Nieswicz besetzt hatten, machte er sich mit einem Corps von 10000 Mann wieder sie auf und fiel in ihre Güter ein, wider welche er, so, wie zu Rechtfertigung seiner Sache, ein Manifest publicirte. Unter andern nahm er
dem

dem Litthäuischen Groß-Schatzmeister, Grafen von Flemming, die Stadt Terespol weg, und machte hierbey etliche 100 Mann von dessen Dragonern zu Gefangenen. Es giengen bey dieser Gelegenheit etliche 40 Häuser in der Stadt im Feuer auf. Als er nachgehends hörte, daß man seine Stadt und Schloß Slucko belagerte und auf seinen und seiner Freunde Gütern viele Gewaltthätigkeiten verübte, auch ihm den Weg überall zu versperren suchte, nahm er seinen Marsch dahin. Als er aber den 26 Jun. Abends zu Repla, 6 Meilen disseits Slonim anlangte, ward er benachrichtiget, daß sich der Obriste Bock mit 1500 bis 2000 Mann in der Gegend von Slonim befände, um ihm die Passage abzuschneiden. Um allen widrigen Folgen vorzubeugen, faßte er den Entschluß, Slonim linker Hand liegen zu lassen, um durch einen andern Weg nach Hause zu kommen. Den 27ten setzte er seinen Marsch bis Chmielnia 3 Meilen von Slonim ruhig fort, wo er auszuruhen gedachte. Als er aber hörte, daß der Russische Obrist Bock bis auf 5000 Mann verstärket worden und die Avant-Garden bey dem Dorfe Radziwillowice an einander gerathen wären, gieng er auf das Russische Corps los, da es denn bey dem gedachten Dorfe den 28ten von Nachmittags um 3 Uhr an bis gegen 5 Uhr zu einem hitzigen Scharmützel kam, wodurch die Russen von den Anhöhen vertrieben und bis Slonim verfolgt wurden. Der Fürst bekam 14 Tode und 22 Verwundete, worunter sich 5 Officiers befanden, dargegen kriegte er 26 Gefangene und erbeu-

Fortges. G. H. Nachr. 40. Th.   T   tete

tete 100 Stück Waffen, tödtete auch von den Feinden ihrer weit mehr, als auf seiner Seite geblieben waren. Nichts destoweniger konnte er aus Mangel der Munition von diesem erhaltenen Vortheile keinen Nutzen ziehen. Er zog sich daher des andern Morgens um 3 Uhr in bester Ordnung zurück und marschirte nach seinen Gütern zwischen Polesinen und Vollhynien.

Man vermuthete hierauf noch mehrere blutige Auftritte, da es zu Ende des Junii hieß, daß von denen, unter den Befehlen des an der Litthauischen Grenze befindlichen Russischen Generals, Fürstens Wolkonskoi, stehenden Trouppen bereits einige 1000 Mann Minsk vorbey marschirt wären, bey welchen sich die General Majors Rennecamp, Brill und Apraxin befänden; auch komme, hieß es, über Novogrod der General, Fürst Dolgoruki herbey; beyde Colonnen, die aus Fußvolk und Reuterey bestünden, hätten auch viel Geschütze bey sich. Es sey auch im Kiowischen der Russische General von Stoffel mit 10000 Mann eingerückt ꝛc. Der gute Fürst Radzivil konnte sich daher keinen erwünschten Ausgang von seiner Unternehmung versprechen. Er wandte sich zwar an den König in Preußen und suchte bey demselben Schutz. Allein das Schreiben, das dieser weise Monarch an ihn ergehen ließ, giebt sattsam zu erkennen, daß er die Schritte, die dieser Fürst gethan, nicht billige. Es verdienet dieses Schreiben allhier eine Stelle und lautet also:

Mein

Mein Herr Fürst Radzivil!

Ich habe Ihnen den Brief, welchen mir der Graf Pac eingehändiget, schon beantwortet. Jetzt empfange ich einen andern von Ihnen unterm 18 Jul. Die mißlichen Umstände, in denen Sie sich befinden, verursachen mir Unruhe, und ich wollte wünschen, daß Sie sich in dieser Absicht nichts vorzuwerfen hätten. Aber Ihr Verfahren konnte keine andern Folgen nach sich ziehen, als diejenigen sind, darüber Sie sich jetzt beklagen und die Sie durch eine gemäßigtere Aufführung hätten vermeiden können. Es ist gefährlich, den ersten Schritt zu thun. Denn in solchen Umständen, als sich jetzo das Königreich Pohlen befindet, kann dieses zu den größten Ungelegenheiten Anlaß geben. Die Maaßregeln, welche Sie ergriffen haben, Ihre Trouppen zusammen zu ziehen und sie in Graudenz und an verschiedenen andern Orten wider Ihre eigenen Mitbürger agiren zu lassen, müssen ganz natürlicher Weise als die erste Ursache der gegenwärtigen Unruhen der Republik und auch alles dessen, was Ihnen selbst wiederfährt, angesehen werden, und es ist schwer, das gewaltsame Verfahren, das Sie nur noch ganz neulich geäußert, mit den Pflichten eines Bürgers gegen sein Vaterland und mit den friedfertigen Gesinnungen zusammen zu reimen, die Sie in Ihrem letzten Briefe blicken lassen. Sie werden bey diesen Umständen von selbst einsehen, daß ich mich unmöglich in die Weitläuftigkeiten, darein Sie sich verwikelt haben, mischen kann, da sie außer dem von der Art sind, daß ich mich, als Nachbar und als Freund der Republik betrachtet, nicht füglich darum bekümmern darf. Es bleibet mir also nichts weiter übrig, als Ihnen nochmals meinen guten Rath zu Gemüthe zu führen, den ich Ihnen schon im vorigen Briefe gegeben habe. Ich bitte Gott ꝛc. Berlin den 3 Jul. 1764.

Friedrich.

Wir müssen zum Beschluß dieses Articels noch folgende Nachricht de dato Donaustrom den 24 Jul. anführen, die also lautet:

Briefe aus Ungarn geben Nachricht, daß der abgesetzte Pohlnische Cron-Groß-Feldherr, Graf Branicki, nebst dem Bischoff von Cracau, Cajetan Soltyk, zu Bartfa, einer 4 Meilen von Caschau gegen Pohlen gelegenen Königl. Freystadt, mit ihrer Suite angelangt, da indessen sein kleines Corps sich in den inaccessiblesten Orten des unweit davon gelegenen Carpathischen Gebürges aufhält. Der Fürst-Primas und die zu Warschau versammleten Stände sollen auf die hiervon erhaltene Nachricht den Kaiserl. Königl. Hof haben ersuchen lassen, dem Grafen Branicki und seinen Anhängern kein Asylum in Ungarn zu geben, oder ihn allenfalls auszuliefern, widrigenfalls würden sie mit Hülfe ihrer Alliirten solchen in Ungarn aufzuheben sich gemüßiget sehen und zwar um deßwillen hauptsächlich, weil der Bischoff von Cracau die Königl. Crone und Reichs-Insignien, so zu Cracau unter seiner Aufsicht verwahret gewesen und die von ihm nach Warschau zu liefern verlangt worden, mit sich nach Bartfa genommen.

* *

II.

Einige jüngst geschehene merkwürdige Beförderungen.

I. Ein neuer Coadjutor zu Augspurg.

Der Bischoff Joseph von Augspurg, der sich in dem 75ten Jahre seines Alters befindet, wünschte bey seiner Kirche und weitläuftigen Diöces einen Coadjutorem zu haben. Um nun

nun dem Königl. Prinzen von Pohlen und Sachsen, Clemens Wenceslau, Bischoffen zu Freysingen und Regenspurg, darzu beförderlich zu seyn, gab ihm der Pabst im Aug. 1764 ein Breve incultativum, kraft dessen er nur postulirt werden konnte. Als es nun den 17 Aug. bey dem Dom-Capitul zu Augspurg zur Wahl kam, wurde der gedachte Prinz einmüthig zum Coadjutor erwählt.

II. Am Kaiserl. Königl. Hofe:

Im May 1764 erhielt der General-Feld-Marschall-Lieutenant von Kleinholt, Director der Militair-Academie und der Kriegs-Pflanz-Schule zu Wien, das verledigte Bucrowische Cüraßier-Regiment, im Junio aber bekam der General, Graf Andreas von Haddick, das Gouvernement von Siebenbürgen, wobey er zugleich zum würkl. geheimden Rath ernennet wurde. Er legte in Ansehung der letztern Würde den 18 Jun. zugleich mit Franz Adam, Grafen von Lomberg, Präsidenten des Commercial-Consesses im Herzogthum Crain, bey beyden Kaiserl. Majestäten den gewöhnlichen Eyd ab. Das Gouvernement zu Ofen, das der General von Haddick gehabt, bekam der Prinz Albert von Pohlen und Sachsen, Gouverneur zu Comorra.

Den 26 Jun. bekam das Reichs-Hof-Raths-Collegium an Franz Joseph, Freyherrn Münch von Bellinghausen ein neues Mitglied.

Im Jul. wurde der bey dem Erzherzog Peter Leopold bisher gewesene Ajo, Philipp, Graf von Künigl zu dessen Obrist-Hofmeister ernennet.

Im Junio vorher hieß es, daß der Graf Corsini zum Ober-Hofmeister, der Graf Salviati zum Ober-Stallmeister und der Graf Strozzi zum Ober-Cämmerer desselben im Großherzogthum Toscana von dem Kaiser ernennet worden wäre.

Den 2 Sept. disputirte der junge Graf Caspar von Künigl in der Savoyischen Ritter-Academie von der Bewegung der festen und flüssigen Cörper, und der junge Graf Stephan Olivier von Wallis, Kaiserl. Cämmerer und nunmehro ernannter Rath der Königl. Cammer und des Hofflehn-Rechts in Böhmen, disputirte den 6ten in dem Theresianischen Collegio über das ganze Römisch-Deutsche Staats-Recht. Er hatte diese Disputation der Kaiserin dedicirt, die ihm dafür einen kostbaren mit Brillanten reich besetzten Ring schenkte. Es waren bereits 12 Jahr, daß er in diesem Collegio studirte und er hatte schon vor 3 Jahren, als er einige Philosophische Sätze vertheidiget, von der Kaiserin eine goldene Kette geschenkt bekommen.

Im Jun. wurde eine neue Landesständtische Einrichtung zu Wien gemacht, nach welcher am 6ten dieses in einer auf dem Land-Hause gehaltenen Versammlung bekannt gemacht worden, daß die Kaiserin zu neuen Verordneten vom Prälaten-Stande die beyden Prälaten des Klosters Neuburg

Neuburg und zu U. l. F. der Schotten zu Wien, vom Herren-Stande, die Grafen Wenzel von Breuner und von Sinzendorf und vom Ritter-Stande die Herren von Moser und Hace ernennet habe, die den 17ten dieses ihre erste Session halten sollten. Der Fürst von Trautson blieb Land-Marschall, Daniel von Moser aber ward Unter-Marschall und der Graf von Perlas General-Landrichter.

Die Kaiserin hat auch zu Preßburg eine Art einer Real-Schule oder das so genannte Collegium de Notre Dame angelegt, worinnen von allem Information gegeben wird, was einem jungen vornehmen Frauenzimmer an Sprachen, Wissenschaften, Künsten und Geschicklichkeiten zum Nutzen, Vergnügen und Wohlstande gereichen kann.

III. Am Französischen Hofe:

Im Jun. 1764 ward, anstatt des Herrn Du Fort, der Herr de la Live de la Briche, Maître des Reqvetes und Secretair bey der Königin, zum Introducteur derer Ambassadeurs ernennet.

Den 10 Jun. ward der Marquis von Chatelet-Lomont, Königl. Abgesandter zu Wien, zum Ritter des heil. Geistes installirt.

Der Ritter von Turgot ist zum Gouverneur von Cayenne ernennet worden, welcher Ordre hat, allen Fleiß anzuwenden, diese Colonie ins Aufnehmen zu bringen.

Der ehemalige Kriegs-Minister, Marquis von Argenson, hat im Jul. die Erlaubniß erhal-

erhalten, aus seinem Exilio nach Paris zurück zu kommen.

Der Staats-Minister, Herzog von Praßlin, hat im Aug. von dem Herzoge von Villars vor 1 Million und 200000 livres das Landgut Vaux le Villars gekauft, auf welches er mit Genehmhaltung des Königs seine Pairie gelegt, hingegen giebt der Herzog von Villars diesen Titel dem Landgute la Noqve in dem Herzogthum Nivernois.

Den 9 Aug. legte der Cardinal von Bernis den Eyd wegen des Erzbißthums Alby in die Hände des Königs ab.

In diesem Monathe empfieng auch der Graf von Artois, des Königs Enkel, eine besondere Hofstatt. Der Herzog von la Vauguyon ward dessen Ober-Hofmeister und der gewesene Bischoff von Limoges dessen Præceptor. Der Ritter von la Fertieres, der Ritter von Bausett, der Marquis von Sineti und der Marquis von Fougieres wurden zu Unter-Hofmeistern und die Aebte von Radonvilliers, von Mostueges und Gaston zu Unter-Præceptoren desselben ernennet.

Das berühmte ehemalige Jesuiter-Collegium zu la Fleche hat der König in eine Militair-Schule vor 500 junge Edelleute verwandelt. Er ließ dieserwegen den 7 April eine Verordnung ergehen, vermöge welcher 250 adel. Kinder zwischen 8 und 11 Jahren in dem gedachten Collegio nach der in Ansehung der Ecole Militaire bereits vorgeschriebenen Form erzogen werden sollten. Die

in

in der Ecole-Militaire, noch zu besetzen übrigen 250 Plätze sollten nicht anders; als durch solche junge Edelleute, die vorher in dem Collegio zu la Fleche gewesen, und das 14te Jahr zurück gelegt, besetzt werden.

IV. Am Spanischen Hofe:

Der Bischoff von Tortosa, Don Louis Garcia Magrero, ward im Aug. 1764 zum Erzbischoff von Saragossa ernennt.

V. Am Großbritannischen Hofe:

Den 12 April 1764 geschahe die neue Wahl der 24 Directeurs der Ost-Indischen Compagnie in Engelland, da denn der bisherige Präsident derselben, Lorenz Sullivan, zwar aufs neue zu einem Director aber nicht wieder zum Präsidenten erwählt wurde, als welche Stelle auf Thomas Rous, einen vertrauten Freund des Lord Clive fiel. Es verdroß dieses den Herrn Sullivan dergestalt, daß er nebst noch 4 andern Directeurs sich der Direction ganz und gar entzogen und solche Stelle niedergelegt. Der Lord Clive war damit wohl zufrieden, weil er dadurch den Stein des Anstosses aus dem Wege geräumt sahe, weßwegen er die Stelle eines General-Gouverneurs und obersten Befehlshabers in Bengalen bisher ausgeschlagen hatte. Sobald die Resignation des Herrn Sullivan bekannt wurde, stiegen die Obligations-Briefe der Ost-Indianischen Compagnie sogleich um 1½ pro Cent. Jedoch da die Compagnie den Herrn Sullivan und seine

4 Freunde inständig ersuchte, sich nicht von ihr zu trennen, nahmen dieselben die Direction wieder an. Der Lord Clive gieng darauf den 19 April auf das Ost-Indische Hauß und übergab die Bedingungen, unter welchen er der Compagnie in Bengalen ferner dienen wollte, schriftlich. Sie bestunden vornehmlich in dem Ersuchen, daß ihm die Einkünfte von seiner dortigen Jaghire versichert werden möchten. Es setzte aber deßhalben noch vielen Widerspruch, und es kam den 7 May von neuen zu einer General-Versammlung der ganzen Compagnie. Seine Widersacher thaten ihm die Ehre an und verglichen ihn mit dem Olivier Cromwell. Sie verwiesen es ihm, daß er bey der Enthauptung des rechtmässigen Nabobs von Bengalen, Surajah Dowla, durch die Finger gesehen, gleichwie Cromwell mit Carl I. gethan; daß er darauf sich selbst empor geschwungen und eine Herrschaft in Bengalen sich beygelegt, eben wie Cromwell, da er die Würde eines Beschützers angenommen; daß er diejenigen Directores der Ost-Indischen Compagnie, unter welchen er sein Glücke gemacht, ihrer Aemter und Würden zu entsetzen gesucht und solches auch bewerkstelliget, andere aber nach seinem Gefallen zu Directoribus gemacht, gleichwie Cromwell, welcher das Parlament, so ihn zu Ehren gebracht, abgesetzt und ein anderes nach seinem Willen erwählet. Endlich wurde doch in der letzt gedachten General-Versammlung der Ost-Indischen Compagnie die Abreise des Lords durch 375 Stimmen gegen 288 beschlossen und ihm zugleich

5000

5000 Pf. Sterlings zu einem jährl. Gehalt verwilliget, auch ihm seine Jaghire in Bengalen gelassen.

Den 1 Jun. erschien der Schottische Pair, George Keith, Graf von Marshall, ein Bruder des vormaligen Preußischen General-Feld-Marschalls Keith, zum erstenmale bey Hofe und wurde dem Könige vorgestellt; der Graf von Bute aber kaufte die vortreffliche Bibliothek des ehemaligen Herzogs von Argyle an sich, die aus viel tausend Bänden bestehet.

Den 13 Jun. ernannte der König seinen Bruder, Prinz Wilhelm Heinrich, zum Obristen des 2ten Regiments der Garde zu Fuß, welche Stelle der Lord Tirawley niedergelegt hatte.

Im Jul. ward der neue Bischoff zu London, D. Terrick, zum Mitgliede des geheimden Raths ernennet.

VI. Am Rußischen Hofe:

Im Jul. 1764 überschickte die Kaiserin dem Litthauischen Stallmeister und Conföderations-Marschall, Michael Brzostowski, den St. Andreas-Orden. Diesen Orden ertheilte sie auch dem Erbprinzen Peter von Curland, als sie sich in Person zu Mietau befand, ingleichen im Sept. dem geheimen Rathe, Cammerherrn und Gesandten am Dähnischen Hofe, Johann Albrecht, Freyherrn von Korf.

Im Aug. wurde der Fürstin von Anhalt-Zerbst durch den Obrist-Lieutenant von Rhebinder der St. Catharinen-Orden überschickt. Sie that darauf eine Reise ins Carls-Bad, ihr Gemahl, der Fürst, aber gieng nach Wien.

Im Jul. traten verschiedene Englische See-Capitains in Russische Dienste, worunter der Capitain Douglas Chef d' Escadre, oder Contre-Admiral wurde.

Die Kaiserin hat für die anständige Erziehung der Töchter des Russischen Adels gesorget, und zu diesem Ende das in Petersburg neu erbaute Jungfer-Kloster bestimmt, worinnen 200 adeliche Fräuleins erzogen werden sollen. Den 9 Jul. nahm diese nützliche Anstalt mit der Einweyhung des Klosters ihren Anfang; und damit alle und jede von Adel, die ihre noch jungen Töchter zur Erziehung dahin abzugeben Willens sind, von dieser Stiftung vollkommen unterrichtet seyn möchten, so wurde das deßwegen abgefaßte Reglement gedruckt und in alle Gouvernements und Provinzen des Reichs geschickt. Die Prinzessin Anna Sergejewna Dolgorucki ward zur Ober-Vorsteherin, und die verwitwete Staats-Räthin de la Fond zur Ober-Aufseherin dieser Stiftung ernennt.

VII. Am Dähnischen Hofe:

Im Aug. 1764 ward Vollrath August von der Lühe, Ritter von Dannebrog, geheimer Rath, Cammerherr, Ober-Cammerjunker und Ober-Präsident der Residenzstadt Copenhagen, auch Ober-Director der Königl. Schaubühne, zum geheimen Conferenz-Rath; und den 1 Sept. der Prinz Friedrich Carl Ferdinand von Braun-

merkwürdige Beförderungen.

Braunschweig-Bevern, Königl. General-Lieutenant und commandirender General der sämmtl. Infanterie in Seeland, zum Ritter des Elephanten-Ordens; der geheime Rath, Ivar, Baron von Holk, aber zum geheimen Conferenz-Rath ernennet.

Im Sept. wurde der Cammerjunker, Christian von Brand, Landvogt in Delmenhorst.

Es wurden auch im Jahr 1764 drey neue Regimenter zu Fuß aufgerichtet, ein Fühnisches, ein Jaländisches und ein Holstein-Plönisches. Das erste bekam der Obrist Herlof Trolle, das andere der Obrist-Lieutenant Johansen, und das dritte der Cammerherr und Obrist-Lieutenant von Dehn. Es wurden von jeder Compagnie der andern geworbenen Regimenter 15 Mann darzu genommen, und diese 15 Mann wieder von den National-Trouppen ersetzt.

VIII. Am Schwedischen Hofe:

Nach Abgang des jetzigen General-Gouverneurs über Pommern und Rügen, Graf Axel Löwen, der sehr alt und schwach ist, soll kein neuer an dessen Stelle kommen, sondern ein General-Lieutenant bestellt werden.

Der Bischoff zu Calmar, D. Magnus Beronius, ein Mann fast von 73 Jahren, ward im Jul. 1764 zum Erzbischoff von Upsal ernennet.

IX. Am Preußischen Hofe:

Im Jun. 1764 ward der geh. Finanz-Kriegs- und Domainen-Rath, Domherr zu Magdeburg

und

und Johanniter-Ritter, Ludwig Philipp von Hagen, zum geh. Etats-Kriegs-und dirigirenden Minister bey dem General-Ober-Finanz-Kriegs- und Domainen-Directorio; der bisherige Cammer-Gerichts-Rath, Ludwig Martin Kohle, aber zum geh. Rath ernennt. Hingegen erhielt der würkl. geh. Etats-und Kriegs-Minister, Carl Rudolf Freyherr von Danckelmann, die gesuchte Erlassung seiner Dienste, worauf dem geh. Etats-und Kriegs-Minister, Ernst Friedemann von Münchhausen, dessen bisher gehabtes Departement der geistlichen Geschäfte, und zwar in lutherischen Kirchen-Schul- und Armen Sachen, gegeben worden.

In diesem Monathe ward auch der bisherige zweyte Präsident bey dem Hof- und Cammer-Gerichte zu Berlin, Johann Ludwig von Dorville, zum würkl. geh. Etats- und Justiz-Minister ernannt und ihm zugleich das Departement der geistl. Geschäfte in den reformirten Kirchen- und Schul-Sachen nebst der ersten Präsidenten-Stelle bey gedachtem Hof- und Cammer-Gerichte; der Cammer-Gerichts-Rath, Christian Ludwig von Rebeuer, aber zum zweyten Präsidenten bestellt.

Im Jul. ward der Obrist und Königl. Flügel-Adjutant, Graf Friedrich von Anhalt, anstatt des Grafen Heinrich Adrian von Bork, der seine Erlassung erhalten, zum Gouverneur des Cron-Prinzens ernannt. Es erhielten auch in diesem Monathe die beyden Brüder, Leopold Wilhelm Ferdinand und Ernst Fried-

Friedrich Wilhelm Alexander von Kahlden, das durch ihres müttetl. Groß-Vaters, Friedrich Wilhelms, Freyherrns von Kannenberg, gewesenen Ober-Hofmeisters der Königin, Absterben verledigte Erbmarschall-Amt des Fürstenthums Minden für sich und ihre ehel. männliche Leibes-Erben mit allen davon abhangenden Rechten, Vorzügen und Einkünften dergestalt, daß es der erstere, so lange er leben würde verwalten, nach dessen Tode aber auf seine ehel. Nachkommen nach dem Rechte der Erstgeburt, und da ferne er ohne solche absterben sollte, sodenn an den andern Bruder und dessen Nachkommen, fallen sollte.

Im Jul. ward auch der bekannte Paul Beck aus Straßburg wegen seiner in Commercien-Sachen erlangten Erfahrung zum Königl. Commercien-Rath ernennet.

Nachdem auch der würkl. geh. Etats- und Kriegs-Rath auch dirigirender Minister bey dem General-Ober-Finanz-Kriegs-und Domainen-Directorio, Friedrich Wilhelm von Borke, die erbetene Erlassung seiner Dienste in Gnaden erhalten, gieng er im Jul. nach seinen in Westphalen liegenden Gütern ab.

Im Jul. erhielt der Obriste des Regiments von Prinz Wilhelm von Braunschweig, Peter Heinrich von Stojentin, das Lindstädtische Infanterie-Regiment, und ward zugleich zum General-Major erklärt; der geheime General-Ober-Finanz-Kriegs-und Domainen-Rath, Rudolph Friedrich von Ziegler, aber ward in Betrachtung

tung seines hohen Alters und damit verknüpften Schwäche seines Gesichts seiner Function als geh. Finanz-Rath und Justitiarius bey dem General-Directorio in Gnaden erlassen; dem hinwiederum der geheime Rath Ludwig Martin Rähle als geheimer Finanz-Kriegs- und Domainen-Rath, auch Justitiarius bey dem General-Directorio, folgte.

Im Sept. wurden folgende Obristen der Reuterey zu General-Majors erklärt:
1. Nicol. Alex. von Pomeiske, Chef eines Dragoner-Regiments,
2. Leopold Sebastian von Manstein, Chef eines Cüraßier-Regiments,
3. Johann Wenzel Freyherr von Zastrow, Chef eines Dragoner-Regiments,
4. Friedrich Albert Graf von Schwerin, Chef der Gens d'Armes,
5. Hanß George von Woldeck, Chef eines Cüraßier-Regiments,
6. Friedrich Wilhelm von Löllhöfel, Commandeur bey Markgraf Friedrich,
7. George Ludwig von Dalwig, Chef eines Küraßier-Regiments.

Zu Obristen wurden folgende Obrist-Lieutenants ernennet:
1. George Christoph von Arnim bey Schlaberndorf,
2. Friedrich Wilhelm von Röder ⎫ bey Woldeck,
3. Carl Andreas Boyen, ⎭
4. Reinhold Freyherr von Hoverbeck beym Leib-Regiment,

5. Fried-

5. Friedrich Wilhelm, von Podewils bey Meyer,
6. Christian Wilhelm, von Arnstedt,
7. George Ludwig, Herr von Wurſebiski, bey Prinz Heinrich,
8. Juſt Rudolf von Seelhorſt bey Bayreuth, und
9. Carl Erdmann von Reitzenſtein bey Finkenſtein.

Zu gleicher Zeit erhielt der oben gedachte General-Major von Waldeck das Schmettauiſche Cüraßier-Regiment; dem Commandeur und Obr. Friedrich Wilhelm von Röder ward noch ein jährlicher Gehalt zugelegt; der Huſaren-Obriſt, Chriſtian von Möhring bekam eine Präbende zu Magdeburg und der Obriſt-Lieutenant Friedrich Wilhelm von Möllendorf bey dem Brauniſchen Regimente empfieng eine Amts-Hauptmannſchaft.

In eben dieſem Monath ward der Obriſt Johann Friedrich Adolf von Marwitz bey den Gens d'armes zum Commandeur dieſes Regiments ernennet; der Rittmeiſter Emanuel Friedrich von Bredow aber ward bey ſolchem Major. Es erhielt auch der General-Major und Chef eines Infanterie-Regiments, Johann Friedrich von Stutterheim, der ältere, eine Präbende zu Magdeburg.

Der König hat den ſämmtlichen Johanniter-Ordens-Rittern die Tragung eines weiſſen leinenen Creutzes, gleich denen Maltheſer-Rittern, auf der linken Bruſt, erlaubet und ihnen deßhalben ein beſonderes Diploma ausfertigen laſſen.

X. Am Portugiesischen Hofe:

Der König hat alle militarischen Einrichtungen des Grafens von Lippe-Bückeburg bestätiget. Man hat von denselben eine Sammlung gemacht, davon man denen Obristen der Regimenter, wie auch denen Gouverneurs und Commendanten Exemplare zustellen will, damit sie über die Beobachtung derselben halten können.

Der Herzog von Braganza ist General zur See worden, worauf er im Aug. 1764 mit 4 Schiffen unter dem Namen des Grafen von Estremadura zu Lissabon unter Seegel gegangen.

XI. Am Neapolitanischen Hofe:

Nachdem der Hof mit dem Stuhle zu Rom wegen Verleyhung des schönen und einträglichen Erzbißthums von Capua gestritten, so hat solches endlich im Jul. 1764 der Bischoff von Potenza Campese erhalten.

XII. Am Sardinischen Hofe:

Der General, Wilhelm von Bude, der von Montfort bey Genf gebürtig ist, hat sich von dem Könige die Erlaubniß aus, alle Bedienungen nieder zu legen und sich in seinem Vaterlande zur Ruhe begeben zu dürfen. Der König declarirte darauf, daß er in sein Begehren nicht willigen könnte, sondern vielmehr verlangte, daß er bey allen Bedienungen und davon abhangenden Einkünften bleiben, jedoch ihm erlaubt seyn sollte, nach Gefallen zu Genf sich aufzuhalten, wenn er nur in Kriegs-Zeiten sich wieder einfinden und Sr. Maj. zur Seite seyn wollte.

XIII. Am

XIII. Am Päbstl. Hofe:

Im Aug. 1764 wurde Franz Caffarelli, ein Römer, Referedarius bey der Signaturen, zum Ponente bey der Congregation del Buen gouverno und der P. Franz Seraphin Maccarinelli von Brescia zum Commissario bey dieser Congregation ernennet.

Den 26 Febr. e. d. J. hielt der Pabst eine ausserordentliche Congregation in Gegenwart der Cardinäle Antonelli, Cavalchini, Torregiani, Rezzonico, Negroni und Castelli, nebst dem Secretario Antonelli, es hat aber Niemand erfahren, was vor Affairen solche anbetroffen habe. Es ist hieraus zu schließen, daß obgedachte Cardinäle vor andern bey dem Pabste einen nahen Zutritt haben müssen.

XIV. Am Chur-Sächsischen Hofe:

Im May 1764 wurde der geh. Rath, August Ferdinand Graf von Zech, Cammer-Director im Stifte Merseburg, und der Cammerherr, Gotthelf Adolph, Graf von Hoym, Cammer-Director im Stifte Naumburg. Der letztere wurde den 6 Jul. zu Zeitz installirt.

Nachdem die Churfürstl. Garde du Corps, so vormals aus 4 schwachen Escadrons bestanden, auf eine starke formirt, der Chevalier von Sachsen aber das über dieses Corps auf sich gehabte Commando aus eigener Bewegung resignirt, auch von besagter Garde sowohl der vorherige würkliche Obriste, General-Lieutenant Vitzthum von Eckstädt, als auch der zeitherige

zweyte

zweyte würkl. Obrist-Lieutenant, General-Major von Ponickau, abgegangen sind, so hat im Jul. das Commando über die Garde du Corps, der General, Friedrich August, Graf von Cosel, bekommen.

Bey der Churfürstl. Leib-Grenadier-Garde, die aus drey Bataillons in zweye gebracht worden, hat der bey selbiger mit Obristen-Character bisher gestandene würkl. Obrist-Lieutenant, George Joachim von Römer, die Stelle eines würkl. Obristens; und der Obrist-Lieutenant, Friedrich Carl von Reitzenstein, die Stelle eines würkl. Obrist-Lieutenants; der Obrist-Lieutenant, Philipp Herrmann von Scheiding, die Stelle eines ersten würkl. Majors, und der Major, Alexander Magnus von den Brüggen, die Stelle des zweyten würkl. Majors erhalten. Der bey der Garde du Corps als Adjutante gestandene Major, Friedrich von Unruh, ward bey dem General-Feld-Marschall, Chevalier von Sachsen, zum General-Adjutanten der Cavallerie ernennt.

XV. In Holland:

Die wichtige Bedienung eines Groß-Pensionairs von Holland ist nach der gewöhnlichen abgelaufenen Frist von 5 Jahren dem Herrn Peter Steyn von neuen auf 5 Jahr ertheilt worden. Es ist also das drittemal, daß dieser verdienstvolle Mann in dieser Bedienung bestätiget wird. Wenigen von seinen Vorfahren ist diese Ehre wiederfahren.

XVI. Am

XVI. Am Sachsen-Gothaischen Hofe:

Im Jahr 1764 sind die General-Majors, Friedrich Wilhelm von Nepita und August Wilhelm, Graf von Hohenlohe, General-lieutenants, und der Obrist, Ferdinand von Uechteritz, General-Major, der Cammerherr, auch Hof- und Justitien-Rath, Gottlob, Heinrich, Edler von der Planitz aber geheimder Rath worden. Im Jahr vorher aber wurden auch der Obriste des Dragoner-Regiments, Carl Hannibal von Schmerzing und der Major bey demselben, Wolfgang Ferdinand Händel von Remmingsdorf, zu Cammerherren ernennet.

XVII. Am Bayreuthischen Hofe:

Den 17 Jul. 1764 begieng der Marggraf sein Geburths-Fest, wobey

1. Der Cammerherr Friedrich Wilhelm von Chevallerie,
2. Der Cammerherr und Obriste Adam Philipp von Hohwächter,
3. Der Cammerherr und Obrist-Lieutenant Johann George von Oberland,
4. Der Cammerherr und Major Philipp Ferdinand von Reitzenstein und
5. Der Cammerherr und Ober-Forstmeister Carl Friedrich von Waldenfelß,

den rothen Adler-Orden empfiengen; die Cammerjunkers aber Carl Wilhelm von Schirnding und Wilhelm Friedrich Philipp von Lindenfels wurden zu Cammerherren ernennet.

Es wurde zu gleicher Zeit auch dieser rothe Adler-Orden Heinrichen XII. Grafen von Reuß-Obergreitz übersendet.

XVIII. Am Hessen-Cassclischen Hofe:

Im Jun. 1764 ward der geheimde Rath und Staats-Minister, Jacob Sigmund Waitz, von dem Kaiser zum Freyherrn von Eschen erhoben und darauf von dem Landgrafen zum Cammer-Präsidenten erklärt. Er ist an diesem Hofe so viel als Premier-Minister. An seine Stelle ward der geheime Kriegsrath und Director bey dem Kriegs-Pfennig-Amte und Steuer-Collegio Moritz Wilhelm Althauß zum Cammer-Director; der Regierungs- auch Kriegs- und Domainen-Rath, Carl Wilhelm von Rheinfahrt, zum geheimen Regierungs- auch geheimen Kriegs- und Domainen-Rath; und der bisherige Assessor, August Carl Alexander von Zanthier, zum Kriegs und Domainen-Rath bestellt.

XIX. Am Türkischen Hofe:

Den 14 May 1764 hatte der neue Hospodar von der Moldau, Gregorius Gika, gewesener Dolmetscher der Pforte, sowohl bey dem Groß-Sultan als Groß-Vezier seine Abschieds-Audienz, worauf er mit den gewöhnlichen in einem öffentlichen Auszuge bestehenden Ceremonien nach seinem Fürstenthum abreisete. Dieser Fürst hat darauf den Evangelisch-Lutherischen Glaubensgenossen nicht allein ihre Privilegia bestätiget, sondern solche auch mit neuen Freyheiten vermehret.

III.

III.
Leben und Thaten des letztverstorbenen Grafens von Seckendorf.

Friedrich Heinrich, Graf von Seckendorf, war aus einem alten Fränkischen Geschlechte entsprossen und den $\frac{5}{15}$ Jul. 1673 auf dem gemeinschaftlichen Schlosse zu Oberzenn in Franken zur Welt gebohren worden. Seinen Vater, Heinrich Gottlob von Seckendorf, Fürstl. Sächsischen Kriegs-Rath und Amts-Hauptmann zu Königsberg, der den 24 Febr. 1675 in der besten Blüte seiner Jahre, die sich kaum auf 38 belaufen, gestorben, hat er nicht kennen gelernet, weil er damals nicht viel über anderthalb Jahr alt gewesen. Er hatte noch einen ältern Bruder, Namens Ernst Ludwig, der als gewesener Anspachischer geheimer Raths-Präsident den 8 Febr. 1741 mit Hinterlassung einer großen Nachkommenschaft gestorben ist. Die Mutter dieser beyden Söhne, Agnes Magdalena von Teutleben, ließ an ihrer Erziehung nichts ermangeln, doch that ihr Vetter, der große Canzler und geheime Rath, Veit Ludwig von Seckendorf, das Beste und Vornehmste an ihrer Erziehung. Sie studirten unter dessen Anführung vornemlich auf der Universität Halle, wo sie sich vor allen andern Edelleuten ganz ausnehmend hervor thaten, auch hernach die Universitäten Leipzig und Jena besuchten.

Nachdem sie sich in dem Natur- und Völker-Rechte, in der Staats-lehre und denen mathematischen Wissenschaften feste gesetzet hatten, folgte Friedrich Heinrich seinem natürlichen Triebe zum Kriegs-Wesen, in welchem ihn gedachter sein Vetter, der aber 1692 Todes verblichen, durch Beybringung der gegründetsten Kriegs-Maximen noch mehr gestärket hatte. Er gieng 1693 in Chur-Brandenburgische Dienste und wollte mit Gewalt von unten an dienen, damit er erführe, was zu einem ganzen Soldaten gehörte. Ob er nun wohl sogleich den Platz eines Unter-Officiers erlangte, so unterzog er sich doch anfangs denen Verrichtungen eines gemeinen Soldaten. Er wurde aber noch in diesem Jahr Fähndrich und bald darauf Hauptmann in den Diensten des Marggrafen von Anspach, der ein Bataillon errichtete und es dem Kaiser wider die Türken zu Hülfe schickte. Er erhielt 1698 sein Winter-Quartier zu Oedenburg, und fand einen Zutritt in dem Hause des Freyherrn von Mandorf, der seiner Gemahlin Schwester, Claren Dorotheen, Baronesse von Hohenwarts, bey sich hatte. Er gerieth mit dieser Dame in eine solche Bekanntschaft, daß er sich nach erlangter Einwilligung seiner Mutter den $\frac{7}{16}$ May 1699 zu Oedenburg vermählte. Er muste den 20sten darauf mit ihr und seinem Bataillon nach Deutschland zurück kehren, da er denn kurz hinter einander Major und Obrist-lieutenant wurde. Seine Gemahlin wandte sich erst nach Oberzenn und von dar nach Anspach, wo sie bey der damaligen Prinzessin Wilhel-

Wilhelmina Charlotte, nachmaligen Königin von Engelland, als sie bey derselben ihre Aufwartung gemacht, sich in solche Gunst setzte, daß sie fast alle Tage bey ihr seyn muste.

Im Jahr 1701 wurde er Obrister über ein Anspachisches Regiment zu Fuß, welches nebst noch einem Regimente zu Fuß und einem Dragoner-Regimente in Holländischen Sold gegeben wurde. Er gieng mit demselben noch in diesem Jahre nach den Niederlanden ab, und nahm seine Gemahlin mit sich, die auch den ganzen Krieg über fast beständig bey ihm blieb und an allen seinen Begebenheiten Theil nahm. Er stieß mit seinem Regimente zu der Armee des Herzogs von Marlborough und wohnte fast allen Operationen bey, die in diesem Kriege in den Niederlanden vorfielen.

Im Jahr 1704 kam er mit der combinirten Engelländischen Armee, die der Herzog von Marlborough commandirte, und dem Kaiser und Reiche zu Hülfe geschickt wurde, in Schwaben zu stehen, und führte den Character eines Brigadiers der Infanterie. Man conjungirte sich im Jun. mit der Reichs-Armee unter den beyden Prinzen Louis von Baden und Eugenius von Savoyen; trieb den 2 Jul. die Franzosen und Bayern aus ihren Verschanzungen auf dem Schellenberge bey Donawerth, und schlug sie den 13 Aug. bey Höchstädt bis aufs Haupt. Der Herr von Seckendorf that sich hierbey ganz besonders herfür und half die Feinde durch den Schwarzwald bis in Elsas verfolgen. Er eroberte auch den 7 Nov. mit einer besondern Brigade die Stadt und das Schloß Sarburg.

Im Jahr 1705 kam er mit seinem Regimente wieder bey der Armee in den Niederlanden zu stehen, welche der Herzog von Marlborough und der Holländische General von Ouwerkerk commandirten. Er half den 18 Jul. die vor unüberwindlich gehaltenen feindlichen Linien bey Heylissem in Braband übersteigen und wohnte darauf allen Feldzügen in diesen Landen bis 1710 bey. Sonderlich signalisirte er sich den 23 May 1706 in der Schlacht bey Ramellies, dadurch den hohen Alliirten die Thüre zu einer glorieusen Compagne eröfnet wurde, welche ganz Brabant und Flandern ihnen in die Hände lieferte. Sie behaupteten auch diese Conqveten in folgenden Jahre, ob sie gleich eine sehr starke feindliche Armee gegen sich hatten, die aber dißmal nichts unternehmen wollte. Allein, im Jahr 1708 gieng es schärfer her, da die berühmtesten Feldherren von beyden Seiten einander die Spitze boten. Nachdem die Franzosen einen Theil von Flandern wieder unter sich gebracht, kam es den 11 Jul. bey Oudenarde zu einer Schlacht, darinnen die alliirte Armee, die nebst den vorgedachten Generalen auch den Prinzen Eugenium zum Chef hatte, abermals einen herrlichen Sieg erhielt, der die Eroberung von ganz Flandern und besonders der Haupt-Vestung Ryssel nach sich zog, die aber eine langwierige und blutige Belagerung aushielt, und selbst von dem Marschall von Boufflers aufs hartnäckigste vertheidiget wurde. Der Herr von

von Seckendorf bewieß sowohl in der obgedachten Schlacht, als in dieser Belagerung viele Bravour und Tapferkeit.

Im Jahr 1709 hatte er nicht weniger gute Gelegenheit, sich im Felde hervor zu thun. Der berühmte Marschall von Villars stellte sich an die Spitze der Französischen Armee, auf alliirter Seite aber commandirten annoch die im vorigen Feldzuge befindlich gewesenen Helden. Nach geschehener Eroberung der über 3 Wochen lang heftig belagerten Vestung Dornick, kam es den 3 Sept. bey Malplaqvet zu einer so heftigen Schlacht, daß auf 30000 Mann zu beyden Seiten ins Graß beissen musten. Die Alliirten behaupteten zwar die Wahlstatt, hatten aber bey dem vielfältig geschehenen Angriff des starken Französischen Retrenchements viel Volk verlohren, doch zog dieser blutige Sieg die Eroberung der Vestung Mons nach sich. Der Herr von Seckendorf bewieß in der gedachten Schlacht vor den Augen des damaligen Cron-Prinzens und nachmaligen Königs Friedrich Wilhelms von Preußen, eine solche Bravour und Herzhaftigkeit, daß derselbe von dieser Zeit an eine besondere Gnade auf ihn warf. Es hatte ihn auch in dem vorigen Feldzuge der König August II. von Pohlen kennen lernen, als derselbe sich bey der alliirten Armee in den Niederlanden incognito befunden und der Belagerung von Ryssel beygewohnet hatte. Als nun dieser Monarch nach der Niederlage der Schweden bey Pultawa wieder nach Pohlen gieng, um den dasigen Thron, von welchem er vor etlichen

chen Jahren verdränget worden, wieder in Besitz zu nehmen und deßhalben seine Armee verstärkte, nahm er dasjenige Regiment, das unser Herr von Seckendorf bisher in den Niederlanden commandirt hatte, von dem Marggrafen von Anspach in Dienste und ernennte zugleich Seckendorfen zum General-Major. Ob er nun mit seinem Regimente bey dem Chur-Sächsischen Auxiliar-Corps in den Niederlanden noch einige Feldzüge gethan, oder gleich im Jahr 1710 nach Sachsen und Pohlen aufgebrochen, hat man nicht in Erfahrung bringen können. So viel ist gewiß, daß ein starkes Corps Sachsen im Jahr 1711 aus Pohlen in Pommern eingerückt, das sich mit den Russen und Dähnen vereiniget, die Stadt Stralsund eingeschlossen, und 1712 dem anrückenden Schwedischen General Steenbock bis Mecklenburg entgegen gegangen, nach der Schlacht bey Gadebusch aber ihm bis nach Tönningen nachgezogen, wo man ihn nach einer langwierigen Bloquate genöthiget, sich den 26 May 1713 mit seiner ganzen Armee an den König in Dännemark zu Kriegs-Gefangenen zu ergeben, worauf das Sächsische Corps wieder nach Pohlen zurück gegangen.

Man kann nicht gewiß sagen, ob der General Seckendorf dieser Expedition beygewohnet, weil man seinen Namen in der Beschreibung dieser Pommerischen Feldzüge nicht findet; aber so viel ist gewiß, daß er 1713 General-Lieutenant worden und die Anwartschaft zu dem Gouvernement in Leipzig erhalten.

Im Jahr 1714 gieng ein Theil von den Sächsischen Trouppen aus Pohlen nach Sachsen, worunter sich unstreitig auch der General Seckendorf mit seinem Regimente befunden hat. Als nun der Schwedische König Carl XII. aus der Türkey nach Pommern zurück kam und den König in Preußen wegen des in Sequestration genommenen Stetinischen Districts vor seinen Feind erklärte, schickte König August dem König in Preußen 1715 ein Corps von 8 bis 10000 Mann zu Hülfe, die unter dem General, Grafen von Wackerbart, sich mit den Dähnen und Preußen in Pommern vereinigten, um den unruhigen König von Schweden entweder zu einem billigen Frieden zu zwingen, oder gänzlich aus Pommern zu vertreiben. Bey diesem Corpo befand sich auch der General-Seckendorf, der aber seine Gemahlin auf seinem ansehnlichen Rittergute Meuselwitz im Fürstenthum Altenburg zurück ließ. Die Könige von Dännemark und Preußen befanden sich selbst bey der alliirten Armee, die von dem Herzoge von Würtemberg-Neustadt und dem General Scholten auf Seiten der Dähnen, und von dem Fürsten von Anhalt-Dessau auf Seiten der Preußen commandirt wurde. Es war ein sehr beschwerlicher Feldzug, weil nicht nur das Land sehr ausgezehrt, sondern auch die Jahrszeit verstrichen war, und man folglich mit Mangel und Kälte zu kämpfen hatte. Jedoch da die obgedachten Könige den festen Entschluß gefaßt hatten, nicht eher aus dem Felde zu gehen, als bis ganz Pommern erobert worden, so ward auch
alles

alles Ungemach standhaft ertragen, und nichts gespart, um das Vorhaben auszuführen. Die Schweden, die ihren König in Stralsund selbst bey sich hatten, währten sich sehr hartnäckigt, aber die alliirten schonten kein Blut, sondern forcirten alles mit Gewalt. Sowohl die Peenamünder-Schanze, als die Insel Rügen wurden mit Sturm erobert. Bey der ersten Unternehmung befand sich das Seckendorfische Regiment, das sich sehr tapfer erwieß, aber auch ziemlichen Verlust litte. Jedoch der Chef desselben befand sich zu der Zeit gefährlich krank. Er ließ deßhalben seine Gemahlin von Meuselwitz zu sich kommen, die bey ihm blieb, bis die Stadt und Vestung Stralsund erobert worden.

Die Belagerung dieses wichtigen Platzes nahm den 18 Oct. 1715 ihren Anfang und dauerte bis mitten in den Winter. Der Sächsische General, Graf von Wackerbart, hatte die Ehre, die Attaque dieser Belagerung en Chef zu commandiren; der General-Lieutenant von Seckendorf aber, der nunmehro wieder zu seiner völligen Gesundheit gelanget, war einer von denen Generals, die in den Laufgräben wechselsweise das Commando führten. Es kostete wegen des starken Frosts und eingetretenen harten Winters sehr große Arbeit, jedoch da die Wasser alle mit Eiß belegt wurden, beförderte solches den Fortgang der Belagerung, die um deßwillen im Winter vorgenommen worden. So kalt es aber war, so scharf wurde auch auf beyden Seiten durch das heftige Feuer eingeheitzet.

Den

Den 4 Nov. führte der General Seckendorf gleich das Commando in den Laufgräben, als der Graf von Wackerbart über alles Vermuthen durch eine Kriegslist bey Nach- und Nebel das für unüberwindlich ausgeschriene Retrenschement bey dem Franken-Thore von Stralsund mit wenigen Verlust glücklich eroberte. Ihm wurde hierbey das Commando über die Trouppen, die zu dieser Unternehmung gebraucht worden, aufgetragen, die er auch mit großer Klugheit und Tapferkeit anführte, und dadurch die glückliche Ausführung dieser wichtigen Unternehmung beförderte. Der Graf von Wackerbart schickte ihn den folgenden Tag mit der Nachricht hiervon nach Gripswalde zu dem König in Preußen, der ihn mit einem kostbaren Ringe beschenkte. Die Belagerung wurde hierauf mit großem Eyfer fortgesetzt. Der General Seckendorf muste noch etlichemal die Ablösung in den Laufgräben thun; und dieses geschahe auch den 5 Dec. da man die Contrescarpe mit Sturm eroberte; wobey er abermals mit großer Bravour das Commando führte, aber bey 500 Tode und Blessirte bekam. Den 17ten gieng das starke Hornwerk mit Sturm über und den 24 erfolgte die Uebergabe der Stadt mit Accord, nachdem Carl XII. den 19ten vorher aus Stralsund mit vieler Gefahr nach Schweden geflohen war.

Im Jan. 1716 musten die Sachsen aus Pommern nach Pohlen gehen, um die unruhigen Polacken, die die Sächsischen Trouppen in ihrem Reiche nicht leiden wollten, zu Paaren zu treiben. Der General Seckendorf folgte ihnen dahin, nachdem er er seine Gemahlin wieder nach Meuselwitz geschickt hatte. Nachdem es den 3 Nov. 1716 unter Rußisch-Kaiserl. Vermittelung zu Warschau zu einem Frieden gekommen, verließen die Sächsischen Trouppen im Febr. 1717 wiederum das Königreich Pohlen und kehrten nach ihrem Vaterlande zurück, wo eine große Reduction unter ihnen vorgieng. Indessen war 1716 zwischen den Türken und dem Kaiser ein heftiger Krieg entstanden, der das Königreich Ungarn zu einer blutigen Schaubühne machte. Sich nun auf solcher hervor zu thun, trat der General Seckendorf mit Genehmhaltung des Königs Augusti und in Beybehaltung der Chur-Sächsischen Dienste als General-Feld-Marschall-Lieutenant in Kaiserl. Kriegs-Dienste. Er langte auch mit seiner Gemahlin über Wien glücklich bey der Armee an, die der berühmte Prinz Eugenius von Savoyen unter seinem Commando hatte, von welchem er eine besondere Brigade zu commandiren bekam. Man belagerte die Haupt-Vestung Belgrad an der Sau, wo sie sich mit der Donau vereiniget. Als nun eine sehr starke Türkische Armee zum Entsatz herbey kam, traf Prinz Eugenius eine solche Disposition, daß, da er den 16 Aug. 1717 dem Feinde mit der Armee entgegen gieng, der General Seckendorf mit einem Corpo in der Circumvallations-Linie stehen blieb, um solche wieder alle feindl. Anfälle zu vertheidigen. Da nun die Türken völlig in die Flucht geschlagen wurden, ergab sich auch die Vestung Belgrad mit Accord.

NB. Die Fortsetzung folgt künftig.

IV.

IV.
Einige jüngst geschehene merkwürdige Todes-Fälle.

1. im Febr. 1764.

I.

Carl Wilhelm, Prinz von Hessen-Philippsthal, starb in diesem Monath in einem Alter von 30 Jahren unvermählt. Er war der mittelste Sohn Prinz Wilhelms von Hessen-Philippsthal, der den 13 May 1761 als Holländischer General der Cavallerie und Gouverneur zu Breda gestorben ist. Seine Mutter, Charlotte Wilhelmina, des Fürstens Lebrechts von Anhalt-Bernburg Tochter, brachte ihn den 7 Febr. 1734 zur Welt. Er trat in Holländische Kriegsdienste, brachte es aber in solchen nicht höher, als bis zu der Stelle eines Majors.

II. Franciscus Diaz Santos Bullon, Erzbischoff von Burgos, Präsident des Königl. Raths von Castilien;

III. Laurentius Despuig, Erzbischoff von Tarragona, und

IV. Franciscus de Arion y Busto, Erzbischoff von Saragossa, sturben alle dreye im Monath Februario. Man weiß von ihren Lebens-Umständen nichts anzuführen.

V. Ludovica Francisca Anselmina, Gräfin von Manderscheid-Blankenheim und

Fortges. G. H. Nachr. 40. Th. X Gerold-

Geroldstein, starb den 19 Febr. zu Cölln im 39sten Jahr ihres Alters, nachdem sie den 13ten einen jungen Grafen zur Welt gebracht, der aber den folgenden Tag wieder verschieden. Sie war eine Tochter Nicolai Leopolds, Fürstens von Salm, Herzogs zu Hogstraten, Ritters des güldenen Vließes, Kaiserl. Königl. General-Feld-Marschalls, würkl. geh. Raths und Gouverneurs zu Antwerpen. Ihre Mutter, Dorothea Francisca Agnes, gebohrne Prinzessin von Solm, brachte sie den 2 März 1725 zur Welt. Den 15 Nov. 1742 ward sie mit Johann Wilhelm, regierenden Grafen von Manderschied-Blankenheim, Chur-Pfälzischen General-Lieutenant, nach dem Absterben seiner ersten Gemahlin vermählt, und den 14 Sept. 1754 mit dem Stern-Creuz-Orden beehret. Sie hat zwey Comtessen hinterlassen, davon die ältere, Namens Augusta, mit dem Grafen von Sternberg vermählt ist, die andere aber, Felicitas Johanna, noch in unvermählten Stande lebt.

VI. David van Royen, Staats-Secretarius derer General-Staaten der vereinigten Niederlande, starb den 22 Febr. im Haag im 65sten Jahre seines Alters. Er hatte wohl studirt, und gelangte 1726 zu der Stelle eines Secretairs des Curatorii der Universität zu Leyden. Im Jahr 1728 ward er ein Mitglied der Vierziger der Stadt Leyden, 1729 Greffier, 1731 Secretair und 1749 Rath-Pensionarius der Stadt Leyden, worauf er 1753 Secretarius des Staats-Raths der gesammten Republik wurde. Seine großen Gaben

Gaben und unermüdeter Fleiß zogen ihm nach und nach eine solche Entkräftung zu, die seinen Tod beförderte. Er war ein eben so guter Christe, als großer Staats-Mann.

VII. Johann Jacob Pieterson, Holländischer Vice-Admiral des Departements von Amsterdam, starb in eben diesem Monathe im Haag im 72 Jahre seines Alters. Er hat der Republik viele gute Dienste geleistet und bey der Beerdigung des Erb-Stadthalters den 4 Febr. 1752 zu Delft die Ehre gehabt, die Leiche tragen zu helfen.

VIII. Joachim Friedrich Reese, Königl. Preußischer geh. Rath und Präsident bey der Ober-Rechnungs-Cammer zu Berlin, starb den 14 Febr. im 84sten Jahre seines Alters. Er hat dem Königl. Hause in dem ganzen Spanischen Successions-Kriege in Italien als Auditeur, Regiments-Quartiermeister und Kriegs-Commissarius, auch nachhero bey der Kriegs- und Domainen-Rechen-Cammer zu Berlin treue und redliche Dienste geleistet.

IX. Christian August von John, Königl. Dähnischer geh. Rath, Ritter von Dannebrog und Extraordinair-Envoye im Nieder-Sächsischen Krayse, starb im Febr. zu Hamburg. Den Orden hat er den 4 Sept. 1753 erhalten.

X. George Downing, Ritter-Baronet von Engelland, starb den 12 Febr. zu Londen ohne Erben. Er hat sein großes Vermögen der Universität zu Cambridge vermacht. Sie bekömmt an baaren Gelde 100000 Pf. Sterlings, wofür, nach dem Willen des Verstorbenen, ein neues Collegium erbauet und geſtiftet werden ſoll. Hierzu erhält die Univerſität noch 10000 Pf. Sterl. jährl. Einkünfte zu Unterhaltung dieſes Collegii. Es war dieſer Downing ein Abkömmling von George Downing, welcher von Cromwelln als Miniſter an die General-Staaten geſendet wurde, deſſen Parthey er aber verließ und es mit Carln II. hielt, wodurch der Grund zu ſeinem Reichthum gelegt worden.

2. im März 1764.

I. **Johann Cajetan, Fürſt Jablonowski, Woywode von Braclau**, Ritter des weiſſen Adlers und Senator des Königreichs Pohlen, ſtarb den 6 März in einem ziemlich hohen Alter von einer ſtarken Contuſion am Haupte, die er in dem blutigen Gedränge auf dem Braclauiſchen Land-Tage zu Winnica bekommen hatte. Er war aus dem erlauchten Jablonowskiſchen Hauſe entſproſſen, und hatte Johann Stanislaum Jablonowski zum Vater, der im Jun. 1731 als Woywode von Reuſſen geſtorben iſt. Seine Mutter Johanna von Bethune war eine Schweſter-Tochter der Königin Mariä Caſimirä von Pohlen, des Königs Johannis Sobieski Gemahlin. Seines Vaters Schweſter Anna hatte den Cron-Groß-Schatzmeiſter, Raphael Lesczinski zum Gemahl, mit welchem ſie den in Lothringen regierenden Pohlniſchen König Stanislaum gezeuget hat. Er wurde nebſt ſeinen Brüdern von Jugend auf mit beſonderer Sorgfalt zu Erlernung aller dem hohen Adel anſtändigen Künſte, Wiſſenſchaften und

und Sitten angeführt und bey anwachsenden Jahren von verschiedenen Landschaften zum Deputirten oder Landbothen auf dem allgemeinen Reichstag erwählet, auch von dem Könige August II. zum Starosten van Czechrin ernennet. Die nachmaligen Schwedischen Troublen gaben Anlaß, daß sein Vetter, Stanislaus Lesczinski wider August II. zum König erwählt wurde, da er denn dessen Parthey erwählte, und von ihm zu verschiedenen Gesandtschaften gebraucht wurde, auch bey nachmaliger Wiederbesteigung des Königs Augusti viele Jahre an dem Schicksaale des Königs Stanislai Theil nahm, bis er endlich sich dem König Augusto III. unterwarf, der ihn im Nov. 1753 zum Woywoden von Bráclau ernennte und den 17 Jan. 1756 den Ritter-Orden des weissen Adlers ertheilte, nachdem er nebst seinem Bruder, Stanislao Vincentio, Woywoden zu Rava, und seinem Vetter, Josepho Alexandro, jetzigen Woywoden von Novogrodeck, in Ansehung der Verwandschaft mit König Stanislao von Kaiser Carolo VII. 1742 in des heil. Römischen Reichs Fürsten-Stand erhoben, er auch kurz vorher insbesondere von dem König Philippo V. in Spanien, an dessen Hofe er ehedessen einige Zeit als Gesandter gestanden, zum Grand von Spanien und Ritter des güldenen Vließes erklärt, auch in den letztern Orden 1741 zu Paris installirt worden. Er erlebte den Tod des Königs Augusti III. und hatte das Unglück, daß er auf dem Provincial-Landtage zu Winnica am Haupte so verletzet wurde, daß er obgedachter maßen sterben mußte. Er hat zwey Gemahlinlinnen gehabt. Die erste, deren Namen mir unbekannt ist, starb im Jan. 1750, worauf er sich im Nov. e. b. J. mit des verstorbenen Lithauischen Feldzeugmeisters Sapieha Tochter, Anna, wieder vermählte. Ob er Kinder hinterlassen, ist mir nicht bekannt. Er gab einen guten Pohlnischen Poeten ab, dessen Gedichte bey seinen Lands-Leuten Beyfall gefunden haben.

II. **Friedrich August, Graf Rutowski,** Churfürstl. Sächsischer General-Feld-Marschall und Ritter des Pohlnischen weissen Adlers, wie auch des St. Heinrichs-Ordens, starb den 16 März auf dem Lust-Schlosse Pillnitz nach langwieriger Krankheit im 62sten Jahre seines Alters. Es soll von seinem Leben nechstens in einem eigenen Artickel ausführlich gehandelt werden.

III. **Anton, Prinz von Schwarzenberg,** Johanniter-Ordens-Ritter und Hauptmann bey dem Franz-Lothringischen Infanterie Regimente, starb den 6 März im 18ten Jahre seines Alters. Er war der jüngste Sohn des Fürstens Johannis von Schwarzenberg, Kaiserl. Königl. würkl. geh. Raths und Ober-Hofmarschalls. Seine, vor einigen Jahren verstorbene Mutter, Maria Theresia, gebohrne Prinzessin von Lichtenstein, brachte ihn den 11 April 1746 zur Welt. Er war im Begriff, nach Frankfurt zu reisen, um die Wahl- und Krönungs-Solennitäten des neuen Römischen Königs mit anzusehen, als er zu Würzburg mit einer Krankheit befallen wurde, die ihm nach drey Tagen das Leben raubte. Er hatte vortreff-

vortreffliche Eigenschaften und wurde in dem Fürstlichen Stifts zu Mark-Ostheim beygesetzt.

IV. Joseph Robert de Solare, Marquis von Breglio (oder Breille,) Königlicher Sardinischer Staats-Minister und Ober-Stallmeister, Ritter des Annonciaden-Ordens, General der Cavallerie und gewesener Ober-Hofmeister des Cron-Prinzens, Herzogs von Savoyen, starb den 15 März zu Turin im 84sten Jahre seines Alters. Er war aus einem alten Piemontesischen Geschlechte entsprossen und hatte den 3 Aug. 1680. das Licht der Welt erblickt. Sein Vater Octavius, Marquis von Breglio, starb den 6 März 1735. Er hat im Spanischen Successions-Kriege Dienste geleistet und ist in solchen bis zu der Stelle eines Brigadiers avancirt, nach der Zeit aber in Staats-Sachen gebraucht worden, wobey er aber nach der Anciennität bey dem Kriegs-Etat erstlich den Character eines Genral-Majors und hernach eines General-Lieutenants erhalten. Mitlerweile ward er in Königl. Verrichtungen nach Neapolis und 1731 als Gesandter an den Kaiserl. Hof nach Wien gesendet, wo er den 10 Sept. 1733 die Königl. Lehen sich reichen ließ. Im Oct. verließ er diesen Hof und gieng im Jan. 1734 als Gesandter nach Paris, wo er etliche Jahr geblieben, auch während der Zeit sich vom April bis Sept. 1735 an dem Spanischen Hof aufgehalten. Als er von seiner Gesandschaft nach Hause kam, ward er unter die Staats-Ministers aufgenommen und zum Obrist-Hofmeister des Cron-Prinzens, Herzogs von Savoyen,

vonen bestellt. Im Apr. 1737 erhielt er den Ritter-Orden dell' Annunziada und den 6 May 1741 muste er im Namen des Königs in die Hände des Päbstl. Commissarii wegen des immerwährenden Vicariats aller in dem Piemontesischen Gebiethe gelegenen Päbstl. Lehen den Eyd ablegen. Nach dem Aachischen Frieden 1748 ward er bevollmächtiget, die Evacuationes und Restitutiones derer zurückgebenden Provinzen und Plätze in Italien reguliren zu helfen, da er denn die am 2 Dec. 1748 deßhalben zu Nizza geschlossene Convention im Namen seines Königs unterzeichnet. Nach dem Tode des Don Joseph d'Osorio und des Marquis von St. Germain ward er der erste Staats-Minister, nachdem er vorher anstatt der aufgegebenen Ober-Hofmeister-Stelle bey dem Herzog von Savoyen Königl. Ober-Stallmeister worden. Er hat von seiner Gemahlin Anna Louise, einer Tochter und Erbin des Grafen von Favria, mit der er sich 1698 vermählt, zwey Söhne hinterlassen, davon der ältere, Caspar Joseph de Solare, als General-Lieutenant und Capitain der andern Compagnie der Leib-Garde in Königl. Diensten stehet und nunmehro den Titel eines Marquis von Breglio annehmen wird, der andere Sohn aber ist ein Bailli des Maltheser-Ordens und hat bisher als Königl. Abgesandter am Französ. Hofe gestanden, wo er nicht wenig zu Herstellung des Friedens zwischen Frankreich und Großbritannien beygetragen.

Fortgesetzte Neue Genealogisch-Historische Nachrichten

von den

Vornehmsten Begebenheiten,

welche sich an den

Europäischen Höfen

zutragen,

worinn zugleich

vieler Stands-Personen

Lebens-Beschreibungen

vorkommen.

Der 41. Theil.

Leipzig,
im Verlag der Heinsiußischen Buchhandlung.
1765.

Innhalt:

I. Fortsetzung und Beschluß der Lebensgeschichte des jüngst verstorbenen Grafens von Seckendorf.

II. Von dem neuen Ungarischen Ritter=Orden St. Stephani, sammt dem Verzeichniß aller itzigen Oesterreichischen Ritter des güldenen Vließes und Groß=Kreutze des Theresien=Ordens.

III. Einige jüngst geschehene merkwürdige Todes-Fälle.

I.
Fortsetzung und Beschluß der Lebensgeschichte des jüngst verstorbenen Grafens von Seckendorf.

Im Jahr 1718. wurde zwar alles zu Eröffnung eines blutigen Feldzugs veranstaltet, aber es kam unter Engelländischer und Holländischer Vermittelung den 21. Jul. zu Passarowitz zu einem erwünschten Frieden. Jedoch da sich indessen in Italien ein Kriegs-Theater eröffnet hatte, kriegten die Käiserl. Waffen noch keine völlige Ruhe. Denn es hatten die Spanier nicht nur 1717. die Insel Sardinien erobert, sondern auch 1718. eine Landung in Sicilien gethan. Ob nun wohl das letztere Königreich damals dem Herzoge von Savoyen gehörte, so war doch nicht nur Sardinien bisher Oesterreichisch gewesen, sondern es stund auch zu befürchten, daß die Spanier nach Eroberung Siciliens auch das Königreich Neapolis angreiffen und folglich das Haus Oesterreich gänzlich aus Italien delogiren würden. In Zeiten nun denen Progressen der Spanier Einhalt zu thun, wurden von Seiten des Käiserlichen Hofs alle mögliche Anstalten vorgekehrt, das Königreich Sicilien, das der Herzog von Savoyen gegen Sardinien, welches ihm Kraft der am 2. Aug. 1718. zu London geschlossenen Quadruple-Allianz, mit dem Königlichen Titel über-

überlassen werden sollte, abgetreten hatte, gegen die Spanier zu vertheidigen. Da nun zu allem Glücke mit den Türken Friede gemacht wurde, konnten eine ansehnliche Anzahl Oesterreichische Trouppen nach Italien abgeschickt und aus dem Königreiche Neapolis nach Sicilien übergesetzt werden.

Unter den Generals, die zu dieser Expedition ernennet wurden, befand sich auch der General Seckendorf, der gleich nach dem Passarowitzischen Frieden mit 6000 Mann, darunter auch das Regiment war, das bisher der Graf von Nesselrode gehabt und ihm vor kurzen gegeben worden, nach Italien abgehen mußte, wohin ihm seine Gemahlin folgte. Ehe er mit seinem Corps zu Neapolis anlangte, waren schon verschiedene Transporte von dar nach Sicilien geschehen, man war aber nicht im Stande gewesen, den Spaniern, die der Marquis von Lede commandirte, die Spitze zu bieten. Sie hatten das gantze Königreich, und selbst die Stadt Messina mit ihrer starcken Citadelle eingenommen, und war im gantzen Lande nichts mehr übrig, als die einzige Vestung Melazzo, vor welcher sie lagen und solche belagerten, aber wegen des starken Widerstandes der darinnen liegenden Deutschen, und wegen der vortheilhaftigen Lage des Platzes, welchem die offene See und freye Communication mit Neapolis zum Vortheil gereichte, nichts davor ausrichten konnten, ob sie gleich denen Belagerten bey einem Ausfall am 15. Oct. eine starke Schlappe zugezogen hatten; ja es hatte sich von den

den übergesetzten Oesterreichischen Trouppen nach und nach bey Melazzo eine kleine Armee formirt, die der General Zum Jungen commandirte, als der General Seckendorf den 25. Jan. 1719. mit einer wichtigen Anzahl Trouppen daselbst anlangte, nachdem ihn die widrigen Winde einige Wochen lang an seiner Abfahrt von Neapolis, allwo er seine Gemahlin zurücke ließ, gehindert hatten.

Beyde Armeen, die auf einander hefftig canonirten, und wobey auch von den Spaniern die Belagerung von Melazzo fortgesetzt wurde, verschanzten sich dergestalt, daß kein Theil es wagen dürfte, den andern anzugreifen. Die Spanier liessen bey der täglichen Verstärkung des Käyserl. Lagers den Muth ziemlich sincken. Der Marquis von Lede verlangte daher mit der Käyserl. Generalität eine Conferenz zu halten, weßhalben auch der General Seckendorf zwey Unterredungen mit ihm hielt, darinnen er einen Stillstand der Waffen antrug, und unter gewissen Bedingungen das Königreich Sicilien räumen wollte. Allein da der Käyserl. Hof darzu nicht stimmte, gieng, sobald der kurze Waffen-Stillstand geendiget war, das Canoniren von beyden Theilen desto hefftiger wieder an. Auf solche Weise wurde die Belagerung zwar fortgesetzt, aber nichts erobert, obwohl die Bastion Messina eine ziemliche Bresche bekommen hatte. Es sponnen aber beyde Theile keine Seide dabey, weil viel Volk sowohl durch das Geschütze, als die Krankheiten, aufgerieben wurde; wobey zugleich die Lebens-Mittel

Mittel öfters nicht zureichen wollten, den Hunger zu stillen, den sogar bisweilen die Generals mit empfinden mußten.

Den 28. May langte der General, Graf von Mercy, mit einem großen Transport von Trouppen, die auf 15. bis 16000 Mann geschätzt wurden, in der Gegend von Patti, 4 bis 5 deutsche Meilen von Melazzo, an, der seinen Marsch gerade nach Melazzo nahm, von dar sich aber die Spanier über Hals und Kopf aus ihren Retrenschements, mit Zurücklassung vieler Säcke Mehl und Kriegs-Geräthschaft retirirten, auch einige Kranke und Verwundete, verliessen, und sich mitten in das Land zogen, nachdem sie 9 ganzer Monathe vor Melazzo gelegen und es belagert hatten. Der Graf von Mercy, der nunmehro das Ober-Commando über die ganze Armee führte, fieng an, sich im Lande auszubreiten, besetzte Catanea und gieng den Spaniern zu Leibe. Diese hatten sich in einem Thale bey Francavilla gelagert, allwo man sie den 20. Jun. mit tapfern Muthe angriff. Der General Seckendorf commandirte die Infanterie von der zweyten Linie, und machte dadurch, daß er die Feinde von den Höhen auf der linken Seite von Francavilla herab trieb, den Anfang zum Treffen, das sehr blutig war. Ob nun wohl die Spanier sich etwas zurücke zogen, konnten sie die Käiserlichen doch nicht zur völligen Retirade bringen. Sie verschantzten sich von neuen und blieben etliche Wochen lang der Käiserlichen Armee im Gesichte, wobey täglich auf einander canonirt wurde. Endlich brachen die

die Käiserlichen nach der Gegend von Messina auf, wo sie den 20. Jul. anlangten und diesen wichtigen Platz belagerten. Die erste Attaqve geschahe auf das Castell Gonzaga, vor welchem man die Laufgräben eröffnen mußte. Der General Seckendorf führte gleich das Commando in denselben, als die Besatzung den 6. Aug. zu capituliren verlangte, die aber sich zu Kriegs-Gefangenen ergeben mußte. Den 9ten ergab sich die Stadt, worauf den 10ten der Torre del Faro folgte, welcher den Hafen bedeckte. Die Reihe kam nunmehro an die Castelle, Mattagriffone und Castellazzo, die anfangs nichts vom Accordiren hören wollten. Jedoch der General Wachtendonck setzte dem ersten, und der General Seckendorf dem andern Castelle so scharf zu, daß sie beyde nach kurzer Gegenwehr sich ergeben mußten. Die Haupt-Citadelle, St. Salvator, wohin sich die Spanier aus der Stadt gezogen hatten, erforderte eine formale Belagerung, die der General Zum Jungen dirigirte. Der General Seckendorf war einer von den General-Feld-Marschall-Lieutenants, die wechselsweise in den Laufgräben, die den 19. Aug. eröffnet wurden, commandiren mußten, da denn die Abwechselung der Generals alle 48 Stunden geschahe. Es gieng scharf bey dieser Belagerung her, weil der Commendante, Don Lucas Spinola, und der ihm zugeordnete General-Ingenieur Verborm eine sehr hartnäckige Gegenwehr thaten. Der General Seckendorf bekam den 21. Sept. selbst eine leichte Wunde an dem Haupte. Es mußten fast alle Aussenwerke mit Sturm eingenommen werden. Man brachte bis den 18. Oct. zu, ehe der Commendant zu capituliren begehrte. Den 19ten kam die Capitulation zu Stande, und den 22sten wurde die Vestung übergeben, da denn die Besatzung einen freyen Abzug erhielt. Der Marquis von Leede, der mit seiner Armee immer noch bey Francavilla stund, hätte gerne den Entsatz gewagt, befand sich aber zu schwach hierzu. Endlich rückte er zu Ausgang des August-Monats bis Castro Giovanni, welches 2 bis 3 deutsche Meilen von Messina liegt, wo er bis ins folgende Jahr stehen blieb, und sich alsdenn gegen Palermo zog. Die Käiserl. Armee breitete sich indessen von Messina bis Melazzo aus, und hatte bis ins folgende Jahr ihr Haupt-Quartier daselbst.

Nach der Eroberung von Messina wurde der General Seckendorf mit einem Corpo nach Trapani geschickt, wo die Englische Flotte des Admirals Bing ihr Rendevous hatte. Hier kam im Dec. 1719. seine Gemahlin auf einem Englischen Schiffe von Neapolis bey ihm an, nachdem sie ihn seit 11 Monaten nicht gesehen hatte. Immittelst arbeitete man im Haag sehr starck an einem Vergleiche zwischen dem Spanischen und Käiserlichen Hofe, brachte es auch so weit, daß Philippus V. den 26. Jan. 1720. der Quadruple-Allianz beytrat, kraft welcher Sardinien an das Haus Savoyen, Sicilien aber an das Haus Oesterreich fallen sollte. Man hatte auch schon vorher einen Waffen-Stillstand getroffen, den man

man von einer Zeit zur andern verlängerte, und indessen die Zeit zu Regulirung der Evacuation der beyden Inseln und Königreiche Sicilien und Sardinien anwendete, wobey aber von Seiten des Spanischen Generals, Marquis von Lede, der zugleich Gibraltar und Porto Maon von Seiten der Engelländer evacuirt haben wollte, viele Schwierigkeiten gemacht wurden.

Im April zogen beyde Armeen in der Gegend von Palermo näher gegen einander, und es schien würklich, als ob es zwischen ihnen wieder zu Thätlichkeiten kommen würde. Der General Seckendorf fand sich indessen auch wieder von Trapani bey der Armée ein, ließ aber seine Gemahlin allda zurücke. Den 21. April lagerte man sich in der Ebene von Palermo zwischen zwey Bergen, etwann einen Canonen-Schuß weit von dem Spanischen Lager. Weil nun der Marquis von Lede so viele Schwierigkeiten machte, den Käiserlichen genungsame Sicherheit wegen Räumung des Landes zu geben, auch ihnen nicht gestatten wollte, sich etwas weiter auszubreiten, griffen die Käiserlichen, unter dem General Seckendorf, den 2. May Nachmittags eine Redoute nahe bey dem Spanischen Retrenschement an, die ohne großen Verlust und Mühe erobert wurde, wiewohl der General selbst eine Contusion im Rücken bekam, die aber nicht viel zu bedeuten hatte. Jedoch sobald seine Gemahlin zu Trapani einige Nachricht davon erhielt, setzte sie sich auf eine Englische Felucke und langte auf solcher im Lager bey Palermo an. Indessen hätte diese Affaire leichte die Spanier in Harnisch bringen und zu einem blutigen Handgemenge zwischen beyden Armeen Anlaß geben können, wenn nicht gleich darauf der Marqois von Lede von seinem Könige Ordre und Vollmacht bekommen hätte, sowohl alle Feindseligkeiten einzustellen, als auch die Inseln Sicilien und Sardinien zu räumen. Man schritte hierauf zu Abfassung des Evacuations-Tractats wegen Sicilien, der den 6. May von dem Grafen von Mercy, dem Marqois von Lede und dem Admiral Bings unterzeichnet wurde. Den 8ten brachte der General Seckendorf auch den Evacuations-Tractat wegen Sardinien, darzu er von dem Grafen von Mercy und dem Admiral Bing bevollmächtiget worden, zum Schlusse, der noch an diesem Tage von beyderseits Häuptern der Armeen unterschrieben wurde.

Der General Seckendorf bekam den Auftrag, das Einschiffen der Spanischen Trouppen, das theils im Junio, theils im Augusto geschahe, zu besorgen, daher er mit seiner Gemahlin so lange, bis dieses alles geschehen, zu Palermo blieb, worauf er mit ihr über Neapolis nach Gaeta, wo sein Regiment im Quartiere lag, reisete. Hier wurde seine Gemahlin krank, er konnte aber deßhalben seine Rückreise nach Deutschland nicht lange aufschieben. Sobald sichs daher nur ein wenig mit ihr zu bessern anfieng, trat er die Reise nach Rom an, wohin er sie auf Mauleseln tragen ließ. Allhier wurde sie so hergestellt, daß sie mit ihm die Reise über Florenz, Bologna, Venedig,

Venedig, Trident, Bozzen, Inspruck, Füßen und Augspurg nach Regenspurg ohne Gefahr fortsetzen konnte. Hier schieden sie von einander. Er fuhr auf der Donau nach Wien, sie aber gieng zu Lande nach Oberzenn, wo sie im Febr. 1721. bey übler Witterung und noch üblern Wege anlangte, aber nicht lange hernach sich nach Meuselwitz erhub.

Als der General nach Wien kam, wurde er an dem Käiserl. Hofe mit vielen Gnaden-Bezeugungen aufgenommen, und besonders von dem Prinzen Eugenio von Savoyen, der seine Verdienste hoch schätzte, und dem Käiser so recommandirte, daß ihn derselbe im Febr. 1721. in des heil. Röm. Reichs Grafen-Stand erhub. Nach Ostern fand er sich auf seinem Guthe Meuselwitz ein, und nahm darauf von dem Gouvernement zu Leipzig, darzu er nach dem Absterben des Generals von Neitschütz 1720 gelanget war, Besitz, nachdem solches indessen der General Bose versehen hatte. Er lebte etliche Jahre zu Leipzig sehr stille und besuchte während der Zeit sein geliebtes Meuselwitz sehr fleißig. Den 16 April 1723. ward er unter die Johanniter-Ritter zu Sonneburg aufgenommen, auch den 1. Oct. eben dieses Jahr zum Käiserl. General-Feld-Zeugmeister, und den 23. Oct. zum Königl. Pohlnischen und Churfürstl. Sächsischen General der Infanterie, ernennet, nachdem er vorher von eben diesem Hofe den Character eines geheimden Raths bekommen.

Im May 1724. legte er das Gouvernement der Stadt Leipzig nieder, und quittirte zugleich völlig die Königl. Pohlnischen und Churfürstl. Sächsischen Dienste. Er hielt sich darauf eine Zeitlang zu Meuselwitz auf, wo er einen schönen Garten und viele neue Gebäude angelegt hatte. Mit dem Käiserl. Hofe, an welchem er viele Freunde und große Patrone hatte, stund er in einem genauen Brief-Wechsel, welches Anlaß gab, daß, da man wußte, wie er bey dem Könige in Preußen in besondern Gnaden stund, er 1728 zum gevollmächtigten Minister an dessen Hofe ernennet wurde, nachdem man ihn bereits an dem Dreßdnischen Hofe in verschiedenen wichtigen Angelegenheiten gebraucht hatte. Er langte im May des letztgedachten Jahrs mit seiner Gemahlin zu Berlin an, und wurde von dem Könige, als einer, den er in dem Feldzuge in den Niederlanden 1709. und in dem Pommerischen Feldzuge 1715. gut kennen gelernet hatte, sehr gnädig aufgenommen und einer besondern Vertraulichkeit gewürdiget. Er zog diesen Monarchen völlig auf Oesterreichische Seite, und bewog ihn so gar, daß er 1732. eine Reise nach Böhmen that, und sich mit dem Käiser Carl VI. der sich damals in diesem Königreiche aufhielt, zu verschiedenen mahlen, ohne sich an einiges Ceremoniel zu binden, unterredete.

Er unterhielt auch das, vor kurzem zwischen dem Dreßdnischen und Berlinischen Hofe wieder hergestellte, gute Vernehmen, und hatte das Vergnügen, nicht nur von dem Könige August II.

bey

bey seiner Anwesenheit zu Berlin 1728. sondern auch in dessen prächtigen Campement bey Rade‑witz 1730. viele Gnadenbezeugungen, auch um diese Zeit den Orden des Pohlnischen weissen Ad‑lers zu empfangen. Nur war der damahlige Kron-Prinz und itzige König, ihm nicht geneigt, weil er glaubte, daß er das Vertrauen, das sein Vater in ihn setzte, zu Hintertreibung seiner Ab‑sichten mißbrauchte, daher er ihn auch in der Le‑bensgeschichte seines Vaters nicht zum Besten ab‑gebildet hat.

Im Jul. 1731. erhielt er, nebst der Stelle ei‑nes Reichs-Generals der Cavallerie, zugleich das Gouvernement der Reichs-Vestung Philipps‑burg, wobey ihm sein Vetter, der Obrist-Lieu‑tenant von Seckendorf, während seiner Abwe‑senheit als Vice-Commendante zugeordnet wurde. Zu Ende dieses Jahrs that er eine Reise nach Wien, von dar er zwar im folgenden Jahre nach Berlin zurücke gieng, aber auch an verschiedene andere Höfe in Käiserlichen Angelegenheiten ge‑schickt wurde; wie er sich denn eine Zeitlang an dem Dähnischen Hofe aufhielt, und den 22. Oct. 1732. den Ritter-Orden des Elephantens empfieng. Im Jahr 1733. fand er sich an dem Hessen-Cas‑selischen Hofe ein, und würkte etliche 1000 Mann Auxiliar-Trouppen vor den Käiser aus.

Im Jahr 1734. hatte seine Gesandtschaft am Königl. Preußischen Hofe ein Ende, weil ihn der Käiser zurücke berief und zum Commando bey der Armee am Rheinstrom ernennte, als die Pohlni‑sche

sche Königs-Wahl einen Krieg mit Frankreich nach sich gezogen hatte. Ehe er bey der Armee anlangte, versahe er die Stelle eines Commendantens zu Mäynz. Bey der Armee selbsten, die von dem Prinzen Eugenio von Savoyen en Chef commandirt wurde, befand er sich in der andern Linie als General-Feld-Zeugmeister. Ohngeachtet nun die Armee ziemlich starck war, und unter andern hohen Volontairs sich auch der König in Preußen mit seinem Kron-Prinzen im Lager befand, so konnte man doch nicht verhindern, daß nicht die Franzosen über den Rhein gegangen und die Vestung Philippsburg erobert hätten. Der Graf von Seckendorf war zwar Gouverneur daselbst, überließ aber während der Belagerung dem General Wutgenau das Commando, und hielt sich dargegen bey der Armee auf. Als nun solche nach der Eroberung dieser Vestung aus ihrem Lager zurücke marschirte, und sich einen Angriff besorgte, commandirte er die Arriere-Garde; es fiel aber nichts für, sondern der Feldzug hatte nach vielem Hin- und Her-Marschiren im Oct. ein Ende. Er nahm den Winter über sein Quartier zu Mäynz, wo er zugleich die Stelle eines Commendantens versahe und seine Gemahlin bey sich hatte.

Im Jahr 1735. kam er nicht zur Haupt-Armee, die abermahls der Prinz Eugenius commandirte, der den Herzog von Würtemberg unter sich hatte, sondern bekam gleich zu Anfang des Feldzugs oberhalb Maynz jenseit dem Rhein ein besonderes Corps unter sein Commando, mit

wel-

welchem er zu Ende des Septembers, nachdem er sich ansehnlich verstärket, den Rhein hinunter nach der Mosel marschirte. Er hatte über 36 Bataillons und 87 Escadrons unter sich. Mit dieser Armee gieng er gerade auf Trier loß, war auch so glücklich, daß er den 20. Oct. an dem Bach und Dorfe Solm die Franzosen durch eine starke Canonade, zu weichen nöthigte. Er würde den Feinden näher zu Leibe gegangen seyn, wenn nicht der Waffen-Stillstand darzwischen gekommen wäre. Er kam hierauf zu Aachen ins Winter-Qvartier, wo sich auch seine Gemahlin aus Maynz bey ihm einfand.

Im Jahr 1736. verließ er die Armee und erhub sich auf sein Gut Meuselwitz, wohin seine Gemahlin schon voraus gegangen war. Er konnte aber nicht lange hier bleiben, weil er nach Wien berufen wurde, wo man mit den Kriegs-Rüstungen gegen die Türken beschäftiget war. Man errichtete in Ungarn unter dem Grafen von Palfy ein Feldlager, in welchem er als General-Feldzeugmeister zu stehen kam; iedoch es blieb in diesem Jahre noch ruhig, indem der würkliche Krieg erst im folgenden seinen Anfang nahm; der Graf von Seckendorf hatte die Ehre, daß er nicht nur im März zum General-Feld-Marschall ernennet, sondern ihm auch das Ober-Commando über die ganze Armee, die wider die Türken in diesem Jahre zu Felde gehen sollte, aufgetragen wurde, iedoch, daß er dem Herzoge von Lothringen, und itzigem Käiser, zur Seite seyn,

und

und die Feld Marschalle von Khevenhüller und Philippi unter sich haben sollte.

Den 16. Jul. 1737. eröffnete er den Feldzug in Servien mit Hinwegnehmung des Vorpostens, Rasna, worauf den 18ten Barakin mit Accord erobert wurde. Der Marsch gieng alsdenn auf Nißa loß, welches noch an diesem Tage aufgefordert wurde. Er schickte den Feld-Marschall Philippi mit einem starken Corpo voraus, mit welchem der Türkische Commendante so gleich bey dessen Annäherung den 25sten eine Capitulation traf, auch den Platz den 28sten, nachdem die völlige Armee dafür angelangt war, übergab, ohne daß ein Schuß auf die Vestung geschehen. Der Graf von Seckendorf blieb hierauf über 6 Wochen in dieser Gegend stehen, während der Zeit er verschiedene umherliegende Schlösser und Palanken besetzen ließ, den Grafen von Khevenhüller aber schickte er mit einem starken Corpo nach Widdin, diesen Ort zu belagern, nachdem solcher Platz bereits aufgefordert worden. Derselbe passirte auch den sogenannten Passo angusto und langte glücklich vor Widdin an. Allein da er im Begriff war, die Belagerung vorzunehmen, langte der General Schmettau von dem Grafen von Seckendorf mit dem Befehle an, sich von dar wieder zurücke zu ziehen, weil das feuchte Terrain und die ungesunde Luft in der dasigen Gegend die eingerissenen Krankheiten vermehren würden. Er selbst brach mit der Haupt-Armee gegen Ußiza an die Boßnische Grentze auf, der

Graf

Graf von Khevenhüller aber blieb an der Timoc stehen, um die Unternehmungen der Feinde in derselbigen Gegend zu observiren. Den 2. Oct. ward Ußiza nach kurzer Belagerung mit Accord erobert.

Mittlerweile wurde der Graf von Khevenhüller den 27. Sept. von 20000. Türken an der Timoc mit solcher Wuth angegriffen, daß, wo seine Trouppen nicht eine mehr als gemeine Tapferkeit und Vorsichtigkeit bewiesen, und die Sächsischen Geschwindschüsse nicht ganz besondere Dienste geleistet hätten, das ganze Corps ohnfehlbar zu Grunde gegangen seyn würde. Der Graf von Khevenhüller zog sich hierauf mit seinem Corps nach Persa-Palanka zurücke, welches die Türken so muthig machte, daß sie gerades weges auf Nißa loßgiengen, auch solches, nachdem sie die Vorposten nebst Passo angusto wieder erobert, den 21. Oct. ohne Mühe einbekamen, welches aber hernach dem Commendanten Dorat den Kopf kostete. Der Graf von Seckendorf mußte sich daher gegen Sabaz zurücke ziehen und die vorhabende Belagerung von Zwornick, welchen Platz er bereits berennen lassen, einstellen, ja, sich endlich gar unter die Stücke von Belgrad zurücke ziehen, weil die Türken Mine machten, diese Vestung anzugreiffen; wie sie sich denn mehr als einmal derselben näherten, auch Orsava zu überrumpeln suchten, nachdem sie Vailova sammt dem daselbst befindlichen Magazin gänzlich verwüstet hatten.

Dieser nicht glücklich geendigte Feldzug brachte dem Grafen von Seckendorf des Kaisers

Ungnade zuwege. Denn als er den 18. Oct. aus Ungarn wieder zu Wien anlangte, wurde ihm nicht nur nach abgeschlagener Audienz bey dem Käiser und verweigertem Zutritt bey dem Kriegs-Raths-Präsidenten, Grafen von Königseck, der Haus-Arrest angekündiget, sondern ihm auch den 3. Nov. eine Wache von 12 Mann nebst einem Ober- und zwey Unter-Officiers gesetzet, auch alle seine Schriften versiegelt. Der Käiser setzte eine besondere Commission unter dem Vorsitz des General-Feld-Marschalls, Grafens von Harrach, nieder, die sein Verhalten während dem geführten Feldzuge untersuchen mußte, ließ auch den 29. Nov. ein Rescript an die Oesterreichische Gesandtschaft zu Regenspurg ergehen, darinnen er die Ursachen anzeigte, die ihn bewogen, wider den Grafen von Seckendorf also zu verfahren.

Man gab ihm unter andern Schuld, er habe die Armee durch einen unerhörten Marsch nach Nißa ruiniret, auch durch unnöthigen Auffenthalt, die Belagerung der Vestung Widdin versäumet; er habe den General Schmettau gebraucht, mit Ochsen ins Lager zu handeln und den daraus gezogenen Nutzen mit demselben und Diemarn getheilt; die Marqvetender hätten ihm einen unerhörten Tribut erlegen, auch überhaupt alles bey der Armee seinen Eigennutz und Interesse befördern müssen; vor dem Hertzog von Lothringen habe er wenig Regard gehabt, und wider dessen Willen die vielen zu Nißa gefundenen Weine in seine eigene Verwahrung genommen, auch ihn

auf

auf dem Marsche nach Widdin allzusehr der Gefahr ausgesetzt; er habe mit Ausschließung der beyden Feld-Marschalle, Khevenhüller und Philippi, fast alles nur mit den beyden Generalen, Schmettau und Diemar überlegt; mit seinem Adjutanten, Grafen Pertusati, habe er wegen eines Glases Wein einen unnöthigen Streit angefangen, auch überhaupt denen Officiers sehr hart begegnet. 2c.

Hierauf verantwortete er sich also, daß er die erstern Puncte meistens läugnete, auf den letztern aber sich erklärte, daß er die Officiers allerdings hätte harte halten müssen, weil viele derselben das Kriegswesen schlecht verstanden; mit den Generalen Schmettau und Diemar hätte er keine besondere Conferenz, sondern solche allezeit mit Zuziehung des Grafens von Philippi gehalten, der Graf von Khevenhüller aber wäre meistens abwesend gewesen; der Streit mit dem Grafen Pertusati wäre wegen Unterlassung seiner Pflicht entstanden; der Herzog von Lothringen habe sich wenig von ihm einrathen lassen, sondern lediglich nach seinem Willen gelebt; überhaupt aber wäre die Veranstaltung bey diesem Feldzuge in allen Stücken so schlecht gewesen, daß er nichts als Verdruß empfunden. 2c.

Er gedachte bald wieder auf freyen Fuß zu kommen, mußte aber bis an den Tod des über ihn erzürnten Käisers ein Gefangener bleiben, wobey ihm von dem Pöbel, der ihn als einen Protestanten äußerst haßte, die grösten Schmähungen widerfuhren. Aus dieser Ursache ließ ihn der Käiser den 23. Jul. 1738. frühe gegen 2 Uhr durch den Obristen Tornaco unter Begleitung einiger Officiers von der Stadt-Garde in einem Wagen mit 4 Post-Pferden von Wien nach Grätz in Steyermark mit dem Bedeuten abführen, daß, weil man den unbändigen Pöbel nicht zu zähmen vermöchte, Se. Käiserl. Majestät zu dessen eigenen Sicherheit diesen Entschluß gefaßt hätten. Ob nun wohl in der That einige Tage vorher der Pöbel über der Nachricht von denen Actionen bey Cornia und Meadia sich mit einem großen Tumulte vor seinem Quartiere mit Schimpfworten, Einwerfung der Fenster, und Drohender Bestürmung des Hauses große Insolentien ausgeübet, auch nicht anders, als vermittelst der Millz, die so gar Feuer unter das Volk geben müssen, gestillet werden können, so gieng es ihm doch nahe, daß man ihn statt der gehoften Befreyung vielmehr anders wohin in neue Verwahrung brachte. Sein deßhalben sowohl an den Kaiser, als an den Obrist-Hof-Canzler, Grafen von Sintzendorf, abgelassenes sehr demüthiges Schreiben würckte weiter nichts, als daß er bessere Bequemlichkeit an dem neuen Orte seines Arrests bekam. Seine Gemahlin verließ ihn nicht in seiner Gefangenschaft, sondern hielt treulich bey ihm aus, seine Equipage aber wurde nach seinem Guthe Meuselwitz in Sachsen geschaft.

Den 1. Oct. 1740. starb der Käiser Carl VI. welchem seine älteste Tochter, Maria Theresia, ver-

vermählte Groß-Herzogin von Toscana, vermöge der Pragmatischen Sanction, die er der Thronfolge halben gemacht hatte, in allen seinen Erb-Reichen und Landen unter dem Namen einer Königin von Ungarn und Böhmen succedirte. Diese setzte ihn den 6. Nov. durch ein Hof-Kriegs-Raths-Decret mit Cassirung des wider ihn formirten Processes, auf freyen Fuß und bestätigte ihn in seiner General-Feld-Marschalls-Charge. Er gieng darauf mit seiner Gemahlin über Wien, Prag und Dreßden, wo er den 30. Nov. anlangte und bey Hofe viele Ehre genoß, nach Meuselwitz, allwo er das neue Kriegs-Feuer, das über der Oesterreichischen Thronfolge entstund, in vollen Flammen aufgehen sahe, wobey er nichts mehr wünschte, als daß er nur auch an der Spitze einer Armee stehen möchte, ob er gleich bereits ein Alter von 68 Jahren erreicht hatte.

Er merkte wohl, daß er in den Oesterreichischen Diensten nicht viel würde gebraucht werden, daher er unter der Hand sich um die Dienste des neuen Käisers Caroli VII. aus dem Hause Bayern, der den 24. Jan. 1742. erwehlt worden, bewarb, die er auch erhielt. Er qvittirte daher im Febr. vermittelst eines Schreibens die Königl. Ungarischen Dienste, und ward dargegen von dem neuen Käiser zu seinem General-Feld-Marschall ernennet. Er hatte im Jahr vorher die Reichs-Vestung Philippsburg, von welcher er noch immer Gouverneur war, im Augenschein genommen, sie aber nicht in solchen Umständen gefunden, als er für nöthig erachtete, daß sie seyn müßte, wenn sie gegen einen Feind gehörigen Widerstand thun sollte. Er ließ daher wegen Ausbesserung der Vestungs-Werke bey den Reichs-Ständen nachdrückliche Vorstellungen thun, die aber keine sonderliche Würckung thaten.

Im Aug. 1742. langte er bey der Käiserlichen Armee in Bayern an, die bey Plättling stund, und lösete den Grafen von Törring im Commando ab, nachdem er kurz vorher in des Käisers Angelegenheiten zu Berlin gewesen. Die Französische Armee, bey welcher zu gleicher Zeit der Graf von Sachsen das Commando übernommen hatte, stund bey Deckendorf. Beyde hatten die Ungarische Armee unter dem Grafen von Khevenhüller gegen sich, der zwischen Pleinting und Vilshofen in einem vortheilhaften Lager stund. Den 5. Sept. brachen beyde Grafen von Sachsen und Seckendorf mit ihren Armeen auf und vereinigten sich den 6ten bey Geltosingen, von dar sie den folgenden Tag über Straubingen und Pfäber gegen Regenspurg zogen und sich bey Weichs lagerten. Den 13ten theilten sie sich wieder, indem die Franzosen nach der Ober-Pfalz marschirten, der Graf von Seckendorf aber mit den Käiserlichen seinen Marsch nach Kehlheim nahm, wo er über die Donau gieng und sich bey Abensperg und hernach bey Moßburg lagerte. Er ließ hierauf diese ganze Gegend, und besonders Landshut und München, das die Feinde verlassen hatten, in Besitz nehmen, und da der

Prinz

des Grafens von Seckendorf.

Prinz Ludwig von Hildburghausen auch die Stadt Burghausen erobert, der Graf von Khevenhüller aber sich nach Böhmen und der General Bärenklau bis an die Oesterreichische Grenze zurücke gezogen hatte, so war fast ganz Bayern wieder in des Kaisers Händen. Allein im Nov. langte die ganze Oesterreichische Macht aus Böhmen an, wodurch der Graf von Seckendorf, der bey Braunau sich gelagert hatte, nicht wenig wieder ins Gedränge kam. Er zog aber alle umher stehenden Trouppen an sich, ließ an den Vestungswerken zu Braunau unaufhörlich arbeiten, und dem Marschall von Broglio, der sich mit einer starken Armee in Bayern eingefunden hatte, von der Gefahr, darinnen er sich befand, Nachricht geben. Die üblen Wege und das schlimme Wetter hielten zwar dessen Marsch auf, verhinderten aber auch die vorhabenden Unternehmungen der Oesterreicher unter dem Prinzen Carl von Lothringen und Grafen von Königseck. Jedoch da sie sich der Vestung Braunau näherten, verließ Seckendorf den 24. Nov. diese Gegend, nachdem er in Braunau den Grafen Minuzzi mit einer starken Besatzung zurücke gelassen, und zog sich mit seiner Armee gegen Märkel und Oettingen, wo den 6. und 7. Dec. die Franzosen sich mit ihm vereinigten. Den 9ten wollte man mit vereinigter Macht auf die Oesterreicher losgehen und das belagerte Braunau, das sie den 4. Dec. Abends stark zu Bombardiren angefangen hatten, entsetzen. Allein man erfuhr, daß sie den 6ten die Belagerung aufgehoben und sich nach Ranzhofen

hofen zurücke gezogen hätten. Man wollte sie zwar hier angreiffen, aber sie verließen den 12ten auch dieses Lager und retirirten sich nach Altheim, worauf beyderseits Armeen in die Winter-Quartiere giengen, da denn der Graf von Seckendorf mit der Kriegs-Canzley sein Haupt-Quartier zu Landshut nahm, wo er den 6. Febr. 1743. den Geburths-Tag seiner zu ihm kommenden Gemahlin in Beyseyn des Bischoffs von Freysingen in prächtigster Gala begieng. Sie hatte sich während dem Feldzuge zu Anspach aufgehalten. Seine meisten Sorgen giengen den Winter über dahin, wie er seine Trouppen so verstärken möchte, daß er der Ungarischen Armee gewachsen wäre. Ehe er den Feldzug eröffnete, erhub er sich nach München zu dem Käiser, um ihm von den gegenwärtigen Kriegs-Umständen Bericht zu erstatten. Sobald er aber von den Bewegungen der Feinde Nachricht bekam, eilte er wieder zu der Armee, die zwischen Moßburg und Landshut stund. Er war aber kaum zu Landshut angelangt, so erhielt er die Unglückliche Zeitung von der Niederlage des Generals Minuzzi bey Braunau, welcher den 9. May von den Oesterreichern überfallen und aufs Haupt geschlagen, auch selbst gefangen worden. Diese fatale Begebenheit setzte den Grafen von Seckendorf außer Stand, etwas zu unternehmen. Er konnte nichts weiter thun, als sich in seinem Lager verschanzen. Die Franzosen, mit denen er in Communication stund, zogen zwar ihre Trouppen an der Donau näher zusammen, waren aber nicht gesonnen, offensive zu

agiren

des Grafens von Seckendorf. 337

agiren und sich mit dem Grafen von Seckendorf zu vereinigen. Indessen breiteten sich die Feinde auf allen Seiten dergestalt aus, daß der Käiser den 8. Jun. abermals aus München nach Augspurg fliehen, Seckendorf aber und die Franzosen das ganze Land den Oesterreichern Preiß geben mußten. Der Graf von Seckendorf erhub sich den 25. Jun. zu dem Käiser nach Augspurg, wo sich damals auch seine Gemahlin aufhielt, und kam nach gehaltener Unterredung mit demselben zurücke, worauf er einen Adjutanten an den Prinzen von Lothringen schickte, und begehrte mit dem Grafen von Khevenhüller in eine Conferenz zu treten, welche ihm auch zugestanden wurde.

Diese erfolgte den 27. Jun. in dem Kloster Nieder-Schönfeld, am Flusse Atcha unterhalb Rain, wohin sich Seckendorf unter einer Oesterreichischen Escorte erhub, und vom Mittage an bis Abends um 6 Uhr mit dem Grafen von Khevenhüller sich unterredete. Es betraf diese Convention einen Waffen-Stillstand, die Neutralität der Käiserlichen Trouppen und die Evacuation sowohl des ganzen Churfürstenthums überhaupt, als der Städte Braunau, Reichenhall, Straubingen und Ingolstadt insonderheit, die Haupt-Sache aber, worüber man vornehmlich in Krieg gerathen, blieb unausgemacht. Die Commendanten in den gedachten Plätzen erhielten hiervon sogleich Nachricht, daher sie die Vestungen räumten und sich bey der Seckendorfischen Armee einfanden. Sie bestünd zusammen ohngefähr

gefähr noch in 12 bis 15000 Mann und mußte nach geschehener Publication der Neutralität sich den 9. Jul. nach Wembdingen, einem Bayerischen Orte zwischen Donawerth, Nördlingen und Weissenburg ziehen, wo sie den Ausgang der Angelegenheiten in Deutschland abwarten sollte.

Die Franzosen sahen nunmehro sich genöthiget, Bayern gänzlich zu verlassen und sich wieder nach Hause zu begeben. Sie versammleten sich bey Donawerth und giengen in gewissen Divisionen durch Schwaben, nach Wimpfen, wo sie über den Neckar setzten, durch die Unter-Pfalz marschirten und endlich bey Speyer über den Rhein giengen. Die Käiserl. Armee blieb bis in Herbst zu Wembdingen stehen und recrutirte sich sehr ansehnlich. Weil der Graf von Seckendorf, der sie commandirte, gute Muse hatte, besuchte er fleißig die benachbarten Fürstl. Höfe. Er hatte auch seine Gemahlin bey sich. Im Sept. hatte diese Armee die Ehre, daß sie von dem Könige in Preußen, der in Begleitung vieler Prinzen von Bayreuth dahin kam, besehen wurde, wobey sie unter Anführung des Grafens von Seckendorf ihre Manoeuvres machen mußte. Den 4. Oct. verließ der Graf die Armee, und gieng mit seiner Gemahlin nach Frankfurt, wohin sich der Käiser von Augspurg wieder begeben hatte. Der Graf von Piosasque übernahm indessen das Commando, der bald darauf die Trouppen in die benachbarten neutralen Reichs-Lande in die Winter-Quartiere gehen ließ. Den 30. Dec. gieng

der

der Graf von Seckendorf von Frankfurt nach Meuselwitz, ließ aber seine Gemahlin zurücke.

Hier hielt er sich den ganzen Winter hindurch auf, that aber vor Eröffnung des Feldzugs 1744 eine Reise nach Berlin, wo er allerhand wichtige Handlungen pflog, die das Beste des Käisers und die Einsetzung desselben in seine Erblande, zum Zwecke hatten. Er gieng hierauf wieder nach Frankfurt zum Käiser, von dar er den 6. May bey der Armee anlangte, die sich bey Philippsburg gelagert hatte, und übernahm das Commando. Er wollte das Ansehen haben, als ob er ein neutrales Observations-Corps commandirte, das zu Bedeckung der neutralen Reichs-lande dienen sollte. Allein man traute Oesterreichischer Seits diesem Vorgeben nicht, sondern glaubte, daß man nur auf Gelegenheit warte, sich mit den Franzosen zu vereinigen und die Oesterreichische Armee an dem Uebergange über den Rhein zu hindern, zu welchem Ende der Graf von Seckendorf mit dem Marschall von Coigni, der jenseit dem Rheine das Commando führte, eine genaue Communication unterhalte. Den 2. Jun. stießen die Oesterreichischen Husaren bey Neudorf auf eine Käiserliche Patrouille, da es denn zu einem blutigen Scharmützel kam, der der bisherigen Neutralitäts-Convention auf einmal ein Ende machte.

Der Graf von Seckendorf durfte nunmehro kein Geheimniß mehr aus dem Verständniß mit dem Marschall von Coigni machen. Beyde un-
terhielten

terhielten die genaueste Communication mit einander, und suchten auf alle mögliche Art und Weise den Uebergang der Oesterreicher über den Rhein zu verhindern. Seckendorf stund disseit des Rheins bey Phllippsburg, und Coigni jenseit des Rheins bey Speyer. Allein der Prinz von Lothringen, der das Ober-Commando über die Oesterreichische Armee führte, brachte durch seine falschen Märsche die Franzosen und Käiserlichen auf die Meynung, daß sein Uebergang über den Rhein nicht in der Gegend von Philippsburg, sondern vielmehr zwischen Worms und Maynz geschehen würde. Dieses Bewog den Marschall von Coigni, sein Haupt-Quartier zu Speyer den 29. Jun. eiligst zu verlassen, und sich mit allen seinen in dasiger Gegend liegenden Trouppen nach der Gegend von Worms zu ziehen und das Haupt-Quartier nach Oggersheim, der Stadt Mannheim gegenüber, zu verlegen. Der Graf von Seckendorf verließ den folgenden Morgen gleichfals sein Lager bey Phlippsburg, gieng über den Rhein und lagerte sich bey Speyer. Nun hatte der Prinz Carl, was er suchte. Denn da er seine Feinde aus der Gegend von Phlippsburg hinweg gelocket, setzte er in der Nacht vom 30. Jun. und 1. Jul. bey Schreck im Durlachischen, 2 Meilen von Philippsburg glücklich über den Rhein, welches auch von dem General Berenklau den 1. Jul. bey Stockstadt unweit Maynz geschahe. Man gieng alsdenn auf die Linien bey Lauterburg loß, trieb den 3. Jul. dieselben aus solchen heraus, und

nahm

nahm das Haupt-Quartier in der Stadt Lauterburg; der General Nadasti aber mußte sich mit seinem Corpo bey Kron-Weisenburg setzen und die dasigen Linien bedecken.

Hier fanden sich den 6. Jul. der Marschall von Coigni und Graf von Seckendorf mit dem größten Theile ihrer vereinigten Armee ein. Es kam zu einer hitzigen Action, die ganzer 8 Stunden währte, wobey der Graf von Seckendorf den linken Flügel commandirte und am ersten in die Linien eindrung. Der General Nadasti mußte nach einer hartnäckigen Gegenwehr weichen. Die dasigen Linien wurden erobert und Weisenburg mit Sturm eingenommen, wobey auf beyden Seiten über 1500 Mann blieben, auch von den Oesterreichern eine ziemliche Anzahl gefangen wurden. Die beyden Chefs der vereinigten Armeen befanden nicht für dienlich, sich lange zu Wiesenburg aufzuhalten, weil es ihnen unmöglich schien, die Oesterreicher von Lauterburg zu vertreiben. Sie verließen daher den 7. Jul. die Stadt und Linien zu Weisenburg und zogen sich in die Gegend von Hagenau hinter die Motter, wo der Marschall von Coigni zu Bischweiler, der Graf von Seckendorf aber zu Schweighausen das Haupt-Quartier nahm, Hagenau aber, welches sie stark besetzten, in der Mitten behielten; wiewohl Seckendorf den 18ten genöthiget wurde, das Haupt-Quartier selbst nach Hagenau zu verlegen. Allhier blieben sie bis den 28sten stehen, da sie durch den herannahenden Feind genöthiget wurden

den, des Nachts von dar wieder aufzubrechen und sich näher gegen Straßburg zu wenden. Allein die Oesterreicher setzten ihnen so stark nach, daß sie auch unter den Stücken von Straßburg sich nicht mehr sicher hielten, sondern den 2. Aug. nach Molsheim aufbrachen, wo sie sich hinter dem dasigen Canal so postirten, daß ihnen die Communication mit Straßburg offen blieb. Den 7. Aug. begab sich der Graf von Seckendorf nach Straßburg und besahe das Münster, gab dem Cardinal von Rohan die Visite, und kehrte sodenn wieder zurücke ins Haupt-Quartier.

Es sahe indessen vor Straßburg und ganz Elsas sehr gefährlich aus, weil die Oesterreicher schon den grösten Theil des Landes unter ihrer Bothmäßigkeit hatten, Straßburg aber auf allen Seiten eingeschlossen werden konnte. Coigni und Seckendorf stunden zwar mit ihrer Armee in der Nähe, waren aber zu schwach, etwas zu unternehmen. Es war demnach hohe Zeit, daß sich der Marschall von Noailles mit einer Armee aus den Niederlanden einfand, der König in Preussen aber, Kraft des mit dem Kaiser zu Frankfurt getroffenen Bündnisses, durch seinen neuen Einfall in das Königreich Böhmen dem Wienerischen Hofe eine gewaltige Diversion machte. Hierdurch wurde Prinz Carl genöthiget, Elsas wieder zu verlassen und über den Rhein zurücke zu gehen.

Den 11. Aug. langte der Französische Succurs in Elsas an, und vereinigte sich nach etlichen Tagen mit der combinirten Armee, die nunmehro

über

über 80000 Mann stark war. Der Marschall von Noailles hatte den rechten, und der Marschall von Coigni den linken Flügel, der Graf von Seckendorf aber stund in der Mitten. Die Oesterreicher säumten sich nicht, den 15. Aug den Rückmarsch anzutreten. Den 23sten Abends giengen sie bey Drusenheim über den Rhein zurücke, und jedermann wunderte sich, daß ihnen dieser Rückzug von den Franzosen und Käiserlichen nicht schwerer gemacht worden, indem es bloß bey einigen Scharmützeln blieb, die mit der Arriere-Garde vorfielen.

Der Graf von Seckendorf gieng mit der Käiserlichen Armee über Lauterburg nach Germersheim, wo er den 28. Aug. den Rhein passirte, welches der Marschall von Noailles den Tag vorher bey Fort Louis gethan, nachdem sie beyde sich mit einander zu Lauterburg wegen der vorhabenden Operationen unterredet hatten. Der Graf von Seckendorf setzte sich mit seiner Armee bey Philippsburg, von dar er seinen Marsch nach Bretten nahm, wo er nur etliche Meilen von der Oesterreichischen Arriere-Garde entfernet war, daher die beyderseitigen Partheyen öfters mit einander handgemein wurden. Prinz Carl setzte seinen Marsch nach Bayern ohne Hinderniß fort. Er gieng den 1. Sept. bey Canstadt über den Neckar, und langte den 18ten zu Donawerth an, wo er das Commando dem Grafen von Traue übergab und nach Wien gieng. Der Graf von Seckendorf marschirte der Oesterreichischen Armee immer zur Seiten, blieb aber gemeiniglich 5 bis

6 Stunden von derselben entfernt. Immittelst wurde es ihm für einen großen Fehler ausgelegt, daß er sich den 22. Aug. da der Prinz Carl sich mit seinem Rückgange über dem Rhein beschäftiget, so lange zu Hochfelden verweilet, ohne demselben alsbald zu Leibe zu gehen, auch hernach bey Verfolgung des gedachten Prinzen auf seinem Rückmarsche durch Schwaben, sich nicht eyfriger erwiesen hätte, sondern ihm so langsam nachmarschirt wäre, daß, da Prinz Carl sich schon zu Donawerth befunden, Seckendorf noch nicht Heilbrunn erreicht gehabt.

Der General, Graf von Schmettau, der sich als Preußischer Gesandter damahls an dem Französischen Hofe aufhielt, war mit dem Grafen von Seckendorf sehr übel zufrieden, daß er sich den Absichten des Königs in Preußen, der zum Besten des Kaisers sich wieder mit der Königin in Ungarn in Krieg eingelassen hatte, nicht gemäßer erzeigte. Es wurde von den Oesterreichern ein Brief aufgefangen, den der Graf von Schmettau am 16. Sept. an den König in Preussen geschrieben, der lauter Klagen über den Grafen von Seckendorf enthielt. Es hieß, er folge seinem eigenen Operations-Plane, und pflege weder mit ihm, noch dem Kriegs-Minister, Marquis von Argenson, einige Communication. Er, Schmettau habe seit dem 20. Aug. zweymal an ihn geschrieben und ihn gebeten, alle Passion auf die Seite zu setzen, und den Herzog von Noailles anzutreiben, daß er mit aller Macht auf die Oesterreicher loßgehen möchte, ehe sie über den Rhein

Rhein zurücke giengen, aber er habe ihm nicht geantwortet, auch die angebotene Verstärkung von 10 Bataillons und 20 Escadrons Franzosen ausgeschlagen, worüber selbst der Marschall von Noailles, der doch sein Freund sey, verdrüßlich gewesen. Er habe 6 Millionen Livres vor die Käiserlichen Trouppen begehrt, die ihm auch Frankreich bezahlet, gleichwohl hätten die Officiers zu 6 bis 9 Monaten Gage stehen; es fehle auch an Equipage, Waffen, Montur u. d. g. worüber die Französischen Ministri sich sehr verwunderten und bezeugten, daß auf solche Weise es vor Frankreich unmöglich sey, länger Krieg zuführen. Endlich giebt er zu erkennen, daß Se. Majestät mit Seckendorfen nicht zufrieden seyn könnten, sie möchten nun seine Aufführung bey der Oesterreicher ihrer Paßirung des Rheins bey Schreck, oder seine Einstimmung zu des Marschalls von Noailles schlechten Angriff der zurücke gehenden Oesterreicher, oder seinen Auffenthalt zu Hochfelden am 22. Aug. oder die Art, wie er itzo agire, in Erwegung ziehen. Es ist auch von dieser Zeit an vollends alles Vertrauen des Königs in Preußen gegen den Grafen von Seckendorf weggefallen.

Mitlerweile war dieser Feldherr mit seiner Armee bey Donawerth über die Donau gegangen und hatte sich bis an den Lech ausgebreitet. Den 5. Oct. recognoscirte er das Lager des Generals Berenklau zu Rain, und da dieser sich darauf gegen München zurücke zog, gieng er über den Lech und lagerte sich bey Friedberg, schickte aber den General St. Germain mit einem fliegenden Corps der Berenklauischen Armee nach, die von einem Orte zum andern wiche, auch den 15ten die Stadt München verließ, worauf der Käiser den 17ten frühe sich mit seiner Familie und Hofstatt von Frankfurt wieder nach Augspurg erhub, von dar er den 21ten zu Dochau anlangte, und die den Tag zuvor allda angekommene Armee in Augenschein nahm, den 23ten aber über Nymphenburg, wo er übernachtet hatte, sich wieder zu München einfand, wohin ihm die Gräfin von Seckendorf von Frankfurt folgte.

Die Käiserlichen Trouppen breiteten sich indessen bis an die Donau und den Inn aus und nöthigten den General Berenklau, Landshut zu verlassen und sich gegen Braunau zurücke zu ziehen, doch behielt er die Grenz-Plätze, Wasserburg, Passau, Braunau, Burghausen und Schärdingen wohl besetzt. Der Graf von Seckendorf verstärkte sich in seinem Lager durch etliche 1000. Franzosen und Pfälzer bis auf 40000 Mann und machte Anstalt zu Belagerung der Vestung Ingolstadt, weßhalben über Ulm und Augspurg eine ansehnliche Artillerie anlangte. Den 26sten Oct. fand sich der Käiser selbst wieder bey der Armee ein, die er bey Ebersberg, 4 Meilen von München, antraf, mit welcher er den 28ten bis Haag fortrückte und Wasserburg berennte, welches aber die Oesterreicher den 5. Nov. verliessen; worauf der Marsch nach Vilshofen fortgesetzt wurde, wo man mit der

Armee

Armee den 10ten anlangte und eine Schiffbrücke über die Donau schlug, auch auf diesem Strome die Französische Artillerie erwartete, um Passau zu belagern, welches der Graf von Seckendorf vergebens aufforderte. Immittelst befand sich disseit der Donau fast alles wieder unter Käiserlicher Bothmäßigkeit, auch Kehlheim und Stadt am Hof waren wieder mit Bayerischen Trouppen besetzt. Es wurde auch Burghausen von dem Prinzen von Hildburghausen überrumpelt und das Schloß Grießbach zur Uebergabe gezwungen. Allein eine formale Belagerung der Stadt Passau vorzunehmen, war wegen der einbrechenden rauhen Witterung und geschehenen Verstärckung der Oesterreichischen Armee, über welche nunmehro der Graf Batthiani das Commando führte, nicht rathsam. Man beschloß daher, in die Winter-Quartiere zu gehen. Der Käiser kehrte wieder nach München zurücke, der Graf von Seckendorf aber ließ bey Vilshofen eine Linie ziehen und solche mit Redouten wohl versehen. Das schwere Geschütze ließ er wieder einschiffen und nach Straubingen abführen, seine Trouppen sich längst der Donau bis Regenspurg ausbreiten, und Vilshofen, wo das Haupt-Magazin war, nebst Burghausen starck besetzen, welches letztere aber den 26. Nov. zur Nacht starck Bombardiert wurde. Ob man nun wohl die Winter-Quartiere bis in die Ober-Pfalz ausbreitete, auch Amberg besetzte, konnte man doch nicht verhindern, daß nicht die Oesterreicher die Communication mit den Preußen in Böhmen abgeschnitten, auch den ganzen Theil von Bayern, der an Böhmen grenzt und sich längst der Donau von Passau bis an Kehlheim erstreckt, wieder in ihre Gewalt bekommen hätten.

Nachdem die Trouppen die Winter-Quartiere bezogen, erhub sich der Graf von Seckendorf nach München zu seiner Gemahlin, allwo er den 20. Jan. 1745. den hohen Todes-Fall des Käisers erlebte. Seine Dienste hatten nunmehro auf einmal ein Ende. Das Commando über die Bayerische Armee wurde von dem neuen Churfürsten dem Feld-Marschall, Grafen von Törring-Jettenbach, wieder gegeben, der es vorher gehabt, dem Grafen von Seckendorf aber für seine bisher geleisteten Dienste gedanket. Er erhub sich zu Ausgang des Jenners nach Augspurg, von dar er im Febr. in sein Gouvernement nach Philippsburg gieng, nachdem man fälschlich geglaubt, er habe einigen Antheil an denen geheimen Friedens-Handlungen gehabt, die damals zwischen dem neuen Churfürsten und der Königin von Ungarn ihren Anfang genommen, zu Füßen aber den 22. April zum würklichen Schluß gekommen. Er wohnte darauf denen Wahl-und Krönungs-Solennitäten des neuen Käisers zu Frankfurt bey, seine Gemahlin aber erhub sich von Augspurg nach Meuselwitz. Nachdem er dem Käiser seine Aufwartung gemacht, erhub er sich im Oct. von Frankfurt zu der Oesterreichischen Armee, die unter dem Grafen von Traun bey Heidelberg stund. Er hielt mit demselben eine lange Unterredung, worauf er sich wieder in sein

sein Gouvernement nach Philippsburg begab, von dar er nach seinem Gute Meuselwitz abgieng.

Den 9. April 1747. starb der alte Fürst Leopold von Anhalt-Dessau, wodurch die Evangelische Reichs-General-Feld-Marschalls-Stelle ledig wurde. Hierzu meldete er sich durch ein Schreiben bey der Reichs-Versammlung, kam auch deßhalben im Dec. selbst nach Regenspurg, und hielt um diese Stelle an, die aber dießmal dem Prinzen Maximilian von Hessen-Cassel zu Theil wurde. Den 27. May 1749. begieng er zu Meuselwitz sein Iubilæum Gamicum, nachdem er mit seiner Gemahlinn 50 Jahr in vergnügter, obwohl in unfruchtbarer, Ehe gelebt. Es wurden zugleich noch vier Paar alte Leute, die über 50 Jahr mit einander in der Ehe gelebt, eingesegnet. Der damalige General-Superintendent in Altenburg, Herr D. Stemmler, hielt eine zierliche Rede hierbey, die gedruckt worden. Ob er gleich schon ein Herr von 76 Jahren war, befand er sich doch noch so frisch und munter, daß er hie und dahin eine Reise thun konnte, wie er denn im Aug. 1754. in Gesellschaft des damaligen Erb-Prinzens von Anspach sich über Dreßden nach Kolin in Böhmen erhoben, um das große Feldlager mit anzusehen, das die Kayserin-Königin daselbst errichtet hatte, ob er gleich damals schon das 81ste Jahr seines Alters zurücke geleget hatte.

Im Sommer 1755. that er eine Reise ins Reich, und langte den 10. Jul. aus Stutgard über Philippsburg zu Frankfurt an, nachdem ihn ihm am Würtembergischen Hofe vorzügliche Ehre wiederfahren. Er bediente sich darauf des Schlangenbades, und kehrte alsdenn über Cassel wieder nach Meuselwitz zurücke. Er ließ nachgehends ein nachdrücklich Memorial an die Reichs-Versammlung zu Regenspurg abgehen, worinnen er die Nothwendigkeit einer schleunigen Reparatur der Reichs-Vestung Philippsburg ernstlich vorstellte.

Den 6. Jan. 1757. ward er durch Absterben seiner Gemahlin, mit der er über 56. Jahr im Ehestande gelebt, in den Witwer-Stand gesetzet. Er meldete sich hierauf bey der Reichs-Versammlung, und erbot sich, die Stelle eines Reichs-Generals der Cavallerie seines hohen Alters wegen niederzulegen, wenn man solche dem Prinzen George Wilhelm von Hessen-Darmstadt ertheilen wollte, welches auch den 13. Jan. 1758. erfolgte.

Immittelst hatte der landverderbliche Preußische Krieg in Deutschland, und besonders in Sachsen, seinen Anfang genommen. Wie nun der Graf von Seckendorf nichts weniger als ein Anhänger der Preußischen Parthey war, und unter den Oesterreichischen und andern deutschen Generals noch viele Bekannte hatte, so gerieth er bey dem Könige in Preußen in den Verdacht, als ob er einen ihm nachtheiligen Briefwechsel mit denselben unterhielte. Wie weit dieser Verdacht gegründet gewesen, lässet man an seinen Ort gestellet seyn. So viel ist indessen gewiß, daß er am andern Advent-Sonntage 1758. durch ein Preußisches Husaren-Commando von seinem Gute Meuselwitz aus der Kirche abgeholt und nach Magdeburg gebracht

gebracht worden, wo er bis in May 1759. gefangen sitzen müssen, da er durch einen Revers, niemals wieder mit den Feinden des Königs die geringste Correspondenz und Gemeinschaft zu unterhalten, und gegen Erlegung einer Summa Geld, wieder in Freyheit gesetzet worden.

Seit dieser Zeit ist er nicht wieder aus Meuselwitz gekommen, außer daß er im Jahr 1762. dem Landtage zu Altenburg beygewohnet, jedoch Alters und Schwachheit halben nicht bey der Tafel des Herzogs erscheinen können. Das Gouvernement der Vestung Philippsburg hat er bis 1761. bekleidet, da er es zum Besten des Prinzens von Stollberg niedergelegt. Er beschloß endlich den 23. Nov. 1763. frühe um 9. Uhr sein Leben im 91sten Jahre seines Alters ganz sanft und selig, nachdem er 70 Jahr als Soldat, über 60 Jahr als Obrister, 53 Jahr als General, 40 Jahr als General-Feldmarschall, 58 Jahr im Ehestande, und 7 Jahr als Witwer gelebt hatte. Er wurde in seiner Gruft zu Meuselwitz beerdiget. Seine Erben sind seine Vettern, nemlich die Kinder seines Bruders, Ernst Ludwigs, Barons von Seckendorf, der den 8. Febr. 1741. gestorben ist.

Der Graf von Seckendorf wird zwar in der Lebensgeschichte Friedrich Wilhelms, Königs von Preußen nicht zum besten geschildert, man kann ihm aber doch nicht allen Ruhm absprechen. Er hat als Officier und General jederzeit sich wohl verhalten, ob er gleich als Chef von ganzen Armeen nicht allzu glücklich gewesen, auch mancherley

ley bittere Vorwürfe sich zugezogen. Er war von ansehnlicher Leibes-Gestalt, und hatte ein kriegerisches Ansehen, das aber in seinen letztern Jahren wegen seines hohen Alters ins Kindische fiel. Da er von Jugend auf ein Soldat gewesen, so hatte er auch nicht die Manieren eines Hofmanns an sich, doch war er zu Staatshandlungen nicht ungeschickt, ob er gleich nicht allemal das rechte Ziel getroffen. Er hielt mit gemäßigter Schärfe gute Mannszucht. Von Pracht und Verschwendung hielt er nichts, war aber ein großer Liebhaber von bauen, und ob er gleich nicht gar zu kostbare Gebäude aufführete, so verschwendete er doch viel Geld durch unnütze Gebäude, wobey er insgemein öconomische Absichten hatte, die aber, weil sie auf keine bewährte Haushaltungs-Regeln sich gründeten, nicht erreicht werden konnten. Er legte einen weitläuftigen Lustgarten an, und verschaffte seinem Gute Meuselwitz Marktrecht und andere Vortheile, welches alles sein Gedächtniß bey seinen Unterthanen auf lange Zeit erhalten wird. Sein ehrwürdiges Alter, zu welchem er nach so vielfältig ausgestandenen Fatiqven gelanget, macht ihn in der Geschichte dieses Jahrhunderts so merkwürdig, daß man ihn billig vor das einzige Exempel in seiner Art halten und sein Andenken um so viel mehr in den Jahrbüchern unserer Zeit verewigen muß.

II. Von

II.
Von dem neuen Ungarischen Ritter-Orden St. Stephani, sammt dem Verzeichniß aller itzigen Ritter des güldenen Vließes und Groß-Creutze des Theresien-Ordens.

Die hohen Ritter-Orden vermehren sich fast jährlich. Alle Reiche sind damit so sehr versehen, daß in vielen derselben sich deren mehr als einer befindet. Sie dienen nicht nur zur Zierde des Hofs, sondern sind auch Belohnungen der Dienste, die Generals und Ministers ihren Souverains mit besonderer Treue leisten. Sie muntern andere zu gleichem Dienst-Eyfer auf, und geben denen hohen Regenten Gelegenheit, ihren Hof-Staats-und Kriegs-Bedienten, welchen sie vor andern geneigt sind, öffentliche Zeichen ihrer Gunst und Hochachtung auf eine so distincte Weise zu geben, daß sie selbige dadurch gleichsam in ihre Brüderschaft aufnehmen.

Der Hof zu Wien pranget bereits mit etlichen hohen Ritter-Orden. Nicht nur der berühmte Orden des güldenen Vließes wird wegen der Burgundischen Lande an demselben ausgetheilet, sondern es hat auch die itzt glorwürdigst regierende Käiserin-Königin, Maria Theresia, nach dem herrlichen Siege, den ihre Völker am 18. Jun. 1757. wider einen mächtigen Feind bey Kollin

Kollin erhalten, einen sogenannten Marien Theresien = Orden gestiftet, der an wohlverdiente Kriegs = Personen ausgetheilt wird. Nichts destoweniger hat eben diese große Monarchin auch im Jahr 1764. einen neuen Ritter = Orden in Ansehung ihres Königreichs Ungarn gestiftet, in welchem Reiche bisher sich noch kein Ritter = Orden befunden, und da der heil. Stephanus der himmlische Schutz = Patron von der Ungarischen Nation ist, so hat es derselben beliebt, solchen Orden von diesem Heiligen zu benennen.

Die erste Nachricht davon wurde zu Preßburg bey dem Königlichen Locumtenential = Rathe bekannt gemacht. Es hieß, es hätten Ihro Käiserliche Königliche Apostolische Majestät einen mit ausnehmenden Vorrechten versehenen Civil = Ritter = Orden unter dem Titel: des heil. Stephani, ersten Apostolischen Königs, zur öffentlichen Belohnung vorzüglicher Verdienste zu errichten allergnädigst geruhet. Das Großmeisterthum dieses Ordens wolten Ihre Majestät, als König in Ungarn, in eigener allerhöchster Person selbst auf sich nehmen und diese Würde mit der Königl. Ungarischen Krone auf immerdar verknüpfen und vereinigen.

Es kamen alsdenn gewisse Ordens = Constitutiones in Druck, darinnen die Beschaffenheit, Gesetze und Gebräuche dieses neuen, oder vielmehr, wie es hieß, erneuerten Ordens umständ-

Claſſen eingetheilet werden ſolten, nämlich in Groß-Creutze, Commandeurs und Klein-Creutze. Die Anzahl der erſten wurde auf 20, der zweyten auf 30, und der dritten auf 50, feſte geſetzet, und ſolchemnach ſollte dieſe vornehme Geſellſchaft, jedoch die wohlverdienten geiſtlichen nicht mit darzu gerechnet, in allem, wenn ſie vollſtändig wären, aus 100 Perſonen beſtehen. Es ſollte aber jede Claſſe dieſer Ordens-Ritter nicht nur durch ihre Ordens-Kleider und Zeichen, ſondern auch durch die, einer jeden beſtimmten, beſondern Vorzüge von den andern Claſſen unterſchieden ſeyn. In dieſen Orden ſollten alle, die mit hinlänglichen Requiſitis und Verdienſten verſehen wären, ohne Anſehen der Nation auf- und angenommen zu werden, die Ehre genüſſen. Die feyerliche Aufnahme in dieſen Orden ſollte vor dem Königl. Throne, und zwar mit großen, und der Hoheit und Würde Ihro Käiſerl. Königl. Apoſtoliſchen Majeſtät, als dem Allerdurchlauchtigſten Großmeiſter, gemäßen, Ceremonien verrichtet werden.

Den 5ten und 6ten May wurde das Feſt des erneuerten Ritter-Ordens St. Stephani mit beſonderer Feyerlichkeit zu Wien begangen. Die vornehmſten Umſtände beſtehen in folgenden: Am 5ten wurde von der Käiſerin-Königin das erſte Ordens-Capitul gehalten, wobey der Römiſche König, als Erb- und Kron-Prinz von Ungarn, in der Retirade das Ordens-Zeichen aus Dero Hand empfieng. Um 5 Uhr wurden die Ordens-Candidaten, nachdem ſie

das

das Ordens-Kleid angezogen, von dem Herolde in die geheimde Raths-Stube, wo das Ordens-Capitul gehalten wurde, berufen und ihnen die Ordens-Statuta vorgelesen.

Den 6ten war der Receptions-Tag, da die neuen Ordens-Glieder aufgenommen und installirt wurden. Es geschahe diese feyerliche Handlung in dem großen Saale, wo vor die Käiserin-Königin, als Durchlauchtigste Großmeisterin, ein 4 Stufen hoher und mit einem Goldstoff belegter Thron unter einem Baldachin aufgerichtet war, welcher zur Seite der Römische König als Kron- und Erb-Prinz von Ungarn, saß. Der ganze Saal war mit hohen Standes- und Adels-Personen angefüllt und nichts schöneres zu sehen, als die Durchl. jungen Herrschaften auf einem Balcon. Neben dem Throne auf den untersten Staffeln stunden die *Barones Regni* oder obersten Kron-Officiers des Königreichs Ungarn, welche bey diesem Actu die ersten Hof-Aemter verrichteten.

Dieses waren:

1. Nicolaus, Graf Palfy von Erdöd, Curiae Regiae Magister oder Königl. Ungarischer Obrist-Hofmeister.
2. Carl Paul, Graf Palfy von Erdöd, Ianitorum Regalium Magister, oder obrister Thürhüter;
3. Paul, Graf Balaßa von Gyarmath, Pincernarum Regalium Magister, oder oberster Mundschenke.

4. Anton,

4. Anton, Graf Graßalkovich von Gya-rak, Agasonum Regalium Magister, oder Obrist-Cämmerer, welcher zugleich als Königl. Hofmarschall das bloße Schwerdt vortrug und selbiges neben dem Throne empor hielt.
5. Emericus, Graf von Bathyan, Dapiferorum Regalium Magister, oder oberster Truchseß.

So war auch der Bannus der Königreiche Dalmatien, Croatien und Sclavonien, Franz, Graf Nadasti, General-Feld-Marschall, der Hauptmann der Ungarischen adelichen Leib-Garde, Nicolaus, Graf Esterhasy, nebst andern Ungarischen Herren zugegen. Um den Thron herum wurde von der gedachten Ungarischen Leib-Garde ein halber Krantz geschlossen. Alle Anreden und Antworten, wie auch die Vorlesung der Ordens-Regeln wurden in Lateinischer Sprache verrichtet. Als die Käiserin-Königin den Rittern das Ordens-Zeichen von dem Throne herab überreichte, sprach sie jedesmal folgende Worte:

Accipe signum Ordinis Equitum S. Stephani, publicum meritorum tuorum (an einen Groß-Kreutz war noch das Wort singularium dabey) testimonium ac praemium, istudque semper adspensum gerito, ut nempe quid Deo, Nobis, Domuique nostrae debeas, honoris, quem a Nobis hodie accepisti, Insigni (an die Groß-Kreutze hieß es Magnitudini) monitus nunquam ignorare passis, d. i. „Nimm hin das Zeichen

„des

„des Ritter-Ordens des heil. Stephani, als ein
„öffentliches Zeichen und Belohnung deiner (be-
„sondern) Verdienste, trage solches stets an dir,
„damit du durch dieses (große) Ehrenzeichen,
„das du von uns heute empfängst, errinnert wer-
„dest, niemals zu vergessen, was du Gott, Uns
„und Unserm Hause schuldig bist.„ Voritzo wurden nicht mehr, als 4 Groß-Creuße, 8 Commandeurs und 6 Ritter creirt.

Die Groß-Creuße sind:

1. Franciscus, Graf Barkoczy von Szala, Erz-Bischof von Gran, Primas des Königreichs Ungarn, Käiserl. Königl. würklicher geheimer Rath, zugleich Ordens-Prälate.
2. Ludovicus, Graf Batthyany, Käiserl. Königl. würklicher geheimer Rath und Palatinus des Königreichs Ungarn.
3. Franciscus, Graf Esterhasy von Galantha, Käiserl. Königl. würklicher geheimer Rath und Königl. Ungarischer Hof-Canzler, zugleich Ordens-Canzler.
4. Carl Friedrich, Graf von Hatzfeld, Käiserl. Königl. würklicher geheimer Rath, Präsident der Deutsch-Erbländischen Credit- wie auch der Ministerial-Banco-Deputation, auch Director der General-Casse.

Die Commandeurs:

1. Joh. Carl, Graf Chotek von Chotkowa, Käiserl. Königl. würklicher Geheimer- und Hof-Kriegs-Rath, General-Feld-Zeugmeister und General-Kriegs-Commissarius.

2. Leo-

Ritter-Orden, St. Stephani, ꝛc.

2. **Leopold**, Graf Palfy von Erdöd, Käiſerl. Königl. würcklicher geheimer Rath und General-Feld-Marſchall.

3. **Heinrich Cajetan**, Graf von Blümegen, Käiſerl. Königl. würklicher Geheimer Rath und Staats-Miniſter in ſiunländiſchen Geſchäften.

4. **Ludwig Friedrich**, Graf von Zinzendorf, Käiſerl. Königl. würklicher geheimer Rath und Präſident der Hof-Rechnungs-Cammer.

5. **Johann Wenzel**, Graf von Paar, Käiſerl. Königl. würklicher Geheimer Rath und oberſter Reichs-Hof- auch Oeſterreichiſcher General-Erbland-Poſtmeiſter.

6. **George**, Graf Feckete von Galantha, Käiſerl. Königl. würklicher Geheimer Rath und Königl. Ungariſcher Vice-Canzler.

7. **Joh. Chriſtoph**, Freyherr von Bartenſtein, Käiſerl. Königl. würklicher geheimer Rath und Königl. Böhmiſcher auch Oeſterreichiſcher Vice-Canzler.

8. **Joh. Anton**, Graf von Pergen, Käiſerl. Königl. würklicher geheimer Rath und bevollmächtigter Miniſter in den Ober- und Nieder-Rheiniſchen Kräyſen, auch bey der letzten Römiſchen Königs-Wahl geweſener Chur-Böhmiſcher zweyter Wahl-Bothſchafter.

Die Ritter:

1. **Friedrich**, Freyherr Binder von Kriegelſtein, Käiſerl. Königl. Staats-Rath und geheimer Staats-Referendarius.

2. Franz

2. Franz Xavier, Freyherr Koller Nagy-Manya, Käiserl. Königl. geheimer Rath und Königl. Personalis Praesentiae Regiae Locumtenens im Königreiche Ungarn.

3. Egidius Valentin, Freyherr von Borie, Käiserl. Reichs-Hofrath in innländischen Geschäften und gewesener Chur-Böhmischer dritter Wahl-Bothschafter.

4. Anton, Graf Esterhasy von Galantha, Kayserl. Königl. würklicher Cämmerer, Sohn des Fürsten Esterhasy, gewesenen ersten Chur-Böhmischen Wahl-Bothschafters.

5. Johann, Graf Forgacz von Gyhmes, Käiserl. Königl. würklicher Cämmerer.

6. Der Graf von Keglevich, Käiserl. Königl. würklicher Cämmerer und Ordens-Secretarius.

Die zwey übrigen Ordens-Officianten sind:

1. Christoph von Niczky, Königl. Ungarischer Hof-Rath und Referendarius, Ordens-Herold.

2. Ladislaus Balogh, Rath bey dem Königl. Consilio Locumtenentiali, Ordens-Schatzmeister.

Bey der darauf gehaltenen Mittags-Tafel speiseten beyde Majestäten, die Käiserin-Königin und der Römische König in den Ordens-Kleidern allein, wobey blos Cammerherren von der Ungarischen Nation aufwarteten. Die 4 Groß-Creutze speiseten an einer andern Tafel. Der Erz-Bischoff von Gran sprach

das

das Tisch-Gebeth und der Ordens-Herold blieb während der Tafel mit bedecktem Haupte und seinem Herolds-Stabe in der Hand bey derselben stehen.

Das Ordens-Zeichen der Groß-Creutze, wenn sie an den Fest-Tagen des Ordens öffentlich erscheinen, oder sonst als dessen Mitglieder nach Hofe berufen werden, bestehet in einer breiten goldenen Kette, die aus verschiedenen Gliedern zusammen gefüget ist, welche aus den Anfangs-Buchstaben der Namen S. Stephani und Mariae Theresiae wechselsweise gebildet und jedesmal von der darzwischen laufenden Königl. Ungarischen Krone von einander getheilet sind. Diese Kette schließt sich in der Mitten mit einem Schildlein, worauf ein goldener Adler, als das Sinnbild des Durchlauchtigsten Hauses Oesterreich, fliegend mit dem Sinnspruche: *stringit amore*, vorgestellet wird, und woran das Ordens-Creutz hänget. Uebrigens tragen sie, sie mögen weltlichen oder geistlichen Standes seyn, auf der Brust einen mit Silber gestickten Stern, in dessen Mitten ein Crantz von Eichenlaub und darinnen das Ordens-Creutz zu sehen ist. Wenn sie nicht in Ceremonien-Kleidern erscheinen, tragen sie das Ungarische Creutz an einem carmesin-rothen breiten Bande von der rechten Schulter zur linken Seite herab. Solches ist von rother Seite mit einem grünen Streife an beyden Enden. Die Commandeurs tragen dieses Ordens-Creutz an einem Bande auf der Brust, und die Ritter an dem Knopfloche.

Die Ordens-Kleidung der sämmtlichen Ritter bestehet in einem Unterkleide von carmesinrothen Sammet, welches vorne beynahe den ganzen Fuß bedecket, unten her auf beyden Seiten offen und mit Hermelin ausgeschlagen ist. Ueber dieses tragen sie einen langen Oberrock oder Ritter-Mantel von grünen Sammet, auch mit Hermelin verbrämet und mit carmesinrothen Taffet gefüttert. Derselbe ist mit weiten, unten her zugespitzten und offenen Ermeln versehen, und hat eine lange Schleppe. Um die Schultern gehet ein breiter Kragen von grünen Sammet mit Hermelin verbrämt. Die Mütze, oder der Ordens-Hut, ist von rothen Sammet, hat einen Umschlag von eben demselben Pelzwerke, und ist auf der rechten Seite mit Reiger-Federn gezieret, die in einer roth und grün geschmelzter Seide stecken. Ob zwar die Verschiedenheit der Ordens-Creutze und ihres Gehänges hauptsächlich den Unterschied der drey Classen von Groß-Creutzen, Commandeurs und Rittern bestimmet, so werden sie doch auch durch die Stickerey der sonst ganz gleichen Kleidung von einander unterschieden. Dieselbe ist von Golde, und stellet theils künstlich, theils natürlich in einander gewundene Eichenblätter vor, als von welchem Laube bey den alten Römern die Kränze für die, um das gemeine Wesen wohlverdienten, Bürger geflochten zu werden pflegten. Die Leiste oder Einfassung dieser Stickerey ist bey jeder der drey Classen nach deren Range breiter oder schmäler, das rothe Unterkleid aber der Groß-Creutze mit Eichenlaube durchaus gestickt; gleichwie denn auch

auch die Käiserin als Ordens-Großmeisterin ein solches tragen.

Das Ordens-Zeichen, das sie über ihre eigene Kleidung an einem carmesinrothen grün eingefaßten Bande tragen, ist ein ganz goldenes Creutz mit 8 Ecken, bis an den Rand grün geschmolzen. In der Mitten siehet man ein roth geschmolzenes Schildlein, welche beyden Farben dem Königreiche Ungarn in Ansehung desselben Wappen-Schildes eigen sind. In diesem Schilde stehet ein silbernes gedoppeltes oder so genanntes Apostel-Creutz auf einer goldenen Crone, womit ein grüner Hügel gedeckt ist, und dieses zum Andenken des, von dem heil. Könige Stephano, als Apostel seines Volks und Ordens-Patrone, erhaltenen und von der jetzt regierenden Käiserl. Königl. Majestät wieder erneuerten Titels eines Apostolischen Königs. Neben dem Creutze sind die zwey Anfangs-Buchstaben der Käiserin-Königin Namens M. T. und die Umschrift: *Publicum Meritorum Præmium*. zu lesen. Auf der Rückseite dieses Creutzes stehen in einem Kranze von Eichenblättern in einem weissen Felde folgende Worte: *Sancto Stephano Regi I. Apostolico.*

Man hat auf diesen neuen heil. Stephans-Orden, der aber mit dem Toscanischen Stephans-Orden, davon der itztregierende Käiser, als Großherzog von Toscana, Großmeister ist, folgende Denk-Münze geprägt: Auf der fördern Seite wird die glorwürdigste Käiserin-Königin in dem Ordens-Kleide, als Großmeister dieser

Ritter-Gesellschaft, stehend, und ein Ordens-Band mit dem anhangenden Kreuße darbietend, vorgestellt. Unter diesem letztern stehet das Wort *Meritis*, um dadurch anzuzeigen, daß der Orden allein zur Belohnung sonderbarer Verdienste um den König und den Staat, gewidmet sey. Der Inhalt der Umschrift ist: *Ordinis S. Stephani I. Regis Apost. solemnia restituta An. MDCCLXIV.* Das Sinnbild der Rück-Seite ist ein Adler, der in der Luft über dem Ungarischen Wappen schwebet. Dasselbe bestehet, wie bekannt, in einem gedoppelten Creuße auf einem gekrönten dreyfachen Hügel. Umher lieset man: *His tuta sub alis*, und die Worte des Abschnittes: *Floret honore novo*, deuten auf die Erneuerung des Ordens.

Ich will bey dieser Gelegenheit ein Verzeichniß aller iztlebenden Osterreichischen Ritter des güldenen Vließes mittheilen.

Das Oberhaupt:

Franciscus I. Römischer Käiser, Mitregente der Oesterreichischen Lande und Großherzog von Toscana ꝛc. 1740.

Die Ritter:

1. Emanuel, Infant von Portugall, den 27. Dec. 1721.
2. Claudius, Fürst von Ligne, eod.
3. Franciscus Maria, Herzog von Modena, den 29. Nov. 1731.
4. Ludovicus von St. Severino, Fürst von Bisignano, eod.

5. Anton Ptolomäus, Fürst von Trivulzio, eod.
6. Adrian Caraffa, Fürst von Trajetto, eod.
7. Joseph, Fürst von Schwarzenberg, den 10. Jun. 1732.
8. Carl, Herzog von Würtemberg, den 30. Nov. 1739.
9. Joseph Friedrich, Prinz von Sachsen-Hildburghausen, eod.
10. Heinrich, Fürst von Auersberg, eod.
11. Joseph Wenzel, Fürst von Lichtenstein, eod.
12. Johannes, Marchese von Pesora, eod.
13. Nicolaus Leopold, Fürst von Salm, eod.
14. Lucius, Graf von Sangro, eod.
15. Michael Johann, Graf von Althann, eod.
16. Joseph II. Römischer König, Erzherzog von Oesterreich, gleich nach seiner Geburt den 13. März, 1741.
17. Corfitz, Graf von Ulfeld, den 6. Jan. 1744.
18. Ludwig Ernst, Graf Batthiany, eod.
19. Rudolph Joseph, Fürst von Colloredo, eod.
20. Joh. Joseph, Fürst von Khevenhüller, eod.
21. Emanuel, Herzog von Tarouca, eod.
22. Joh. Wilhelm, Graf von Sinzendorf, eod.
23. Carl Maximilian, Fürst von Dietrichstein, den 29. Nov. 1749.
24. Emanuel, Fürst von Lichtenstein, eod.
25. Alexander Ferdinand, Fürst von Thurn und Taxis, eod.
26. Joh. Wilhelm, Fürst von Trautson, eod.
27. Carolus, Fürst Batthiany, eod.
28. Wenzel Anton, Fürst von Kaunitz, eod.
29. Ferdinand, Graf von Harrach, 30. Nov. 1750.

30. Hercules Rainaldus, Erb-Prinz von Modena, den 5. Aug. 1753.
31. Wilhelm Reinhard, Graf von Neiperg, den 30. Nov. 1753.
32. Franz Joseph von Choiseul, Marqvis von Stainville, eod.
33. Ludwig Ferd. Gasto, Herzog von Croy, eod.
34. Leopold, Graf von Daun, eod.
35. Joh. Lucas, Graf Pallavicini, eod.
36. Philippus Sforza, Marchese von Caravaggio, eod.
37. Franciscus, Graf von Caprara, eod.
38. Peter Leopold, Erzherzog von Oesterreich, den 3. Oct. 1755.
39. Carl Leopold, Herzog von Aremberg, den 6. März, 1757.
40. Carl Johann Philipp, Graf von Cobenzl, den 15. Aug. 1759.
41. George Adam, Graf von Stahrenberg, eod.
42. Constantin, Landgraf von Hessen-Rothenburg, den 29. Nov. 1759.
43. Augustin, Fürst Chigi, eod.
44. Carl Emanuel, Fürst von Gavre, eod.
45. Friedrich Wilhelm, Graf von Haugwitz, eod.
46. Nicolaus, Graf Palfy, eod.
47. Philipp Krackowski, Graf von Kolowrat, eod.
48. Carl Adam, Graf von Breuner, eod.
49. Rudolf, Graf von Choteck, eod.
50. Anton George, Marchese Clerici, eod.
51. Alexander, Fürst Ruspoli, eod.
52. Friedrich, Prinz von Pfalz-Zweybrücken, den 6. Jan. 1760.

53. August George, Marggraf von Baden-Baden, den 8. Nov. 1762.
54. Albert, Königl. Prinz von Pohlen und Sachsen, den 12. Febr. 1763.
55. Ferdinand, Erzherzog von Oesterreich, den 4. April, 1763.
56. Maximilian, Erzherzog von Oesterreich, eod.
57. Nicol Joseph, Fürst Esterhasy von Galantha, den 27. Dec. 1763.
58. Philipp, Graf von Künigl, eod.
59. Ferdinand Carl, Graf von Linden und Aspermont, eod.
60. Adam Philipp, Graf von Losy, eod.
61. Rudolph, Graf von Korsenski, eod.
62. Franz Leopold, Graf von Buquoy, eod.
63. Franz Philipp, Graf von Sternberg, eod.
64. Lucas Franz Erba Odeschalchi, Herzog von Bracciano, eod.
65. Carl, Graf von Firmian, eod.
66. Carl, Graf von O-Gara, eod.
67. Anton Barbian, Graf von Belgiojoso, eod.

Die itzigen Groß-Creutze des Maria-Theresien-Ordens.

Das Oberhaupt:

Franciscus I. Römischer Käiser, 1758.

Groß-Creutze.

1. Leopold, Graf von Daun, General-Feld-Marschall, den 7. März, 1758.
2. Franz, Graf Nadasti, General-Feld-Marschall, eod.

3. Andreas, Graf von Haddick, General der Cavallerie, eod.

4. Claudius von Sincere, General-Feld-Zeugmeister, den 4. Dec. 1758.

5. Gideon, Freyherr von Laudohn, General-Feldzeugmeister, eod.

6. Carl, Herzog von Aremberg, General-Feld-Zeugmeister, eod.

7. Ernst Dietrich, Graf von Marschall, General-Feld-Marschall, eod.

8. Franz Moriz, Graf von Lascy, General-Feld-Zeugmeister, eod.

9. Friedrich, Prinz von Pfalz-Zweybrücken, General-Feld-Marschall, den 3. Jan. 1760.

10. Johann, Graf von Maquire, General-Feld-Zeugmeister, eod.

11. Levin, Freyherr von Beck, General-Feld-Zeugmeister, eod.

12. Friedrich George Heinrich, Graf von Wied, Gen. Feld-Zeugm. den 22. Dec. 1761.

13. Carl, Graf von Odonell, General der Cavallerie, eod.

14. Adolph, Freyherr von Buccow, General der Cavallerie, eod.

15. Joseph Baptista von Gribauval, Gener. Feld-Marschall-Lieutenant, den 28. Oct. 1762.

16. Ernst Friedrich Alexander, Graf Giannini, General Feld-Marschall-Lieutenant, eod.

17. Joseph von Brentano, General-Feld-Marschall-Lieutenant, den 11. Nov. 1763.

18. Christian Philipp, Prinz von Löwenstein, General der Cavallerie, eod.

III.

III.
Einige jüngst geschehene merkwürdige Todes-Fälle.

a) im März 1764. *)

IV. Philipp York, Graf von Hardwick,
Pair von Großbritannien, starb den 6. März zu London in dem 72sten (andere sagen im 82sten) Jahre seines Alters. Er war ein großer Rechtsgelehrter, und gelangte nach und nach zu den höchsten Ehren-Stellen im Königreiche. Nachdem er einige Jahre General-Procureur gewesen, ward er im Dec. 1733. zum Ober-Richter der Königl. Bank und Mitgliede des Geheimden Raths ernennet, auch unter dem Tittel eines Lord Hardwiks zum Pair von Großbritannien creirt. Den 6. März 1737. ernennte ihn der König zum Groß-Canzler von Großbritannien, nachdem er bereits während der Krankheit des letztverstorbenen Groß-Canzlers, Lords Talbot, desselben Stelle im Oberhause versehen. Durch diese ansehnliche Bedienung wurde er über alle Pairs von Großbritannien, nur den Erzbischoff von Canterbury ausgenommen, erhoben, und von dieser Zeit an, so lange er diese hohe Charge bekleidet, zu allen Staats- und Regierungs-Geschäften gezogen, wie er denn sowohl die Handlungs-Irrungen mit Spanien

*) S. Fortges. G. H. Nachr. Th. 40. S. 312.

Spanien 1738. zu einem Vergleiche zu bringen gesucht, und deßhalben den 9. Sept. die Präliminar-Artickel zu dem Conventions-Tractate, der den 14. Jan. 1739. zu Pardo in Spanien unterzeichnet worden, entwerfen und schliessen, als auch mit dem Könige in Preußen die Allianz-Tractate vom 18. Nov. 1742. und 16. Jan. 1756. zu Westmünster zu Stande bringen helfen. Er hatte auch die Ehre, von dem Könige zum Hlgh-Steward oder Obristen Hofrichter ernennet zu werden, als im Aug. 1746. die Grafen von Kilmarnock und Cromartie, wie auch der Lord Balmerino vor der Cammer der Pairs wegen beschuldigten Hochverraths gerichtet und verurtheilt wurden, welches auch im März 1747. in Ansehung des Lords Lovat geschahe. Er hat auch während der Bekleidung seiner Groß-Canzler-Würde sich allezeit unter den Lords-Regenten befunden, die in Abwesenheit des Königs, wenn er sich in Deutschland aufgehalten, die Regierungs-Geschäfte besorget. Den 16. Jul. 1749. ward er zum Groß-Seneschall der Universität Cambridge erwählt, welche Stelle der Herzog von Newcastle aufgegeben hatte. Im Jahr 1754. wurde er zum Grafen von Hardwick und Vicomte von Royston erhoben, nachdem er nach überstandener Krankheit den 1. April zum erstenmale wieder im Oberhause erschienen. Den 4ten dieses nahm er in dieser Qvalität unter denen Grafen Siß, bekleidete aber noch die Groß-Canzler-Würde bis den 18. Nov. 1756. da er solche niederlegte, aber ein Mitglied des Königl. Geheimden Raths blieb, daher er auch sich unter denen Ministers

nisters befand, die den 11. Apr. 1758. zu London den neuen Subsidien-Tractat mit dem Könige in Preußen unterzeichneten. Der jetzige König, George III. der den 25. Oct. 1760. den Thron bestieg, bestätigte ihn in der Geheimden-Raths-Würde. Nachdem er den 22. Sept. 1761. der Königl. Krönung beygewohnet hatte, legten der Staats-Secretair, Wilhelm Pitt, und der geheime Siegel-Verwahrer, Graf von Temple, ihre Chargen nieder, da denn die erste Stelle dem Grafen von Hardwick angetragen wurde, der sie aber aus Neid und Verdruß über den Königl. Liebling, Grafen von Bute, (als um deßwillen auch jene ihre Bedienungen niedergelegt hatten), ausschlug. Den 12. Aug. 1762. wurde er nebst einigen andern Lords zu Beywohnung der Niederkunft der Königin, die mit ihrem ersten Prinzen entbunden wurde, gefordert. Er ist nach der Zeit nicht viel weiter nach Hofe gekommen, und hat stets die Parthey des alten abgegangenen Ministerii gehalten. Von seiner Gemahlin, deren Namen aber nicht bekannt ist, hat er 5 Söhne hinterlassen; nemlich: 1) Philipp Yorck, Vicomte Royston, der ihm nunmehro in seinen Titeln und Gütern als Graf von Hardwick folget, 2) Carl Yorck, der vor kurzen die General-Procurator-Stelle resignirt hat, 3) Joseph Yorck, der General-Lieutenant und Gesandter im Haag ist, 4) Johann Yorck, ein Parlaments-Glied wegen Nottingham, und 5) D. Jacob Yorck, der den geistl. Stand erwählet hat. Von den Töchtern sind ihrer zweye bekannt, davon

von die ältere den 6. May 1748. mit dem Admiral, Lord George Anson, vermählt worden, aber kurz vor dem Vater als Witwe gestorben ist; die jüngere aber, Margaretha, bekam den 3. Jul. 1749. den jüngern Ritter, John Heathcote, zum Gemahl. Der verstorbene Graf hat wegen seiner vortreflichen Eigenschaften ein allgemeines Bedauern mit ins Grab genommen, und, wie man sagt, mehr als 600000. Pf. Sterlings hinterlassen.

V. George Parker, Graf von Macclesfield, Pair von Großbritannien, General-Einnehmer der Schatz-Cammer, und Präsident der Königl. Societät der Wissenschaften, starb den 18. März zu London in einem ziemlich hohen Alter. Er war der einzige Sohn des Ritter Thomas Parker, der als ein großer Rechtsgelehrter 1710. zum Ober-Richter der Königl. Bank, und 1718. unter dem Titel Lord Parker zum Pair von Großbritannien und Groß-Canzler ernennet, 1721. aber zum Grafen von Macclesfield creirt, jedoch 1725. wegen begangener Malversationen nicht nur der Groß-Canzler-Würde entsetzet, sondern auch in den Tower gebracht wurde, wo er so lange, bis er die zuerkannte Geld-Strafe von 30000. Pf. Sterlings erlegt, sitzen müssen. Er starb den 9. May 1732. Sein Sohn war bereits 1724. General-Einnehmer der Schatz-Cammer und Vorsteher des Findelhauses zu London, als er seinem Vater in seinen Titeln und Gütern folgte. Er hat zu Cambridge studirt und sich sonderlich auf die Mathematischen Wissenschaften, vornehmlich aber auf die Astronomie, mit großem Fleiß gelegt. Er baute zu Wannstedt unweit Orford auf eigene Kosten ein schönes Observatorium, darauf er viele wichtige Observationes gemacht. Sonderlich arbeitete er viele Jahre an der Verbesserung des Calenders in Engelland, und zog deßhalben viele gelehrte Astronomos zu Rathe, um den Englischen Calender auf den Fuß zu setzen, wie er in den andern Europäischen Ländern eingeführt ist. Es gelung ihm auch, diese Sache glücklich zu Stande zu bringen. Nachdem solche den 18. März 1750. in einer weitläuftigen und wohlgesetzten Rede *), die er mit allgemeinem Beyfall hielt, dem Oberhauße fürgetragen, verzog sichs zwar über Jahr und Tag, ehe darüber gerathschlaget wurde, bis endlich der Graf von Chesterfield den 8. März 1751. diese Sache in einer sogenannten Bille vor das Oberhauß brachte, da sie denn zum erstenmale verlesen wurde. Es war diese Bille mit vielen Astronomischen Anmerkungen begleitet und nach dem Wunsche vieler Kenner abgefasset. Sie verursachte aber doch vielen Widerspruch. Allein der Graf von Chesterfield, dessen Munde und Feder es wenige im Königreiche zuvor thun können, gab durch eine wohlgesetzte Rede der Sache den Ausschlag und seine Gründe erhielten im Parlamente einen allgemeinen Beyfall. Den 3. April wurde

*) Man findet sie von Wort zu Wort ins Deutsche übersetzt in dem Neuen Staats-Secretario P. XXX. p, 519. sq.

wurde die Bille im Oberhause zum drittenmale verlesen und gut geheissen, worauf man sie ins Unterhaus schickte, da selbige am 8ten dieses zum erstenmale gelesen wurde. Sie wurde darauf ebenfalls gut geheissen und alsdenn als eine Parlaments-Acte von dem Könige bestätiget. Nach solcher hat man im Sept. 1752. dem neuen Calender angefangen und nach dem 2ten Sept. 11 Tage weggelassen, folglich nach dem 2 Sept. gleich den 14ten dieses Monats zu zählen angefangen, um hierdurch mit den andern Nationen in eine Gleichheit zu kommen; wiewohl die Engelländer sich doch nicht durchgängig darnach richten. Seiner grossen Astronomischen Wissenschaft wegen ward er nicht nur den 4. Dec. 1749. zu Berlin, und im Jul. 1755. zu Paris in die Königl. Academie der Wissenschaften aufgenommen, sondern auch den 30. Nov. 1752. zum Präsidenten der Königl. Societät der Wissenschaften zu London, von welcher er schon längst ein Mitglied gewesen, erwählet. Im Jahr 1754. erfand er ein Experiment, das Nordlicht nachzumachen, und dadurch die noch unbekannten Ursachen dieser Natur-Erscheinung zu entdecken. Er hat von seiner ersten Gemahlin, Maria Lane, einer reichen Kaufmanns-Tochter, die er 1722. geheyrathet, aber 1733. durch den Tod wieder verlohren, einen Sohn hinterlassen, der bisher der Lord Thomas Parkes geheissen. Er hat den 12. Oct. 1723. das Licht der Welt erblickt, und ist nunmehro dem Vater in dessen Gütern und Titeln als Graf von Macclesfield gefolget. Seit dem

12. Nov. 1749. hat er die Tochter des Ritters Heathcote zur Gemahlin. Die andere Gemahlin des Vaters starb im Jun. 1753. ich kann aber nicht sagen, wie sie geheissen. Ob er sich hernach zum drittenmale wieder verheyrathet, ist mir ebenfalls nicht bekannt.

VI. **Philipp Wilhelm Lucas**, Freyherr von Ried, Herr zu Heddernheim, Chur-Maynzischer würklicher geheimer Rath, General-Feld-Zeugmeister, Obrister über 2 Regimenter zu Fuß und Gouverneur der Residenz-Stadt und Vestung Maynz, starb den 8. März zu Maynz im 87sten Jahre seines Alters. Er stammt aus einem alten Reichsritterl. Geschlechte her, und hat anfangs in Käiserl. Diensten gestanden, worinnen er Obrister und General-Quartiermeister, worden. Er trat nachgehends als General-Major in Chur-Maynzische Dienste, ward Commendante zu Erfurt und erhielt nachgehends den Character eines General-Feld-Marschall-Lieutenants. Im Jahr 1748. starb der alte General, Baron von Leyen, worauf er den 9. Jul. das Gouvernement von Maynz erhielt, auf welches er schon die Anwartschaft gehabt. Er wurde darauf würklicher geheimer Rath und General-Feld-Zeugmeister, in welcher Qvalität er auch gestorben. Von seiner Familie ist mir nichts bekannt.

VII. **George, Lord Cholmondeley**, starb den 16. März zu London im 36sten Jahre seines Alters. Er war der älteste Sohn des Grafens George von Cholmondeley, Pairs von Großbritannien

tannien, der sonst der Vicomte von Malpos hieß, und bey dem verstorbenen Prinzen von Wallis, des itzigen Königs Vater, Ober-Stallmeister und zugleich ein großer Favorite desselben war. Seine Mutter, Maria Walpole, des berühmten Ritters Robert Walpole, der als Graf von Orford gestorben, Tochter, brachte ihn den 17. Oct. 1728. zur Welt. Er begab sich jung in Kriegsdienste und hat sich sowohl 1745. gegen die Rebellen in Schottland, als auch in dem letzten Kriege in Deutschland als Officier vorzüglich herfür gethan. Er war eine Ehre seines Hauses und Vaterlandes. Ob er vermählt gewesen, hat man nicht vernommen.

VIII. Hans Friedrich von Katt, Königl. Preußischer General-Lieutenant von der Cavallerie, starb den 29. März Abends an einem Steck-Flusse im 67sten Jahre seines Alters, nachdem er dem Königl. Hause über 50 Jahr treue Dienste geleistet. Er stammte aus einem alten adelichen Geschlechte im Magdeburgischen her, und war der älteste Sohn des 1743. verstorbenen Preußischen geheimden Raths und Cammer-Präsidentens, Christophs von Katt, seine Mutter aber, Ursula Dorothea, war eine gebohrne von Möllendorf. Seines Vaters Bruder, der alte Preußische Feld-Marschal, Graf von Katt, nahm ihn bey sein Cürassier-Regiment, bey welchem er den 3 Oct. 1730. Major, den 31. Jul. 1739. Obrist-Lieutenant, und den 14. May 1743. Obrister wurde. Im April 1747. ward er mit dem Rang, vom 2. Dec. 1743. zum General-Major, im Sept. 1747.
zum

merkwürdige Todes-Fälle.

zum Chef des Königl. Leib-Cüraßier-Regiments und den 22. May 1756. zum General-Lieutenant erklärt, in welcher Qvalität er noch in diesem Jahre in Sachsen zu stehen kam und der Schlacht bey Lowositz in Böhmen beywohnte. Im Jahr 1757. wohnte er dem Feldzuge in Böhmen und denen Schlachten bey Prag und Kollin bey, kam hernach in der Lausitz und in Schlesien zu stehen, befand sich bey der Schlacht unweit Breslau, und erhielt darauf bis zur Ankunft des Generals von Lestewitz das Interims-Commando zu Breslau, da eben solche Stadt von den Oesterreichern aufgefordert wurde. Da eben der General Lestewitz als neuernennter ordentlicher Commendante darzu kam, erfolgte die Uebergabe mit Accord, welches den König bewog, ihm noch vor Ausgang des Jahrs seine Erlassung zu geben. Er hat in dem ersten Schlesischen Kriege in den Schlachten bey Hohenfriedberg, Soor und Kesselsdorf viele Bravour bewiesen. Seine Gemahlin war eine gebohrne Gräfin von Truchseß aus Preußen, die ihm eine Tochter und einen Sohn, Frid. Chep. Heinrich, der Lieut. des Leib-Cüraßier-Regiments ist, gebohren. Der verstorbene Preußische Staatsminister und der 1757. verstorbene General-Major von Katt sind seine Brüder.

IX. Holger Scheel, Königl. Dähnischer geheimer Rath, Stifts-Amtmann über Seeland und Amtmann zu Rotschild, wie auch Ritter von Dannebrog, starb den 9. März zu Copenhagen im 65sten Jahre seines Alters. Er war den 2. April 1699. gebohren, und stammte aus einem

Mecklenburgischen Geschlechte her, davon eine Linie in den Dähnischen Grafen-Stand erhoben worden. Er ward Etats- und hernach Conferenz-Rath, wie auch Amtmann zu Nordburg auf der Insel Alsen. Den 31. März 1747. erhielt er den Dannebrogs-Orden. Im Nov. 1750. wurde er Stifts-Amtmann über ganz Seeland und Amtmann zu Rothschild, und im April 1755 erhielt er den Character eines geheimden Raths. Seine Gemahlin, mit welcher er sich 1729. vermählt, heist Rigitza Sophia, und ist die älteste Tochter Christians, Barons von Güldencron, auf Wilhelmsburg, der den 10. März 1745 als Dähnischer geheimder Rath gestorben ist. Sie hat ihm 4. Söhne und 3. Töchter gebohren. Im März 1740. hieß es, *) sie wären insgesammt mit ihren Eltern auf der See ertrunken, so sich aber falsch befunden.

X. Herrman Friedrich Heinrich Gottlob Ernst, Graf von Schönburg-Glaucha, starb den 15 März im achten Monathe seines Alters. Er war der jüngste Sohn des Grafens Albert Christian Ernsts von Schönburg-Glaucha, der ihn den 31. Jul. 1763. von seiner jetzigen Gemahlin, Magdalena Francisca Elisabeth, gebohrnen Gräfin von Schönburg-Wechselburg, gebohren worden.

XI. **Cornelius Calkoen**, gewesener Ambassadeur der General-Staaten bey der Ottomannischen Pforte, und hernach gevollmächtigter Minister

---

*) Siehe die alten Nachr. B. II. S. 56.

merkwürdige Todes-Fälle.

ster am Dreßdnischen Hofe, starb den 3 März in Holland nach einer kurzen Krankheit. Er wurde 1725. an die Stelle des verstorbenen Grafens Jacobi von Colyers als Abgesandter nach Constantinopel geschickt, wo er sich bis 1744. befunden, da er zurück beruffen worden. Er reisete den 20. April von Constantinopel ab und langte den 20. Aug. über Wien und Dreßden im Haag an. Er wurde darauf zum gevollmächtigten Minister an dem Königl. Pohlnischen und Chur-Sächsischen Hofe ernennt, weßhalben er auch noch vor Ende des Jahrs dahin abreisete und den 5. Dec. 1744. zu Dreßden anlangte, aber unverzüglich von dar seine Reise nach Warschau fortsetzte, allwo er sogleich Theil an der neuen Qvadruple-Allianz nahm, die den 8. Jan. 1745. zu Warschau von denen sämmtlichen gevollmächtigten Ministern, nämlich dem Englischen Gesandten Villiers, dem Oesterreichischen Gesandten, Grafen Esterhasy, dem Pohlnischen und Sächsischen Minister, Grafen von Brühl und unserm Herrn Calkoen unterzeichnet wurde. Im Jahr 1746 kehrte er wieder nach Hause, wo er 1747. zum Abgesandten am Französischen Hofe ernennet wurde. Allein die erfolgte Ruptur zwischen Frankreich und Holland hinderte ihn, diese Gesandtschaft anzutreten. Er beschwerte sich darauf in einem Memoriale bey den General-Staaten, daß er einen blossen Titel führen und gleichwohl seinen Gesandten-Rang und Eqvipage beybehalten müste, ohne zu wissen, wenn er zu dessen Gebrauch gelangte, worauf er im April 1748. abermals zum Minister am Pohlnischen

und

und Chur-Sächsischen Hofe ernennet wurde, welche Stelle er bis 1757. bekleidet, ob er wohl während der Zeit sich manchmal über Jahr und Tag in seinem Vaterlande aufgehalten. Man hat seit dem nichts weiter von ihm gehöret.

XII. Johann, Baron von Borselen, erster Edler und Repräsentant des Adels in dem Rathe und bey der Admiralität der Staaten von Seeland, Director der Ost-Indischen Compagnie und Deputirter in der Versammlung der General-Staaten im Haag, starb den 14. März im Haag im 56sten Jahre seines Alters. Er war einer von den Gevollmächtigten derer General-Staaten bey dem Friedens-Congresse zu Aachen 1748. langte aber erst den 12. Jun. daselbst an, nachdem schon vieles in Richtigkeit gebracht worden; doch geschahe die Unterzeichnung des Friedens-Tractats allererst den 18. Oct. Als der verstorbene Erb-Stadthalter den 4. Febr. 1752. zu Delft beerdiget wurde, hatte er die Ehre, den Marggrafen von Baden-Durlach, der hinter dem Sarge hergieng und das Leid trug, nebst dem Grafen von Bentink, auf Rhoon, zu begleiten. Den 20. Dec. 1753. ward er unter die Ritter des Holländischen Ordens von St. George aufgenommen. Als die verwitwete Erb-Stadthalterin den 12. Jan. 1759. starb, hatte sie ihn in ihrem Testamente zu einem von den Ehren-Vormündern ihrer Fürstl. Kinder ernennet. Seine Gemahlin, mit welcher er sich den 26. Oct. 1750. vermählet, war eine gebohrne Fräulein von Konink und Riethem.

XIII.

XIII. Ferdinand von Collen, Herr von Genterstein und Timhorm, Bürgermeister und Schatzmeister der Stadt Amsterdam, starb im März in einem Alter von 83. Jahren.

XIV. Mihrma Sultana, eine Tochter des jetztregierenden Türkischen Kaisers Mustapha III. starb ohngefehr im März, nachdem sie allererst den 5. Nov. 1762. gebohren worden. Der Vater soll durch ihren schleunigen Tod sehr gerühret worden seyn.

b) im April 1764.

I. Die Marquisin von Pompadour, Favoritin des Königs in Frankreich, starb den 15. April Abends zu Versailles im 43sten Jahre ihres Alters. Von dieser Weltberühmten Person soll künftig in einem eigenen Artickel umständlich gehandelt werden.

II. Hennig Friedrich, Graf von Grävenitz, starb den 8. April zu Wesselsdorf unweit Bützow im Herzogthum Mecklenburg im 20sten Jahre seines Alters. Er war der jüngste Sohn des im Jahr 1755. verstorbenen ersten Reichs-Grafens, Friedrich Wilhelms von Grävenitz, Königl. Preußischen General-Lieutenants und Ritters des schwarzen Adler-Ordens, auch vorher gewesenen Herzogl. Würtembergischen Ober-Hofmeisters und Gouverneurs der Grafschaft Mömpelgard. Er wurde von dessen 5ten Gemahlin, Albertina Elisabeth, des Grafens Henning Friedrich von Baßewitz Tochter, den 12. März 1744. gebohren, und trat schon im 14ten Jahre in Königl.

Großbritannische und Chur-Hannöverische Kriegs-Dienste, darinnen er sich vom Jahr 1758. an bis zum Frieden 1762. befunden, und während der Zeit 5. öffentlichen Feldschlachten, 14. andern wichtigen Actionen und zweyen Belagerungen, theils als Officier des Infanterie-Regiments von Kielmansegg, theils als Ober-Adjutant des jetztgedachten Generals, herzhaft beygewohnet. Den 30. Jul. 1758. ward er titular Fähnrich Kilmanseggschen Regiments, 1758. den 18. Aug. würklicher Fähnrich, den 2. Jul. 1760. titular Lieutenant, und den 7. Oct. 1760. Ober-Adjudant. Nach geendigtem Kriege gieng er 1763. auf die Mecklenburgische Universität Bützow, um sich allda in denen gelehrten Wissenschaften zu üben, ob er gleich bereits würkl. Capitain-Lieutenant des 2ten Rhedischen Infanterie-Regiments war. Jedoch der Tod nahm ihn hinweg und machte alle gute Hoffnung, die man von ihm hatte, zu nichte.

III. **Gottfried Carl von Knobloch,** Königl. Preußischer General-Major, Commendant der Vestung Schweidnitz und Chef eines Infanterie-Regiments, starb den 25. Merz zu Schweidnitz im 67sten Jahre seines Alters. *) Er war aus Preußen gebürtig und hatte Johann Ehrharden von Knobloch, auf Glittänen, Wangürhen und Neufrost, zum Vater. Seine Mutter Euphemia Euphrosyne, eine gebohrne von Tettau, brachte ihn den 12. Oct. 1697. zu Glit-

---

*) Dieser Todes-Fall gehöret noch zu dem März Monate des 1764sten Jahrs.

Glittänen zur Welt. Er trat bey dem Regimente des Herzogs von Holstein-Beck, das nachgehends der General Below erhalten, jung in Kriegsdienste und wohnte den Feldzügen am Rhein 1734. und 1735. wie auch 1740. die folgenden Jahre in Schlesien und Böhmen bey. Er ward 1713. Fahnjunker, 1717. den 2. Sept. Fähnrich, 1720. den 27. Dec. Second-Lieutenant, 1723. den 13. Aug. Premier-Lieutenant, 1728. den 13. Junii Stabs-Hauptmann, und 1735. bekam er eine eigene Compagnie. Nach der Schlacht bey Chotusitz ward er bey seinem Regimente den 2. Jun. 1742. Major, den 31. Dec. 1750. Obrist-Lieutenant, im Jan. 1754. Commandeur und den 13. Sept. eben dieses Jahrs Obrister, worauf er 1758. den 3. April General Major und Chef des Regiments von Wedel wurde. Er hat allen Feldzügen des letzten Kriegs mit Ruhm beygewohnt, und den Winter über meistens in Sachsen gestanden. Im März 1759. vertrieb er die Oesterreicher aus der Gegend von Saalfeld, half im April die Magazine in Böhmen ruiniren und wohnte im May der Kriegs-Expedition in Franken und im Stifte Bamberg bey. Er kam darauf gegen die Russen in der Neumark zu stehen, und befand sich den 12. Aug. in der blutigen Schlacht bey Kunnersdorf, darinnen er in die Schulter verwundet und ihm ein Arm entzwey geschossen wurde. Nachdem er glücklich geheilet worden, fand er sich 1760. wieder in Schlesien ein, wo er die Märsche der Russen beobachten half. Als sie im Sept. durch Pohlen zurück giengen, wurde er ihnen unter dem General

neral Platen seitwerts nachgesendet, um ihre Magazine zu ruiniren, da es denn mit ihnen zu verschiedenen Scharmützeln kam, dabey die Preußen allemal die Oberhand behielten. Man gieng den Russen bis in Hinter-Pommern nach, wo sie die Stadt Colberg zu Wasser und zu Lande belagerten. Der General Knobloch muste den 20. Oct. die Stadt Treptow besetzen, allwo er aber von einem Corps Russen so enge eingeschlossen wurde, daß er sich den 25sten nach tapferer Gegenwehr mit seinen 3. Bataillons zum Kriegs-Gefangenen ergeben muste. In dieser Kriegs-Gefangenschaft saß er nicht länger als bis in den Monath Febr. 1762. da der neue Russische Kaiser Peter III. alle Preußische Kriegs-Gefangenen in Freyheit setzte, nachdem er mit dem Könige in Preußen in Friedens-Handlungen getreten war, die auch nach Wunsche zu Stande kamen. Als er nebst dem General Werner und dem Obristen, Grafen Hordt, zu Petersburg die Freyheit erhielt, wurden sie von dem Kaiser vorzüglich distingvirt und reichlich beschenket. Nach seiner Rückkunft ernennte ihn der König im Oct. 1762. zum Commendanten in Schweidnitz, allwo er auch gestorben. Er hat von seiner Gemahlin, Sophie Louise Constantie, gebohrnen von Drost, die er sich den 10. Jul. 1738. beygeleget, verschiedene Kinder hinterlassen, als 1) Fridr. Wilh. geb. 1739. den 13. May, Königl. Preuß. Lieut. und Gen. Adjudant des Gen. Lieut. von Tauenzien. 2) Charl. Amal. geb. 1740. den 10. Aug. verm. 22. Jul. 1764. mit Fried. Wilh. von Klingsporn, Königl. Preuß. Haupt-

Hauptmann Tettenbornischen Regiments. 3) Carl Gottfried Friedrich geb. 1744. den 24. Nov: Königl. Preußischer Lieutenant des 1sten Bataillons Garde. 4) Anne Albertine Ursoline, geb. 1746. den 29. Nov. vermählt den 12. Jenner 1765. mit Friedrich von der Gröben auf Wehlack. 5) Johann Gottfried Ferdinand, geb. 1748. den 5. Sept. Königl. Preußischer Fähnrich des Tettenbornschen Regiments Fusvolk. Er war ein Menschen-Freund, hielt gute Mannszucht, und ließ auch selbst an den Orten, wo er für feindlich anzusehen war, ein gutes Lob hinter sich. Der General-Major, Dietrich Eberhard von Knobloch, der den 12. April 1757. zu Chemnitz gestorben, war sein leiblicher Bruder.

IV. **Gottlob Ferdinand von Römer**, Churfürstl. Sächsischer General-Major und Commendante auf dem Sonnenstein, endigte daselbst den 17. April durch einen unglücklichen Stich, den er sich selbst gegeben, sein Leben. Er stammte aus dem alten adelichen Geschlechte, das sonderlich im Vogtlande floriret, her, und hatte von Jugend auf in den Chur-Sächsischen Diensten sich befunden. Nachdem er eine Zeitlang bey der Leib-Grenadier-Garde zu Dreßden gestanden und bey solcher Capitain worden, ward er 1746. Obrist-Lieutenant und Gubernements-Adjutante zu Dresden. Im Nov. 1751. ward er Obrister, und einige Jahre hernach General-Major. Nach dem Hubertsburgischen Frieden erhielt er die Commendanten-Stelle auf dem Sonnenstein bey Pirna.

c. Im

c) Im May 1764.

I. Joseph Anton, Fürst von Hohenlohe-Pfedelbach und mitregierender Herr zu Bartenstein, starb den 18. May zu Ellwangen im 58sten Jahre seines Alters und 20sten seiner Regierung. Er war der mittelste Sohn Philipp Carls, regierenden Grafens von Hohenlohe-Bartenstein, Cammer-Richters zu Wetzlar. Seine Mutter, Sophia Leopoldina, gebohrne Prinzessin von Hessen-Wanfried, brachte ihn den 5. April 1707. zur Welt. Als der Vater den 15. Jan. 1729. starb, verglichen sich die drey hinterlassenen Söhne in Ansehung der Regierung dergestalt, daß die ältesten beyden die Regierung zu Bartenstein gemeinschaftlich führen, der jüngste aber, Rupert Franz Ferdinand den Theil von der, nach Absterben Graf Ludwig Gottfrieds von Hohenlohe-Pfedelbach, an das Haus Bartenstein gefallenen Unter-Grafschaft haben sollte. Sie wurden hierauf alle dreye den 21. May 1744. von dem Käiser Carl VII. in den Reichs-Fürstenstandt erhoben. Als hierauf der jüngste Bruder, der zu Pfedelbach residirte, den 3. April 1745. ohne Erben starb, verglich sich unser Fürst Joseph Anton mit seinem ältesten Bruder dahin, daß derselbe ihm den Pfedelbachischen Landes-Theil völlig überließ. Er befand sich aber im geistlichen Stande und hatte nicht nur jung ein Canonicat bey der hohen Stifts-Kirche zu Cölln bekommen, bey welcher er endlich Dom-Scholasticus worden, sondern hatte auch in den Stifftern

Salzburg, Straßburg, Augspurg und Ellwangen Canonicaten erlanget, von welchen allen er gute Einkünfte genoß. Nach seinem Tode ist die ganze Pfedelbachische Landes-Portion dem ältesten Bruder, Fürst Carl Philippen anheim gefallen.

II. **Carl Franz Friedrich von Montmorancy**, Herzog von Luxenbourg, Pair und Marschall von Frankreich, Ritter der Königl. Orden, Hauptmann der dritten Compagnie der Garde du Corps und Gouverneur von der Normandie, starb den 18. May im 62sten Jahre seines Alters. Er war ein Sohn Carl Franz Friedrichs von Montmorancy, Herzogs von Luxembourg, Pairs von Frankreich, General-Lieutenants der Königl. Armeen und Gouverneurs von der Normandie, und ein Enkel des berühmten Franz Heinrichs von Montmorancy, Herzogs von Luxembourg, eines großen Kriegs-Heldens und Marschalls von Frankreich. Seine Mutter, Maria Gillone Gillier, eine Tochter des Marquis Renati von Clerembault, brachte ihn den 31. Dec. 1700. zur Welt. So lange sein Vater lebte, führte er den Titel eines Herzogs von Montmorancy. Als aber derselbe den 4. Aug. 1726. starb, nahm er den Titel eines Herzogs von Luxembourg an. Er erwählte jung die Kriegsdienste, und bekam als Obrister den 15. Merz 1718. das Infanterie-Regiment Touraine. Der König gab ihm den 30. Sept. 1718. die Anwartschaft auf das Gouvernement der Normandie, weßhalben er den 27. Nov. den Eyd der Treue ablegte.

ablegte. Im Aug. 1724. that er eine Reise in die Niederlande, nachdem er sich den 8. Jan. vorher mit Maria Sophia Colbert, des Marquis von Seignelat einzigen Tochter, deren mütterlicher Großvater der bekannte Fürst von Fürstenberg, Stadthalter in Sachsen, gewesen, vermählet hatte. Den 20. Febr. 1734. ward er Brigadier der Infanterie, in welcher Qvalität er in diesem Jahre unter den Marschallen von Berwick und Asfeld dem Feldzuge in Deutschland und besonders der blutigen Belagerung von Philippsburg beywohnte. Im Jan. 1735. wurde sein Vetter, der Prinz von Tingry, zum Marschall ernennt, der darauf den Namen eines Marschalls von Luxembourg annahm, darwider er aber so nachdrücklich protestirte, daß er sich an dessen statt von Montmorancy nennen mußte. Er diente auch wiederum in diesem Jahre in Deutschland, wo aber nichts merkwürdiges vorfiel. Den 1. März 1738. ward er Marschall de Camp, mit welchem Character er 1741. unter der Armee des Marschalls von Bellisle in Bayern, Oesterreich und Böhmen zu stehen kam, und bey der Eroberung der Stadt Prag den 26. Nov. mit dem Grafen von Sachsen einer der ersten war, die den Wall der Neustadt erstiegen und in die Stadt eindrungen. Den 25. May 1742. kam es bey Sahoy zu einer scharfen Action, wodurch das von den Oesterreichen belagerte Schloß Frauenberg an der Mulda entsetzt wurde. Der Herzog von Luxenbourg ließ hierbey viel Tapferkeit spüren. Der Abtritt des Königs in Preußen von der Allianz

Allianz nöthigte darauf die Franzosen, sich wegen der überlegenen Macht der Oesterreicher nach Prag zu ziehen, welche Stadt alsdenn eingeschlossen und belagert wurde. Die Marschalle von Bellisle und Broglio vertheidigten sich tapfer, aber der Mangel der Lebens-Mittel würde sie endlich zur Uebergabe gezwungen haben, wenn nicht der Marschall von Maillebois mit einer Armee zum Entsaße herbey gekommen wäre. Hierdurch huben die Feinde den 13. Sept. die Belagerung auf, ließen aber alle umliegende Posten besetzt, um den Franzosen die Zufuhr zu sperren. Allein den 20. Sept. fielen sie aus der Stadt aus und vertrieben die Oesterreicher von allen nahe liegenden Posten. Der Herzog von Luxembourg griff sonderlich den Posten St. Margaretha und den Thiergarten an, und machte auf dieser Seite denen Franzosen Luft. In kurzen war die ganze Stadt in völliger Freyheit. Der Herzog von Luxembourg kehrte darauf nach Frankreich zurücke, allwo er den 1. Jan. 1744. zum Ritter des heiligen Geistes creirt ward. Er gieng darauf zu der Armee in den Niederlanden, die der Marschall von Noailles zusammen gezogen hatte; da denn die Kriegs-Operationes allda nicht eher, als in dem 1744sten Jahre vorgenommen wurden. Der König fand sich selbst im May bey der Armee ein, und der Herzog von Luxenbourg hatte die Ehre, einer von denen zu seyn, die Sr. Majestät während Dero Feldzuge zu ihren General-Adjutanten ernennten. Menin, Ypern und Furnes waren die Eroberungen, die

die damals der König nach kurzen, aber scharfen Belagerungen machte. Aber ehe noch der letzte Platz eingenommen wurde, langte die Nachricht von des Prinzen Carls von Lothringen Uebergange über den Rhein an, der, weil Straßburg in Gefahr war, den König nöthigte, mit dem grösten Theile der Armee nach dem Elsas aufzubrechen. Der Herzog von Luxembourg, den der König den 2. May nebst vielen andern zum General-Lieutenant erklärt hatte, war mit in dessen Gefolge, hätte aber bald den König, der in Metz krank zurücke blieb, nicht wieder zu sehen bekommen, weil dessen Krankheit sehr gefährlich war, davon er aber sich noch glücklich erhohlte. Elsas wurde indessen von den Oesterreichern bald wieder geräumet, da der Marschall von Noailles mit seiner Armee zu dem Marschall von Coigni stieß. Sie wichen zurücke und giengen wieder über den Rhein. Der König fand sich nach seiner Genesung selbst zu Straßburg ein und wartete die Belagerung von Freyburg in Brisgau ab, worauf er wieder nach Paris zurücke kehrte und unter andern den Herzog von Luxenbourg in seinem Gefolge hatte. Im Jahr 1745. gieng der König abermal nach den Niederlanden zu Felde, welchem Feldzuge der Herzog von Luxemburg beywohnte. Der Graf von Sachsen commandirte die Armee, der die Stadt Dornick belagerte, und da die Oesterreichischen Alliirten zum Entsatz herbey kamen, lieferte er ihnen den 11. May bey Fontenoi eine Schlacht, die die Eroberung der belagerten Vestung und vieler andern wichtigen Plätze nach sich zog, wodurch fast alles, was in den Niederlanden Oesterreichisch war, in Französische Hände kam. Der Herzog wartete den Feldzug nicht völlig ab, weil er den König nach Paris begleiten mußte. Er hat in diesem Kriege nicht weiter gedienet, weil ihn der König wegen seiner Haus-Umstände davon dispensirte. Den 29. Oct. 1747. starb seine Gemahlin, nachdem er 23. Jahr mit ihr in vergnügter Ehe gelebt hatte. Den 29. Jun. 1750. vermählte er sich zum andern male mit Magdalena Angelica von Neufville, einer Tochter des Herzogs von Villeroy und Witwe des Herzogs von Boufflers, der den 2. Jul. 1747. zu Genua gestorben war. Den 19. Jul. 1750. erhielt er die Stelle eines Capitains der dritten Compagnie von der Königl. Leib-Garde, die durch das Absterben des Marschalls von Harcourt verlediget worden. Den 24. Febr. 1758. wurde er zum Marschall von Frankreich erhoben, in welcher Würde er aber kein Commando geführt. Im Jahr 1761. wurde er in große Betrübniß gesetzt, da sein einziger Sohn aus erster Ehe, Annas Mauritius, (andere nennen ihn Franciscus) Herzog von Montmorancy, dem er seine Compagnie von der Königl. Leib-Garde abgetreten hatte, den 22. May in Deutschland an den Blattern starb, nachdem er sein Alter nur auf 30 Jahr gebracht. Er hinterließ zwar von seiner Gemahlinn, Louise Paulina Francisca von Montmorancy, des Prinzens von Tingry Tochter, einen Sohn von 5 Jahren, Namens Matthias Friedrich, der aber dem Vater den 17. Jun. im Tode

Tode nachfolgte. Unser Herzog hat also nur zwey Töchter, eine aus erster, und die andere aus zwerter Ehe, hinterlassen. Die erste heist Anna Mauritia, welche im Febr. 1746. mit dem Fürsten von Robecq vermählt worden; die andere aber heist Charlotte Anna Francisca, und ist den 17. Nov. 1752. gebohren worden. Sonst hat der alte Herzog und Marschall, als Gouverneur von der Normandie, verschiedene mal mit dem Parlamente zu Rouen, wenn er die Königl. Declarationes und Edicte zur Execution bringen müssen, Verdrüßlichkeiten gehabt, wie dergleichen sonderlich in den Jahren 1757. und 1763. geschehen, übrigens aber sich in seinem Gouvernement sehr löblich verhalten, auch unter seiner Protection im Sept. 1744. zu Rouen eine Academie der Wissenschaften gestiftet. Weil er der letzte seines Hauses gewesen, so stehet zu erwarten, ob nicht einer von seinen Vettern, davon einer der Herzog von Chatillon, und der andere der Prinz von Tingry heist, ihm in seiner Pairie als Herzog von Luxembourg succediren werde.

III. Heinrich L. Graf Reuß, jüngerer Linie, starb den 29. May im 4ten Jahre seines Alters. Er ist ein Sohn Heinrichs IX. Königl. Preußischen geheimen Staats- und Kriegs-Ministers, wie auch Ober-Hof-Marschalls. Seine Mutter, Amalia Esperance, gebohrne Gräfin von Flodrop-Wartensleben, hat ihn den 15. Aug. 1760. zur Welt gebracht.

Fortgesetzte Neue Genealogisch-Historische Nachrichten

von den Vornehmsten Begebenheiten, welche sich an den

Europäischen Höfen

zutragen, worinn zugleich vieler Stands-Personen Lebens-Beschreibungen vorkommen.

Der 42. Theil.

Leipzig,
im Verlag der Heinsiußischen Buchhandlung.
1765.

Innhalt:

I. Die neue Chur = Sächsische Regierung sammt dem itzigen Chur = Sächsischen Hof = Civil = und Militair = Staate.

II. Die Wahl und Krönung des neuen Römischen Königs Josephs II.

III. Nachgeholte merkwürdige Todes = Fälle von den vorigen Jahren.

I.
Die neue Chur-Sächsische Regierung samt dem jetzigen Chur-Sächsischen Hof-Civil-und Militair-Staate.

Der Chur-Sächsische Horizont hat sich aufgeheitert. Die trüben Kriegs-und Trauer-Wolken sind vergangen. Die aufgehende Sonne wirft so holde Strahlen von sich, daß die guten Aspecten, die sie geben, das ganze Land mit Hoffnung besserer Zeiten erfüllen. Ganz Sachsen ist hierbey entzückt, und vergißt mit Vergnügen alles Ungemach, das es eine Zeitlang ausgestanden, da die höchst weise Einrichtung der neuen Regierung alle Unterthanen von der landesväter- und Mütterlichen Gesinnung des Königl. Prinzens Xaverii, als der Chur-Administratoris, und der verwitweten Churfürstin, so überzeuget, daß sie aus eben so zärtlicher Liebe, als schuldigsten Treue, alle Stunden bereit sind, Gut und Blut, Leib und Leben für das Durchlauchtigste Kleeblat der jetzt regierenden hohen Personen des Sächsischen Churhauses aufzuopfern.

Es war allerdings ein sehr harter Schlag vor die Durchlauchtigste Churfürstin, da ihr zärtlichst geliebter Gemahl, Friedrich Christian, den 17. Dec. 1763. nach kurzer Krankheit in der besten Blüte seines Alters durch den Tod von der Seite gerissen wurde, nachdem er noch kein viertel Jahr die Regierung auf eine sehr löbliche Weise geführet hatte. Jedoch die göttliche Vorsicht hat in der Person Friedrich Augusts III. einen Sohn überbleiben laſſen, der mit der Churwürde zugleich die treflichen Eigenschaften seines tugendhaften Vaters geerbet. Dieser lindert den Schmerz, der in das tiefſte Trauern gesetzten Frau Mutter, und setzt das Herze dieser großen Prinzeſſin in solche Ruhe, daß sie den erlittenem Verluſt vergißt und dem Willen des Höchſten ſich in aller Gelaſſenheit unterwirft.

So groß die Beſtürzung über den unvermutheten Todes-Fall in dem hohen Churfürſtl. Hauſe und an dem ganzen Hofe war, so mußte doch sogleich alles, was die Veränderung in der Regierung erforderte, beſorgt werden. Kaum waren daher etliche Stunden nach dem töblichen Hintritt des Churfürſtens vergangen, so legten die geheimen Cabinets- und Conferenz-Miniſters, wie auch die würkl. Geheimden Räthe, dem neuen jungen Churfürſten Friedrich Auguſt und dem Adminiſtratori der Chur und derer geſammten Chur-Sächſiſchen Lande, Xaverio, Königl. Prinzen von Pohlen, älteſten hinterlaßenem Bruder des verſtorbenen Churfürſtens, den Eyd der Treue ab, welches auch der General-Feld-Marſchall, Chevalier von Sachſen, und die geſammte Generalität that. Nachmittage geschahe es in der Neuſtadt von der Leib-Grenadier-Garde in Beyſeyn des General-Lieutenants von Nitzſchwitz. Den 19. Dec. leiſteten auch das Artillerie-Corps im Zeughauſe, die Carabinier-Garde, und die zu Dreßden in Garniſon liegenden, Regimenter

vor

vor dem General von Nitzschwitz den Eyd der Treue, worauf die Thore der Stadt wieder geöffnet wurden. Den 19. geschahe die Eydesleistung mit den Schweitzerischen Fuß-Trabanten an das Ober-Hof-Marschall-Amt im Schloß-Hofe. An eben diesem Tage wurde auch der entseelte Leichnam des erblaßten Churfürstens Abends zwischen 8. und 9. Uhr mit eben dem Conduct, wie bey dem verstorbenen Könige geschehen, in das Königlich-Churfürstl. Begräbnuß in der Catholischen Kirche beygesetzt, und dabey eine Toden-Messe und Trauer-Music gehalten, nachdem man den verblichenen Körper einige Stunden lang hatte sehen laßen.

Den 21. Dec. wurde das neue Reglement der Trauer aus dem Ober-Hofmarschall-Amte publicirt und solche von dem 25. Dec. 1763. an biß den 5. Jan. 1765. auf eben die Art, wie die vorhergehende eingerichtet. Den 23. feyerte man in der Stille den hohen Geburts-Tag des jungen Churfürstens, an welchem er sein 13 Jahr in allem Wohlseyn zurücke geleget. Den 25. wurde der hohe Todes-Fall von allen Canzeln in und bey Dreßden, hernach aber auch im ganzen Lande, abgekündiget, die neue Trauer angelegt und das 6. wöchentliche Läuten von 11 bis 12 Uhr wieder angefangen. Den 30. langte der Prinz Albert aus Wien an. Den 4. Jan. 1764. wurde von dem geheimen Cabinets- und Conferenz-Minister, Grafen von Rex, die Landes-Regierung in Pflicht genommen, nachdem vorher auch der Conferenz-

Minister von Stammer aufs neue als Canzler vor dem geheimen Consilio den Eyd abgelegt hatte.

Der Königl. Prinz Xaverius hatte indessen als Administrator der Chur und des Landes die Regierung angetreten, und da er sich gleich anfangs erkläret, alles bey der weisen und wirthschaftlichen Einrichtung zu lassen, welche der letztverstorbene Churfürst zum Besten des Landes zu machen angefangen hatte, so hielt er auch solches. Nur der General-Pacht der Consumtions-Accise wurde aufgehoben. Man merkte also in Führung der öffentlichen Geschäfte wenig Unterschied, weil der Durchl. Administrator fort fuhr, die unter der vorigen Regierung ergriffenen weisen Maasregeln mit Eyfer zur Ausführung zu bringen, wobey er nicht ermangelte, zugleich die verwitwete Churfürstin in verschiedenen Angelegenheiten mit zu Rathe zu ziehen, als welche die hohe Aufsicht über die christfürstliche Erziehung ihrer Durchlauchtigsten Kinder übernommen. Sie verbindet mit ihrer seltenen Erkänntniß in der Italiänischen Poesie und Singekunst, davon die nur vor kurzen ans Licht gestellte Oper Talestri ein unverbesserliches Probestück ist, solche Eigenschaften, daß man dieselbe vor eine sonderbahre Zierde sowohl ihres hohen Hauses und Standes, als ihres ganzen Geschlechts zu halten hat.

Um die Unterthanen vor aller widrigen Besorgniß in Sicherheit zu setzen, ließ der Administrator unterm 29. Jan. 1764. ein Mandat ins Land

samt dem Hof-Civil-u. Militair-Staate. 399

Land ergehen, darinnen er die kräftigsten Versicherungen wegen Beybehaltung der bisherigen Landes- und Kirchen-Verfassung that, und zwar nach Maaßgebung dererjenigen Versicherungen, welche sowohl sein Groß-Vater, König August II. und sein Vater, König August III. gegeben und zu verschiedenen malen wiederholet, als auch sein jüngstverstorbener Bruder denen zu Dreßden versammleten Landständen nicht nur vermittelst eines Decrets vom 6. Oct. 1763. sondern auch in dem Landtags-Abschiede und in denen ausgestellten Reversalien vom 20. Nov. eben dieses Jahrs ertheilet und in vim sanctionis pragmaticae versprochen hatten, wobey er zugleich declarirte, daß er es bey der letzten Landes-Bewilligung in der Maaße, als solche in denen von den Ständen seinem Herrn Bruder überreichten Bewilligungs- und Donativ-Schriften enthalten und von demselben acceptirt worden, durchgehends bewenden lassen wollte, und folglich es keiner neuen Versammlung der Stände bedürfe.

Wegen der ausgeschriebenen Wahl eines Römischen Königs zu Frankfurt wurde im Namen des jungen Churfürstens der geheimbde Cabinets-Minister, Graf von Rex, zum ersten Wahl-Bothschafter ernennet, der auch den 9. Jan. mit seinem Vetter, dem Cammerherrn von Rex, von Dreßden in aller Frühe nach Frankfurt abreisete.

Den 6. Febr. wurde zu des verstorbenen Churfürstens letzten Ehren durch das ganze Land eine solenne Trauer- und Gedächtniß-Predigt über

Dd 4 Psalm

Pſalm LXXX. 20. gehalten. Man ſahe zu gleicher Zeit in der Catholiſchen Schloß-Kirche zu Dreßden ein herrliches Caſtrum doloris, welches alles, was zum Ruhm des verſtorbenen Churfürſtens gereichen konnte, vorſtellte. Den 9 wohnte die verwitwete Churfürſtin zum erſten male wiederum dem öffentlichen Gottesdienſte bey, fuhr auch den Tag darauf, zum innigſten Vergnügen aller Dreßdniſchen Einwohner, zum erſtenmale wieder ſpatziren aus.

Indeſſen ließ ſich der Adminiſtrator des Landes Wohlfahrt gar ſehr angelegen ſeyn. Er ſorgte nicht nur vor den Anbau des Landes, und das Aufnehmen derer Commercien, Fabricken und Manufacturen, ſondern beförderte auch das Wachsthum derer freyen Künſte und Wiſſenſchaften. In dieſer Abſicht ſtiftete er im Febr. zu Dreßden eine Academie der Künſte, und beſonders der Mahler- Bildhauer- Kupferſtecher- und Baukunſt, worüber er den geheimen Legations-Rath von Hagedorn zum Director ſetzte, die bereits errichteten Inſtituta zu Leipzig und Meißen aber derſelben ſubordinirte. Um auch alles, was das Land in mehreres Aufnehmen bringen könnte, zu befördern, errichtete er auch zu Dreßden eine Landes-Oeconomie- Manufactur- und Commercien-Deputation, worüber der geheime Rath von Wurmb zum Director und der Baron von Hohenthal zum Vice-Director beſtellt wurde. Es kam auch eine neue Sportul-Tax-Ordnung heraus. Das darzu gehörige Mandat war den 20. Febr. 1764. unterſchrieben.

Die

Die schon unter der vorigen Regierung unter dem Vorsitz des Conferenz-Ministres und Canzlers von Stammer niedergesetzte Commißion wegen der vielfältigen Malverſationen ſetzte ihre Untersuchungen beständig fort, aber die zu Meiſsen verordnete Commißion wegen der Porcellain-Fabrick erreichte den 19. März ihr Ende. Die Güter des verſtorbenen Premier-Ministers blieben indeſſen biß zu Ende der obgedachten Commißion in Churfürſtl. Sequeſtration.

Bey dem Militair-Etat wurden im April ſolche Einrichtungen gemacht, daß zwar der Kriegs-Caſſe dadurch eine beträchtliche Erſparniß zufiel, aber doch deßwegen kein Mann bey der Armee weniger werden durfte. Die Garde du Corps, ſo bisher aus 4. Eſcadrons beſtanden, wurde auf 1. ſtarke Eſcadron geſetzt, aus den übrig gebliebenen Officiers und Gardes aber wurden 6 Carabinier-Compagnien errichtet, und zu jedem der 6. Cüraßier-Regimenter eine ſolche Compagnie geſetzt. Bey der Leib-Grenadier-Garde wurden die jetzigen 3. Bataillons in 2. verwandelt. Das in dem letzten Kriege errichtete Huſaren-Eſcadron ward eingezogen und die Mannſchaft unter das Sackiſche Dragoner-Regiment geſteckt. Die aus Pohlen angekommenen drey Regimeter chevaux legers, Herzog von Curland, Prinz Albert und Graf Brühl, welches letztere der General, Graf von Renard erhielt, wurden eben ſo, wie alle übrige Sächſiſche Regimenter zu Pferde, ſo formirt, daß 2. Compagnien, daraus ſonſt eine Eſcadron beſtanden, zuſammen geſtoſſen wurden.

Die so genannten Vestungen Wittenberg, Pleißenburg, Sonnenstein, Stolpen und Senftenberg nebst denen dasigen Commendantenschaften und zugehörigen Invaliden-Compagnien wurden gänzlich eingezogen, und die darauf bisher ohne Nutzen verwendeten Kosten zu anderm Militair-Behuf bestimmt, jedoch denen dabey gestandenen Commendanten und Officiers ihr völliges Tractament gelassen. Man setzte auch bey dem Artillerie-Wesen verschiedenes in einen bessern Stand und vermehrte das Artillerie-Corps mit einem ganzen Fuselier-Bataillon; bey der gesammten Armee aber wurden unter den Grenadiers, anstatt mit gelben Blech beschlagenen, nunmehro rauche Grenadier-Mützen eingeführt.

Den 29. April war bey der verwitweten Churfürstin Abends von 7 bis 9 Uhr zum erstenmale wieder großes Apartement und Spiel, wobey die Damen in Trauer-Robben erschienen. Nachdem auch der Italiänische Hof-Comödiant Moretti mit hoher Erläubuiß ein neues Comödien-Haus in dem so genannten Zwinger erbauet, so eröffneten nunmehro die von dem Hofe angenommenen französischen Comödianten ihren Schauplatz darinnen, welches nachgehends auch die deutschen Comödianten von der Kochischen Bande thaten. Es war dieser Schauplatz so angelegt, daß zur Winterszeit auch Bälle und Redouten auf demselben gehalten werden konnten. Bey dem allen herrschte bey Hofe eine edle Sparsamkeit.

Wegen der zu übergebenden Memoriale kam von dem Administrator ein Mandat vom 5. May heraus,

heraus, dessen Innhalt war: Daß, da zeithero den Unterthanen und Einwohnern, insonderheit wegen der ausgestandenen Kriegs-Drangsale, ein unmittelbares gnädigstes Gehör verstattet worden, solche Gnade aber öfters durch ungegründete Beschwerden, auch wohl durch solche Klagen und Vorstellungen, welche vor die Collegia und Unter-Instanzen gehören, und die auch vielmals undeutlich abgefaßt und von keinem Concipienten unterschrieben gewesen, gar sehr gemißbraucht worden, hinführo mit allen Memorialen die erste Instanz und die Iudicia und Collegia, wohin sie gehören, nicht übergangen, sondern bey solchen eingereicht werden sollten, dargegen aber nur solche Supplicanten, welche entweder wegen Denegirung der Justiz, widerrechtlichen Verfahrens oder Bedrückung der Unterrichter, da die ordentlichen Instanzen und Collegia zwar angegangen, aber keine Remedur verschafft worden, oder in Angelegenheiten, welche alleine von der Churfürstl. Gnade dependiren, unmittelbar Gehör haben sollten. Es sollten auch nunmehro alle militair- und andere Sachen betreffende Memoriale von einem immatriculirten Advocaten abgefaßt und unterschrieben werden.

Immittelst befand sich der junge Churfürst, nachdem er sich nebst seinem Durchl. Geschwister die Blattern glücklich inoculiren lassen, mit dem gesammten Königl. Churhause bey erwünschtem hohen Wohlergehen. Die Durchlauchtigsten Herrschaften machten sich zur Abwechselung bey ihren hohen Geschäften, theils mit Besuchung des

franzö-

französischen und deutschen Schauspiels, theils mit Spatzierfahren und Reiten nach den herumliegenden Lust-Schlössern, worunter sonderlich Pillnitz fleißig besucht wurde, eine angenehme Veränderung. Es konnte aber an diesen Ergößlichkeiten der zweyte Churfürstl. Prinz, und älteste Bruder des Churfürstens, Carl Maximilian, den wenigsten Antheil nehmen, weil er sich immer kränklich befand, und sonderlich durch die Schwäche seiner Beine am Gehen gehindert wurde. Man hielt daher für gut, ihn das Töplitzer Bad gebrauchen zu lassen, wohin er auch den 25. Jun. mit dem Leib-Medico, D. Löbern, von Dreßden abgieng. Der junge Churfürst machte indessen vortrefliche Progressen in seinen Studien und Exercitien, ließ auch eine so edle Denkungsart von sich spüren, daß die Hoffnung, die man sich von ihm gleich anfangs gemacht, nicht trügen konnte. Der Herr von Burgsdorf, ein sehr gelehrter und christlicher Cavalier, der ohngefehr im Jul. zum Hof- und Lehrmeister dieses liebenswürdigsten Prinzens erwehlet worden, darf daher seine Geschicklichkeit, einen weisen und löblichen Regenten zu bilden, an demselben nicht vergebens anwenden, weil das vortrefliche Naturell dieses jungen Herrn selbst darzu allen Vorschub thut.

Das itzige hohe Churhaus ist überhaupt denen Musen sehr hold. Es sucht den Flor der Wissenschaften auf alle Art und Weise zu erhöhen, und den Ruhm der Universitäten im Lande eben so auszubreiten, als ihn bereits die Sächsische Handlung

lung in aller Welt erlanget hat. Leipzig, die Krone sowohl der Sächsischen Musen, als Sächsischen Commercien, ist sonderlich anitzt das Augenmerk des Hofs. Wie er an solchem Orte mit höchstem Vergnügen das Wachsthum der Handlung wahrnimmt, so ergötzt ihn nicht weniger auch das Aufnehmen der Wissenschaften an diesem berühmten Musensitze. Den Ruhm hiervon zu vergrössern, verstattete der Hof im May gnädigst, die Namen der Durchlauchtigsten Brüder des jungen Churfürstens, nämlich der Prinzen, Carl Anton und Maximilian, der Universitäts-Matricul zu Leipzig einzuverleiben. Der damalige Rector dieser hohen Schule, Herr Johann Gottlob Böhme, Chur-Sächsischer Historiograph, und der Geschichte öffentl. ordentl. Lehrer, hatte die Ehre, ein wohlgesetztes Diploma in lateinischer Sprache im Namen der Universität abzufassen, das bey Hofe auf das huldreichste angenommen wurde. Dieses glänzende Beyspiel der Achtung für die Wissenschaften hat die Leipziger Musen dergestalt belebt, daß sie ihren Fleiß verdoppeln, durch wahre und gründliche Gelehrsamkeit sich den Beyfall ihrer höchsten Landes-Herrschaft auf die dauerhafteste Weise zu erwerben.

Den 16. Jul. gieng zu Dreßden eine Handlung für, die nicht nur an sich selbst sehr rührend war, sondern auch das gute Vertrauen der Stadt und des ganzen Landes gegen die itzt regierende hohe Landes-Herrschaft ungemein vermehrte. Es wurde nämlich der Grundstein zu der wieder aufzubauenden Evangelischen Hauptkirche zum Heil.

Heil. Creuße von dem Durchlauchtigsten Administrator in höchster Person gesetzt. Es geschahe mit besonderm Gepränge und verschiedenen gottesdienstlichen Umständen bey Absingung des Te Deum laudamus und anderer Evangelischen Lieder, wobey die Canonen um die Stadt gelöset und dazwischen von der auf dem alten Markte rangirten Militz dreymal Salve gegeben wurde. Der junge Churfürst, die Churfürstl. Frau Mutter und alle übrige damals zu Dreßden gegenwärtige Durchl. Personen von dem Königl. Churhause sahen diese Solennität aus dem Fürstl. Lubomirskischen Palaste mit an, und ließen dabey eine besondere Aufmerksamkeit und Zufriedenheit spüren. Wie geneigt auch der Durchl. Administrator sey, jedermann die Gewissens-Freyheit zu verstatten, erhellet unter andern aus der denen Reformirten zu Dreßden gegebenen Erlaubniß, sich eine Kirche, jedoch ohne Thurm und ohne Glocken, wie auch eine geistl. Wohnung zu erbauen, wobey er ihnen zugleich das Bürgerrecht in der Stadt zugestanden.

Zu Ende des Sept. that die verwitwete Churfürstin mit der Königl. Prinzeßin Cunigunda eine Reise nach Töplitz in Böhmen, um ihren Prinz Carl Maximilian daselbst zu besuchen. Es fügte sich damals gleich, daß der Römische König und sein Bruder, der Erzherzog Leopold, sich in Prag befanden, die denn nicht ermangelten, bey Ihro Königl. Hoheiten zu Töplitz einen Besuch abzustatten. Es geschahe von ihnen incognito. Ihro Königl. Hohei-

Hoheiten kamen den 12. Oct. schon wieder nach Dreßden zurücke, und brachten den jungen Prinzen mit, an dem aber die gebrauchte Cur keine sonderliche Würkung gethan hatte.

Der Durchlauchtigste Administrator wurde immittelst nicht müde, die innerlichen und äusserlichen Landes-Angelegenheiten nach ergriffenen Maasregeln und Plans mit möglichstem Eifer zu besorgen, und den Fleiß sowohl als die Treue der Einwohner des Landes auf allerhand Art und Weise, selbst durch Aussetzung gewisser Prämien, aufzumuntern, um den Anbau des Landes, wie auch die Fabriken, Manufacturen, Handwerke, Künste und Wissenschaften, folglich auch die Finanzen, Commercien, Handel und Wandel dadurch in mehreres Aufnehmen zu bringen, wobey man zugleich durch gute Münz-Anstalten die Beförderung des gesegneten Wohlstandes im Lande zu unterstützen suchte.

Solche landesväterliche Anstalten und Bemühungen verdienten ein öffentliches Lob. Dieses wuste man an dem hohen Geburts-Tage des Prinzens Xaverii, der den 25. Aug: zu Pillnitz begangen wurde, in der Vorstellung eines Feuerwerks sehr wohl anzubringen. Man hat hiervon in den öffentlichen Zeitungsblättern folgende Beschreibung bekannt gemacht:

Wenn die Weisheit am Ruder sitzt, und mit Klugheit, Wissenschaft, Güte und Gerechtigkeit begleitet wird, so macht sie glückliche Unterthanen und erfüllet das Land mit allem Guten im Ueberfluß.

fluß. Minerva, als das Bild der Regierung, stund daher erhaben auf einem Bildstuhle zwischen zweyen Dorischen Säulen unter Palmenbäumen. In der Rechten hielt sie einen Oelzweig, und in der Linken das Schild und einen Pfeil. Oberhalb des Simses war das Wappen Sr. Königl. Hoheit auf Waffen gestellt. Der Minerva stund zur Rechten die Klugheit und zur Linken die Wissenschaft, an dem Unterbau der ganzen Vorstellung aber las man diese Worte: *Tutore Xaverio Saxonia Felix.* das ist: Unter der Vormundschaft des Prinzens Xaverii wird Sachsen wieder glücklich werden. Mitten über der Aufschrift lagen 2 Haufen von Fruchthörnern und Ackerwerkzeugen, an beyden Enden aber besagten Unterbaues stund einer Seits die Gütigkeit, und anderer Seits die Gerechtigkeit. Jedwede hatte einen Cypressen-Baum an der Seite, an jeder Ecke aber waren 2 Stellungen von Kindern, welche die Korn- und Wein-Erndten vorstellten. Vorwärts der ganzen Verzierung brannte in dem Mittel der hohe Name Sr. Königl. Hoheit X. sammt der Crone in weissem Feuer, welches sich in ein blaues verwandelte. Die Ausfüllung des Platzes bestund in Hecken, Luststücken und Bogenstellungen, so sammt den übrigen Verzierungen den Ueberfluß einer weisen und gütigen Regierung vorstellten.

Es verdienet hier auch die Metaille angeführt zu werden, die auf die gegenwärtigen glücklichen Umstände von Chur-Sachsen geschlagen worden. Die eine Seite stellt die drey Gratien

für,

für, welche mit einem Bande von Blumenwerke verbunden sind. Die mitlere hält des Churfürstens Bildniß, die zur Rechten der Churfürstl. Frau Mutter ihres und die zur Linken des Prinzens Xaverii seines, mit der Umschrift: *Trinum Gratiosum.* Auf der andern Seite zeiget sich das Sinnbild der Fruchtbarkeit und des Seegens, nemlich ein schön angebautes Land, und in einer Entfernung der Prospect der Churfürstl. Residenz mit den Worten aus dem Virgilio, Eclog. IV. 52. *Aspice venturo lætentur ut omnia sæclo.* Unten im Abschnitte steht: MDCCLXIV.

Wir beschließen diesen Articul mit denen vornehmsten Personen, die jetzt am Chur-Sächsischen Hofe und in denen solchem unterworfenen Landen, den Hof-Civil- und Militair-Staat ausmachen.

I. Der Hof-Staat.

1. Der erste Hofmarschall: Carl Friedrich von Schönberg.
2. Der Ober-Cammerherr: Friedrich Carl, Graf Bose.
3. Der Ober-Stallmeister: Heinrich Gottlieb, Graf von Lindenau.
4. Der Ober-Hof-Jägermeister: Carl Ludwig, Graf von Wolffersdorf, auch Director der Flössen.
5. Der Ober-Küchenmeister: Christoph Wilhelm von Kessel und Zeutzsch.
6. Der Ober-Schenke: Melchior Heinrich von Breitenbauch.

7. Der Schweitzer-Hauptmann: Thaddäus von Meagher, General-Lieutenant.
8. Der General-Postmeister: Adam Rudolph von Schönberg.
9. Der Hof-Marschall: Otto Christian von Schönberg.
10. Der Haus-Marschall: Peter August von Schönberg.
11. Der Reise-Marschall: Joh. Caspar Gottlob, Graf von Rex.

Des Churfürstens und der beyden Prinzen Carl Maximilians und Antons, Obrist-Hofmeister: Joseph Franz, Freyherr von Forell, würkl. Geh. Rath.

Des Churfürstens Unter-Hofmeister: Christoph Gottlob von Burgsdorf, Cammerherr.

Des Prinzen Xaverii, der Chur Sachsen Administratoris, Ober-Hofmeister und General Adjutant: Joh. Carl von Block, General-Major.

Der verwitweten Churfürstin Obrist-Hofmeisterin: Mariana, Gräfin von Lobron, geborne Gräfin von Khuenburg.

2. Der Civil-Staat.

(1) Die dirigirenden Ministri:

Carl George Friedrich, Graf von Flemming, hat das Etranger-Departement.

Joh. George Friedrich, Graf von Einsiedel, hat das Domestique-Departement.

Beyde zugleich haben das Militair-Departement gemeinschaftlich.

(2) Die

samt dem Hof-Civil-u. Militair-Staate. 411

(2) Die würklichen geheimden Räthe, die das geheime Consilium ausmachen:
1. Christian, Graf von Loß, zugleich Cabinets- und Conferenz-Minister.
2. Carl August, Graf von Rex, zugleich Cabinets- und Conferenz-Minister.
3. Wilhelm August, Graf von Stubenberg, zugleich Cabinets- und Conferenz-Minister.
4. Johann George von Ponikau, zugleich Conferenz-Minister, auch vorjetzo Chur-Sächsischer Comitial-Gesandter und Director des Corporis Evangelicorum.
5. Hieronymus Friedrich von Stammer, zugleich Conferenz-Minister, Landvogt in der Ober-Lausitz und Cantzler.
6. Thomas, Freyherr von Fritsch, zugleich Conferenz-Minister.

(3) Die Präsidenten von den Collegiis:
1. Das geheime Kriegs-Raths-Collegium:
   Chef: Joh. George, Chevalier von Sachsen, General-Feld-Marschall, Gouverneur zu Dreßden und Obrister Haus- und Land-Zeugmeister.
   Vice-Präsident: August Sigmund von Zeutzsch, General-Lieutenant.
2. Das Cammer-Collegium:
   Camer-Präsident: Hanß Christoph von Poigk, auch Director des Berg-Gemachs.
   Vice-Präsident: Carl Ferdinant Lindemann, auch Vice-Director des Berg-Gemachs.

Ee 2   3. Die

3. Die Landes-Regierung:
   Canzler: Hieronymus Friedrich von Stammer, Landvogt in der Ober-Lausitz, Conferenz-Minister und würklicher geheimer Rath.
   Vice-Canzler: Hanß George von Pojgk.
4. Das Appellations-Gerichte:
   Präsident: Leopold Nicolaus, Freyherr von Ende, würklicher geheimer Rath.
5. Das Ober-Steuer-Collegium:
   Ober-Steuer-Director: Rudolph, Graf von Bünau, geheimer Rath.
   Vice-Steuer-Director: Christian Wilhelm von Nitzschwitz.
6. Das General-Accis-Collegium:
   Director: Hanß Heinrich von Heringen, Geheimer Rath.
7. Die Ober-Rechnungs-Deputation:
   Director: Wilhelm August, Graf von Stubenberg, geheimer Cabinets- und Conferenz-Minister, auch würklicher geheimer Rath.
8. Das Ober-Consistorium;
   Präsident: Hanß Gotthelf von Globig, würklicher geheimer Rath.
   Vice-Präsident: Peter, Freyherr von Hohenthal.
9. Die Landes-Oeconomie-Manufactur- und Commercien-Deputation:
   Director: Friedrich Ludwig von Wurmb, geheimer Rath.

Vice

Vice-Director: Peter, Freyherr von Hohenthal, Ober-Consistorial-Vice-Präsident.

10. Das Ober-Berg-Amt zu Freyberg:
Ober-Berg-Hauptmann: Friedrich Wilhelm von Oppel.
Berg-Hauptmann: Adam Friedrich von Ponikau.

(4) Einige andere hohe Beamte und Ministers:

1. Der Landvogt in der Ober-Lausitz: Hieronymus Friedrich von Stammer, Conferenz-Minister, würklicher geheimer Rath und Canzler.

2. Der Ober-Amts-Präsident in der Nieder-Lausitz: Moritz Carl, Graf von Lynar, würklicher geheimer Rath.

3. Die Cammer-Directores in den Stiftern:
   a. Zu Merseburg. August Ferdinand, Graf von Zech, geh. Rath, Dom-Probst zu Wurzen und Dom-Dechant zu Zeitz.
   b. Zu Zeitz: Gotthelf Adolph, Graf von Hoym, Cammerherr.

4. Der Ober-Hofrichter zu Leipzig: Adam Friedrich von Wazdorf, Appellation-Rath.

5. Der Consistorial-Director zu Leipzig: Carl Gottlob von Ende, geheimer Rath.

6. Der Ober-Aufseher der Grafschaft Mannsfeld: Friedrich Abraham von Hopfgarten, geheimer Rath, Erbmarschall-

Amts-Verweser und Dom-Probst zu Naumburg.

7. Der Ober-Auffeher zu Schleusingen: Christian Friedrich von Stockmeier

8. Der Canzler der Stifts-Regierung zu Merseburg: Joh. George von Beulwitz.

9. Der Canzler der Stifts-Regierung zu Zeitz: Carl Gottlob von Burgsdorf, geheimer Rath.

10. Der Stifts-Hauptmann zu Wurtzen: Rudolph von Bünau, auf Loßa, Cammerherr.

11. Der Canzler zu Wurtzen: Hanß Adolph von Gablenz.

2. Der Militair-Staat.

1. Der General-Feld-Marschall.

Joh. George, Chevalier von Sachsen, Chef des geh. Kriegs-Raths-Collegii, General-Director der General-Kriegs-Casse, Gouverneur zu Dreßden, Obrist-Hauß- und Land-Zeugmeister ꝛc.

2. Die Generals der Cavallerie und Infanterie:

1. Jacob Alexander, Fürst Lubomirski, Infanterie.
2. Carl Siegmund von Arnim, Cavallerie.
3. Friedrich August, Graf von Cosel, Infant. Commendant der Garde du Corps.
4. Johann von Wilster, Inf.
5. Eugenius, Prinz von Anhalt-Dessau, Cav.

6. Carl

6. Carl George Friedrich, Graf von Flemming, Infant. dirigirender Cabinets-Minister.
7. Heinrich Christoph, Graf von Boudissin, Infanterie.

3. Die General-Lieutenants:

1. Thaddäus von Meagher, Inf. Schweitzer-Hauptmann.
2. Joh. Franz, Graf von Bellegarde, Infant. Commendant in Neustadt bey Dreßden.
3. Christian von Plötz, Cav. Gouverneur zu Leipzig.
4. Joh. Friedrich, Graf Vitzthum von Eckstädt, Cavallerie.
5. Joh. Adolph, Prinz von Sachsen-Gotha, Inf.
6. Dobislaus Nicolaus von Pirch, Inf.
7. Friedrich Bodo, Graf von Stollberg, Inf.
8. Carl August von Gersdorf, Inf. Commendant des Ing. Corps.
9. Christoph Heinrich Vitzthum von Eckstädt, Cavallerie.
10. Joh. Wilhelm, Graf von Ronow, Cav.
11. Christian Ludw. Wilh. von Nitzschwitz, Inf. Inspector der Infanterie.
12. Ludwig von Galbert, Cav.
13. Mörtz August, Baron von Spörcken, Inf. Commendant in Königstein.
14. Franz Noah von Crousaz, Inf.
15. Joh. Friedrich von Dallwitz, Cav.
16. Joh. Friedrich von Dieden, Inf.
17. Friedr. Christoph, Graf von Solms, Inf.
18. Christian Friedrich von Brüchting, Inf.
19. George

19. George Ernst, Baron von Klingenberg, Infanterie.
20. Carl Adolph, Graf von Brühl, Cav.
21. Andreas, Graf von Renard, Cav.
22. Aug. Siegmund von Zeutzsch, Cav. geheimer Kriegs-Raths-Vice-Präsident.

✶✶✶✶✶✶✶✶✶ ✶✶✶✶✶✶✶✶✶✶

II.
Die Wahl und Krönung des neuen Römischen Königs Josephs II.

Nachdem der Churfürst von Maynz durch seinen ersten Wahl-Bothschafter, Baron von Erthal, den 27. Febr. 1764. vormittags in einer mit 6 Pferden bespannten Carosse unter Vortretung der Livree-Bedienten und Begleitung einer 2 spännigen Carosse, darinnen ein Notarius mit zwey adelichen Zeugen sich befunden, zu den sämmtlichen Churfürstl. Bothschaftern in Dero Quartiere zu Frankfurt gefahren und bey jeglichem die förmliche Denunciation und Einladung zur Römischen Königs-Wahl abgeleget, so wurde den 29. Febr. diese vorhabende Wahl auf den 14 Haupt-Plätzen der Stadt unter Trompeten-Schall verkündiget, worauf den 3. März auf dem Römer die erste Wahl-Conferenz erfolgte. Die Aufführt der sämmtlichen hohen Churfürstl. Wahl-Bothschafter geschahe zwischen 9 und 10 Uhr, ohne Beobachtung einigen Rangs, im prächtigsten Staat. Von den meisten geschahe
es

es mit 4 sechsspännigen Wagen, doch hatten deren einige mehr, andere weniger. In den ersten befanden sich die Cavaliers von dem Gefolge, in dem letztern aber, vor welchem die gesammten Officianten und Livree-Bedienten in Galla hergiengen, die Wahl-Bothschafter selbsten. Die Versammlung dauerte bis gegen 3 Uhr Nachmittags. Die Abfahrt geschahe nach dem Range der Churfürsten. Der Empfang und die Begleitung samt den übrigen Umständen waren eben diejenigen, die bey dem neulichen Collegial-Tage beobachtet worden. Den 5. März, an welchem Tage auch der ältere Reichs-Erb-Marschall, Graf von Pappenheim, zu Frankfurt anlangte, geschahe die andere Wahl-Conferenz, jedoch fuhr jede Gesandschaft nur mit einem 6 spännigen und einem 2 spännigen Wagen auf, welches auch bey den folgenden Wahl-Conferenzen beobachtet wurde, die den 8. 10. 12. 15. 17. 20. und 24. März gehalten wurden.

Immittelst hatte man an dem Käiserl. Hofe zu Wien alle Anstalten getroffen, die Abreise nach Frankfurt anzutreten. Da auch der ordentliche Käiserl. Ornat nur vor den neuen Römischen König gehörte, so ließ der Käiser einen neuen verfertigen, dessen er sich selbst bey der Krönung des Römischen Königs bedienen wollte. Er wurde nach dem zu Nürnberg aufbehaltenen gemacht und abgemessen, und bestund aus einem Mantel, der einem Vesper-Mantel gleichte und mit einer Agraffe von massivem Golde versehen, auch von forne herunter mit Perlen besetzt ist; ferner in einem hem hellblauen langen Unterkleide, welches über 2 Hände hoch mit Silber gestickt, worüber ein kürzeres leinenes Kleid, unten mit Spitzen besetzt, angezogen wird. An den Handschuhen sind die Finger ganz mit kostbaren Steinen besetzt. Es wurde auch eine Haus-Krone vor den neuen Römischen König verfertiget, welches alles nebst denen Präsenten an die Churfürsten und Reichs-Aemter zur öffentlichen Schau ausgesetzt wurde, und an Kleinodien, Perlen und Gold von ausserordentlicher Kostbarkeit war.

Nachdem der Kaiser den 12. März frühe in der Josephinischen Capelle mit den beyden **Erzherzogen, Joseph und Peter Leopold,** den Gottesdienst gehalten, reisete er mit ihnen in Begleitung des Kaiserl. obersten Hof- und Erbländischen General-Postmeisters, **Grafens von Paar,** *) des Oberhofmeisters des jüngern Erzherzogs, **Grafens von Thurn,** des Obrist-Stallmeisters, **Fürstens von Auersberg,** des Reichs-Vice-Canzlers, **Grafens von Colloredo** und des Ober-Küchenmeisters, **Grafens von St. Julian,** nebst einigen Cammerherren, von Wien ab. Als er vor die Schönbrunner-Linie kam, erwartete ihn allda die Kaiserin, welche sich zu ihrem Gemahl in einen Wagen setzte

---

*) Er hat bey dieser Gelegenheit seine Gerechtsame gegen das General-Reichs-Post-Amt in einem Memoriale an den Churfürstl. Wahl-Convent wieder rege gemacht, man hat aber nicht gehöret, was darauf erfolgt sey.

setzte und bis zur ersten Post=Station nach Burkersdorf fuhr, wo sie sich von ihm beurlaubte und nach Wien zurücke kehrte. Kurz vor 5 Uhr Abends langte der Käiser mit seinem Gefolge unter dem Geläute aller Glocken und unter Trompeten= und Paucken=Schall, auch Abfeurung des Geschützes in dem herrlich gebauten Benedictiner=Stiffte Mölck an. Nach einiger Zeit gieng man zur Tafel, die aus 32 Couverts bestund, worzu nicht nur der Abt, sondern auch einige anwesende Land=Stände gezogen wurden. Nach deren Aufhebung wurde von der Schul=Jugend ein wohlcomponirtes Singspiel, dazu der Text Lateinisch auf die Reise nach Frankfurt gerichtet war, aufgeführet. Den 13ten wurde das Geburts=Fest des Erzherzogs Josephs zu feyern verbeten. Um halb 8 Uhr wohnte der Käiser der Messe bey, besahe sodenn die Biblotheck, Stifts=Gebäude und andere Merkwürdigkeiten und setzte um 10 Uhr die Reise weiter fort. Der Abt beschenkte den Erzherzog Joseph bey dem Abschiede mit einem kostbar gestickten Beutel, worinnen 5000 Stück ganz neugeprägter Ducaten befindlich waren.

Den 13ten Abends langte man zu Ens an, wo Se. Käiserl. Majestät und Ihre Königl. Hoheiten von dem Grafen von Auersberg, ältesten Sohne des Fürstens und Ober=Stallmeisters, auf dessen Schlosse empfangen und eingeführet wurden. Wegen seiner getroffenen guten Einrichtung wurde er mit einem kostbaren Ringe beschenckt schenkt, und den folgenden Tag die Reise bis Beyerbach, und den 15ten bis Vilshofen fortgesetzet, wo man über Schärdingen um 4 Uhr Abends anlangte. Weil es die erste Nacht-Station in Bayern war, stund ein ganzes Regiment in Parade. Man lösete die Canonen und von dem Churfürsten befand sich der Conferenz-Minister und Ober-Stallmeister, Graf von Seinsheim, mit einer großen Suite von Chur-Bayerischen Cavaliers und Ministers zugegen, die Se. Käiserl. Majestät im Namen des Churfürstens bewillkommten. Man speisete darauf an einer Tafel von 40 Couverts, woran auch der anwesende Bischoff von Passau Theil nahm. Den folgenden 16ten setze man nach gehörter Messe, die dieser Bischoff hielt, die Reise nach Straubingen fort, wo der Einzug unter Paradirung eines andern Churbayerischen Regiments und Lösung des groben Geschützes geschahe. Der Käiser nahm sein Quartier in dem sogenannten Käiserl. Reichs-Post-Amte, wo er unter dem Thore bey seinem Aussteigen aus dem Wagen von dem Churfürsten von Bayern, dem Prinzen Clemens von Pohlen, Bischoffen zu Freysingen und Regenspurg, dem Bischoffe zu Passau, dem Fürsten von Taxis und andern hohen Personen empfangen wurde. Sie hatten sämmtlich die Gnade, zu der Käiserl. Tafel von 50 Couverts gezogen zu werden, während welcher die Churfürstlichen Cammer-Virtuosen sich hören liessen.

Nach-

Nach eingenommenen Frühstücke und angehörter Messe, auch geschehener Beurlaubung von dem Churfürsten, und andern Fürstl. Personen, wurde die Reise den 17. nach Neustadt fortgesetzt. Man paßirte bey Regenspurg vorbey, und da in der ohnweit davon gelegenen Carthause Prüel, wo eine Escadron Bayerische Cüraßiers paradirte, die Pferde gewechselt wurden, machten die Gemahlinnen des Fürstens und des Erb-Prinzes von Taxis, der Fürst von St. Emeran, der Graf von Palm und andere Standes-Personen ihre Aufwartung. Im Vorbeyfahren wurden zu Regenspurg die Canonen gelöset, alle Glocken geläutet und von der Bürgerl. Cavallerie Parade gemacht. Zu Neustadt stund das Preysingische Regiment in Parade und als der Käiser den folgenden Tag zu Aicha anlangte, das Morawitzkische Regiment, wobey an beyden Orten auch die Canonen gelöset wurden. Hier empfieng ihn auch der Bischoff von Augspurg; und da dieses die letzte Station in den Chur-Bayerischen Landen war, so wurden folgende kostbare Geschenke vor die Churfürstl. Ministers, Officiers und Officianten zurücke gelassen. Der Graf von Seinsheim, der den Käiser bis Donauwerth begleitet, wo er im Nahmen des Churfürstens das Abschieds-Compliment abgeleget, erhielt das reich mit Brillanten garnirte Portrait des Käisers, worauf sich eine Käiserl. mit Juwelen besetzte Krone befand. Der Graf von Minuzzi erhielt einen Ring von großem Werthe. Die Grafen von Lamberg und Wahl, und der Baron von Waldkirchen bekamen,

jeder

jeder eine goldene mit Brillanten besetzte Uhr. Der Oberst-Silber-Cämmerer, Graf von Leoni, bekam ein großes silbernes Tafel-Surtout, 2. Oelnäpffe und 4. große Leuchter von gleichem Metall, und die 4 Churfürstl. Pagen jeder eine goldene Tabatiere. Der Mund-Controlleur bekam eine goldene Tabatiere mit 100. Cremnitzer-Ducaten, nebst einer goldenen Kette und Medaillen von gleichem Werthe. Der Hof-Tapezierer wurde mit einem prächtigen silbernen Tafel-Surtout beschenkt, mehr als 1000. Ducaten aber wurden unter die Küchen-Keller- und Conditorey-Bediente ausgetheilet. Die Officiers, welche bey den Käiserlichen Nacht-Quartieren die Wache hatten, erhielten theils Tabatieren, theils Uhren oder Degen zum Geschenke, auch wurde unter die gemeinen Soldaten eine starke Summa an baaren Gelde ausgetheilet.

Den 19. März langte der Käiser auf dem Gräfl. Oettingischen Schlosse zu Wallerstein an, wo er von dem dasigen Grafen mit allen geziemenden Ehren empfangen wurde, welches auch den 20. zu Creilsheim geschahe, wo der Marggraf von Anspach, zu dem würdigsten Empfang alle Vorkehrungen machen lassen, auch in eigener Person zugegen war. Den 21. übernachtete er auf dem Deutschmeisterischen Schlosse zu Mergentheim und den 22. zu Miltenberg, von da er den 23. Nachmittage auf dem Gräfl. Schönbornischen Schlosse zu Heusenstamm anlangte, welches nur noch drittehalbe Stunde von Frankfurt liegt.

Mitlerweile hatte man in den Churfürstl. Wahl-Conferenzen die Wahl-Capitulation und was sonst in Ansehung der vorhabenden Römischen Königs-Wahl zu beobachten war, zu Stande gebracht, auch den Wahl-Tag selbsten auf den 27. März angesetzt. Das Vornehmste, was man von den Wahl-Conferenzen in Erfahrung gebracht, bestehet in folgenden: In der zweyten Wahl-Conferenz wurde in Ansehung der Emigration beschlossen, diesesmal zwar mit Erlaßung eines Decreti Emigrationis einzuhalten, aber doch die Decreta Salvatoria an das Erbmarschall-Amt und den Magistrat ergehen zu laßen. Es wurde auch in eben dieser Conferenz auf die Frage: was für eine Capitulation zum Grunde zu legen sey? feste gesetzet, da man die Capitulation Sr. jetzt-regierenden Käiserl. Majest. pro basi annehmen, selbige von Articul zu Articul verlesen, die Monita in Umfrage stellen und Conclusa darüber abfassen wollte. In der Conferenz am 10. März wurden die 3 ersten Artickel und die dabey gemachten Monita berichtiget, auch in eben der Conferenz beliebet, sowohl wegen Abthuung der Religions-Beschwerden, als auch wegen des zwischen Sachsen, Bayern und Pfalz getroffenen Vicariats-Vergleichs, welchen man verlesen, ein Schreiben an Sr. Käiserl. Maj. im Namen des Churfürstl. Collegii abgehen zu laßen. In den folgenden Conferenzen sind die übrigen Artickel der vorigen Wahl-Capitulation durchgegangen und berichtiget worden.

In Ansehung der neuen Capitulation sollte es hauptsächlich bey 4. Puncten einigen Anstand gegeben haben, nemlich 1) wegen der Acht, 2) wegen der Religions-Beschwerden, 3) wegen eines neuen Churfürstens und 4) wegen Verbesserung des Münz-Wesens. Wegen der Acht habe man dafür gehalten, daß denen vorigen Capitulationen nichts zugesetzt werden könne; wäre darwider gehandelt worden, so sey es als ein bloßer Mißbrauch anzusehen, den man abstellen könnte. Wegen der Religions-Beschwerden sollte ein gewisser Termin zur Abstellung derselben gesetzt werden, nach dessen Verfließung die Selbsthülfe statt finden sollte. Die Sache wegen einer neuen Chur sey auf den Reichs-Tag ausgesetzt worden, und wegen des Münz-Wesens sollte eine besondere Commißion angeordnet werden.

Den obgedachten Vicariats-Vergleich anbelangend, der zwischen den Chur-Häusern Sachsen, Bayern und Pfalz bereits 1750. zu Dreßden geschlossen, und darüber ein besonderes Churfürstl. Collegial-Schreiben an Sr. Kaiserl. Maj. zu erlassen vor gut befunden worden, so betrift solcher hauptsächlich die so lange streitig gewesenen Reichs-Vicariats-Gerechtsame in einem und dem andern Reichs-Krayse, besonders aber dem Westphälischen, sich erstrecken sollen, sodenn die Berichtigung ein und anderer in die Vicariats-Verwaltung einschlagender Puncte, insonderheit auch die Einrichtung derer Vicariats-Siegel und Tittel vor dem Reichs-Cammer-Gerichte zu Wetzlar, wie nicht weniger die Reassumirung und Fortsetzung

setzung des Reichstags tempore interregni sub auspiciis Vicariorum, die Auteristrung der Principal-Commißion und die von letzterer in ihren Commißions-Decreten und sonst alsdenn zu gebrauchende Titulatur und Schreibart. Wie nun von dem Churfürstl. Wahl-Collegio zu der gesetzmäßigen Gültigkeit dieses Vergleichs die Genehmhaltung Sr. Käiserl. Maj. und des Reichs für nothwendig erachtet worden: so ist die Absicht bey gemeldeten Collegial-Schreiben dahin gegangen, Sr. Kaiserl. Maj. alleruntertänigst zu bitten, besagten Vergleich den versammleten Reichs-Ständen zur weitern Vorkehr allergnädigst zu übergeben und vorzulegen.

Den 22. März von Morgens 9. Uhr an bis Nachmittags um 4. Uhr ließ E. Hochedler Stadt-Magistrat auf 19. Haupt-Plätzen unter dem Schall der Trompeten allen hiesigen Bürgern und Beysaßen verkündigen und befehlen, sich morgen, als den 23. frühe auf dem Römer-Platze in Mänteln einzufinden und dem hohen Churfürstl. Collegio den Schutz- und Versicherungs-Eyd zu leisten. An eben diesem 23. März erschienen 4 Sächsische Trompeter und ein Paucker unter Vorreitung des Reichs-Profoßen und Anführung des Reichs-Fouries auf den 19. Haupt-Plätzen und machten unter Trompeten- und Paucken-Schall auf Befehl und im Namen des Königl. Prinzen von Pohlen, Xaverii, als Administratoris der Chur-Sachsen und des Reichs-Erz-Marschall-Amts halber, auf dem allhier zu Frankfurt angestellten Wahl-Tage eines Rö-

Fortges. G. H. Nachr. 42. Th. Ff mischen

mischen Königs eine aus 24. Artickeln bestehende Policey- und Tax-Ordnung bekannt. Den 24sten wurde auf eben diesen Haupt-Plätzen unter Trompeten- und Paucken-Schall durch eine Canzeley-Person der Befehl verkündiget, daß alle hier befindliche Fremde, so nicht zu Ihro Käiserl. Maj. oder derer hohen Herren Churfürsten und dero Fürstlichen Herren Wahl-Bothschafter Gefolge gehören, oder unter Allerhöchst- Höchst- und Hochderoselben Protection stehen, künftigen Montag als den 26. März bey Sonnen-Aufgang hiesige Stadt räumen und die Bürger dergleichen unter diesem Befehl begriffene Fremde von sich schaffen sollten.

Den 21. März Nachmittage langte der Churfürst von Maynz als Director des Churfürstl. Collegii, zu Frankfurt an. Gleichwie er alle Anstallten vorgekehrt hatte, bey den zu vollziehenden Wahl- und Krönungs-Feyerlichkeiten eines Römischen Königs mit aller seiner erhabenen Würde gemäßen Pracht zu erscheinen, in welcher Absicht er drey Carossen zu Paris verfertigen lassen, deren eine auf 30000. Gulden und die übrigen nicht viel geringer gekostet, auch für seine Pagen so kostbare Kleider verfertigen laßen, daß solche auf 120000. Gulden geschätzt: also hielt er einen ungemein prächtigen Einzug. Es geschahe unter Abfeurung von 125 Canonen, wie auch Paradirung der Bürgerschaft und Garnison, nachdem ihn zwey Schöffen des Raths mit der Bürgerl. Compagnie zu Pferde vor der Stadt eingehohlt hatten. Der Zug kam zum Bockenheimer-Thore herein und gieng über

die

die Zeil bis zum Compostell, als dem Chur-Mäynzischen Qvartier. Man konnte die Pracht und Kostbarkeit, die hierbey wahrgenommen wurde, nicht genug bewundern. Man zehlte über 24. der prächtigsten 6. spännigen Staats-Wagen, unter denen keiner derjenigen Caroße, worinnen der Churfürst selbst saß, an Kostbarkeit gleich kam. Sie war mit carmesin-rothen Sammt überzogen, auf das reichste mit Golde gestickt, und mit sehr vielen goldenen Franzen versehen, der daran befindlichen vortrefl. Gemählde zu geschweigen. Den folgenden Tag begaben sich die sämmtlichen Wahlbothschafter in dem prächtigsten Staat in sechsspännigen Kutschen unter Vortretung ihrer Haus-Officianten und Livree-Bedienten in das Compostell, bey Sr. Churfürstl. Gnaden die solennen Bewillkommungs-Visiten abzulegen.

Den 24sten Abends langte auch der Churfürst von Trier und den 25. Nachmittags der Churfürst von Cölln unter Abfeurung von 125 Canonen in der Stadt an, bey denen ebenfalls die gesammten Wahl-Bothschafter im völligen Staat und mit einem zahlreichen Gefolge nach einander die solennen Staats-Visiten ablegten.

Der Käiser war indessen den 23. mit seinen beyden Prinzen zu Heusenstamm angekommen, wohin von Frankfurt täglich hohe Herrschaften abgiengen, um bey ihm ihre unterthänigste Aufwartung zu machen. Dieses that auch den 25. der Churfürst von Maynz. Er wurde von dem Käiserl. Obrist-Cämmerer, Grafen von Khevenhüller, an dem Schlage, und hernach von dem Käiser selbst sehr zärtlich empfangen. Er beurlaubte sich aber bald wieder, und kehrte nach Frankfurt zurücke, wo der lerm wegen derer vielen ankommenden Fremden immer ärger wurde; wie man denn wegen der vielen Pferde und Carossen, auf den Gassen zu Fuß fast nicht mehr fortkommen konnte.

Von dem Aufenthalte des Käisers und seiner hohen Svite zu Heusenstamm kriegte man unterm 26. März folgendes Schreiben zu lesen:

„Seit der Ankunft Ihro Majest. des Käisers „und Dero beyden Prinzen Königl. Hoheiten zu „Heusenstamm finden sich täglich sehr viele Frem„de allda ein, so, daß die Landstrasse dahin ei„ner Wallfahrt gleich ist. Allerhöchst Dieselben „hielten sowohl am Sonnabend als gestern offene „Tafel. Vorgestern bestund sie aus 30. Couverts. „Der Käiser war in blauen Sammet gekleidet. „Neben Demselben saß der Prinz George von „Darmstadt, gegen über aber der Prinz Jo„seph in schwarzen Sammet. Der Prinz Leo„pold aber, der neben ihm saß, hatte seine ge„stickte Regiments-Uniform an. Unter den übri„gen hohen und vornehmen Gästen befand sich „der Fürst Esterhasy und der Graf von „Schönborn, als Herr von Heusenstamm; wo„selbst man die vortreflichsten Anstalten vorkeh„rete, sogleich nach dem Bericht von der glücklich „ausgefallenen Wahl sowohl an dem Schlosse und „dem Herrschaftl. Garten, als auch in dem gan„zen Flecken die herrlichsten Erleuchtungen, Feu-

er-

„erwerke und Lustbarkeiten den 27. März Abends
„vorzustellen. Die Leib-Grenadiers von Hessen-
„Darmstadt haben allda die Wache und Aufwar-
„tung. Ihr Verhaltungs-Befehl ist, niemanden
„von Condition abzuhalten, das Allerhöchste und
„sich in dem besten Gesundheits-Stande befindli-
„che Kleeblat zu bewundern. Ja, um jederman
„ohne Unterschied dieses unschätzbare Glücke zu
„gönnen, so sind an den Fenstern des Speise-
„Saals auf allergnädigsten Befehl besondere
„Gerüste aufgebauet worden.„

Den 27. März wurde endlich die Wahl des Römischen Königs vollbracht. Man hat folgende kurze Beschreibung hiervon bekannt gemacht: Früh um 6. Uhr brachte der Klang der so genannten Carolus- oder großen Sturm-Glocke, welche eine ganze Stunde geläutet wurde, alles in Bewegung. Um 8. Uhr rangirte sich sowohl die Garnison, als die gesammte bürgerliche Cavallerie und Infanterie auf die jedem angewiesene Plätze und Posten. Nicht lange nach 9. Uhr sahe man die zweyten und dritten Wahl-Bothschafter in prächtigem Staat und kostbarer Spanischen Mantel-Tracht sich nach und nach in die St. Bartholomäi-Kirche erheben, da inzwischen die sämtlichen ersten Wahl-Bothschafter der weltl. Churfürsten sich in den kostbarsten Equipagen und mit völligem Staat nach dem Römer begeben hatten. Kurz darauf fanden sich auch die drey Churfürsten von Maynz, Trier und Cölln mit ihrer zahlreichen Hofstatt und gesammten Gefolge in dem prächtigsten Staat daselbst ein. Nachdem die

die drey Churfürsten in ihren Retirade-Zimmern den Churfürstl. Ornat angeleget hatten, begab sich der ganze Zug gleich nach 11. Uhr in den Dom oder die St. Bartholomäi Kirche, welche von der Chur-Sächsischen Schweizer-Garde besetzt war, und wohin sich der Reichs-Erb-Marschall, Graf von Pappenheim, in reicher Spanischer Mäntel-Tracht kurz vorher zu Fuß erhoben hatte.

Zuerst kam der Reichs-Fourier, hinter welchem die sämmtlichen Livrè-Bedienten eines jeden Churfürstl. ganzen Gefolges an deren Spitze die Hof-Fouriers also folgten, daß Chur-Braunschweig zuerst und Chur-Maynz zuletzt war. Hinter ihnen sahe man in gleicher Ordnung die Haus-Officiers, Pagen und andere Domestiquen von jeglicher Gesandschaft. Hierauf kamen die gesammten Gesandschafts-Cavaliers; ferner die Chur-Mayn-zischen, Chur-Trierischen und Chur-Cöllnischen Cavaliers, Ministers und Domherren unter einander, unter Vortretung der Chur-Maynzischen, Chur-Trierischen und Chur-Cöllnischen resp. Ober- und Hof-Marschalle. Alsdenn erschien der Chur-Maynzische Erb-Marschall, Graf von Schönborn, das Churfürstl. Schwerdt in der Scheide tragend, mit entblößtem Haupte zu Pferde, hinter welchem der Churfürst von Maynz im Chur-Habit auf einem muthigen und prächtig gezierten Schimmel ritte; ferner der Chur-Trierische Erb-Marschall, Graf von der Leyen, ebenfalls zu Pferde mit entblößtem Haupte das Churfürstl. Schwerd in der Scheide

vor

vor sich habend, welchem unmittelbar der Churfürst von Trier im Chur-Habit zu Pferde folgte; endlich der Chur-Cöllnische Erb-Marschall, Graf von Salm, mit dem Schwerd in der Scheide vor sich liegend, mit entblößtem Haupte zu Pferde, hinter welchem der Churfürst von Cölln im Chur-Habit ritte. Nach den Churfürsten folgten die ersten Wahl-Bothschafter derer abwesenden Churfürsten nach der Ordnung ihrer hohen Principalen, einer nach dem andern, sämmtlich in der kostbarsten Spanischen Mantel-Tracht auf muthigen und prächtig gezierten Pferden, der Chur-Böhmische zuerst und der Chur-Braunschweigische zuletzt. Endlich machten die Garden der drey anwesenden geistl. Churfürsten den Beschluß. Während dem Zuge wurde mit allen Glocken geläutet.

Nachdem sie in dem Dom angelanget und die Messe, unter welcher die protestantischen Wahl-Bothschafter sich in ein Nebengemach begeben, geendiget, wurde der Gesang: Veni Creator Spiritus, gesungen, worauf die Churfürsten wegen der instehenden Wahl vor dem Altare den Eyd ablegten, welches nachgehends auch die ersten Wahl-Bothschafter thaten. Sie verfügten sich hierauf in das Conclave und Wahlzimmer, wohin vorher die Stadt-Thor-Schlüssel in ledernen Beuteln gebracht worden, und welches sammt der Chor-Thüre der Reichs-Erb-Marschall verschlossen hatte. Nachdem nun die Wahl einstimmig auf den Erzherzog Joseph, Cronprinzen von Ungarn, gefallen, verfügte sich nach

2 Uhr der zweyte Chur-Maynzische Wahl-Bothschafter, Freyherr von Groschlag, in einem prächtigen Churfürstl. Staats-Wagen mit einem zahlreichen Gefolge nach dem Braunfels, zu dem Fürsten von Lichtenstein, als Käiserl. Commissario, um ihn zu Ertheilung der väterl. Einwilligung in das Conclave abzuholen, welcher denn auch in der prächtigsten Gala unter Vortretung seiner Livree-Bedienten, Haus-Officiers und Secretarien mit 3. sechsspännigen Staats-Wagen, in deren ersten er in kostbaren Spanischer Mantel-Kleidung gesessen, dem gedachten Wahl-Bothschafter nachfuhr, und im Dom den Käiserl. allerhöchsten Consens in die Wahl des Durchl. Erzherzogs, Kraft der von dem Käiser erhaltenen Vollmacht, declarirte. Nachdem er auf eben die Art in sein Quartier zurücke begleitet worden, und der Baron von Groschlag in den Dom zurücke gekommen, erfolgte nach 4. Uhr in dem Conclave von dem Churfürsten von Mannz die Proclamation der auf des Erzherzogs Josephs Königl. Hoheit ausgefallenen Wahl, welche Proclamation hernach von dem Marnzischen Dom-Dechant, Baron von Fechenbach, bey offenen Kirch-Thüren öffentlich wiederholt, und darauf das Te Deum Laudamus abgesungen, mit allen Glocken geläutet und das grobe Geschütze von den Wällen dreymal abgefeuert wurde. Die Churfürsten und Wahl-Bothschafter kehrten alsdenn in voriger Ordnung wieder nach dem Römer zurücke, von dar jeglicher sich wieder nach seinem Quartier erhub. Der Fürst Esterhasy, als

erster

erster Böhmischer Wahl-Bothschafter, gab hierauf in seinem Hotel zum Junghof den sämmtl. Wahl-Bothschaftern ein prächtiges Tractament.

Gleich nach der Wahl wurde der Graf von Lamberg mit der ersten Nachricht davon zum Thore hinaus gelassen, um sie dem Käiser nach Heusenstamm zu überbringen. Eine Stunde darauf gieng auch der Graf von Pappenheim unter Vorreitung vieler blasenden Postillons in gleicher Absicht dahin. Sie sind beide herrlich beschenkt worden. Den folgenden Tag um 11. Uhr fuhr auch der Prinz Friedrich von Pfalz-Zweybrücken in einer 6. spännigen Carosse unter Vorreitung einer großen Menge blasender Postilions und Post-Officiers noch Heusenstamm, und überbrachte dem Käiser und dem neuerwehlten Römischen Könige die von dem Churfürstl. Collegio ausgefertigten Glückwünschungs- und Einladungs-Schreiben. Er wurde ebenfalls mit einem sehr kostbaren, mit Brillanten besetzten Degen, seine bey sich habenden beyden General-Adjudanten aber jeder mit einer goldenen Tabatiere beschenkt.

Den 28sten hielten die Wahlbothschafter abermahls eine Conferenz auf dem Römer, die bis 3. Uhr dauerte. Es langten auch an diesem Tage die Nürnbergischen Abgeordneten mit ihren Reichs-Insignien an, die durch zwey Deputirte vom Rath und der Cavallerie eingeholt wurden: unter Trompeten und Paucken-Schall aber ward ein Befehl auf allen öffentlichen Plätzen der Stadt abgelesen,

Ff 5   Kraft

Kraft dessen das Zusammenlauffen der muthwilligen Jugend und geringen Weibesvolks bey dem Einzuge Ihro Kaiserl. und Königl. Majestäten aufs ernsthafteste verboten wurde. Dieser Einzug erfolgte den 29sten mit sehr großem Gepränge. Um 11 Uhr geschahe von Heusenstamm der Aufbruch. In dem Walde, darinnen sich der Kaiserl. Hof eine viertel Stunde aufhielt, kam der Landgraf von Heßen-Darmstadt, der sich darinnen verborgen gehalten, zum Vorschein, der sich als ein 74. jähriger Greiß durch zwey Cavaliers, welche ihn Alters wegen unter den Armen führten, in seiner Kaiserl. Uniform mit entblößtem Haupt vorführen ließ. So bald ihn der Kaiser erblickte, gieng er ihm gleich entgegen, und anstatt daß der Landgraf dem Kaiser die Hand küßen wollte, umarmete er denselben und führte ihn unter das Zelt, wo er sich nach langen Weigern zwischen den Kaiser und den Römischen König setzen und bedecken mußte, worauf ihn der Kaiser dem Römischen Könige, welcher ihn etlichemal embraßirte, in diejenige Freundschaft, die er jederzeit für ihn gehabt, empfahl und zu den Umstehenden sagte: hier sehet ihr meinen besten Freund! worauf dem Landgrafen sowohl, als den übrigen hohen Anwesenden die Thränen in die Augen traten; der Landgraf antwortete, er gehe nunmehro mit Freuden aus der Welt, da er dasjenige, was er schon so lange sehnlichst gewünschet, noch vor seinem Ende gesehen hätte.

Als der Kaiser bey dem so genannten Niederhof, eine halbe Stunde von der Stadt, anlangte, te, hatten sich sowohl die drey geistl. Churfürsten, als auch die sämmtl. Wahl-Bothschafter mit allem ihrem Gefolge und Eqbipage, um dem Einzuge beyzuwohnen, nebst vielen andern vornehmen Herrschaften versammlet. Der Rath der Stadt empfieng allhier Ihro Majestäten in Corpore und überreichten Ihnen die Schlüßel der Stadt, worauf der Zug nach der Stadt auf eine sehr prächtige Weise seinen Anfang nahm. Die Churfürsten nebst allen Wahlbothschaftern fuhren in Spanischer Kleidung in ihren Staats-Caraßen mit ihren Bedienten umgeben, vor dem Kaiserlichen Staatswagen her, worinnen der Kaiser vorwerts und der Römische König rückwerts saßen. Man fuhr zum Sachsenhäuser Thore hinein nach der Bartholomäi-Kirche, wo der Römische König die Wahl-Capitulation beschwur, und von dar nach dem Käiserl. Quartier oder Hoflager, wo ihnen den 30sten die Deputirten des Stadt-Raths die Geschencke alleruntertänigst überreichten. Der Einzug geschahe unter beständigem Geläute der Glocken, Abfeurung 300 Canonen und Frolocken der in unbeschreiblicher Menge sowohl auf den Straßen als in allen Fenstern, ja, so gar auf den Dächern versammleten Zuschauer.

Nach der Ankunft des Käisers sahe man täglich eine menge Herrschaften und andere vornehme Standts-Personen nach Hofe fahren, um beyden Majestäten die Aufwartung zu machen. Den 30sten geschahe es von dem Churfürsten von Maynz und den 31sten von den Churfürsten Trier und Cölln. Den 1. April aber von den Churfürstl.
Both-

Bothschaftern. Alles geschahe nach einem gewissen Ceremoniel. Sonst haben Ihre Majestäten täglich zweymal Cercle gehalten, und sich dabey allezeit gegen Herrn und Damen sehr huldreich und gnädig erwiesen.

Den 31sten fuhren die Bothschafter abermals zur Conferenz nach dem Römer. Nachmittags wurden die Nürnbergischen Insignien in einem offenen Kayserl. Jagd-Wagen, mit einer rothsammetem Decke bedeckt nach dem Käiserl. Hoflager gebracht und nach etlichen Stunden wieder zurücke geführt, weil Ihre Majestäten selbige besehen wollten. Es umgaben den Wagen 16. Mann von der Nobleße, die mit Gewehr versehen waren, hinter welchen die Nürnbergischen Deputirten in 2. Kutschen folgten, 12. Nürnbergische Dragoner aber zu Fuß den Zug beschlossen. An eben diesem Tage Abends von 5. bis 6. Uhr wurde mit allen Glocken der Stadt geläutet und dadurch das am 1. April zuhaltende Danckfest wegen glücklich vollzogener Wahl angekündiget. Als dieser Tag angebrochen, wurden früh um 6. Uhr 100. Canonen abgefeuert und abermals mit allen Glocken geläutet, welches auch des Mittags um 11 Uhr und des Abends um 6. Uhr eine Stunde lang geschahe, wobey jedesmal auch 100. Canonen gelöset wurden. Es wurde in allen Kirchen Vor-und Nachmittags über fürgeschriebene Texte geprediget und Gottesdienst gehalten, welchem auch Ihre Majestäten in der Capuciner-Kirche beywohnten. An diesem Tage langten auch die Abgeordneten von Aachen mit ihren Reichs-Insignien signten an, auf den vornehmsten Plätzen der Stadt aber wurde der auf den 3. April angesetzte Krönungs-Tag unter Trompeten- und Paucken-Schall öffentlich ausgerufen.

Als dieser Tag angebrochen, wurde frühe um 6 Uhr durch Läutung der grossen Sturm-Glocke alles in Bewegung gesetzt. Jedermann eilte nach dem für ihn angewiesenen oder ausersehenen Posten. Schon gegen 9 Uhr erhoben sich die ersten weltlichen Bothschafter im grösten Staat nach dem Römer, die drey geistliche Churfürsten aber nach dem Dom, wo sie ihren Pontifical-Habit anlegten. Nach 10 Uhr setzte sich der Reichs-Erbmarschall, Graf von Pappenheim, unter Trompeten- und Paucken-Schall vor dem Römer zu Pferde und ritte in seiner kostbaren Mantel-Kleidung nach dem Kaiserlichen Quartier, wohin sich auch die ersten Bothschafter der weltlichen Churfürsten mit eben dem Train, wie am Wahltage, (ausser daß diesesmal die Bothschafter paarweise mit einander ritten,) erhuben, um den Kaiser und Römischen König abzuholen. Von hier geschahe nunmehro der Zug unter Läutung aller Glocken nach dem Dom in eben der Ordnung, wie bey dem Kaiserl. Einzuge, nur daß allemal nach jeder Abtheilung des Churfürstl. Gefolges die zu der Kaiserl. und Königl. Suite von gleichem Character gehörigen Personen mit anschlossen. Die sämmtl. Gesandtschafts-Cavaliers, wie auch die Kaiserl. und Königl. Ministers, Cammerherren und Cavaliers giengen durch einander. Auf diese folgten die vorhandenen Reichs-Grafen und Reichs-Fürsten,
alle

alle in der prächtigsten Kleidung, eben wie jener zu Fuß; ferner die Käiserl. und Königl. Trompeter und Paucker in 3 Chören; 3 Käiserl. Herolde; die ersten Wahl-Bothschafter zu Pferde; die Reichs-Erbbeamten mit den Insignien ebenfalls zu Pferde; der Käiser und der Römische König hinter einander auf prächtig gezierten Pferden mit Kronen auf den Häuptern unter dem von 10 Mitgliedern E. Hochedlen Raths getragenen Baldachin von der Schweitzer- und Adel-Garde umgeben.

Gegen 12 Uhr war alles in Dom versammlet. Die Krönung des Römischen Königs geschahe mit allen denen Ceremonien, die sonst in diesem Fall gewöhnlich sind. Sie dauerte bis nach 3 Uhr, und wurde von dem Churfürsten von Maynz mit Asistenz der andern beyden Churfürsten von Trier und Cölln, auch anderer Prälaten verrichtet. Nachdem der Ritterschlag geschehen, *) begaben sich Ihre Majestäten unter abermaliger Läutung aller Glocken und Abfeurung

der

---

*) Diese Ehre betraf auf der Chur-Sächsischen Seite 1) Adolph Heinrich Bosen, 2) Joh. Gottlob von Ker., 3) Johann Friedrich Carl, Grafen von Dallwitz, 4) George Heinrich von Carlowitz, 5) Joh. Hilmer Adolph von Schönfeld, 6) Ferdinand Alex. Baron von Taube, und 7) Wilbelm Job. Christoph von Niesemeuschel. Sie wurden als Gesandtschafts-Cavaliers zu Rittern des Heil. Röm. Reichs geschlagen. Von denen andern Rittern hat man keine Nachricht.

des neuen Röm. Königs Josephs II.

der Kanonen über die, während dem Aufenthalte in Dom aufgeschlagene mit rothen, weissen und gelben Tuch bedeckte Brücke in voriger prächtigen Ordnung und mit eben dem Gefolge wieder nach dem Römer, jedoch mit dem Unterschied, daß der ganze Zug zu Fuß geschahe, und der geistl. Churfürsten ihr Gefolge sich an seinem gehörigen Orte ebenfalls dabey befand. Der Römische König hatte die Reichs-Crone auf dem Haupte, und den alten Käiserl. Pontifical-Habit an. Der Churfürst von Trier gieng unmittelbar vor dem Käiser her, die Churfürsten von Maynz und Cölln aber etwas rückwärts zu beyden Seiten des Römischen Königs, dessen Käiserl. Mantel sie an der äussersten Spitze hielten. Sie waren alle dreye in ihren Chur-Habit gekleidet. Ihre Garden machten den Beschluß.

Sowohl im Hin- als Herwege war das Frohlocken und Jauchzen der in unzähliger Menge versammleten Zuschauer unbeschreiblich, woben jedermann durch das huldreiche Bezeugen der Käiserl. und Königl. Majestäten aufs äusserste gerühret wurde. Nach einem kurzen Aufenthalte in Dero Retirade traten beyde Majestäten an das mittlere Fenster des großen Römer-Saals, die Churfürsten aber sammt den ersten Bothschaftern der weltl. Churfürsten in die andern Fenster und sahen die Verrichtungen derer Reichs-Beamten mit an, die denn unter Trompeten- und Paucken-Schall anfänglich von dem Reichs-Erb-Marschall, Grafen von Pappenheim in Ansehung des Habers,

hernach

hernach von dem Fürsten von Hohenzollern, als Erb-Cämmerer, in Ansehung des Wasch-Wassers, von dem Grafen von Althann als Erb-Schenken, in Ansehung des Weins, von dem Grafen von Truchses, als Erb-Truchsessen, in Ansehung des gebratenen Ochsens, und endlich von dem Grafen von Sinzendorf in Ansehung des Geldauswerffens geschahe, worauf der Haber und der gebratene Ochse sammt der Hütte, worinnen man denselben gebraten, gewöhnlichermaßen so, wie schon vorher das über die Brücke gelegt gewesene Tuch, Preiß gegeben wurde, da unterdessen bey dem auf dem Römer-Berge errichteten Adler Wein sprung und Brod ausgeworfen wurde.

Ihre Majestäten begaben sich hierauf in dem großen Römer-Saale zur Tafel, an welcher sie beyde neben einander ganz alleine saßen. Jeder der anwesenden drey Churfürsten speisete an einer besondern Tafel, die etwas niedriger war, die Tafeln der andern Churfürsten aber stunden ledig. Abends gegen halb 7 Uhr geschahe der Rückzug in das Käiserliche Qvartier, da denn sowohl der Käiser, als der Römische König jeglicher in seinem überaus prächtigen Staats-Wagen saß, wobey überall, wo der Durchzug geschahe, ein freudiges Vivat! erschallte. Es wurde hierauf von dem Käiser sowohl den Reichs-Fürsten, Reichs-Grafen und vornehmen Ministris, als denen Nürnbergischen und Aathischen Abgeordneten, sammt denen Deputirten des hiesigen Raths

auf-

auf dem Römer ein prächtiges Tractament gegeben. Den größten Theil der Nacht hindurch waren die Gassen und Plätze der Stadt mit Menschen angefüllt, um die schönen und prächtigen Erleuchtungen bey denen Hotels derer Churfürsten und ersten Churfürstl. Bothschafter, derer Fürsten von Lichtenstein und Taxis und anderer hohen Herrschaften zu betrachten. Besonders verdiente das Hotel des Fürstens Esterhasy gesehen zu werden. Er hatte nicht nur die Façade desselben illuminiren, sondern auch auf dem Roßmarkte in der Baum-Allee, in welcher alle Bäume mit Tannen-Zweigen besteckt, und dadurch völlig grünend gemacht worden, dem Käiserlichen Quartiere gegen über, ein grosses Portal errichten lassen, auf welchem oben die Fama mit vielen Geniis, mit Lorbeer-Kronen und Palm-Zweigen umgeben, zu erblicken war. Am andern Ende der Allee war ein Triumph-Bogen von Jonischer Säulen-Ordnung zu sehen, auf welchem oben der Römische König erschien, welchem Deutschland eine Krone und das Herz der Völker überreichte und den die Tapferkeit, Frömmigkeit, Klugheit und Gerechtigkeit umgaben. Ausser verschiedenen dabey wohl angebrachten Inscriptionen waren auch noch die beyden Seiten der Allee mit Pyramiden und Lampen, und der Zwischenraum der Bäume mit hängenden Girandolen erleuchtet, an vier Orten aber wurden Wein und Speisen dem häufig herzu dringenden Volke reichlich ausgetheilet.

Den 4ten wurde bey Hofe eine große Promotion bekannt gemacht, wobey unter andern die Grafen von Kaunitz, Colloredo und Khevenhüller die Reichs-Fürstliche Würde erhielten. Nachmittags gegen 9 Uhr langte der Churfürst von Pfalz mit einem zahlreichen Gefolge unter Abfeurung 125 Canonen zu Frankfurt an, der bald darauf von dem Churfürsten von Maynz einen Besuch erhielt. Den 5ten um 11 Uhr machte er bey dem Käiser und Römischen Könige die Aufwartung, gegen Mittag aber stattete er bey dem Churfürsten von Maynz den Gegen-Besuch ab. Diesen Morgen fuhren auch die Churfürstl. Bothschafter abermal zu einer Conferenz auf den Römer.

Den 6ten um halb 8 Uhr erhuben sich der Römische König und der Erzherzog Leopold (der die öffentlichen Solennitäten zwar mit angesehen, aber ihnen nicht selbst beygewohnet) in Begleitung des Obrist-Stallmeisters Fürstens von Dietrichstein*) und des Erzherzoglichen Ober-Hofmeisters, Grafens von Thurn, nach Bergen, um das dasige durch die Bataille vom 13. April 1759. berühmt gewordene Schlachtfeld in höchsten Augenschein zu nehmen, der Käiser aber stattete diesen Vormittag bey denen Churfürsten von Maynz und Trier die Visite ab, wobey er von seinem Obrist-Kämmerer,

---

*) Er ist der älteste Sohn des regierenden Fürstens von Dietrichstein und hat bisher nur den Gräflichen Tittel geführt.

des neuen Röm. Königs Josephs II.

merer Fürsten, von Khevenhüller, und Obrist-Stallmeister, Fürsten von Auersberg begleitet wurde. Nachmittags geschahe ein gleiches bey dem Churfürsten von Cölln und Pfalz, der Römische König aber machte seine Visite bey dem Churfürsten von Trier, nachdem dergleichen schon vorher bey dem Churfürsten von Maynz geschehen war. An diesem Tage hatte auch die hiesige Judenschaft Audienz bey beyden Majestäten, wobey sie ihre Geschenke überreichten.

Den 7ten Vormittags nach 9 Uhr fuhren die Churfürstl. Bothschafter abermals zur Conferenz auf den Römer, wohin sich um 11 Uhr auch die Churfürsten von Maynz, Trier, Cöln und Pfalz erhuben, um die Chur-Verein zu beschwören. Nachmittags stattete der Römische König bey den Churfürsten von Cöln und Pfalz seinen Besuch ab, der Erzherzog Leopold aber that eine Reise nach Maynz, um die Merkwürdigkeiten dieser Stadt in Augenschein zu nehmen. Den 8ten wurde ein öffentliches Dankfest zu Frankfurt, wegen glücklich vollzogener Krönung, auf eben die Weise, wie dasjenige, welches wegen der vollbrachten Wahl begangen worden, gefeyert, da denn Ihre Majestäten abermahl dem Gottesdienste bey den Capucinern beywohnten, nachdem sie vorher denen Deputirten des hiesigen Stadt-Raths die Abschieds-Audienz ertheilt und sie mit kostbaren Medaillen und Gnaden-Ketten beschenkt hatten.

Den 10ten geschahe die Abreise des Käisers, des Römischen Königs und des Erzherzogs

Gg 2 Leopolds

Leopolds von Frankfurt unter Abfeurung der Canonen, wobey die Bürgerschaft in den Gassen der Stadt und die Bürgerliche Compagnie zu Pferde vor dem Thore paradirte. Der Churfürst von Cölln hatte sich den Abend zuvor auf seine auf dem Mayn liegende Jacht begeben, und fuhr fast zu gleicher Zeit unter dem Feuer von 125 Canonen ab. Eine Stunde vorher war auch der Churfürst von Pfalz ganz incognito abgereiset. Den 11ten gieng der Churfürst von Trier unter ebenmäßiger Abfeurung von 125 Canonen zu Wasser ab, und um Mittag geschahe der Abzug der Nürnbergischen Deputirten mit den Reichs-Insignien, die Aachischen Deputirten aber waren schon vorher abgereiset. Den 12ten verließ auch der Churfürst von Maynz die Stadt, wobey ebenfals 125 Canonen abgefeuert wurden. Die Churfürstlichen Wahl-Bothschafter sind alle auch in der Stille theils vorher, theils hernach von Frankfurt abgegangen.

Der Käiser hatte auf seiner Rückreise nach Wien alle sonst gewöhnliche Ehrenbezeugungen verbeten. Es gieng daher mit solcher sehr geschwinde zu. Das erste Nacht-Quartier nahm er zu Mergentheim, worauf er den 11ten zu Creilsheim, und den 12ten zu Wallerstein übernachtete. Den 13ten kam er nach Donauwerth, wo er die neue prächtige Flottille auf der Donau antraf, auf die er sich mit seiner Suite setzte. Es waren diese Schiffe zu Regenspurg verfertiget und den 21. März unter Trompeten- und Paucken-Schall, auch Lösung der Canonen vom Stapel gelassen

gelassen worden. Das Leib-Schiff des Käisers wurde Germania, und die andern prächtigen Schiffe, Joseph und Leopold, genennet. Es waren in allen 21 Schiffe, die zusammen ein sehr prächtiges Ansehen auf der Donau hatten. Die meisten Schiffe führten Canonen, und auf den Dächern waren Gallerien, auf welchen man um das ganze Schiff herum gehen konnte.

Nachdem man sich zu Donauwerth embarquirt, fiel Wind und Regenwetter ein, welches die Fahrt so aufhielt, daß die Flottille allererst den 14. April Nachmittags nach 2 Uhr zu Regensburg anlangte, wo man alsbald anfieng, mit allen Glocken zu läuten, und die Stücke an der Donau fünfmal abfeuerte. Voran fuhren drey Churfürstliche mit Bayerischen Fahnen besteckte Schiffe, auf welche das Käiserl. Leib-Schiff folgte, welches an der vordersten Spitze mit einer Statue, die Deutschland vorstellte, und mit vielen Käiserl. Schiffs-Fahnen, wie auch einer großen Reichs-Fahne geziert war. Auf dem obersten Verdeck erblickte man, ohngeachtet der unangenehmen Witterung, sowohl den Käiser, einen weissen Mantel umhabend, als auch den Römischen König, welcher seinen anhabenden Pelz von sich abnehmen ließ. Der Erzherzog Peter Leopold, der sich auf dem zweyten Käiserlichen Leib-Schiffe befand, hatte gleichfals die Gnade, sich auf dem obersten Verdeck öffentlich sehen zu lassen. Diesen Leib-Schiffen folgten die Ministers-Cavaljers-Tafel-Kellerey-Conditorey-und andere

andere Schiffe, deren Anzahl sich zusammen über 40 belief, so, daß der Zug eine ganze Stunde währte. Die meisten Gesandschaften und andere Herrschaften hatten sich auf dem so genannten Ober-Wöhrt, einer Insel an der Donau, in die Gartenhäuser begeben, wo die Fahrt der Schiffe vorüber gieng. Zu Straubingen soll sich der Churfürst von Bayern abermal in hoher Person eingefunden und Ihro Majestäten auf den Schiffen zu complimentiren Anlaß genommen haben.

Den 20sten langte der Käiser mit seinem Gefolge in dem Benedictiner-Kloster zu Mölck an, und hielt den 21sten das heilige Oster-Fest daselbst. An diesem Tage langten auch die Käiserin mit den beyden ältesten Erzherzoginnen allhier an, mit welchen er den 28sten seine Reise nach Wien fortsetzte, auch noch an diesem Tage daselbst glücklich und gesund anlangte. Der Einzug geschahe durch drey prächtige Ehren-Pforten. Eine derselben war von der Universität auf der Wolzeil, die andere von der Bürgerschaft am Stock- und Eisen-Platze, und die dritte von der Kaufmannschaft auf dem Kohlmarkte errichtet worden.

Wir fügen hier noch bey, daß nach vollbrachter Krönung des Römischen Königs folgende Cammerherren mit der Nachricht davon an die auswärtigen Höfe geschickt worden, nämlich: der Prinz von Lobkowitz nach Petersburg, der Graf von Leslie nach Parma, der Graf von Sporck nach Dreßden, der Graf von Sternberg

berg nach Brüssel, der Graf Gundaccar von Colloredo nach Wien, der Prinz von Auersberg nach London, Graf Carl von Dietrichstein nach Paris, der Prinz von Schwarzenberg nach Rom, der Graf von Kinski nach Neapolis, der Graf von Kirchberg nach Turin, der Graf von Khevenhüller nach Modena, der Graf von Schaffgotsch nach Berlin, der Graf von Thun nach München, der Baron von Bibra nach Mannheim und der Graf von Taff nach Lissabon.

* * * * * * * * * * * * * * * * * * *

III.
Nachgeholte merkwürdige Todes-Fälle von den vorigen Jahren.

I. Vom Jahr 1758.

1. Franciscus d'Eboli, Herzog von Castropignano, Grand d'Espagne, Königl. Sicilianischer Staats-Rath und General-Capitain, Präsident des Kriegs-Raths, auch Ritter des Ordens St. Januarii, starb den 31. Jan. zu Neapolis an einer Brust-Krankheit. Dieser Herr ist allererst im Jahr 1733. bekannt worden, da er im Nov. als Spanischer Marschall de Camp bey der Armee des Grafens von Montemar in Italien zu stehen kam, als man im Begrif war, sich der Königreiche Neapolis und Sicilien zu bemächtigen. Vermuthlich ist er ein gebohrner

ner Neapolitaner, der aber sein Glücke in Spanischen Diensten gefunden. Man muß viel Vertrauen in seine Tapferkeit und Kriegs-Erfahrung gesetzt haben, weil man ihm gleich nach seiner Ankunft in Italien das Commando über ein besonderes Corps anvertraute, mit welchem er die Oerter Massa, Aula, Lavenza und andere Plätze im Dec. eroberte. Den 2. Febr. 1734. ward er General-Lieutenant, in welcher Qualität er unter dem Infanten Don Carlos dem glücklichen Feldzuge im Königreiche Neapolis beywohnte, der diesem Prinzen, so bald er sich der Hauptstadt bemächtiget, auf erhaltene Cession seines Vaters, des Königs in Spanien, die Würde eines Königs von beyden Sicilien zu wege gebracht. Sobald man sich der Stadt Neapolis bemächtiget hatte, mußte er mit 6000. Mann dem flüchtigen Vice-Roy, Grafen Visconti, nachsetzen, wurde aber von den Deutschen bey Bovino zurücke geschlagen, doch eroberte er die Vestung Pescara, wohnte auch den 25. May der Schlacht bey Bitonto bey, darinnen die Spanier einen herrl. Sieg erhielten. Er commandirte dabey eine von den 7 Colonnen, daraus die Spanische Armee bestund. Der neue König, Don Carlos, nahm ihn im Jul. unter seine Cammerherren auf. Er wohnte darauf der Expedition in Sicilien bey, und half dieses Königreich ebenfalls erobern, mußte auch in solchem 1735. unter dem Marquis von Grazia Reale stehen bleiben, als derselbe mit einem Corps dieses Königreich in Gehorsam erhalten sollte. Im Jahr 1736. erhielt er das Commando in Sicilien und

und im Jan. 1737. das Gouvernement zu Meßina. Im April eben dieses Jahrs, nachdem er aus Spanien, wohin er eine Reise gethan, zurücke gekommen, wurde er ein Mitglied des zu Neapolis neuerrichteten Kriegs-Raths, und im Nov. erhub ihn der König in Spanien für sich und seine Nachkommen zum Grand d' Espagne. Den 23. Aug. 1738. ward er Vice-Roi in Sicilien, nachdem er den 3. Jul. vorher zum Ritter des neugestifteten Ordens St. Januarii ernennet, seine Gemahlin aber unter die Dames d' Atour bey der Königin aufgenommen worden. Im Oct. bekam er die Stelle eines General-Capitains der Spanischen Kriegs-Macht, den 12. Jun. 1739. ward er zum Sicilianischen Ambassadeur am Französischen Hofe ernennet, wohin er auch den 23. Oct. mit seiner Gemahlin seine Reise von Neapolis antrat. Vorher wurde ihm zur Belohnung seiner getreuen Dienste die bisherige Pension von 2000. Ducaten auf Lebenszeit und auf seine Erben verliehen. Er langte noch vor Ende des Jahrs zu Paris an, wurde aber schon wieder im folgenden Jahre zurücke berufen und zum General-Capitain der gesammten Sicilianischen Kriegsmacht ernennet. Im May 1741. wurde er durch den Fürsten von Arbore abgelöset, worauf er nach erhaltener Abschieds-Audienz den 27. May von Paris abreisete und den 3. Jul. wieder zu Neapolis anlangte, alsdenn aber an des Fürstens Corsini statt von neuen die Stelle eines Vice-Roy in Sicilien antrat. Als es darauf zum Kriege in Italien kam, erhielt er das Commando

mando über die Neapolitanischen Trouppen, die sich im Nov. 1741. 15000. Mann stark bey Aquila zusammen zogen. Er that eine Reise nach Orbitello zu dem allda angelangten Spanischen General, Herzog von Montemar, um wegen der Kriegs-Operationen in der Lombardey Abrede zu nehmen.

Dieser Spanische Herzog kam auch den 14. Jan. 1742. in dieser Absicht selbst nach Neapolis, worauf er mit seiner Armee von Orbitello den Marsch nach den Oesterreichischen Staaten in der Lombardey antrat, welchem der Herzog von Castropiguano mit seinen Trouppen zu Ausgang des Februarii folgte. Es gieng langweilig zu, ehe diese Armee den Panaro erreichte, wo man erst zu Anfang des Junii anlangte. Man traf allhier eine Oesterreichische Armee unter dem General von Tranu an, die den Spaniern und Neapolitanern den Uebergang verwehrte und zugleich die Sardinische Belagerung der Citadelle zu Modena bedeckte. Die Ursache, daß die Spanisch-Neapolitanische Armee nichts unternahm, war das Mißverständniß, worinnen der Herzog von Montemar mit dem Herzoge von Castropignano lebte, welcher unter jenes Commando nicht völlig stehen und daher mit dessen Meynung nicht allezeit übereinstimmen wollte, worzu auch der Mangel an allerhand benöthigten Dingen kam. Allein der Herzog von Castropignano wurde unvermuthet mit seinem ganzen Corps von der Spanischen Armee zurücke berufen, nachdem eine Englische Flotte den König von Sicilien im Aug. gezwungen.

gen hatte, eine Neutralitäts-Acte zu unterschreiben. Der Rückmarsch geschahe in 2. Colonnen, davon eine über Pescara und die andere über Manfredoma im Sept. wieder in Königreche Neapolis anlangte. Der Herzog wurde bey seiner Rückkunft von dem Könige gnädig empfangen und ihm im Jahr 1743. über die bereits habenden Chargen die Stelle eines General-Inspectoris der Infanterie gegeben. Im Jahr 1744. mußte der Herzog von Castropignano abermal zu Felde gehen. Der Fürst von Lobkowitz hatte die Spanier unter dem Herzog von Modena und Grafen von Gages bis in den Kirchenstaat verfolgt, wo sie so eingeschlossen waren, daß sie weder aus, noch ein konnten. Ihnen nun Luft zu machen, verließ der König von beyden Sicilien die bisherige Neutralität und öfnete den Spaniern den Eingang in sein Königreich, nachdem er bereits seine Trouppen im Jan. 1745. unter dem Herzoge von Castropignano bey St Germano zusammen ziehen lassen. Den 17. März rückten die Spanier in das Neapolitanische ein und breiteten sich bis Pescara aus, nachdem sie sich bey Aquila mit den Neapolitanern vereiniget hatten. Der Fürst von Lobkowitz blieb indessen am Tronto stehen, bis er von seinem Hofe nähere Verhaltungs-Befehle erhalten. Als aber die Spanisch-Neapolitanische Armee sich über das Geburge nach St. Germano an die Grenze des Kirchen-Staats zog, trat der Fürst von Lobkowitz, der sich nicht stark genug hielt, ihr die Spitze zu bieten, seinen Rückmarsch an, und lagerte sich den 18. May bey Monte Rotundo an der Tiber,

wo

wo er sich stark verschanzte. Die Spanier und Neapolitaner, bey welchen sich der König von Sicilien selbst eingefunden hatte, zogen ihm nach, und lagerten sich zu Ende des Mayes auf den Anhöhen von Veletri, nahmen auch in dieser Stadt das Haupt-Quartier. Es stunden aber die beyden Chefs der combinirten Armee nicht in dem besten Vernehmen, weil der Herzog von Castropignano gerne das Ober-Commando über die ganze Armee alleine haben wollte. Der Fürst von Lobkowitz hatte indessen sich auch in diese Gegend gezogen und bey Nemi auf einer Höhe sich so postirt, daß er die ganze gegenseitige Armee sehen und bestreichen konnte. Ob nun wohl beyderseits Armeen einander stets in den Haaren lagen, so wollte doch kein Theil dem andern weichen, sondern blieben den ganzen Feldzug über gegen einander stehen. Die heftigsten Scharmützel fielen den 17. Jun. und 11. Aug. für, waren aber nicht zulänglich einen oder den andern Theil aus seinem vortheilhaftigen Lager zu treiben. Endlich machte der Fürst von Lobkowitz den 1. Nov. den Anfang aufzubrechen und sich über Viterbo und Perugia nach Fano zurücke zu ziehen. Der Graf von Gages und Herzog von Castropignano giengen ihm zwar bis Perugia nach, kehrten aber hernach wieder um. Auf solche Weise wurde der Feldzug vor das Königreich Neapolis glücklich geendiget. Der Herzog von Castropignano hat in solchem viel Ehre eingelegt und sonderlich den 11. Aug. die Feinde aus Veletri heraus geschlagen, als sie diese Stadt überrumpelt hatten. Er hatte auch die

Ehre,

Ehre, den König nach Rom zu begleiten, als er den 3. Nov. bey dem Pabste seine Aufwartung machte und ihm den Fuß küßte. Im Jahr 1746. befürchtete man von den Oesterreichischen Völkern einen neuen Einfall ins Königreich, daher man sich unter dem General-Commando des Herzogs von Castropignano in einen guten Vertheidigungs-Stand setzte. Man hat nach der Zeit nichts weiter von ihm gehört, als daß er im März 1757. Gouverneur zu Palermo worden, nachdem seine Vice-Königs-Stelle in Sicilien schon verschiedene Jahre vorher ein Ende gehabt. Seine Gemahlin, deren Namen und Geschlechte mir nicht bekannt ist, war die oberste Staats-Dame bey der Königin und eine so große Favoritin derselben, daß, als der König im Oct. 1759. den Spanischen Thron bestieg, sie mit solcher als Witwe nach Spanien gieng und derselben wenig von der Seite kam. Man kann daher leichte erachten, wie groß ihr Schmerz gewesen, als diese grosse Königin den 27. Sept. 1760. mit Tode abgieng. Sie vermachte ihr zum Andenken eine köstbare Uhr, Etui und Tabatiere, aber dieses war nicht vermögend, sie zu bewegen, länger in Spanien zu bleiben, weil ihr der Aufenthalt daselbst nunmehro unerträglich fiel. Sie bat sich daher von dem Könige die Gnade aus, wieder nach Neapolis zurücke zu kehren, welche sie auch erhielt. Der Herzog von Castropignano hat etliche Kinder mit ihr gezeugt, davon der älteste Sohn dem Vater in dem Tittel eines Herzogs von Castropignano gefolgt, der auch im Oct. 1759.

1759. den Ritter-Orden des heiligen Januarii erhalten. Er ist den 22. März 1739. gebohren. Der andere Sohn hat 1741. und der dritte 1742. das Licht der Welt erblickt. Eine Tochter, Namens Maria Johanna, hat den 20. April 1755. den Marquis von St. Georgio, ältesten Sohn des Fürstens von Arbove geheyrathet.

II. Bertrand Renatus Pallu, Königl. Französischer ordinairer Staats-Rath, starb im April. Er wurde den 31. Oct. 1726. unter die Zahl der Königl. Reqveten-Meister aufgenommen. Er bekleidete auch eine Zeitlang die Intendanten-Stelle zu Moulies und Lion, worauf er 1749. Königl. Staats-Rath wurde. Nach der Verweisung des Parlaments zu Paris 1753. ward er ein Mitglied der Königl. Vacations-Kammer. Im Jahr 1757. wurde er dem neuen Staats-Secretair bey dem Marin-Departement, Herrn Moras, in den Finanz-Geschäften adjungirt, das aber nicht lange währte, weil Moras bald wieder abgedankt wurde.

III. Gustav Wulffenstierna, Königl. Schwedischer Canzeley-Rath, Ritter des Nordstern-Ordens und gewesener Gesandter zu Berlin, starb den 19. May zu Stralsund.

IV. Justus von Leewe, General-Lieutenant der Infanterie in den Diensten der General-Staaten, starb den 7. Febr. 1758 zu Gröningen. Er ward als Obrister den 19. Sept. 1742. zum General-Lieutenant erhoben, nachdem er kurz vorher zu einem Mitgliede des neuen Kriegs-Raths ernennet erauet worden, welchen der Erb-Stadthalter im Jul. 1747. errichtet hatte. Er darf nicht mit dem General-Lieutenant, Bernard von Leewe, verwechselt werden, der 1745. in der Citadelle von Dornick commandirte und 1747 in Bergen op Zoom gefangen wurde.

V. Der Graf von Talaru, Aide-Major der Gensdarmerie de France, starb im Jan. nachdem er diese Stelle wenig Monathe vorher empfangen. Sein Vater war Ludwig de Talaru, Marqpis von Thalmazel, und die Mutter, Maria Martha Francisca, des Grafens Cäsar Phorbi von Boneval Tochter. Der ältere Bruder heist Cäsar Maria, Marqvis von Talaru und ist Marschall de Camp.

VI. Die verwitwete Gräfin von Beuzeville starb zu Paris in ihren besten Jahren. Sie war eine Enkelin des ehemaligen Cantzlers Daguesseau. Der Graf Cäsar Heinrich von Beuzeville ist ihr Sohn. Sie war Schatzmeisterin der Gelder, die zu Erkaufung der Gefangenen in Paris gesammlet wurden, und wurde wegen ihrer seltenen Eigenschaften sehr bedauert. Man hat in allen Gefängnißen zu und bey Paris Messen vor sie gelesen.

VII. Carl Giustiniani, ein Maltheser-Ritter und Commthur der Commende zu Rom, starb im Jan. im 70. Jahre seines Alters. Er war ein Sohn Carl Giustiniani, Fürstens von Bassano. Seine Mutter, Catharina Gonzoga, Prinzessin von Novellara, hatte ihn den 14. Febr. 1679. zur Welt gebohren. Der 1754. verstorbene Fürst Vin-

Vincentius Glustiniani von Bassano war sein leibl. Bruder.

VIII. Ludovicus Agnellus Anastasi, Patriarche von Alexandria und Erzbischoff von Sorrento, starb im Jan. in einem Alter von 68. Jahren. Er war den 24. Febr. 1690. zu Neapolis gebohren. Den 20. Dec. 1724. ward er Erzbischoff zu Sorrento und den 12. May 1755. Patriarche von Alexandria. Er hat sich meistens in seiner Dioces aufgehalten, ist auch zu Sorrento gestorben.

IX. Ludwig Gabriel, Graf von Clermont-Gallerande, Ritter der Königl. Orden, erster Cammerjunker des Herzogs von Orleans, General-Lieutenant der Königl. Armeen und Commendant en Chef in Pitou, Aulnis und Saintonge, starb zu Paris den 3. März in einem Alter von 74 Jahren. Er ward den 1. Febr. 1719. Brigadier von den Dragonern, den 22. Febr. 1724. Ritter des heil. Geistes, darzu er den 3 Jun. installirt wurde, den 20 Febr. 1734. Marschall de Camp und den 1. März 1738. General-Lieutenant. Seine Kriegs-Thaten kommen anderwärts* für, wo er mit seinem Sohne, Peter Caspar, Grafen von Clermont-Gallerande, der im Nov. 1756. gestorben ist, verwechselt worden. Dieser ward allererst den 1. März 1738. Brigadier, wobey er erstlich bey dem Regimente Orleans Obrist-Lieutenant und hernach von 1740. bis 1743. Obrister bey dem Regiment Auvergne gewesen.

---

* Siehe die Neuen Nachr. B. VIII. S. 44. folg.

Den 20. Febr. 1743. ward er Marschall de Camp. Er hat 1744. dem Feldzuge am Rheine beygewohnet.

X. **Paul Sanguin, Marquis von Livry,** Herr von Raincy, erster Königl. Französischer Haus-Hofmeister, wie auch Jagd-Hauptmann in den Wäldern von Livry und Bondis, starb den 16. May im 49sten Jahre seines Alters. Sein Vater, Ludwig, Marquis von Livry, der eben diese Bedienungen bekleidet hat, starb den 3 Jul. 1741. Seine Mutter hieß Maria Magdalena Robert. Er war erst Obrister des Regiments Perche von 1734. bis 1744. da es abgedankt und mit dem Regimente Gardes Lorraines, vereiniget wurde. Seine Gemahlin, Maria Christina, mit der er sich im Febr. 1741. vermählt, ist des ersten Parlaments-Präsidentens zu Toulouse, Johann Caspar de Moniban, Tochter.

XI. **Der Graf von Montesson,** Französischer General-Lieutenant der Königl. Armeen und Gouverneur von Agde, starb im Jul. Er wurde den 1. Febr. 1719. Brigadier der Dragoner und noch in eben dem Jahre Gouverneur zu St. Qventin, den 1. Aug. 1734. Marschall de Camp, und nachdem er 1735. dem Feldzuge am Rheine beygewohnet, den 1. März 1738. General-Lieutenant. – Er hat 1742. unter dem Marschall von Noailles in Flandern, 1743. unter dem Marschall von Broglio in Böhmen und Bayern, 1745 und 1746. am Rheine und 1748. in den Niederlanden gedient, auch der Belagerung von

Mastricht beygewohnet. Seine Gemahlin war Ehren-Dame bey der Königin und starb den 28. Oct. 1756. in einem Alter von 72 Jahren.

XII. Gabriele Francisca, verwittwete Fürstin von Chimay, starb den 21. Jul. zu Commercy in einem Alter von 50 Jahren. Sie war eine Tochter Marci, Fürstens von Beaubeau-Craon. Ihre Mutter Anna Margaretha, gebohrne von Ligneville, brachte sie den 31. Jul. 1708. zur Welt. Sie wurde den 19. Aug. 1725. mit Alexander Gabriel Joseph von Ligne, Marquis de la Vere, hernach Fürsten von Chimay, vermählt, ward aber den 18. Febr. 1745. zur Wittwe. Sie wurde darauf Dame d'honneur bey den Mesdames de France, und ward den 2. Sept. 1751. für todt ausgegeben, welches aber von ihres Gemahls Bruders Wittwe zu verstehen ist. Diese hieß Charlotte, Fürstin von Chimay, des Herzogs Ludwigs von St. Simon Tochter. Sie war den 8. Sept. 1696. gebohren und wurde den 15. Jun. 1722. mit Carl Ludwig Anton, Grafen von Bossu, nachmahligen Fürsten von Chimay, vermählt, der den 4. Febr. 1740. sie zur Wittwe gemacht.

XIII. Brabazon Ponsonby, Graf von Besborough und Lord Ponsonby, Pair von Großbritannien und Irland, starb den 4. Jul. im 80sten Jahre seines Alters. Sein Vater, Wilhelm Ponsonby, ward den 1. Aug. 1721. unter dem Namen Lord Ponsonby, Vicomte Deucannon, zum Pair von Irland creirt und starb

starb den 17. Nov. 1724. Der Sohn wurde 1726. geheimer Rath, und erhielt nicht nur den 6. Oct. 1739. die Würde eines Grafens von Besborough in Irland, sondern wurde auch den 10. Jun. 1749. unter dem Tittel, Lord Ponsonby von Sysonby zum Pair von Großbritannien erhoben. Er hat, von seiner Gemahlin Alicia, einer Tochter Hugh Colvils und Wittwe Stephan Moor, 3 Söhne und 3 Töchter hinterlassen. Der älteste Sohn, Wilhelm, Lord Duncannon, gewesener Schatz- und Admiralitäts-Commissarius, ist der heutige Graf von Besborough, der mit Carolina, ältesten Tochter des Herzogs von Devonshire vermählt ist. Der andere Sohn, Johann, Lord Ponsonby, sitzt im Parlamente und hat ebenfalls eine Tochter des Herzogs von Devonshire, Namens Elisabeth, zur Gemahlin. Der dritte Sohn heißt Richard Ponsonby. Von den Töchtern ist Anna mit dem Ritter Benjamin Burton, Elisabeth mit dem Baronet Wilhelm Townes, und Lätitia mit dem Ritter Horvey Morres vermählt.

XIV. **Christian Friedrich von Blankenburg**, Königl. Preußischer Obrister bey dem Regiment Knobloch, blieb den 25. Aug. in einer Action bey Königsgrätz auf dem Rückzuge aus Mähren. Er ward im Dec. 1745. Major bey dem Regimente Prinz Dietrich von Anhalt, im März 1757. Obrist-Lieutenant, und im Jun. Obrister und Commandeur des Regiments Knobloch.

XV. Der Lord Dundonald, aus dem Hause Cochran, blieb den 9. Jul. in einem Ausfall bey der Belagerung von Cap Breton. Er mag ein Bruder des am 9. Aug. 1757. zu Kinsale in Irland verstorbenen Lord Dundonald gewesen seyn. Ihm succedirte in seinem Tittel und Würde als Pair von Irland, sein Vetter Thomas Cochran, dessen Vetter, Jacobus Cochran, als General-Major nicht lange vorher gestorben ist.

XVI. Maximilian Ernst, Graf von Montfort, Käiserl. Königl. würklicher geheimer Rath und des Schwäbischen Grafen-Collegii Director, starb den 17. März im 59sten Jahre seines Alters. Er succedirte seinem Vater, Graf Anton von Montfort, im Jahr 1733. in der Gräflichen Regierung. Seine Mutter, so in eben diesem Jahre gestorben, war Maria Anna Maximiliana, Gräfin von Thun, die ihn den 20. Jan. 1700. zur Welt gebohren. Käiser Carl VI. ernennte ihn den 6. Sept. 1723. zum Cammerherrn, und Käiser Carl VII. dessen Wahl und Krönung er als Condirector des Schwäbischen Grafen-Collegii beygewohnt, zum würklichen geheimen Rath, auch im Dec. 1744. zum Reichs-Cammer-Richter zu Weßlar, welche Stelle er aber gleich nach dieses Käisers Tode im folgenden Jahre wieder niederlegte. Der neue Käiser Franciscus I. bestätigte ihn den 15. Nov. 1745. in der Würde eines würklichen geheimen Raths. Er hat von seiner Gemahlin, Maria Antonia Eusebia, gebohrnen Gräfin von Truchseß,

Todes-Fälle von vorigen Jahren.

Truchseß, die er den 26. Jan. 1722. geheyrathet, verschiedene Kinder hinterlassen, davon ihm der älteste Sohn, Franciscus Xaverius, Graf von Montfort, Käiserl. Königl. Cämmerer und Land-Drost der Grafschaft Nellenburg, in der Gräflichen Regierung gefolget ist.

XVII. Heinrich Howard, Graf von Carlisle, Pair von Großbritannien und Ritter des blauen Hosenbandes, starb im Oct. zu York in einem Alter von 64 Jahren. Er war ein Sohn Caroli, Grafens von Carlisle, und Annen, des Grafens Arthur Coppel von Essex einigen Tochter, davon jener den 12. May 1738. und diese im Aug. 1742. gestorben. Bey des Vaters Lebzeiten hieß er der Vicomte Morpeth, in welcher Qvalität er ein Mitglied des Unterparlaments gewesen. Er hat bey Hofe niemals in grossem Ansehen gestanden, doch soll er nach dem Fall des Ritters Robert Walpole eine Zeitlang die Stelle eines Königl. Kleider-Verwahrers bekleidet haben. Den 18. Nov. 1756. erhielt er den Ritter-Orden des blauen Hosenbandes, darzu er den 29. März 1757. installirt worden, welchen er aber nicht lange getragen. Er hat sich zweymal vermählt. Die erste Gemahlin war Francisca, des Grafen Carls Spencer von Sunderland und nachmaligen Herzogs von Marlborough Tochter, mit der er sich den 9. Dec. 1717. vermählt hat. Die andere aber war aus dem Hause Biron, eine Muhme des Grafens Arthur Cole von Ranelagh, die er den 19. Jun. 1743. geheyrathet. Sein ältester Sohn, der Vicomte Morpeth, starb im Nov.

Nov. 1743. im 19ten Jahre seines Alters, worauf der andere Sohn, Robert, den Tittel eines Vicomte Morpeth annahm und nunmehro dem Water als Graf von Carlisle succedirt ist. Von seinen Töchtern ist Arabella im Jan. 1749. an den Ritter-Duncombe vermählt worden. Der General, Carl Howard, war sein leiblicher Bruder.

XVIII. **Carolus Halket,** General-Lieutenant und Obrister über ein Schottisches Regiment zu Fuß in den Diensten der General-Staaten, starb den 18. Oct. auf dem Schlosse Krosenstein unweit dem Haag. Er war anfangs Obrister bey dem Infanterie-Regiment Colyar, worauf er den 19. Sept. 1742. Brigadier der Infanterie wurde, in welcher Qvalität er in den Jahren 1745. und 1746. den Feldzügen wider die Franzosen in den Niederlanden, und besonders der Schlacht bey Fontenoi beygewohnet. Als die Vestung Charleroi sich den 2. Aug. 1746. ergeben mußte, wurde er als Unter-Commendant zum Kriegs-Gefangenen gemacht, worauf er nicht weiter in diesem Kriege gedienet, doch ward er im Dec. 1747. zum General-Lieutenant erklärt. Bey der solennen Beerdigung des Erb-Stadthalters, Prinzens von Oranien, den 4. Febr. 1752. trug er die große Standarte. Er erhielt nachgehends ein Schottisch Regiment und gelangte im Dec. 1757. zu der würklichen Gage eines General-Majors, nachdem er bisher ganz ohne Generals-Gage gelebet.

XIX. Carl

XIX. Carl Dietrich von Schwannenberg General-Major, wie auch Obrister eines Regiments zu Fuß und Commendant zu Hulst in den Diensten der General-Staaten, starb im Oct. Er war Commendante zu Isendyk, als er den 24. Nov. 1740. den Character eines Obristen erhielt. Er bekam darauf ein Infanterie-Regiment, wurde im Dec. 1747. zum General-Major erhoben und bekam die Commendanten-Stelle zu Hulst.

XX. Magdalena Charlotte, verwitwete Gräfin von Küßow, starb im Dec. zu Stargard in einem Alter von 52 Jahren. Sie war eine Tochter Christian Friedrichs, Grafens von Burgsdorf und wurde 1719. mit Berend Joachim, Herrn von Küßow vermählt, der den 8. Jul. 1742. wieder gestorben ist. Nach dessen Tode wurde diesem Hause die Reichsgräfl. Würde ertheilet.

XXI. Carl Butler, Graf von Arran und Lord Butler von Weston, Pair von Großbritannien und Irland, starb im Dec. im hohen Alter. Sein Vater, Thomas Butler, Graf von Ossory, hat ihn mit Amalia von Nassau, des Herrn von Beverweert Tochter gezeugt. Der Vater starb 1680. vor dem Großvater, Jacob Herzog von Ormond, der den 21. Jul. 1688. das Zeitliche verlassen. Sein älterer Bruder, Jacob Butler, folgte demselben in der Würde eines Herzogs von Ormond, und dieses ist eben derjenige, der 1745. zu Avignon im Exilio gestorben. Er, als der jüngere Bruder, wurde den 23. Jan. 1693. zum Pair von Engelland unter dem Tittel

Lord Butler of Weston, und 1694. zum Pair von Irland unter dem Tittel eines Grafens von Arran creirt. Ob er sich gleich in keine Staats-Geschäfte gemengt, auch an den Intrigven seines Bruders keinen Theil genommen, ist ihm doch nach des Brudes Tode der Tittel eines Herzogs von Ormond nicht ertheilt worden, doch ward er 1715. Canzler der Universität Oxford. Weil er von seiner Gemahlin, Elisabeth, des Ritters Thomä Crew Tochter, keine Kinder hinterlassen, so sind nach seinem Tode seine Güter an Carl Lord Cornwallis, gefallen, dessen Mutter, Charlotte, aus dem Hause Butler gewesen. Er ist seit 1722. mit Elisabeth, des berühmten Staats-Ministers, Carl, Viomte Townshend, Tochter vermählt gewesen.

2) im Jahr 1759.

I. **Dorothea Magdalena**, verwittwete Gräfin von Beichlingen, starb den 24. März 1759. im 78. Jahre ihres Alters. Sie war eine Tochter des Königl. Pohln. und Churfürstl. Sächsischen vorsitzenden Geh. Raths, Alexanders von Miltitz, auf Scharfenberg, dem sie den 28. Sept. 1682. gebohren worden. Der Graf Wolf Dietrich von Beichlingen, gewesener Pohln. und Churfürstl. Sächsischer Groß-Canzler, erwehlte sich solche zu seiner zweyten Gemahlin, und hielt mit ihr den 18. Jun. 1715. Beylager. Sie ward den 28. Sept. 1725. zur Wittwe. Ihre einzige Tochter, Charlotte Sophia, vermählte sich den 11. Aug. 1739. mit Carl Gotthelf Grafen von Hoym, auf Guteborn,

Todes-Fälle von vorigen Jahren. 465

born, der den 26. März 1748. gestorben. Sie hat ihm 2. Kinder geboren.

3) im Jahr 1760.

I. **Leopold Donat, Graf von Trautson,** starb den 11. März im 21. Jahre seines Alters. Er war der jüngste Sohn des Fürstens Johann Wilhelms von Trautson. Seine Mutter, Maria Francisca, gebohrne Prinzeßin von Mansfeld, brachte ihn den 7. Jul. 1739. zur Welt. Er war ein Maltheser-Ritter und diente dem Hause Oesterreich als Lieutenant unter dem Neipergischen Infanterie-Regimente. Sein älterer Bruder, Graf Franz Anton, starb drey Tage nach ihm. Der Vater hat noch 2. Töchter am Leben, davon die ältere den Erb-Prinzen von Auersberg und die jüngere den Fürsten von Lamberg zum Gemahl hat.

II. **Johann Gray,** Königl. Großbritannischer General-Major, starb den 20. März. Er bekam den 29. April 1757. ein Infanterie-Regiment und ward 1759. General-Major.

III. **Franciscus Nepomucenus,** Erzbischoff von Colocza, ein gebohrner Freyherr von Klobuszki, starb im April zu Pest in Ungarn in einem Alter von 53. Jahren. Er erhielt anfangs die Abtey von U. L. Fr. von Hapuszka, hernach aber das Bisthum Agram oder Zagrabia. Den 8. Jan. 1744. ward er Königl. würkl. Geheimer Rath und den 30. Jul. 1751. Erzbischoff zu Colocza.

Hh 5   IV. Franz

IV. Franz Joseph, Graf von Trautmannsdorf, Käiserl. Königl. Appellationes-Rath in Böhmen, starb 1760. Sein Vater gleiches Namens hat ihn mit Theresia, Freyin von Ratschin gezeuget. Er befand sich in den besten Jahren seines Alters.

4) im Jahr 1761.

I. Franciscus Bernhardinus du Chatelet, Marquis von Chatelet, Königl. Französischer Marschall de Camp und Gouverneur zu Vincennes, starb im May zu Paris. Sein Vater, Anton Carl, Marquis von Chatelet, starb als General-Lieutenant 1720. und die Mutter, Theresia Maria, des Marschalls von Bellefonds Tochter, starb 1733. Er vermählte sich den 14. April 1714 mit Maria Armanda Gabriele, des Herzogs von Richelieu Tochter, die den 3. Sept. 1754. gestorben ist, nachdem ihre Tochter, Maria Susanna, Gottfried Armands, Marquis von Bellefonds Witwe, ihr den 9. Apr. eben dieses Jahrs im Tode vorgegangen. Der einzige Sohn, Anton Bernardin, Marquis von Chatelet, folgt ihm in seinen Gütern.

II. Heinrich Johann Budaen, Holländischer Contre-Admiral bey dem Admiralitäts-Collegio von Amsterdam, kam bey einem unglücklichen Schiffbruch zwischen Hittland und Fairhill den 16. Jul. ums Leben. Er war 39. Jahr alt und hatte erst 1758. die Stelle eines Contre-Admirals erhalten.

III. Franz

III. **Franz Christoph Joseph, Freyherr von Ramschwag,** Käiserl. Königl. würkl. Geheimer Rath und Land Vogt der Marggrafschaft Burgau, auch Bevollmächtigter Minister bey dem Schwäbischen Krayse, starb den 4. Aug im 72. Jahre seines Alters. Er stammte aus einem vornehmen Schwäbischen Geschlechte her. Nachdem er als Käiserl. Gevollmächtigter denen Conferenzen der 4. vorliegenden Reichs-Krayse zu Frankfurt im Jahr 1745. beygewohnet, ward er im Dec. 1746. zum würkl. Geheimen Rath erklärt, weßwegen er den 8. Oct. zu Wien den Eyd ablegte. Seine Witwe, Maria Esther Sophia, ist eine gebohrne Freyin von Reinach zu Hitzbach. Von seinen Kindern leben 1) Joh. Conrad Ignatz geb. 16. Sept. 1725. Domherr zu Costnitz und Worms, 2) Franz Ferdinand Siegfried, geb. 16. März 1748. Deutscher Ordens-Comthur zu Rischheim und Major bey dem Baaden-Baadischen Krayß-Regimente, 3) Sigmund Ignatz Wilibald, geb. 1729. 4) Franz Christoph Ulrich, geb. 23. Sept. 1734. und über dieses noch 3. Töchter.

IV. **Louise Victoria de Caumont,** verwitwete Marqvisin von Roure, starb den 10. Sept. zu Langres im 95. Jahre ihres Alters. Ihr Vater war Heinrich Jacob de Caumont Herzog von Force, und die Mutter Maria von St. Simon. Sie wurde im Febr. 1689. mit Ludwig Scipio, Marqvis von Roure vermählt, der als General-Lieutenant in der Schlacht bey Fleury den 1. Jul. 1690. blieb, nachdem sie ihm eine

eine Tochter Namens Adelheit gebohren, die nachgehends an Gabriel, Grafen von Loval-Montmorancy, vermählt worden. Den Sohn, der heut zu Tage unter dem Namen Ludwig Scipio de Grimoard, Marquis von Roure, als General-Lieutenant bekannt ist, trug sie damals noch unter ihrem Herzen. Sie ward hernach eine Mattresse des Dauphins, Königs Ludwigs XIV. einzigen Sohnes, der 1711. gestorben ist.

V. Octavius, Herzog von Marsiano-Lancellotti, starb im Sept. zu Rom. Er vermählte sich den 9. Oct. 1730. mit Angelica, des Fürstens Ludovici Santi zu Rom Tochter. Weiter weiß ich von ihm nichts anzuführen. Gewisse Genealogisten bestimmen ihm den 4. Nov. 1752. zum Sterbe-Tage.

VI. Der Marquis von Vatan, Königl. Französischer Brigadier und Obrister über ein Regiment zu Fuß, starb im Oct. an seinen vor Braunschweig empfangenen Wunden. Er bekam 1748. das Regiment Segur und ward kurz vor seinem Tode Brigadier.

VII. Leopold Wolfgang, Graf von Wildenstein, Domherr und Scholasticus, auch Probst des Collegiat-Stifts B. V. Mariæ ad Nives zu Salzburg, wie auch Domherr zu Ollmütz und Archidiaconus zu Znaim, starb im Nov. im 60. Jahre seines Alters. Sein Vater, Johann Christoph, Graf von Wildenstein, Kaiserl. Geh. Rath und Stadthalter in Inner-Oesterreich, starb den 17. Jan. 1742. und die Mutter, Josepha Sidonia, gebohrne Gräfin von Schrattenbach, starb 1739.

1739. Er war den 11. Nov. 1701. gebohren worden und hatte den 13. Jul. 1728. als Domherr zu Salzburg den Eyd abgelegt.

VIII. Anna Gabriele, verwitwete Marquisin von Havrincourt, starb im Dec. zu Paris im 82. Jahre ihres Alters. Sie war aus dem Geschlechte von Osmont und wurde den 10. März 1705. an Franciscum Dominicum de Cardevaque, Marquis von Havrincourt, vermählt, dessen ältester Sohn, Ludwig, Marquis von Havrincourt, anjetzo Königl. Gesandter in Schweden ist.

IX. Christiana Eleonora Catharina, Baronin von Roßau, starb im Dec. 1761. im 52. Jahre ihres Alters. Sie war eine Tochter Wolfgang Christophs von Reitzenstein, Hochfürstl. Bayreutischen Ober-Jägermeisters, dem sie den 6. May 1709. gebohren worden. Sie vermählte sich den 24. Jun. 1727. mit Friedrich August, Freyherrn von Roßau, einem Sohne Marggraf George Alberts von Brandenburg-Culmbach, den er in ungleicher Ehe gezeuget. Er ist Bayreuthischer Ober-Jägermeister, Geh. Rath und Ritter des rothen Adler-Ordens. Sie hat ihm viele Kinder gebohren, davon die Söhne in Kriegs-Diensten stehen.

X. Ferdinand, Prinz von Lobkowitz, starb den 14. Apr. im dritten Jahre seines Alters. Er war ein Sohn Josephs Maria, Prinzens von Lobkowitz, Kaiserl. Königl. Cämmerers und General-Wachtmeisters. Seine Mutter, Maria Josepha, gebohrne Gräfin von Harrach und verwitwete

witwete Prinzeſſin von Lichtenſtein, brachte ihn im Nov. 1759. zur Welt.

XI. Maria Charlotte, verwitwete Gräfin von Oſt-Frießland, ſtarb den 9. Dec. im 72. Jahre ihres Alters. Sie war eine Tochter Chriſtian Eberhards, Fürſtens von Oſt-Frießland. Ihre Mutter, Eberhardina Sophia, gebohrne Prinzeſſin von Oettingen, brachte ſie den 10. April 1689. zur Welt. Sie wurde den 10. April 1709. mit Friedrich Ulrichen, Grafen von Oſt-Frießland vermählt, der ſie den 13 März 1710. ſchon wieder zur Witwe machte.

XII. Carolina Alexandrina, Wild-und Rheingräfl. Comteſſe von Grehweiler, ſtarb den 19. Jun. im 7. Jahre ihres Alters. Ihr Vater iſt Carolus Magnus, regirender Rheingraf zu Grehweiler. Ihre Mutter, Johanna Louiſe, Rheingräfin zu Dhaun, brachte ſie den 11. Jan. 1755. zur Welt.

XIII. Adolph Siegfried, Graf von Beichlingen, Königl. Pohlniſcher und Churfürſtl. Sächſiſcher Cammerherr, ſtarb den 16. Febr. in einem Alter von 49 Jahren. Sein Vater war Gottlob Adolph, Graf von Beichlingen, der den 14. Aug. 1713. als Königl. Pohln. und Churfürſtl. Sächſiſcher Ober-Falkenier und Cammerherr geſtorben. Seine Mutter, Eliſabeth Philippina von Harthauſen, brachte ihn den 6. Febr. 1712. zur Welt. Der bekannte Groß-Canzler, Wolf Dietrich von Beichlingen, der die Reichs Gräfliche Würde an ſein Haus gebracht, war ſeines Vaters Bruder.

XIV. Otto

XIV. Otto Carl, Graf von Haugwitz, starb den 30. May. Seine Witwe heist Maria Theresia, eine Tochter Franz Antons, Grafens von Schrattenbach. Er hat sich im Jun. 1756. mit ihr vermählt.

XV. Maria Rebecca, verwitwete Gräfin von Wagensperg, starb den 7. Febr. Sie war eine Tochter Graf Siegmunds von Stubenberg und hatte Hannibal Balthasar, Grafen von Wagensperg, Käiserl. Cämmerer und Obristen zum Gemahl gehabt, der aber im Febr. 1725. gestorben ist. Sie hat verschiedene Kinder hinterlassen, davon Graf Adolph von Wagensperg, der das Geschlechte fortgepflanzet, Käiserl. Königl. würkl. Geheimer Rath ist.

5) im Jahr 1764.

I. Carolus von St. Albin, Erzbischoff von Cambray, des Heil. Röm. Reichs Fürst, starb im May im 67. Jahre seines Alters. Er war ein natürlicher Sohn des Herzogs Philippi von Orleans, gewesenen Regentens von Frankreich. Seine Mutter, die Mademoiselle Florensac, eine Commödiantin, brachte ihn den 5. April 1698. zur Welt. Er wurde zwar von dem Herzoge nicht öffentlich vor seinen Sohn erkannt, aber doch unter seinem Vorschub unter dem Namen von St. Albin erzogen und dem geistl. Stande gewidmet. Er studirte in der Sorbonne, und wurde, nachdem er den 16. Febr. 1718. öffentlich disputirt hatte, zum Doctor creirt, war auch bereits 1716. zum Abt von St. Ouen zu Rouen ernennet worden. Im Jahr 1721. erhielt er sowohl die Abtey von St. Evvroult zu Lisieux, als auch das Priorat von St. Martin des Champs, worüber er aber mit dem Erzbischoff zu Vienne, dem Cardinal von Auvergne, als Abte zu Cluny, der das Recht der Vergebung prätendirte, in einige Irrung gerieth. Im Sept. 1721. erhielt er die Priester-Weyhe, nachdem er zum Coadjutor des Bischoffs zu Laon ernennet worden, welcher gleich darauf starb, wodurch er einer von den geistl. Herzogen und Pairs von Frankreich wurde, auch in solcher Qualität Sitz im Parlamente nahm und den 26. April 1722. die Bischoffs-Weyhe empfieng. Als darauf den 25. Oct. der König zu Rheims gekrönet wurde, trug er das Heil. Salb-Oel-Fläschgen und verrichtete alle andere Functiones seiner Pairschaft. Den 10. Aug. 1723. starb der Cardinal du Bois, Erzbischoff von Cambray, worauf er das Glücke hatte, im Sept. an dessen statt dieses reiche und vornehme Erzbisthum zu erlangen. Er hat solches über 40. Jahr bekleidet und so herrlich gelebt, daß, ob er gleich viel Einkommens gehabt, er doch sehr viele Pappier-Schulden hinterlassen. Den 22. April rührte ihn der Schlag, worauf er sogleich mit allen Sacramenten versehen wurde, aber doch noch etliche Wochen lebte, ehe er seinen Geist aufgab.